新形态教材

国际投资学

全球供应链管理视角

第二版

**International Investment from the Perspective of
Global Supply Chain Management**

2nd Edition

冯琳　贾鹏　骆嘉琪　编著

东北财经大学出版社 ｜ 大连
Dongbei University of Finance & Economics Press

图书在版编目（CIP）数据

国际投资学：全球供应链管理视角 / 冯琳，贾鹏，骆嘉琪编著. —2版. —大连：东北财经大学出版社，2025.8. —ISBN 978-7-5654-5742-5

Ⅰ. F831.6

中国国家版本馆CIP数据核字第2025XY2127号

国际投资学：全球供应链管理视角

GUOJI TOUZIXUE：QUANQIU GONGYINGLIAN GUANLI SHIJIAO

东北财经大学出版社出版

（大连市黑石礁尖山街217号　邮政编码　116025）

网　　址：http://www.dufep.cn

读者信箱：dufep@dufe.edu.cn

大连东泰彩印技术开发有限公司印刷　　东北财经大学出版社发行

幅面尺寸：185mm×260mm　　　　字数：452千字　　　　印张：19.5

2025年8月第2版　　　　　　　　2025年8月第1次印刷

责任编辑：蔡　丽　　　　　　　　责任校对：刘贤恩

封面设计：原　皓　　　　　　　　版式设计：原　皓

书号：ISBN 978-7-5654-5742-5　　　　定价：58.00元

第二版前言

2004年，本教材编著者开始"国际投资学"课程的教学，一晃二十多年的时光，教学的时代背景变了，教学的环境变了，教学的内容变了，教学的对象变了，似乎围绕着国际投资的一切都悄悄地变化了，也印证了流行的一句话：唯一不变的是变化本身。

二十多年前，"国际投资学"教学的时代背景是高速向前的经济全球化，各个经济体都异常紧密而坚定地向经济全球化迈进。贸易有摩擦，但自由化是主旋律；投资有风险，但各国热衷境外投资。我们讲课中所用的案例基于成功或失败的境外投资实践，向学生讲授国际投资的重心是中国怎么吸引外资；我们要引导学生适应外企工作，教会学生如何掌握国际经济交往的通行规则。

如今，"国际投资学"教学的时代背景充满矛盾、冲突，涌现了太多以往我们不曾经历的陌生的经济现象，国际投资的特征明显变化：经济全球化降速，国际投资规模缩减，中国从吸引外资向对外投资转变，区域经济日益重要。中国在历史的这艘大船上克服万难地向前探索，自由贸易区、普惠金融、区域性的国际投资规则……我们用智慧在国际投资的版图上重新刻画。特别是随着全球供应链的迅速发展，国际投资有了新的视角。这是最好的时代，也是最坏的时代。在这二十多年的变化中，我们基于教学心得编写本教材，是对"国际投资学"教学内容的一次总结。本教材更适应这个时代，更贴近今天学生对这门课程的需求。

本教材从全球供应链的视角出发，主要包括三个部分：首先是国际投资基础（第一章至第三章），主要介绍国际投资的相关概念、发展趋势、国际投资监管、国际投资统计等；其次是国际投资实践（第四章至第十章），主要介绍不同形式的国际投资行为以及国际投资环境分析；最后是国际投资创新发展（第十一章至第十五章），主要介绍国际投资发展的新形势、新特点，分析国际投资的创新发展，包括国际投资基金、国际投资创新、国际投资协定、金融危机以及全球供应链的内容。其中，第十五章为选学内容。

本教材设置了大量"案例窗""拓展阅读"，向读者分享一些实用的案例和课外阅读资料。更重要的是，本教材的主要特色是注重思政引领，融入党的二十大精神。党的二十大报告指出："用社会主义核心价值观铸魂育人，完善思想政治工作体系，推进大中小学思想政治教育一体化建设。坚持依法治国和以德治国相结合，把社会主义核心价值观融入法治建设、融入社会发展、融入日常生活。"本教材在多个章节融入课程思政元素，设置了"素养园地"的课程思政栏目，结合党的二十大报告内容，引导学生深入社会实践，关注现实问题，使他们加强对专业知识的内化吸收与灵活应用，坚定中国特色社会主义道路自信、理论自信、制度自信、文化自信，努力践行习近平新时代中国特色社会主义思想，达到价值塑造、知识传授、能力培养三位一体的立德树人之效。

在本教材的编写过程中，编著者参考和引用了大量文献，但由于不具备广泛且深入地查询馆藏资料的条件，以及电子数据资源的覆盖范围有限，在脚注和"主要参考文献"中可能没有列全资料来源，或者所列的不是最早来源的作者的作品，请相关作者谅解；若相关作者与本教材编著者联系，编著者愿意根据引用作品的相关篇幅而提供相应的字数报酬。在此，本教材编著者向所有的相关作者表示衷心的感谢。感谢大连海事大学的研究生叶航、王俊男、王倩在撰写这本教材的过程中的辛苦付出。书中存在的不足之处，敬请各位专家、学者以及其他读者批评指正。

东北财经大学出版社网站（http://www.dufep.cn）免费提供本教材的电子课件、章后习题参考答案等教学资源，请各位教师免费注册为会员后下载使用。

编著者

2025 年 6 月

目 录

第十四章 国际投资与金融危机/255

第十五章 全球供应链与供应链金融/278

主要参考文献/287

第一章 国际投资概述

内容提要

本章主要阐述国际投资的一些基本概念和相关概念，包括国际投资的含义、国际投资的分类、国际投资发展状况以及全球价值链与国际投资等。对这些概念和关系的充分理解，是后续章节进一步展开的基础。

❖ 导读

投资中国新疆：这两家外企看中了什么?

新疆有很多机遇，等待着合适的投资者去发现。机遇在哪里？在我们走进乌鲁木齐经济技术开发区（头屯河区）后，从两家外企身上，答案可以窥得一二。

从仓库装载上PVC颗粒、汽车配件等货物，艾尔布勒斯运输（新疆）有限公司的货运卡车缓缓驶出乌鲁木齐国际陆港区，发往欧洲。2009年，该跨国公司将中国总部从上海迁至乌鲁木齐，看中的是中国西部大开发的政策机遇以及新疆亚欧黄金通道的区位优势。新疆连接东西方的地理位置，为跨国公路货运提供了巨大的便利，公司的目标是将中国东部客户的货物运抵欧洲的时间缩短到10天以内。

乌鲁木齐斯拉夫食品销售有限责任公司向中国出口的冷冻食品从白俄罗斯运出，过境哈萨克斯坦，到中国新疆后进行清关，发送到中国不同城市的合作伙伴手中。

2024年1月，克拉西克·保罗的公司在新疆中亚互联（国际）孵化器（简称中亚互联）的帮助下，在新疆自贸试验区乌鲁木齐片区成功注册。翻译、海关申报、物流洽谈……在乌鲁木齐经济技术开发区（头屯河区）外资企业服务中心一站式服务大厅，中亚互联以"保姆式服务"，采用"一站受理""帮办代办""全力解决"的服务模式，精准解决来我国新疆外资企业工作、创业、签证、生活等一系列困难，成为企业和政府间的桥梁。目前，其已经帮助14家外国企业成功落地中国（新疆）自由贸易试验区乌鲁木齐片区。

近年来，随着国家向西开放和"一带一路"核心区建设的深入推进，新疆已经成为我国向西开放的重要门户。随着深化同周边国家各领域的广泛合作，如今新疆经贸领域的"朋友圈"越来越大。除了地理位置优势、营商环境改善，活跃新疆经贸和投资的还有"一带一路"政策沟通、设施联通带来的发展红利。共建"一带一路"倡议提出以来，基础设施的改善和不同国家间合作的加强，提升了运输时效，"丝绸之路经济带"

上贸易和货物量连年增长。

资料来源：赵强，唐晓勇，徐祥丽，等. 投资新疆!这两家外企看中了新疆什么？[EB/OL]. (2024-06-14)[2025-03-26]. http://xj.people.com.cn/n2/2024/0614/c186332-40878494.html.

思考题：新疆如何在"一带一路"大背景下使国际投资平稳、有效地进行？

第一节　对国际投资的认识

一、资本的含义

资本（capital）是投资的必要条件。[①]然而，在科学技术日新月异的今天，资本并不以一种或几种特定的形式而存在，生产、生活所依赖的资本以各种形态存在于我们的生活里。例如，在传统生产资料——资金、自然资源、劳务等之外，丰富的信息、熟练精湛的技术和成熟的管理模式也成为资本新的存在形式。由于资本存在形式的多样化和不确定性，所以对资本的定义也愈发困难。

按照马克思主义政治经济学的观点，资本是一种可以带来剩余价值的价值，它在资本主义生产关系中是一个特定的政治经济范畴，体现了资本家对工人的剥削关系。

从企业会计学理论方面来讲，资本是指所有者投入生产能产生收益的资金[②]，是企业进行基本经营活动的一项要素，是企业创立、生存和发展的一个必要条件。企业的创立需要具备必要的资本条件，企业生存需要保持一定的资本规模，企业发展则需要不断地筹集资本。[③]

商业银行的资本通常指会计资本，也就是账面资本，等于金融机构合并资产负债表中资产减去负债后的所有者权益，包括实收资本或普通股、优先股等。[④]

狭义的资本是指期限在1年以上的金融资产。中义的资产是指货币或者可以以货币计量并且可以增值的资源，它们被分为现金资产和非现金资产两大类。广义的资本则是指一切可以用来为使用者增加利益的资源，如人力资本（活资本）、物质资本（传统资本）。[⑤]

① 弗兰克. 白银资本：重视经济全球化中的东方 [M]. 刘北成，译. 北京：中央编译出版社，2000：404.
② 丁庭选，李连华. 企业会计学 [M]. 修订本. 北京：中国商业出版社，1997：42.
③ 周树然. 企业家：创造卓越世界 [M]. 北京：企业管理出版社，2012：113.
④ 朱翙照，王德萍. 资本运营管理 [M]. 上海：复旦大学出版社，2010：20.
⑤ [1] 舒尔茨. 论人力资本投资 [M]. 吴珠华，等译. 北京：北京经济学院出版社，1990：93.
[2] 袁东安. 国际投资学 [M]. 上海：立信会计出版社，2003：1.

二、投资的含义与特点

（一）投资的含义

投资指的是投资者（资本持有者）为了在未来可预见的时期内获得一定收益，在一定时期内向一定领域投放一定数额的货币或者货币等价物的经济行为。[①]投资可以被大致分成实物投资、虚拟投资，当然也存在其他更为科学的划分方式，在这里就不再赘述。

（二）投资的特点

1.主动性

投资的主体可以是自然人，也可以是企业法人（经济或者社会组织）。[②]所以，投资可以存在于私人市场，也可以在官方层面进行活动。投资的主体是投资者，即资本或实物持有者，而投资是投资主体有意识的、有目的的经济行为。投资不是客观条件达到要求时自然开始的活动，而是投资者主观想要增加财富的行为表现。

2.期限性

由投资的定义可以看出，投资是在一定时期内存在的经济活动，而且投资的本质是可获利的经济活动，投资者将收入（泛指自然人的个体收入，也指政府的财政收入、企业经营活动带来的利润收入）转化为资本（有形资本和无形资本）是需要一定时间的，再将资本用于可增值的活动且获得客观的收益更是需要经历一段不短的时间。因此，投资具有一定的期限性，是存在于一定时间段内的经济活动。

3.盈利性

投资活动最基本的目的是获得一定量的收益。也就是说，投资者愿意投入一定量的货币或者其他资产的根本原因是期望通过投入物而获得更大的经济回报，即获得资产增值和经济效益，或者说，在一定时期内让渡部分资产的使用权而使自己的财富增加，具体体现为金银等金属等价物、实物资产的增加。

4.风险性

投资的期限性决定了投资的收益是在未来一段时间后获得的，在那个时间点到来之前，即在收益到账之前可能会发生各种意外，产生各种无法预料、不可估量的风险，且在有些情况下不仅会导致约定的投资收益的损失，更有甚者会导致投资资本的损失。投资的风险性和盈利性是相辅相成的，也就是说一项投资活动的进行必然同时伴随着风险性和盈利性，并且二者成正相关关系：一项投资的风险越大，其盈利越多；一项投资的风险越小，它的收益越少。

---

① 陈解生. 全国会计专业技术资格统一考试中级财务管理复习全书［M］. 北京：朝华出版社，2003：107.

② 葛亮，梁蓓. 国际投资学［M］. 北京：对外贸易教育出版社，1994：2.

三、国际投资的含义

国际投资（international investment）是指具有独立决策权的投资主体，包括自然人、政府机构、跨国公司、跨国金融机构等，将其所有的货币资金、实物资产或者其他形式的生产要素，在世界范围内进行配置，在投资主体母国之外形成新的实物资产、金融资产、无形资产，并通过跨国流动使原始资产增值的经济行为。

一个国家在国际投资中会扮演两个角色——投资国和东道国，形成对外投资和利用外资两种经济活动。投资国即资本流出国或对外投资国，是对外投资活动中投资主体的所在国。东道国即资本流入国或者被投资国，是在对外投资活动中接受外国资本，利用外国资本在本国进行经济建设或者接受外国贷款的国家。因此，从国家扮演的角色来看，国际投资可以分成两个部分进行分析：

一是作为投资主体向外输出资本。对投资国而言，尤其是发达经济体，对外投资是为本国的剩余资金寻求出路，希望可以获得高额的利润或者达成其他的政治和经济目标。

二是作为东道国接受来自其他国家的投资。发展中经济体可以解决由于自身资金不充裕而发展缓慢的问题——政府可以进行基础设施建设，企业可以学习先进的技术和管理知识。

总的来看，一个国家可以用两种身份参与国际投资：投资国——输出资本；东道国——输入资本。通常来讲，在现实存在的经济活动中，参与投资活动的国家基本上都存在两种身份。第二次世界大战后，随着科技的不断创新，世界经济进入高速发展阶段，投资国与东道国的数量、性质、结构发生了相当大的变化。仅仅就某一项投资而言，一个国家是东道国还是投资国是很好确认的；但是就整个国家参与国际投资的身份而言，一个国家通常既是投资国，又是东道国，即该国既接受他国资金的流入，也对他国进行投资，以获得更多的利润。

四、国际投资的特性

投资的基本目的是获得资产的增值，所以无论是国际投资还是国内投资，都是为了获取更多的利润。二者之间最根本的区别在于投资活动涉及的区域。国际投资涉及的资本在不同的主权国家之间流动，跨越国境的资本活动势必导致整个过程的复杂性，如政治环境不同、经济建设目标差异、传统文化障碍、语言沟通不便利以及资本受监管程度增强。因此，国际投资的特性主要是同国内投资比较而得出的，其特性的体现基本来源于同国内投资作对比。

（一）国际投资市场竞争的不公平性

国际投资是资本或者实物资产的跨国境流动，所以随之而来的政治、经济、文化的差异是国际投资无法逾越的障碍。引入外资确实是在东道国发展道路上资金缺乏的一个不错的解决方式，但是在整个投资活动中，东道国政府仍然会限制外资进入的产业领域。如军工、航空航天等产业领域，国外的资本是不可能进入的。在大众消费的领域，东道国政府也会对国际投资作出诸多限制，如雇用当地劳动力的比率、生产资料的使用比率等，这就与国际投资利润最大化的目标相悖。对国际投资市场来说，这种来自东道国政府的限制加大了其与国内资本市场竞争的不公平性。

（二）国际投资目的的多元性

前文也强调了国际投资最基本的目的是使资产增值，但是每个国家的资源禀赋是有差异的，所以一国进行国际投资也有可能是为了与国家战略相契合。例如，中国援建非洲的铁路、水电站等大型项目就不仅仅是寻求高额利润。中国在非洲建设的第一条跨国电气化铁路——"亚吉铁路"，既是体现中非关系的友谊之路，也是境外首条集设计标准、投融资、装备材料、施工、监理和运营管理全产业链"中国化"的铁路项目。其不仅获得了资本增值，也是共建"一带一路"倡议的标志性成果，是中国铁路向外发展的起点。

（三）国际投资环境的复杂性

相较于国内而言，国际投资环境不仅受语言、文化、风俗习惯等问题的影响，还受东道国政府政策的限制。尤其当今世界科技不断进步，金融创新不断增多，国际投资还要与外汇市场、股指期货市场挂钩，这样就更增加了国际投资环境的复杂性。对投资国而言，汇率的波动对投资本金与投资收益的影响显而易见；对东道国而言，大量的资本流入带动金融市场繁荣，引发"热钱"套利，就会对本国经济产生巨大的损害。因此，国际投资环境受多个因素的影响，因素相互之间彼此牵制，增加了投资活动的难度。

（四）国际投资风险的扩大化

根据对上面几种特性的描述，国际投资比国内投资的风险要大得多。国内投资通常不会考虑政治风险，但是国际投资中，尤其是在战争频发的区域，如中东、非洲等地区，政治风险需要纳入风险量表中。除此之外，汇率风险的增加、资金监管力度的加大也是国际投资中使金融风险扩大的因素。此外，国际投资跨越国别与人种，在生产经营方面也会遇到一定障碍，沟通不便、信息交互的不全面使经营管理出现失误，从而导致公司盈利水平变化，投资者预期收益下降的经营风险也会增加。

（五）国际投资过程的曲折性

在国际投资活动中，无论是投资国还是东道国，用于投资活动的资金或者实物资产、生产资料等都会接受更加严密的监管。同时，国际投资本身需要双方多次对投资行业、投资规模、投资方式、战略目标进行磋商。投资国需要警惕大笔资金的流出，是否有来源不正当的资金"出逃"。对政府投资来讲，国际投资中资金的利用更是需要专门的监管，避免国家的损失；对东道国而言，外资的引入是国际投资的第一步，国际怎样利用外资发展本国经济更是政府需要探讨的问题。

第二节　国际投资的分类

国际投资的形式各异，可以以实物资产的方式进行投资，可以采取股份收购的形式进驻别国公司，也可以通过技术、知识产权等无形资产进行对外投资。了解国际投资的分类可以更好地帮助我们理解它的机制与过程。

一、按投资主体的不同划分

（一）公共投资

公共投资（public investment）是指一国政府或者国际社会组织为了公益而作出的一系列投资。这种类型的投资大都是为了某些大型项目而投放低利息政府贷款。从世界视角来分析公共投资不难发现，公共投资的东道国通常是发展中经济体，且发展程度较低，基本都位于非洲、拉丁美洲地区，少部分位于亚洲。这些地区的国家发展相对滞后，经济基础薄弱，相应的财政收入不足以支撑整个国家的发展，所以当地政府需要引入公共投资来建设本国的基础设施。例如，美国在安哥拉开设铜矿，建立自然保护区；法国在非洲建立医疗救助站，进行医护人员的培训，开设工厂；中国援助埃塞俄比亚修建大型水电站，修建非洲大陆第一条跨国电气化铁路等。

总体来说，公共投资的存在是世界共同繁荣、和谐发展的结果。公共投资不以利润最大化为目标，而是更注重投资过程中外部效应的溢出，以此来帮助东道国。因此，公共投资的目标更具有多元化特征，是具有公益性质的政府性投资。

（二）私人投资

私人投资（private investment）是一个国家的私人资本跨越国境到另一个国家，以各种方式从事经营活动，从而获得利润。因此，私人资本可以是国家所有的资本，也可以是集体和个人所有的资本。部分私人投资的资本来源于国家资本，接受投资的国家则一律视同私人资本投资进行管理。换句话说，这部分资本并不会被看作国家的代表，不享有外交特权，不会享有全部或部分税收减免。随着世界经济的发展，各国的经济开放程度也在不断加大，允许私人投资的领域逐步扩大；但涉及国家机密的军工部门和重要的生产资料部门不允许私人投资，这也是私人跨国投资所面临的问题。即便该类型行业允许跨国资本的进入，也会提出附加条件，如雇用当地员工数占比必须达到85%、生产资料的原产地必须为东道国等。其实不仅是东道国政府的限制，涉及国家核心战略发展的私人资本也会被投资国所限制。比如航空航天方面，空客、波音等公司被限制境外设厂数量，以防止技术秘密被泄露。

因此，私人投资以获得高额利润为目标，通过资本、实物资产、生产资料等资源的跨国流动来实现增值，东道国的部分产业可能获得一些优惠。但是在世界范围内，私人投资要远远多于公共投资，这些由政府资本、跨国公司、个人资本组成的私人投资才是国际投资的重要组成部分。

二、按投资客体的不同划分

（一）实物投资

实物投资（physical investment）是指企业以现金、实物、无形资产等投入其他企业进行的投资，包括建筑物、厂房、机器设备或其他物资。[1]投资直接形成生产经营活动的能力，并为从事某种生产经营活动创造必要条件。[2]但是需要清楚的是，实物投资不只是单纯货币形态的资本转移，而是货币资本、技术设备、经营管理知识和经验等资源在国际的一揽子转移。实物投资一般通过投资主体在国外创设独资、合资、合作等生产经营性企业得以实现。实物投资直接参与企业的生产经营活动，所以实物投资的回报与投资项目的生命周期、企业经营状况密切相关，通常周期较长，风险较大。

（二）金融投资

在经济的发展过程中，随着投资概念的不断丰富和发展，在实物投资的基础上形成了金融投资，并逐步成为比实物投资更受人们关注和重视的投资行为。它是商品经济的一种概念。金融投资（financial investment）亦称证券投资，是指经济主体为获取预期收益或股权，用资金购买股票、债券等金融资产的投资活动。金融投资者通过持有证券，分享证券出售组织的利润和股权，以获得回报。[3]随着资本主义生产力和商品经济的发展，占有资本和运用资本的分离日益成为资本运用的一种重要形式。这是因为，随着商品经济的发展，资本主义投资规模不断扩大，单个资本家的资本实力越来越难以满足日益扩大的投资规模对庞大资本的需求，迫切需要超出自身资本范围从社会中筹集投资资本。于是，银行信用制度得到迅速的发展，股份制经济也应运而生，银行信贷、发行股票和债券日益成为投资资金的重要来源。因此，金融投资成为现代投资概念的重要组成部分。此外，由于现代金融市场的日益发展和不断完善，金融投资的重要性日益凸显，因此，现代投资概念主要是指金融投资。在西方学术界的投资学图书中，投资实际上指的就是金融投资。[4]

三、按投资期限的不同划分

（一）长期投资

一般来说，持有时间超过1年、持有者不会着急将资产变现的投资，被称为长期资产

---

[1]　谢士鑫，等. 乡镇企业财务管理［M］. 北京：学术期刊出版社，1989：210.

[2]　［1］王庆成. 财务管理学自学指导［M］. 北京：经济科学出版社，1996：122. ［2］许毅. 新编财政税收财务会计实用全书［M］. 北京：经济科学出版社，1995：516.

[3]　戴相龙，黄达. 中华金融辞库［M］. 北京：中国金融出版社，1998：84.

[4]　胡金焱. 金融投资学［M］. 济南：山东大学出版社，1995：2-3.

（long-term investment）。长期投资可以利用现金、实物、无形资产、有价证券等形式进行，具有投资风险大、变现能力差、收益率高等特点。长期投资包括长期股权投资、长期债券投资、其他长期投资，以及企业对内的长期有形资产、无形资产投资以及其他资产投资。长期股票投资是指购买并持有其他公司的普通股、优先股。长期债券投资购入并持有其他公司、金融机构或政府的债券。企业对自身企业内的长期有形资产、无形资产等的投资也属于长期投资。企业管理层进行长期投资的目的在于持有而不在于出售，这是长期投资与短期投资的一个重要区别。[①]国际长期投资往往涉及国际融资方面，跨国长期投资的金额往往较大，除了投资者本身的资金以外，一般需要银行或者其他金融机构的贷款，所以作长期投资决策需要谨慎，以免遭受不必要的损失。

（二）短期投资

与长期投资相对的短期投资（short-term investment），是指能够随时变现、持有时间不超过1年的有价证券投资以及不超过1年的其他投资。[②]短期投资主要利用债券和股票等有价证券进行投资[③]，具有投资风险小、变现能力强、收益率低等特点。短期投资是企业和个人灵活运用资金的一种策略。当持有的货币资产过多时，单纯地将资金存入银行获取利息就显得不那么合算，可以用部分资金进行短期投资，买股票、国库券之类的有价证券，以获得更多的收益。国际短期资本流动的目标是追求盈利性和流动性。由于各国经济发展不平衡，各国所采取的财政、货币政策内外不均衡，造成国际资本供给与需求的失衡情况不同，国家间的利率差异使资金从低利率国家向高利率国家转移。在国际投资背景下，国际短期资本流动的投机性和快速性对东道国市场造成冲击。国际游资也称热钱（hot money），是典型的风险性流动资本，其规模庞大、时间很短、反应灵敏，具有很强的脆弱性和破坏性，形成很大风险。

四、按投资方式的不同划分

（一）国际直接投资

1.国际直接投资的概念

国际直接投资（international direct investment，IDI）又称对外直接投资（foreign direct investment，FDI）。自20世纪50年代以来，以跨国公司为主体的对外直接投资在全球的迅猛发展引起了西方经济学者的普遍关注，并逐渐形成了垄断优势理论、内部化理论、国际生产折中理论、产品生命周期理论、边际产业扩张理论、比较优势投资理论、直接投资诱发要素组合理论等各种旨在解释并阐述对外直接投资的理论。但不同的学者、机构出于不同的理解、侧重点、研究目的或研究角度，对其含义的解释和内涵界定存在一定的差异。目前，关于对

---

① 余秉坚. 中国会计百科全书 [M]. 沈阳：辽宁人民出版社，1999：91.

② [1] 邓盛辉. 会计学基础 [M]. 3版. 北京：中国农业出版社，1994. [2] 王洪谟. 农业会计学 [M]. 4版. 北京：中国农业出版社，2000.

③ 邵建功. 国有资产管理全书 [M]. 北京：经济日报出版社，1995：780.

外直接投资比较普遍的定义主要有：第一，国际货币基金组织（International Monetary Fund，IMF）将对外直接投资定义为投资者在本国以外的国家或地区所经营的企业中拥有持续利益的一种投资，其目的在于对该企业的经营管理具有有效的发言权。第二，经济合作与发展组织（Organization for Economic Co-operation and Development，OECD）将对外直接投资定义为某一经济体系中的常驻实体被另一个经济体系的常驻企业控制的投资，这反映投资者在国外实体的一种长期关系。①

上述机构均强调持久获利、长期关系及有效控制等重要特征。由于我们学习的目的在于了解和掌握国际投资对本国的影响，故本教材采用我国《对外直接投资统计制度》（商合函〔2019〕3号）中的定义：对外直接投资是指我国境内投资者以现金、实物、无形资产等方式在国外及我国港澳台地区设立、参股、兼并、收购国（境）外企业，并拥有该企业10%或以上的股权、投票权或其他等价利益的经济活动。

2. 国际直接投资的分类

（1）按是否新创立企业划分

① 绿地投资（green field investment），是指跨国公司在东道国设立新的企业，形成新的生产能力。通过绿地投资，企业对新设企业的资源、技术和知识有较强的控制力，但也需要承担固定投资成本。

② 跨国并购（cross-border merger and acquisition），是指兼并已经存在的外国企业的资产和股权。通过跨国并购，跨国公司能够获得被收购企业的资源，如技术、研发、营销网络和品牌等。②

二者的使用需要就实际情况而言，并没有一个绝对的使用界限。当东道国经济欠发达，工业化程度不高，生产资料如厂房、设备、技术人员都较为缺乏时，东道国可以通过绿地投资直接增加就业的机会，增强东道国的生产力，为东道国培训一批合格的技术工人。同时，绿地投资可以使企业在新进入市场上保持最大的垄断优势，保证技术领先。绿地投资作为新进入市场的方式，适合企业选择与全球战略目标相适应的生产规模和投资区位，能帮助投资者在较大程度上把握风险，掌握在利润分配、营销策略方面的主动性；母公司可以根据自己的需要进行内部调整，这些都使新建企业在很大程度上掌握主动权。然而，绿地投资需要大量的筹建工作，如前期的考察、政府谈判和后期的实际建设等，这便拉长了周期，速度缓慢且缺乏灵活性，对跨国公司的资金实力、经营经验等有较高要求。除此之外，在企业的创建过程中，跨国公司独自承担风险，加大了不确定性。新企业创建后，跨国公司需要自己在东道国开拓目标市场，且常常面临管理方式与东道国惯例不相适应、管理人员和技术人员匮乏等问题。③

跨国并购是跨国公司常用的一种资本输出方式。绿地投资由于周期长、速度慢，不利于企业迅速打开新的市场。跨国并购则通过一定的渠道和支付手段，购买另一国

---

① 段秀芳. 中国对上海合作组织成员国直接投资研究 [M]. 北京：社会科学文献出版社，2013：40.

② 蒋冠宏，蒋殿春. 绿地投资还是跨国并购：中国企业对外直接投资方式的选择 [J]. 世界经济，2017（7）：126-146.

③ 易正容. 浅析外商直接投资中国进入方式的变化 [J]. 当代经济（下半月），2008（3）：70-71.

企业（又称被并购企业）的所有资产或足以行使运营活动的股份，从而对另一国企业的经营管理实施实际的或完全的控制行为，这样就大大缩短了企业在新的市场开始生产经营的时间。参与跨国并购的企业通常都具有成熟、丰富的资源，比如一套完整的销售网络，专利、商标、商誉等无形资产，可靠而稳定的原材料供应链，完善的人力资源管理体系，还有强大的客户关系网络。这些资源的存在可以使投资方绕开初入市场的窘境，迅速投入生产，完善和开拓销售渠道，扩大市场份额。跨国并购往往金额巨大。由于信息的不对称，跨国公司不熟悉被并购企业所在国家的法律和法规，许多跨国并购都夭折了。除此之外，跨国并购基本上被认为"强强联合"，这就会产生垄断的可能，与各国的反垄断法律和法规背道而驰，受到国家或国际组织的反垄断制裁，损害公司利益。

（2）按企业参与方式划分

① 独资企业（sole proprietorship），即我们所说的外资企业，是指企业登记注册的资本完全由外国投资者出资。《中华人民共和国外商投资法》规定："为了进一步扩大对外开放，积极促进外商投资，保护外商投资合法权益，规范外商投资管理，推动形成全面开放新格局，促进社会主义市场经济健康发展，根据宪法，制定本法。""本法所称外商投资企业，是指全部或者部分由外国投资者投资，依照中国法律在中国境内经登记注册设立的企业。"

② 合资企业（joint venture），一般指中外合资经营企业，是由中国投资者和外国投资者共同出资、共同经营、共负盈亏、共担风险的企业。外国投资者可以是企业、其他经济组织或个人。中国合营者目前只限于企业、其他经济组织，不包括个人和个体企业。经审查机关批准，合营企业是中国法人，受中国法律的管辖和保护。它的组织形式是有限责任公司。目前合营企业还不能发行股票，而采用股权形式，按合营各方的投资比例分担盈亏。

③ 合作企业（cooperative joint venture），是指外国公司、企业和其他经济组织或者个人按照平等互利的原则，依照我国法律，经我国政府批准，在我国境内，同我国的公司、企业或者其他经济组织共同投资举办的契约式经营的企业。

（二）国际间接投资

1.国际间接投资的概念和特征

国际间接投资（international indirect investment）是指以资本增值为目的，以取得利息或股息等为形式，以被投资国的证券为对象的跨国投资，即在国际债券市场购买中长期债券，或在股票市场上购买企业股票的一种投资活动。国际间接投资者并不直接参与国外企业的经营管理活动，其投资活动主要通过国际资本市场、金融证券市场进行。国际间接投资通常也被称为对外间接投资（foreign indirect investment）或国际证券投资。[①]

与国际直接投资相比，国际间接投资的特征主要是：第一，投资者主要为了获取利息、股息和期权收益。第二，投资与企业生产经营无关，投资者对筹资者的经营活动无

---

① 章昌裕，梁蓓. 国际投资学 [M]. 北京：中国对外经济贸易出版社，2003：6.

控制权。第三，投资通常通过证券交易所才能进行。第四，随着二级市场、衍生市场的日益发达与完善，投资产品（如证券）或权限（如期权）可以自由买卖，投资流动性大且风险小。第五，随着现代金融业和网络经济的迅速发展，投资大多在金融领域进行。除货币资本外，越来越多的虚拟资本被投资者所使用。第六，投资受国际利差、汇差影响较大，资本在国家间流动频繁，自发性和投机性较强。第七，受国际政治变化影响较大。

第二次世界大战后，随着国际资本市场逐步完善和离岸金融市场产生，国际间接投资的规模越来越大，流动速度越来越快，投机性越来越强。在国际间接投资领域，投资与投机的界限有时很难区分。[①]

2.国际间接投资的分类

一般来讲，按照较为狭义的划分，国际间接投资是针对股票、债券的国际证券投资；但实际按照广义的方法进行分析，国际中长期信贷也算是国际间接投资的一种，如常见的政府贷款、国际金融机构贷款、国际商业贷款等。

（1）国际证券投资

国际证券投资是指在两个或多个国家或地区之间实现以证券为流动工具、以资本增值为目的的国际资本流动，即通过跨国家、跨地区的证券发行、交易和投资，单个国家或地区的证券市场实现国际化。简单地说，国际证券投资指的就是国际证券市场上的证券投资活动。其分为国际股票投资与国际债券投资。[②]

①国际股票投资包括让境外投资者直接购买本国或境外上市公司的股票，以及本国投资者利用境外存托凭证获得对非本国公司股票的所有权。股票作为企业筹集社会和民间资金为其发展业务的重要手段，是企业筹集资金的一条重要途径，也是企业资本的基础。股票市场被誉为宏观经济的"晴雨表"，股票价格高低是企业经营状况的"晴雨表"。在国际证券交易所，任何国家或地区的经济实体和个人都可以委托证券交易所的经纪人进行股票交易。大公司的股票成为国际投资对象，各国投资者对各种股票进行交易就形成了实质意义上的国际股票市场。国际股票市场是随着西方国家资本输出和输入的迅速发展以及跨国公司和跨国银行的发展而逐步建立起来的。跨国公司促进了国际股票市场的发展，而跨国公司的一步步扩大又是国际股票市场活跃的结果。[③]

国际股票主要可分为以下三种形式：第一，在外国市场上发行并上市的股票。比如，新浪的股票在美国发行并在纳斯达克（NASDAQ）上市。这种股票发行的历史较长。其最大缺点在于受发行地法律的管辖，而且在通常情况下，发行程序繁杂且费用高。第二，在不少国家出售，但只在本国上市的股票，如中国的B股。第三，欧洲股票，是指在面值货币所属国以外的国家或者国际金融市场上发行并流通的股票。这里"欧洲"的含义就如同欧洲美元的"欧洲"一样，它可以同时在多个国家发行、上市交易，这应该是最具有典型意义的国际股票。这种股票出现时间较晚，直到1983年才由英国公司在伦敦证券交易所

---

①　章昌裕. 国际投资学［M］. 大连：东北财经大学出版社，2009：119.

②　卢汉林. 国际投融资［M］. 武汉：武汉大学出版社，1998：128.

③　王烈望. 国际资本概论［M］. 北京：中国对外经济贸易出版社，1988：145.

正式发行第一只欧洲美元股票。①

②国际债券投资是指某国政府、企业、金融机构等在境外金融市场发行的以外国货币计价的金融债券。其主要目的是资金的筹措和融通，既可以帮助发行国平衡国际收支，也可以为其政府或者企业寻求资金支持，从事基础建设或者生产经营活动。因为国际债券的发行者和投资者属于不同的国家，所以按照发行债券所用货币与发行地点的不同，国际债券可以分为外国债券和欧洲债券。

外国债券是指甲国发行人或国际机构在乙国债券市场上以乙国货币面值发行的债券。外国债券是传统的国际金融市场的业务，已存在几个世纪。它的发行必须经发行地所在国政府的批准，并受该国金融法令的管辖。在美国发行的外国债券（美元）被称为扬基债券；在日本发行的外国债券（日元）被称为武士债券；在中国发行的外国债券（人民币）被称为熊猫债券。

欧洲债券是指一国发行人或国际机构同时在两个或两个以上的外国债券市场上，以发行国货币以外的一种可自由兑换的货币、特别提款权或欧洲货币单位②发行的债券。欧洲债券是欧洲货币市场3种主要业务之一，因此它的发行无须受任何国家金融法令的管辖。③

（2）国际中长期信贷

信贷业务是货币富裕的一方将约定数额的资金按照约定的利率借出，而资金需求方在到期日之前按约定的条件还本付息的一种信用担保活动。国际信贷业务则是指借贷资本跨越国境流动，是国际资本流动的重要部分。国际信贷的主体主要有政府、国际金融机构和国际商业银行等。在商品经济不断发展的过程中，国家间通过贸易往来实现资金互通。一方面，发达经济体通过商品贸易积累了大量资金，这些过剩资本在预期国外利率高于国内时就会以灵活的或直接或间接的方式离开母国，向资金缺乏、资本回报率高的经济体流动；另一方面，发展中经济体为了本国经济快速发展需要大量资本，而在自己资金不足的情况下就需要引进外资，以弥补不足。一些经济体通过国际资本的输入、输出来平衡和调节本国的国际收支。④

国际中长期信贷是指借贷期限超过1年的信贷活动。国际中期信贷的期限一般是1至5年；国际长期信贷是指5年以上的信贷，最长者可达50年。国际中长期信贷主要被用于购买机器设备、建立新企业、基本建设和更新固定资产等方面的投资。⑤在国际信贷中，各国政府间和国际金融机构的贷款利率比较优惠，贷款期限也比较长，而且有一定的援助性质。这些就为一些发展中经济体提供了有利的贷款条件。借款国可以通过国际银行、各国政府、国际金融机构或非金融机构等多种途径筹措巨额资金，利用国际信贷引进先进技术和设备，提高本国产品的质量，增强出口商品的竞争力，进一步促进出口贸易的

---

① 黄汉民. 国际经济合作 ［M］. 上海：上海财经大学出版社，2007：168.

② 1999年1月1日，欧洲货币单位（ECU）以1比1的兑换汇率全部自动转换为欧元，从而实现了欧洲货币的统一。

③ 刘鸿儒. 经济大辞典·金融卷 ［M］. 上海：上海辞书出版社，1987：349.

④ 崔援民. 现代国际投资学 ［M］. 北京：中国经济出版社，1991：155-156.

⑤ 吴亚卿，等. 国际经济合作 ［M］. 北京：中国经济出版社，1990：98.

发展。①

第三节　国际投资发展状况

一、中国对外直接投资概况

（一）流量位列全球第三，占比提升0.5个百分点

联合国贸易和发展会议（UNCTAD）《2024年世界投资报告：投资便利化和数字政务》显示，2023年，全球对外直接投资流量为1.3万亿美元，同比下降2%，其中，发达经济体对外直接投资4 640亿美元，占全球流量的35%；发展中经济体对外直接投资8 670亿美元，同比下降7%，占比为65%；转型经济体对外直接投资310亿美元，占比为2.4%。

2023年，中国对外直接投资逆势增长，流量达1 772.9亿美元，同比上涨8.7%，为历史第三高值，占全球市场份额的11.4%（如图1-1所示）。

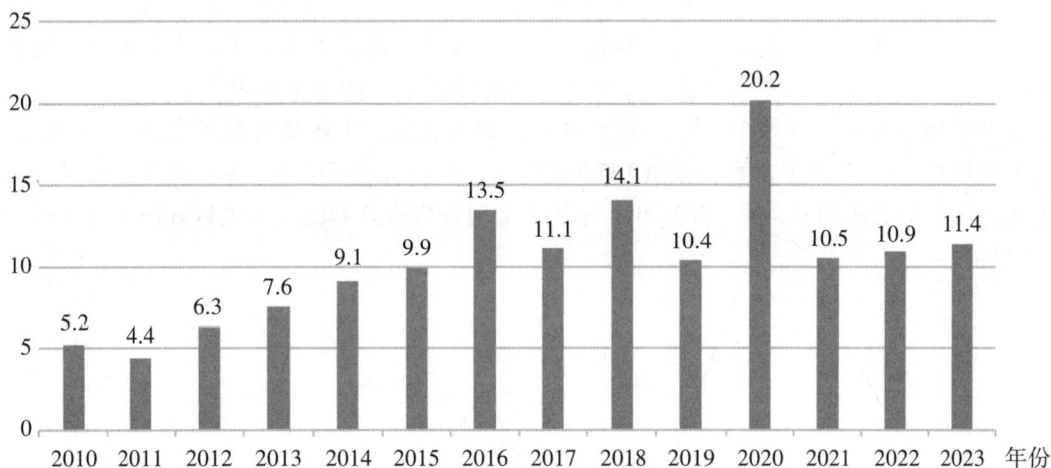

图1-1　2010—2023年中国对外直接投资流量占全球份额情况（%）

资料来源：中华人民共和国商务部，国家统计局，国家外汇管理局. 2023年度中国对外直接投资统计公报［M］. 北京：中国商务出版社，2024：9.

中国对外直接投资存量占全球的比重保持稳定，2014年后世界排名均在前十。在2018年，中国对外直接投资存量达到19 822.7亿美元，排名世界第三；对外直接投资流量达1 430.4亿美元，排名世界第三。2020年，对外直接投资流量达1 537.1亿美元，首次排名世界第一；截至2023年年末，中国对外直接投资存量为29 554亿美元，保持排名世界第三。可见我国对世界经济的贡献日益凸显。2023年我国仍保持全球地区投资一定比例的格局，对外直接投资流量全球地区分布情况见表1-1。

---

① 崔援民. 现代国际投资学［M］. 北京：中国经济出版社，1991：158.

表1-1 　　　　　　　2023年中国对外直接投资流量全球地区分布情况

地　区	投资流量（亿美元）	同比（%）	比重（%）
亚洲	1 416.0	13.9	79.9
欧洲	99.7	-3.6	5.6
非洲	39.6	118.8	2.2
北美洲	77.8	7.0	4.4
拉丁美洲	134.8	-17.6	7.6
大洋洲	5.1	-83.4	0.3

资料来源：中华人民共和国商务部，国家统计局，国家外汇管理局. 2023年度中国对外直接投资统计公报［M］. 北京：中国商务出版社，2024：9.

在企业投资方面，2023年，中国对外直接投资流量为1 772.9亿美元，较上年增长8.7%，占全球份额的11.4%，较上年提升0.5个百分点，连续12年列全球前三，连续8年占全球份额超过一成。2023年年末，中国对外直接投资存量为2.96万亿美元，连续7年排名全球前三。中国境外企业覆盖全球超过80%的国家和地区。[①]

（二）我国对外投资并购规模小幅增长，但仍为历史较低水平

2023年，世界经济复苏乏力，地缘政治冲突加剧，保护主义、单边主义上升。受多重因素影响，全球跨国并购交易下降15%，交易规模降至10年来最低点。2023年，中国企业共实施对外投资并购383起，涉及53个国家或地区，实际交易总额为205.7亿美元，较上年增长2.5%，其中，直接投资167.8亿美元，占并购总额的81.6%；境外融资37.9亿美元，占并购总额的18.4%。2023年，中国企业对外投资并购的主要地区如图1-2所示。

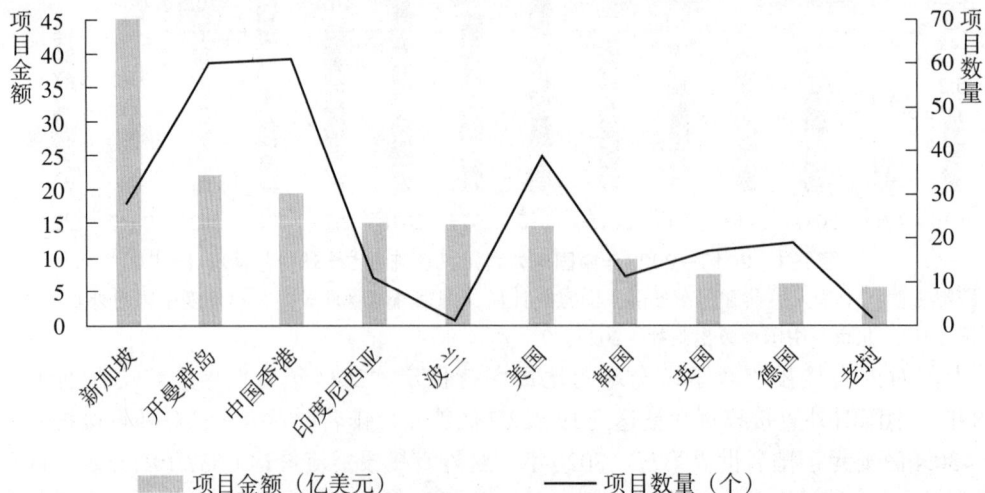

图1-2　2023年中国企业对外投资并购十大目的地

资料来源：中华人民共和国商务部，国家统计局，国家外汇管理局. 2023年度中国对外直接投资统

---

① 中华人民共和国商务部，国家统计局，国家外汇管理局. 2023年度中国对外直接投资统计公报［M］. 北京：中国商务出版社，2024：9.

计公报［M］. 北京：中国商务出版社，2024：9.

（三）投资领域持续多元化

2023年，中国对外直接投资涵盖了国民经济的18个行业大类，主要流向租赁和商务服务业、批发和零售业、制造业、金融业。流向上述四大行业的投资规模为1 385.5亿美元，占当年对外直接投资的78.1%（见表1-2）。2023年，中国流向租赁和商务服务业、批发和零售业、制造业、金融业四大领域的对外直接投资分别为541.7亿美元、388.2亿美元、273.4亿美元、182.2亿美元，整体占比分别为30.6%、21.9%、15.4%、10.3%。

表1-2　　　　2023年中国对外直接投资流量行业分布情况

行　业	流量（亿美元）	同比（%）	比重（%）
租赁和商务服务业	541.7	24.6	30.6
批发和零售业	388.2	83.4	21.9
制造业	273.4	0.7	15.4
金融业	182.2	−17.6	10.3
采矿业	98.8	−34.6	5.6
交通运输、仓储和邮政业	84.4	−43.9	4.8
科学研究和技术服务业	50.5	4.8	2.8
电力、热力、燃气及水的生产和供应业	46.5	−14.7	2.6
建筑业	28.6	97.2	1.6
信息传输、软件和信息技术服务业	22.8	34.9	1.3
农、林、牧、渔业	18.2	256.9	1.0
房地产业	14.2	−35.8	0.8
居民服务、修理和其他服务业	10.5	54.4	0.6
住宿和餐饮业	9.5	9 500.0	0.5
水利、环境和公共设施管理业	2.4	33.3	0.1
卫生和社会工作	1.6	−44.8	0.1
教育	0.8	−66.7	—
文化、体育和娱乐业	−1.4	—	—

资料来源：中华人民共和国商务部，国家统计局，国家外汇管理局. 2023年度中国对外直接投资统计公报［M］. 北京：中国商务出版社，2024：9.

（四）对共建"一带一路"国家投资增长两成，占比提升

2023 年，中国企业对共建"一带一路"国家实施并购项目 111 个，并购金额为 121.3 亿美元，占并购总额的 59%，其中，新加坡、印度尼西亚、波兰、韩国和老挝等国吸引中国企业投资并购规模均超 5 亿美元。中国企业对共建"一带一路"国家直接投资 407.1 亿美元，较上年增长 31.5%，占当年对外直接投资流量的 23%。中国在共建"一带一路"国家设立境外企业 17 万家，直接投资存量为 3 348.4 亿美元，占中国对外直接投资存量的 11.3%，存量位列前十的国家是新加坡、印度尼西亚、卢森堡、越南、马来西亚、泰国、俄罗斯联邦、老挝、阿拉伯联合酋长国、柬埔寨。2023 年年末中国对外直接投资存量前 20 位的国家和地区见表 1-3。

表 1-3　　　2023 年年末中国对外直接投资存量前 20 位的国家和地区

序号	国家和地区	存量（亿美元）	比重（%）
1	中国香港	17 525.2	59.3
2	英属维尔京群岛	3 588.9	12.1
3	开曼群岛	2 219.1	7.5
4	新加坡	864.5	2.9
5	美国	836.9	2.8
6	澳大利亚	347.7	1.2
7	荷兰	318.9	1.1
8	英国	292.6	1.0
9	印度尼西亚	263.5	0.9
10	卢森堡	228.7	0.8
11	德国	170.6	0.6
12	百慕大群岛	158.2	0.5
13	中国澳门	139.5	0.5
14	越南	135.9	0.5
15	马来西亚	134.8	0.5
16	瑞典	134.6	0.5
17	泰国	126.7	0.4
18	俄罗斯联邦	106.7	0.3
19	加拿大	106.0	0.3
20	老挝	100.1	0.3
	合计	27 799.1	94.0

资料来源：中华人民共和国商务部，国家统计局，国家外汇管理局. 2023 年度中国对外直接投资统计公报［M］. 北京：中国商务出版社，2024：9.

二、中国对外直接投资的动因

（一）宏观动因

1.制度政策优势推动对外投资

2000年中央"走出去"开放战略的提出是中国对外直接投资发展进程的重要里程碑，中国的外向型经济从此进入了快速发展阶段。党的十五届五中全会提出要"在更大范围内和更深程度上参与国际经济合作与竞争"。2004年7月，国务院出台《国务院关于投资体制改革的决定》，在很大程度上促进了对外直接投资的发展。在此期间，诸如联想、TCL、海尔等一大批知名品牌企业走出国门参与境外投资；政府部门出台了高频度的支持鼓励性政策文件，在引导与把控对外投资方面发挥了重要作用，同时政府逐渐将对外直接投资作为我国外汇储备资本管理的主要手段。①

2013年，我国对外投资流量突破1 000亿美元大关。同年11月，共建"一带一路"倡议被写入党的十八届三中全会的《中共中央关于全面深化改革若干重大问题的决定》。

我国高度重视对外投资效益与发展质量的提升，在2016年12月与2017年8月先后提出《关于加强国际合作提高我国产业全球价值链地位的指导意见》《关于进一步引导和规范境外投资方向的指导意见》，为对外直接投资的目标指明了重要方向，并及时遏制了对国内经济发展无益的非实体经济对外投资，从而化解了巨大的投融资风险隐患，并促使对外直接投资逐渐实现理性、稳健发展，对外投资产业结构不断优化。

2023年年末，我国对共建"一带一路"国家的直接投资存量为3 348.4亿美元，占中国对外直接投资存量的11.3%。截至2023年8月，中国已经与152个国家和32个国际组织签署200余份共建"一带一路"合作文件。

2.生产要素丰裕程度决定对外投资

1949—1978年，由于资本、技术、人才等生产要素极端匮乏，我国对外投资的存量与流量规模均很小，无力开展大规模对外直接投资。加之朝鲜战争后美国等国对我国进行报复性的全面封锁，严重限制了我国通过参与世界经济获得生产要素的路径。

3.国际分工的比较优势决定对外直接投资的产业投向

在对外投资产业研究方面，小岛清在1978年就认为对外直接投资与国际贸易呈互补关系，而非替代关系，应该从母国已经或即将处于比较劣势的产业（边际产业）依次进行。小岛清在国际学界享有重要地位的边际产业扩张理论，准确论证了日本在20世纪60年代至80年代对外直接投资从以资源密集型产业为主，转向以劳动密集型产业为主，再向以重化工业为主的产业结构演变的过程。

对外投资产业或行业投向变迁的背后是资本的不断积累以及技术、人才、自然资源和管理经验的不断获得所引发的投资行业在产业链上下游的扩展效应。这些生产要素的改变

---

① 高鹏飞，胡瑞法，熊艳. 中国对外直接投资70年：历史逻辑、当前问题与未来展望［J］. 亚太经济，2019（5）：96-97.

引起国际分工与国际投资动态比较优势的变化，这是投资行业变迁的逻辑内涵所在。[①]

4.投资区位变化促进对外直接投资结构优化

中国对外直接投资区位分布极为广泛，目前已经覆盖世界上80%的国家和地区。中国对外直接投资往往伴随明显的"学习特征"，而且带有"技术寻求型"动因的并购投资在投资初期就主要投向欧美发达经济体，所以小规模技术理论与技术创新产业升级理论在中国对外投资区位变迁的指导意义也具有局限性。我们认为，中国对外投资区位变迁主要是由动因变迁导致，动因变迁也促进中国对外投资的结构优化。

（二）微观动因

企业在对外直接投资中占据重要地位，因此微观动因主要从企业角度进行分析：

1.促进高新技术产业的发展，更好地利用国外科技资源

中国要想尽快形成一批附加值和技术含量高、成本和质量有竞争力的新兴产业和高技术产业，以保持和增强中国产业在全球经济中的竞争力，最为有效的方式就是通过对外直接投资，在技术、资源密集的地方设立研发机构或高新技术企业，开发生产具有自主知识产权的针对目标市场的新技术、新产品。

2.创造自己的国际名牌，增强企业国际竞争力

国际品牌的产生离不开跨国公司的贡献。中国企业进行境外投资，以国际市场为战略出发点，开发具有国际影响力和知名度的品牌，在占领国际市场的同时增强了企业的国际竞争能力。

3.拓展发展空间，开拓国际市场

在经济全球化的大背景下，由国界造成的屏蔽作用越来越小，中国企业受外国公司及产品的冲击，必将面临国内发展空间受到挤压的危险。此外，随着国际分工不断在深度和广度上拓展，国内就业的压力增大，资源保障以及生态环境的制约比以往更为严重地影响中国经济的发展，中国的企业只能通过对外直接投资来转移这些负面影响，更好地参与国际分工，充分发挥企业的竞争优势。[②]

三、全球投资的发展趋势

表1-4汇总了2000—2024年的世界投资报告主题，从中可以看出全球投资的发展趋势。

（一）全球对外直接投资呈下降趋势

2023年，全球对外直接投资流量小幅下滑，降至1.3万亿美元，降幅为2%。造成2023年FDI流量下滑的主要原因是少数欧洲"管道"经济体的资金流动大幅波动。排除该影响，全球外国直接投资流量比2022年下降10%以上。FDI的所有组成部分都在减少，新项目投资全面收缩，加上跨境并购速度放缓，股权投资流动减少了50%以上。随着跨

---

① 高鹏飞，胡瑞法，熊艳.中国对外直接投资70年：历史逻辑、当前问题与未来展望 [J].亚太经济，2019（5）：96-97.

② 谭丽芬.我国对外投资的动因、可行性及策略浅析 [J].广西财经学院学报，2008（6）：50-53.

国公司利润平均下降36%，外国子公司的再投资收益（正常年份FDI的重要组成部分）也出现下降的情况。

表1-4　　　　　　　　**2000—2024年世界投资报告主题**

年　份	世界投资报告主题
2000	跨国并购与发展
2001	促进关联
2002	跨国公司与出口竞争力
2003	促进发展的外国直接投资政策国家与国际展望
2004	转向服务业
2005	跨国公司与研发国际化
2006	来自发展中经济体和转型经济体的外国直接投资：对发展的影响
2007	跨国公司、采掘业与发展
2008	跨国公司与基础设施的挑战
2009	跨国公司、农业生产与发展
2010	低碳经济投资
2011	国际生产和发展的非股权形式
2012	迈向新一代投资政策
2013	全球价值链：促进发展的投资与贸易
2014	投资于可持续发展目标：一项行动计划
2015	重构国际投资机制
2016	投资者国籍及其政策挑战
2017	投资和数字经济
2018	投资及新产业政策
2019	特殊经济区
2020	全球投资前景存在高度不确定性
2021	投资可持续复苏
2022	国际税收改革和可持续投资
2023	为人人享有可持续能源投资
2024	投资便利化和数字政务

资料来源：作者自行整理。

（二）发达经济体的 FDI 降幅较大，发展中经济体的 FDI 降幅较为温和

发达经济体 2023 年的趋势受到多国公司金融交易的强烈影响，部分原因是对最大的多国公司实行最低税率。欧洲的外国直接投资流量从 2022 年的-1 060 亿美元猛增至 160 亿美元。流向欧洲其他地区的资金下降了 14%。流向其他发达经济体的资金也停滞不前，北美下降了 5%，其他地区则大幅下降。

发展中经济体 FDI 下降了 7%，降幅较温和，主要原因是发展中亚洲下降了 8%。发展中经济体的绿地项目公告增加了 1 000 多个，但这些项目高度集中；东南亚几乎占一半，西亚占 1/4，非洲略有增加，而拉丁美洲和加勒比地区吸引的项目较少。非洲的外国直接投资流量下降了 3%，拉丁美洲和加勒比地区的 FDI 下降了 1%，为 1 930 亿美元。该地区的许多经济体受影响严重。尽管发达经济体的 FDI 下降严重，但是美国仍是 FDI 最大接收国，紧随其后的是中国。2023 年全球最大的 10 个 FDI 目的地见表 1-5。

表 1-5　　　　　　　　　　2023 年全球最大的 10 个 FDI 目的地　　　　　　　单位：亿美元

排　名	国家或地区	2023 年流入量	2022 年流入量
1	美国	3 342	3 342
2	中国内地	1 777	1 890
3	欧盟	1 414	-1 878
4	新加坡	1 412	1 410
5	中国香港	1 177	1 249
6	巴西	679	679
7	加拿大	559	559
8	墨西哥	439	439
9	印度	493	490
10	瑞典	459	459

资料来源：联合国贸易和发展会议 . 2024 年世界投资报告：投资便利化和数字政务［R］. 南开大学跨国公司研究中心，译 . 日内瓦：联合国贸易和发展会议，2024：9.

（三）FDI 温和增长，但 FDI 的复苏是不均衡的

全球 FDI 流动仍略高于 2022 年同期的预期范围。[①]家庭的过剩储蓄以及被压抑的消费需求推动经济增长，尤其是在较富裕的经济体。但各经济体的 FDI 复苏是不均衡的。流入

---

① 联合国贸易和发展会议 . 2021 年世界投资报告：投资可持续复苏［R］. 南开大学跨国公司研究中心，译 . 日内瓦：联合国贸易和发展会议，2021：20.

亚洲的FDI仍将具有韧性。2023年以后，亚洲地区一直是一个有吸引力的国际投资目的地。流向非洲、拉丁美洲及加勒比地区的FDI不太可能大幅复苏。这些地区的结构性弱点更多、财政空间更小，更依赖绿地投资。

自2008年起，FDI的主要发展趋势便显示出动力不足。受税改、超大规模交易及资金流变化等偶发因素的波动性影响，近10多年来FDI的年均增长率大约只有1%，而2000—2007年为8%，2000年之前甚至超过20%。推动FDI增长的长期动力趋缓，其中就包括FDI回报率下降、资产轻量化投资形式增多以及投资政策和环境恶化等。表1-6列出了2023年全球最大的10个FDI来源地。

表1-6　　　　　　　　　　　　2023年全球最大的10个FDI来源地　　　　　　　　单位：亿美元

排　名	国家或地区	2023年流出量	2022年流出量
1	美国	3 880	3 730
2	日本	1 600	1 614
3	中国内地	1 300	1 465
4	德国	1 450	1 429
5	英国	1 320	1 296
6	澳大利亚	1 200	1 165
7	中国香港	1 050	1 035
8	加拿大	820	792
9	韩国	700	664
10	瑞典	650	622

资料来源：联合国贸易和发展会议. 2024年世界投资报告：投资便利化和数字政务［R］. 南开大学跨国公司研究中心，译. 日内瓦：联合国贸易和发展会议，2024：9.

（四）绿地投资略有增长

最值得注意的是，自2008年全球金融危机开始以来，绿地投资项目数连续4个季度出现负增长。其结构性损失十分有限，主要由低点后两年的短暂增长所弥补。然而，在危机后10多年的其余时间里，绿地投资的增长又陷入停滞，继续处于比以前低得多的水平。仅存的有限增长主要集中在发达经济体，发展中经济体趋势线几乎是水平的。绿地投资项目公告是一个亮点。项目数量增加了2%，增长集中在制造业，打破了该部门长达10年的逐步下降趋势。此外，增长集中在发展中经济体，这些国家的项目数量增加了15%。发达经济体的新项目公告数量下降了6%。

（五）投资政策的主要趋势已经更多地转向投资便利化

2023年采取的投资政策措施数量比2022年减少了25%，但仍然符合5年期平均水平。大多数措施（72%）对投资者有利。有利措施（自由化、投资促进、便利化）和不利措施

（对准入和经营的限制）之间的总体平衡没有变化。投资便利化和激励措施是有利于投资者的主要措施类型，发达经济体和发展中经济体都是如此。便利化措施几乎达到有利措施的40%，占所有措施的30%，创下了一个纪录。就激励措施而言，服务部门和可再生能源是2023年的主要重点。

（六）可持续金融市场继续增长

2023年，包括债券和基金在内的可持续投资产品的价值增长了20%，超过7万亿美元。不过，这一涨幅在很大程度上是由累计发行量和不断上升的估值推动的，而且市场的一些板块步履维艰。可持续债券表现出小幅增长，发行规模攀升3%，至8 720亿美元，市值超过4万亿美元。绿色债券是增长的主要推动力，而其他领域的发行量，尤其是社会债券，有所下降。

（七）数字便利化工具的数量显著增加，质量也有所提高

2024年，联合国贸发会议的数据显示，发展中经济体用于企业和投资者注册的国家政府信息门户的数量从2016年的82个增加到124个；发达经济体从43个增加到48个。在发展中经济体，同期在线单一窗口的数量从13个增加到67个，这些窗口允许网上办理多种手续；发达经济体从12个增加到28个。门户网站的质量也有所提高，最不发达经济体的一些门户网站可与发达经济体的门户网站相媲美，这表明存在跨越式发展的机会。尽管取得了进步，但信息过时、门户关闭和"单一窗口包装"等问题依然存在。持续更新、所有权明确和资源充足对于数字便利平台的长期成功至关重要。技术支持对发展中经济体而言格外重要；最不发达经济体评级最高的门户往往是通过发展援助建立的。

第四节　全球价值链与国际投资

一、全球价值链的兴起

"价值链"这一概念是由管理学大师迈克尔·波特（Michael E. Porter）在20世纪80年代出版的著作《竞争优势》中率先提出的。20世纪末至21世纪初，生产和经济走向全球化，世界各经济体间的垂直分工日益显著。加里·杰里菲（Gary Gereffi，1999）在以前关于价值链研究的基础上，将这一概念发展为全球价值链（global value chain，GVC）。[①]

全球价值链是指在产品或服务从概念产生到被最终消费者消费的整个过程中形成的价值创造链，涵盖设计、研发、制造、营销等多个环节。其形成与20世纪90年代兴起的产品内国际分工密切相关。科技进步推动生产标准化和碎片化，同时在多边、双边及区域、

---

① 刘瑶. 赢在全球价值链：新兴经济体的机遇与挑战［M］. 北京：对外经济贸易大学出版社，2016：39.

次区域经济合作助力下，各国贸易和投资壁垒逐渐降低，促使跨国公司在全球范围配置资源，以实现利润最大化。跨国公司全球一体化生产网络的构建，为其价值链全球布局奠定了重要基础。《2024 年世界投资报告：投资便利化和数字政务》显示，2023 年，全球中间品（含初级产品、零部件和半成品）贸易占比仍较高。几乎每条全球价值链的形成都离不开企业国际投资行为，跨国公司主导的国际投资构成全球价值链的主动脉，决定其广度和深度。因此，研究全球价值链对各国贸易的影响时，需关注其与国际投资的关系，为发展中经济体通过吸引外资融入并跃升全球价值链提供理论和政策指导。

二、全球价值链与国际投资的关系

国际贸易与国际投资是全球价值链的两种不同的外在表现形式，二者分别以货物流和资金流的形式将这条隐形的价值链具象化，使我们对价值链的形成和走向有更为清晰的认识。事实上，无论是全球价值链还是国际贸易或国际投资，都是国际分工纵深发展的产物，都要受到各国比较优势、资源禀赋等因素的影响，只不过这些因素的作用对象已经由中观的产业或行业转变为价值链中的某一环节。正是这样一个共同的理论基础，决定了全球价值链与国际投资之间存在密切的关系。

（一）跨国投资是推动构建全球价值链的重要引擎

企业通过跨国投资在全球配置资源，实现生产活动地域重构，进而影响全球价值链结构。从跨国投资的两种主要形式来看，水平型跨国投资常横跨多条全球价值链，形成不同价值链的交点。这些交点的存在，使各行业或产品的全球价值链不再孤立平行发展，而是构成复杂的网络。垂直型跨国投资则倾向于直接创建全球价值链（或其部分），如世界石油和天然气巨头壳牌有限公司，参与了勘探、回收、运输、炼油、化学品、市场营销、零售等整条全球价值链的诸多活动。跨国公司的所有权优势、内部化优势和区位优势相结合，推动了其全球投资布局，而这种布局正是全球价值链构建的核心动力。[①]

（二）利用外资是参与全球价值链并提高参与程度的有效途径

相对于经济规模而言，一国利用外资的水平越高，往往进入全球价值链的层次就越高，并且从贸易中获得的国内增加值就越多。联合国贸易和发展会议的研究结果显示，利用外资存量最多的国家的全球价值链参与度也最高（见表1-7）。一国利用外资存量与其全球价值链参与度存在明显的正相关性，并且随着时间的推移，这一关系愈发明显，在最不发达地区更是如此。这就意味着吸引外资可能是发展中经济体参与全球价值链并提高参与程度的一条重要途径。

全球贸易中的外国附加值（即各国出口中包含的进口商品和服务）在经历了1990—2010年的持续增长之后，于2010—2012年达到峰值。联合国贸易和发展会议的全球价值

---

① DUNNING J H. International production and the multinational enterprise ［M］. London：George Allen & Unwin，1981.

链数据显示，2017年外国附加值占贸易比重下降1个百分点，至30%。与1997—2007年相比，2007—2017年，无论是发达经济体还是发展中经济体，所有地区的全球价值链参与度增速都大幅下降。全球价值链参与度增速下降与外国直接投资的趋势存在明显的相关性，证实了外国直接投资趋势对全球贸易格局的影响。

表1-7 2010年贸易增加值与FDI关键指标（以四分位数的FDI流入存量占GDP的比重划分）

项 目	出口中的外国附加值占比	全球价值链参与度	贸易附加值对GDP的贡献率
第一四分位国家 （FDI流入存量占GDP的比重最高的国家）	34%	58%	37%
第二四分位国家	24%	54%	30%
第三四分位国家	17%	47%	24%
第四四分位国家 （FDI流入存量占GDP的比重最低的国家）	18%	47%	21%

资料来源：联合国贸易和发展会议. 2013年世界投资报告——全球价值链：促进发展的投资与贸易[M]. 译者不详. 北京：经济管理出版社，2013.

从中国40多年改革开放的实践中我们也可以看到，中国吸收外资和发展加工贸易，得以全方位嵌入全球价值链。同样，在外资的带动下，中国参与全球价值链的广度和深度不断提升，已经成为许多行业全球价值链中的重要一环。2023年，我国新设外商投资企业53 766户，同比增长39.7%，较2022年增加了15 269家。我国新设外商投资企业实现增长，充分显示出我国营商环境持续改善和超大规模市场的极强吸引力。随着我国经济由高速增长转向高质量发展，外商投资的重点逐步从劳动密集型行业转向高技术领域，投资结构进一步优化。2023年，新设外商投资企业中第三产业占比达到90.3%，其中，制造业，科学研究和技术服务业，租赁和商务服务业，信息传输、软件和信息技术服务业，房地产业，批发和零售业，金融业的新设企业增速达86.8%。可以看到，从20世纪八九十年代的加工组装，到21世纪的科技研发和现代服务，中国吸收外资的重心逐步发生变化，也体现了中国在全球价值链中位置结构的变化。外资企业通过技术转移和产业关联，对中国融入全球价值链并提升地位发挥了关键作用。[①]

利用外资不但是我国融入全球价值链的一块敲门砖，也是我国实现全球价值链跃升的一条捷径。一方面，1995—2014年，外资对提升我国全球价值链参与度发挥了至关重要的作用。其间中国全球价值链参与度从25.7%上升为35%，提升水平显著。但深入分析其提升来源，主要得益于全球价值链后向参与度的明显提高，前向参与度基本不变。全球价值链后向参与度主要反映我国出口产品中的国外附加值含量，这与外商投资企业主导的加工贸易密切相关。另一方面，我国在全球价值链中的位次逐步向上游攀升。最终需求距离指数可衡量一国或地区在全球价值链中的位次，指数越大，表明其更多从事

---

① 裴长洪，刘洪愧. 中国吸收外资的高质量发展：理论、实践与政策[J]. 经济研究，2018（10）：4-20.

上游活动。

（三）对外投资是主动布局全球价值链的关键举措

对外直接投资纵然在多数情况下是企业追求利润最大化的微观行为，但发达经济体确实通过对外投资实现了对全球价值链的主导权和控制权。2023年年末，全球对外直接投资存量前五大国家分别是美国、荷兰、中国、英国和日本，其中美国占比高达21.3%。与此同时，全球对外直接投资存量最多的国家也正是在全球价值链上占据主导地位的国家。美国、英国、日本等发达经济体的全球价值链前向参与度明显高于我国。值得注意的是，这些国家较高的全球价值链前向参与度并非依赖能源、资源等初级产品出口，而是通过向后发国家出口核心零部件实现的。

一国对全球价值链的主导权和控制权主要取决于其从事环节的不可替代性。由于发达经济体掌握其他经济体难以替代的关键技术与核心零部件，即便将部分生产环节转移至成本较低的后发国家，仍能掌控价值链的发展和演进。2023年，全球跨国公司有超10万家，约为30多年前的3倍。可见，跨国公司内部贸易是全球价值链中价值流转的重要形式，其全球布局在很大程度上决定了价值链走向。因此，与利用外资被动融入全球价值链不同，对外投资是一国或地区主动布局全球价值链的关键举措。中国企业通过对外直接投资，尤其是对研发环节和高端制造业的投资，正在逐步提升对全球价值链的掌控能力。[①]

（四）改革开放是深度融入全球价值链的基本前提

新形势下进一步深化改革开放，通过简政放权、推动服务业市场开放、改善营商环境等途径来降低供应链壁垒，是一国或地区深度融入全球价值链的基本前提。从中国的发展实践来看，未来参与高标准自由贸易谈判、降低供应链壁垒的关键障碍在于服务业市场开放。事实上，虽然服务出口占全球出口总额的比重只有约20%，但是几乎一半的出口附加值来自服务业，全球外资存量的2/3也分布在服务业部门。因此，中国下一步深度融入全球价值链需要实施更加积极主动的对外开放战略，以上海、广东、福建和天津等21个自由贸易试验区（FTZ）为试点，进一步简政放权，加快促进服务业有序开放，提升服务业整体竞争力。[②]

案例窗 1-1

拓展阅读 1-1

---

① 张辉. 全球价值链动力机制与产业升级研究 [J]. 中国工业经济, 2015 (3)：70-82.

② [1] 白光裕, 庄芮. 全球价值链与国际投资关系研究——中国的视角 [J]. 国际贸易, 2015 (6)：16-20. [2] 杨翠红, 田开兰, 高翔, 等. 全球价值链研究综述及前景展望 [J]. 系统工程理论与实践, 2020, 40 (8)：1961-1976.

素养园地

投资中国就是投资未来

2020年以后，各主要经济体均出现不同程度衰退的状况，全球贸易链、产业链面临严峻挑战和深刻变革，经济全球化遭遇更强劲逆流，单边主义、保护主义甚嚣尘上。中国是开放还是封闭、是合作还是脱钩、是外资竞相投资的热土还是纷纷撤离的荒地？

开放是国家繁荣发展的必由之路！这是40多年改革开放给予我们的重要启示。正是因为坚持对外开放，打开国门搞建设，中国摆脱了积贫积弱的状态，发展成为全球制造业第一大国、货物贸易第一大国、商品消费第二大国、外商直接投资第二大国、外汇储备第一大国。党的二十大报告指出："我国成为一百四十多个国家和地区的主要贸易伙伴，货物贸易总额居世界第一，吸引外资和对外投资居世界前列，形成更大范围、更宽领域、更深层次对外开放格局。"当前，以开放促改革、促发展，仍是中国不断取得新发展成就的重要法宝。在2020年8月24日召开的经济社会领域专家座谈会上，习近平总书记明确指出，新发展格局绝不是封闭的国内循环，而是开放的国内国际双循环，中国同世界经济的联系会更加紧密，为其他国家提供的市场将更加广阔，成为吸引国际商品和要素资源的巨大引力场。2020年9月1日召开的中央全面深化改革委员会第十五次会议也再次强调，中国要站在历史正确的一边，坚定不移扩大对外开放，增强国内国际经济联动效应，推进对外贸易创新发展，深化科技创新、制度创新、业态和模式创新，加快提升贸易质量，稳定产业链、供应链，培育外贸新动能，深入推进贸易便利化，优化外贸发展环境。

英国智库分析师大卫·拉米雷斯认为，各国与中国进行大规模"经济脱钩"不切实际。第一，生产重新布局和供应链重塑极其复杂、耗时且成本高昂。第二，东南亚一些国家尽管制造业不断发展，但仍高度依赖从中国进口原材料及零部件，并且在基础设施方面也与中国存在较大差距。第三，中国经济体量和人口规模是其他国家无法比拟的，跨国公司之所以在中国设厂，就是为了拥有更多机会直接接触中国14亿消费者。可靠性将取代低成本，成为供应链管理的主要目标。中国完善的基础设施、庞大的经济体量以及广阔的消费市场，为跨国公司提供了可靠的生产与交易平台。

不拒众流，方为江海。中国的发展离不开世界，世界的繁荣也需要中国。开放的中国将始终是世界的机遇，寻求与中国脱钩，就是与发展机遇脱钩，就是与最具活力的大市场脱钩，就是与未来脱钩！无论国际风云如何变幻，中国将始终坚定不移维护多边主义和自由贸易，不断扩大开放，以自身发展推动世界共同发展。

资料来源：闫骏荣. 国际观察：投资中国就是投资未来［EB/OL］.（2020-09-06）［2025-03-29］.
https://news.cri.cn/20200906/b11b151e-4b4f-6a39-4c52-6b3de510ece1.html.

关键术语

资本　投资　国际投资　公共投资　私人投资　实物投资　金融投资　长期投资　短期投资　国际直接投资　国际间接投资　全球价值链

复习与思考

1. 投资的概念与特点分别是什么？
2. 简述国际投资的特点及与国内投资的差异。
3. 简述国际投资的分类方式并举例。
4. 用自己的语言解释国际直接投资的含义和类别。
5. 试述国际间接投资的类别并举例。
6. 简述中国对外投资概况。
7. 简述全球价值链与国际投资的关系。

阅读分析

1978年，松下电器成为第一家进入中国的外资企业。到20世纪90年代，来自日本的家电产品占领了绝大部分中国市场。但是到21世纪后，松下电器与东芝、夏普等其他日本企业一样，越来越深地陷入困境。2015年，松下中国正式宣布，已于2015年1月底终结山东松下电子信息有限公司事业。该公司于1995年成立，从1996年开始生产显像管电视机。关闭它，意味着松下电器在中国区域内的电视生产和制造业务彻底结束。松下电器在中国市场越来越萎靡。截至2017年4月，松下电器在冰箱、空调的零售量市场排名已经跌出前十，不及分别位于第一名的海尔冰箱、格力空调的零头。在洗衣机市场，松下电器的颜面勉强被保留，零售量占比为6.11%，零售额占比为7.5%，排名第六。

从第一家吃螃蟹的企业到市场"落后生"，松下电器陷身困局的原因既有战略和体制上的，又有战术和机制上的。体制僵化，不愿意聘用中国本土化人才，是松下电器在华的致命缺陷。在日资企业里，很少有中国本土职业经理人；即使有，也对其信任度不高，给予他们的发展空间不大。在战略上，松下电器对等离子电视的坚守，让其在电视机领域铩羽而归。这种战略性退缩给松下电器造成了严重的后果——退出后，由于以前用户在售后上得不到保障，品牌影响力有所削弱，然后继续收紧在华业务，形成恶性循环。另一个十分重要的原因是"日本制造"产品质量神话的破灭和"中国制造"产品在质量和技术创新上的全面崛起。中国现在已经不再是卖方市场，而处于一个供过于求、讲究消费者至上的时代。以前松下电器以过硬的产品质量吸引了中国消费者，但现在中国品牌如海尔、格力、美的的产品，在质量上并不比松下电器差，甚至已经领先。前些年松下电器还频频曝出质量问题，极大地削弱了销售力，也透支了其品牌信任度。

资料来源：曾高飞. 松下电器在华陷"中国式困局"：变卖家产也难有希望［EB/OL］.（2017-08-09）［2025-03-29］. https://economy.china.com/industrial/11173306/20170809/31059271_2.html.

思考题：

1. 松下电器为什么敢于做第一个进入中国市场的外资企业？
2. 松下电器在中国的对外直接投资行为能怎样帮助中国企业走出国门？
3. 未来松下电器国际投资的趋势会有哪些？

第二章　国际资本流动与风险监管

内容提要

　　本章主要针对国际资本流动和国际投资风险进行相关知识的介绍，分析资本流动的方式和原因，介绍国际投资风险的因素、分类和管理。学习本章，有助于认识和理解国际资本流动运作、国际投资风险控制。

❖ 导读

俄罗斯的金融自由化

　　2008年的全球金融危机引发全球流动性紧缩，外国投资者撤离在俄罗斯金融机构的资金或大规模抛售俄罗斯卢布资产，同时外国信贷机构关闭对俄罗斯银行的贷款渠道，造成俄罗斯无法举借新债来还旧债；恐慌心理导致银行客户大量提取现金，造成银行的清偿力迅速下降，客户对银行的信任度急剧下降；美元汇率上升、卢布及银行抵押资产大幅贬值，这既导致银行大范围亏损，又造成银行债务成倍增加。当2008年9月俄罗斯金融危机深化时，私人银行短期外债大量减少，加之银行不良贷款日益增加，引发了俄罗斯严重的银行业危机。应当指出，俄罗斯银行负债结构的特点决定了银行为非金融企业提供的主要是流动资金。资料显示，俄罗斯有近2/3的企业将贷款作为流动资金，银行业危机也造成其资金周转困难。金融危机对俄罗斯企业的影响相当严重，大量企业亏损，且亏损数量和波及面继续扩大，截至2008年11月，仅莫斯科就有近5.9万家企业亏损。这些都造成企业逾期债务增加，加剧了银行流动性风险。据俄罗斯中央银行2009年3月25日的公报，信贷风险是俄罗斯信贷机构最重要的风险类型，截至2009年1月1日，信贷风险占俄罗斯风险总额的96.4%（在2008年1月1日为94.4%）。

　　2009—2010年，俄罗斯逾期债务的增长速度极大地超过了总贷款额的增长速度。正是由于俄罗斯经济中很高的信贷风险，加之国内缺乏有清偿能力并且信誉可靠的金融工具，因而很大一部分银行的长期资金被用于其他国家经济的信贷。据相关资料，俄罗斯银行积累的长期资金信贷用于对外国资产的投资占银行资产的12%。另据莫斯科银行战略研究中心的资料，2005—2007年，俄罗斯银行部门的外债资金中只有15%～25%用于非金融部门贷款。因此，俄罗斯银行系统的资金用于实体部门的发展问题仍未完全解决。

　　2013年上半年，俄罗斯信用机构资产增长了6.5%，达到52.7万亿卢布。自2014年以来，美国及其盟友对俄罗斯实施了一系列金融制裁，严重影响了俄罗斯银行系统对实体经济的支持能力。截至2023年年底，俄罗斯银行系统在支持实体经济方面取得了显著进展，净贷款债务在资产结构中的占比达到88%，显示出银行系统对实体经济的深度参与。

资料来源：韩爽，徐坡岭，王志远. 俄罗斯金融制度变迁二十年：起点、方案与路径 [J]. 俄罗斯学刊，2011，1（5）：12-18.

思考题： 国际资本流动是怎样影响俄罗斯经济的？

第一节　国际资本流动概述

一、国际资本流动的概念

国际资本流动（international capital flows）是指资本在国家、地区或金融组织之间进行转移，是一种资本在世界范围内进行流动的过程。它不同于商品交易：商品交易通常是以商品的所有权转移为特征，从而获得收益。此外，国际资本流动是一种双向的流动，按方向可以分为国际资本流出和国际资本流入。

国际资本流出（international capital outflows）是指本国资本流到国外，也就是本国输出资本。国际资本流出的内容有：第一，本国在外国资产的增加，如本国在外国投资办企业。第二，本国对外国负债的减少，如本国归还到期的贷款。第三，外国在本国资产的减少，如外国从本国银行中提取存款转回国内。第四，外国对本国负债的增加，如外国从本国获取贷款。可见，国际资本流出可以是本国资本流出国外，也可以是原来流入的外国资本流出本国。

国际资本流入（international capital inflows）是指外国资本流入本国，也就是本国输入资本。国际资本流入的内容有：第一，本国在外国资产的减少，如本国从外国银行中提取存款用于国内投资。第二，本国对外国负债的增加，如本国获取外国银行的贷款。第三，外国在本国资产的增加，如外国在本国投资办企业。第四，外国对本国负债的减少，如外国归还到期的本国贷款。[1]

二、国际资本流动的演变

（一）第一次世界大战以前

第一次世界大战以前，资本流出国主要是英国、法国和德国，资本流入国主要是比较富裕且资源丰富的北美洲、拉丁美洲和大洋洲国家；其次，流入东欧和斯堪的纳维亚半岛的资本约占对外投资总额的25%；最后是其他外围国家。[2]

---

[1]　吴开祺. 国际金融教材 [M]. 上海：知识出版社，1983：193-194.
[2]　胡援成，吕江林，杨玉凤. 国际金融 [M]. 北京：中国财政经济出版社，1999：335.

（二）两次世界大战期间

这一时期资本流动顺应了调整由战争引起的混乱状况的短期资金需要，却不能考虑本身能否长期维持。美国乐于输出资本和取得出口顺差，欧洲债务国则通过借款维持贸易入超，其余的债务国靠出口盈余偿还部分债务，剩余部分依靠借款。维持这种均衡状态需要有不断的资本净流动。但这一时期与第一次世界大战时期有所不同，没有正常的贸易扩大去偿还不断增加的债务，这样稳定就依赖无限制的资金供给。[①]

（三）第二次世界大战以后

第二次世界大战以后，美国的资本输入经历了一个由慢到快，最后变为净债务国的过程。20世纪50年代和60年代，美国的资本输入速度较慢，从1950年的176亿美元到1969年的908亿美元，平均每年增加38.5亿美元，年平均增长率为9.8%。70年代以后，外国对美国投资346亿美元，平均增长率为14.6%。美国资本输入迅速增加，增加速度超过同期的资本输出，其结果是，到1985年，美国重新沦为债务国。[②]

（四）20世纪90年代以来的新阶段

20世纪90年代以来，国际资本流动波澜起伏，大规模的资本流入给某些新兴市场经济体和转型经济体带来了发展的动力；但是国际资本的流出，尤其是短期投机资本的转瞬流出对当地经济的冲击也不可小觑。欧洲汇率机制危机、墨西哥金融危机、亚洲金融危机以及世纪之交的土耳其金融危机和阿根廷金融危机等，都与国际资本流动密切相关。

总之，国际资本流动的演变有以下几个趋势：[③]

① 国际资本流动的期限日益模糊，长短期资本的相互转化更加迅速。

② 国际资本流动的规模和活跃度受美国、欧洲和日本经济的影响日益强烈。

③ 欧元国际货币地位的增强刺激了欧元区资本市场的迅速发展，同时对改变美元单一强势地位、促进国际金融格局平衡发挥了极其重要的作用。

④ 美国经济政策调整使国际资本流动的不确定性加大。

⑤ 新兴市场持续流入的私人资本以及不断增加的经常账户盈余很大一部分转换为储备资产。

三、国际资本流动的方式

国际资本流动的决定因素有很多。根据资金的使用时间或交易期限的不同，国际资本

---

① 多恩布什，赫尔姆斯. 开放经济——发展中国家政策制订者的工具 [M]. 章晟曼，等译. 北京：中国财政经济出版社，1990：229-230.

② 胡援成，吕江林，杨玉凤. 国际金融 [M]. 北京：中国财政经济出版社，1999：335-338.

③ 2002年10月11日，时任中国人民银行行长戴相龙在东盟与中、日、韩 "短期资本流动管理与资本账户开放高级研讨会" 上的讲话。

流动可被分为国际长期资本流动和国际短期资本流动。国际长期资本流动是指期限在一年以上或未规定到期期限的资本投资。其主要方式有直接投资、证券间接投资和国际借贷等（详见本书第二章第一节）。国际短期资本流动是指期限在一年以内（含一年）或即期支付的货币资金流动。其主要方式有国际贸易资金流动、银行资金流动、保值性资本流动和投机性资本流动。

（一）国际贸易资金流动

为了清偿和了结国际贸易中的债权、债务关系而发生的货币资金从一个国家或地区向另一个国家或地区的流动，就是国际贸易资金流动。这种流动在国际短期资本流动中占有重要地位。

（二）银行资金流动

这是由各国外汇专业银行之间资金的频繁调拨引起的资金流动。各国经营外汇业务的银行，根据经营业务的需要，经常进行外汇头寸调拨和短期资金的拆借，国际银行业往来收付和结算都会产生频繁的国际短期资本流动。

（三）保值性资本流动

这是资本持有者为在短期内保证资本的安全而在国际进行的资本调动，又称资本逃避。

保值性资本流动的主要原因是：

① 国内政局动荡不稳，资本安全失去保障。

② 国内经济恶化，国际收支持续逆差，货币有贬值的可能。

③ 国家实施严格的外汇管制，资本的运用受限。

（四）投机性资本流动

这是由投机者利用国际市场行情出现的涨落差异进行投机，以牟取利润，从而引起的短期资本流动。国际市场行情涨落的差异主要反映在货币市场的利率、外汇市场的汇率、黄金市场的金价以及资本市场的证券价格变动上。

投机性资本流动的种类主要有：

① 在没有外汇抵补交易的情况下从另一种货币谋求更高收益的资本流动。

② 对暂时性的汇率变动作出反应的资本流动。

③ 预期汇率有永久性变动的资本流动。

④ 与贸易有关的投机性活动，即超前和掉后交易。超前交易是指预期某种货币升值，则加速支付该货币的债务，以免该货币升值时债务加重；掉后交易是指预期某种货币贬值，则尽量延迟付款，因为该货币贬值后，债务就自动减轻。①

---

① 冯文伟. 国际金融管理教程［M］. 上海：华东理工大学出版社，1999：107-108.

四、当代国际资本流动的根本原因

（一）资本供求

从国际资本的供给方面看，发达经济体的经济发展水平高，资本积累的规模越来越大，但其国内经济增长速度缓慢，投资收益率逐渐下降，出现了大量相对过剩的资本。在这种情况下，过剩的资本就会流向境外投资环境较好的国家或地区，特别是劳动力充裕、自然资源丰富的发展中经济体，以谋取高额利润。

从国际资本需求方面来看，大多数发展中经济体经济落后，储蓄率低，金融市场又不成熟，其国内资金远不能满足经济发展的需要。为解决这一问题，它们不得不以积极的姿态和优惠的待遇引进外国资本，从而形成了对国际资本的巨大需求。资本的大量过剩和巨大需求是影响国际资本流动的重要因素。

（二）利率与汇率

利率与汇率是密切相关的。例如，一国利率提高，会引起国际短期资本内流，增加外币的供给，从而使本币汇率上升；一国利率降低，会引起该国短期资本外流，减少外币的供给，从而使本币汇率下降。一般说来，利率与汇率呈正相关关系，它们往往分别或共同促使资本进行国际流动。

（三）经济政策

一国政府为引导和协调国民经济发展所制定的经济政策对国际资本流动的影响也很大。例如，为克服国内资金短缺的困难，政府会制定一系列优惠政策来吸引外国资本；当国际收支出现逆差时，政府会利用资本输入，暂时改善国际收支状况；为刺激国内经济发展，政府可能实行赤字预算和通货膨胀政策，而这两者也会引起国际资本流动；为调节国际资本流动的方向和规模，政府可采取或松或紧的外汇管制，并制定国内外的投资政策和指南等。特别在世界经济不景气或国际经济关系不稳定时期，各国经济政策对国际资本流动产生的影响更为重要。

（四）风险防范

在现实经济生活中，由于市场的缺陷和各种消极因素的存在，投资者经济损失的风险随时可能出现。这种风险除表现为利率和汇率变化可能导致资本价值降低外，还表现为政治局势不稳定、法律不健全、战争爆发、通货膨胀加剧和经济状况恶化等对资本的安全和价值造成的不利影响。为规避风险，大量资本从高风险的国家和地区转向低风险的国家和地区。同时，从投资策略上看，降低风险可能造成的损失，不仅要求投资分散于国内不同的行业，而且要求投资分散于不同的国家和地区，因为投资者可以利用行业和国家之间的差异以丰补歉，保证投资收益的稳定性，使企业面临的总体风险相对小（如图2-1所示）。①

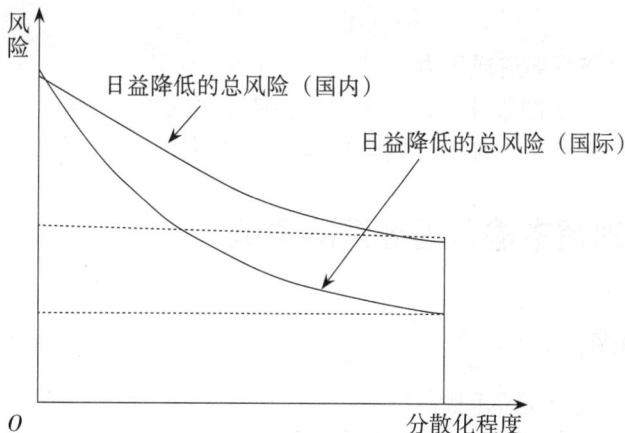

图2-1　分散化程度与风险

第二节　国际资本流动的影响

一、资本流动对资本输出国经济的影响

（一）积极影响

资本流动对资本输出国经济的积极影响是：

① 可提高资本的边际效益。资本输出国通过对外投资可实现资本边际效益的提升。在资本相对充裕的国家，随着投资规模扩大，资本边际收益率往往呈现递减趋势。而发展中国家及新兴经济体存在资本稀缺性，将过剩资本转移至这些地区，能够显著提高资本配置效率。资本的跨国流动可缩小各国要素回报率差异，实现全球资源优化配置。②

② 可以带动商品出口。跨国投资对出口贸易的带动效应尤为显著。资本输出往往伴随设备、技术和服务的跨境流动，形成投资–贸易联动机制。

③ 有助于企业拓展全球市场网络。

④ 缓解国内资本过剩压力。

（二）消极影响

1.必须承担资本输出的经济和政治风险

资本输出面临的地缘政治风险不容忽视。阿根廷2001年金融危机期间实施的资本管

---

① 裴平. 国际金融学［M］. 南京：南京大学出版社，1994：309–311.

② MUNDELL R A. International trade and factor mobility［J］. American Economic Review，1957，47（3）：321–335.

制政策，导致外国投资者损失超过 300 亿美元，这一案例成为主权风险研究的经典样本。①

2.会对输出国经济发展造成压力

在货币资本总额一定的条件下，资本输出会使本国的投资下降，从而减少国内的就业机会，降低国内的财政收入，加剧国内市场竞争，进而影响国内的政治稳定与经济发展。

二、资本流动对资本输入国经济的影响

（一）积极影响

① 解决输入国资本不足的问题。
② 有效弥补了发展中经济体的储蓄-投资缺口。
③ 引进先进技术与设备，获得先进的管理经验。
④ 创造了很多就业岗位。

（二）消极影响

① 引发债务危机。
② 导致本国经济主权让渡。
③ 加剧国内市场竞争。

三、资本流动对世界经济的影响

（一）资本全球化推动了全球价值链的深度整合

世界投入产出数据库（WIOD）显示，1995—2021 年，跨境资本流动使全球价值链参与度提升 23 个百分点，其中制造业产业链的跨境整合度最高。②这种整合加速了技术扩散，使光伏、电动汽车等产业的技术迭代周期缩短至 3~5 年。

（二）加速世界经济的国际化

生产国际化、市场国际化和资本国际化是世界经济国际化的主要标志。这 3 种国际化之间互相依存、互相促进，推动了整体经济的发展。

---

① KRUEGER A O. Argentina's Crisis [J]. Journal of Economic Perspectives, 2002, 16 (3): 115-134.

② TIMMER M P, DIETZENBACHER E, LOS B, et al. An illustrated user guide to the world input-output database: The case of global automotive production [J]. Review of International Economics, 2015, 23 (3): 575-605.

（三）加深货币信用国际化

首先，加深金融业的国际化。资本在国际的转移促使了金融业尤其银行业在世界范围内广泛建立，银行网络遍布全球，同时促使跨国银行的发展与国际金融中心的建立，为国际金融市场增添了丰富的内容。目前，不少国家的金融业已成为离岸金融业或境外金融业而完全国际化。

其次，促使以货币形式出现的资本遍布全球。如国际资本流动使以借贷形式和证券形式体现的国际资本大为发展，渗入世界经济发展的各个角落。

最后，国际资本流动主体的多元化，使多种货币共同构成国际支付手段。目前，几个长期资本比较充裕的国家，其货币都比较坚挺，持有这些货币意味着更广泛地在世界范围内实现购买力的国际转移或可更有选择余地地拥有清偿国际债务的手段。可见，这些都在不同程度上加深了货币信用的国际化。

四、资本流动对国际金融市场的影响

短期资本流动对汇率波动的影响显著。美联储 2023 年研究表明，新兴市场日均跨境资本流动量超过 GDP 的 0.5% 时，汇率波动率将上升 1.8 个百分点。

总之，国际资本流动是一把"双刃剑"，建立健全资本流动管理框架，加强宏观审慎政策协调，是实现资本流动收益最大化的关键。[①]

第三节　国际投资风险的因素与分类

从某些方面考虑，进行国际投资活动的环境是充满风险和不确定性的。国际投资风险是指在某一时期、某种环境下，客观存在的、可以被测算的能导致国际投资主体发生经济损失的可能性，是比一般风险更为具体的一个概念。[②]

一、国际投资风险的因素

（一）投资项目的目标要求

投资项目的目标要求越高，其构成越复杂，实际投资效果与预期目标产生差异的可能性就越大。因此，投资方应确立合理的投资目标。一般来讲，这种投资风险影响因素带有某种主观性。

① 黄有土，朱孟楠. 国际金融新论 [M]. 厦门：厦门大学出版社，1992：308-312.

② 杨华峰，汪晓昀. 国际投资风险防范分析与策略 [J]. 资源开发与市场，1995，11（5）：237-239.

（二）投资项目的合理性

国际投资涉及复杂多变的国际市场以及市场中的诸多因素，如产品内外销比例、外汇、筹资方式等问题，所以国际投资项目一般都经过严格的可行性研究，以确认该投资是否合理。如果各种投资渠道畅通、技术可行，并期望得到较好的收益，那么该国际投资具有较强的合理性，投资风险也较小；反之，如果投资项目不合理，则风险较大。

（三）投资环境

投资环境对国际投资风险有决定性影响。国际投资环境包括潜在东道国的政治环境、经济环境以及自然环境等。一个国家政局不稳、经济状况恶劣，无疑会加大外来投资的风险。投资环境较之其他国际投资影响因素具有很强的不可控性，由此造成的后果也比较严重。

（四）投资者的行为

投资者的行为主要是指投资方的投资经营管理行为。如果投资项目管理不善，就会出现生产率低下、生产成本过高、流动资金不足等问题，从而降低投资收益，造成损失。该种风险影响因素的可控性相对其他因素要大。

（五）投资项目的生命周期

国际投资涉及因素非常复杂、繁多，而且每个因素都在不停地发生变化。因此，国际投资项目的生命周期越长，其投资风险越大。[1]

二、国际投资风险的分类

国际投资环境十分复杂，风险种类有很多，原因也有所不同，只有充分地了解每种风险的成因以及可能造成的伤害，才能决定是否适宜进行国际投资，以及在投资过程中采取何种应对措施更为合适，更好地规避风险，这对国际投资至关重要。国际投资风险的来源主要可以分为三类：汇率风险、经营风险、政治风险。

（一）汇率风险

汇率风险是指一个组织、经济实体或个人的资产（债权、权益）与负债（债务、义务）因外汇汇率波动而引起其价值上涨或下降的可能性。[2]

汇率的不确定性是国际投资者常需要面对的最基本的风险。尤其对跨国公司来说，货币的兑换十分常见，经常需要使用大量外币，汇率的波动将会给企业带来全方位的风险，而不局限于某一环节。对企业来说，常遇到的外汇风险有3种：

---

①　崔援民. 现代国际投资学 ［M］. 北京：中国经济出版社，1991：406-407.

②　陈伟利，陈坚. 跨国公司财务管理 ［M］. 北京：中国对外经济贸易出版社，1998：71.

1.交易风险

交易风险是指已经达成而尚未完成的用外币表示的经济业务，因汇率变动而可能发生损益的风险。交易风险产生于下列3种交易：一是由购销引起的以外币结算的应收款项或应付款项；二是借入或贷出以外币表示的款项；三是获得以外币计算的资产或形成以外币结算的负债。

2.折算风险

折算风险是指由于汇率变动，子公司、分公司和母公司的资产价值表在进行会计结算时可能发生损益的风险。跨国公司在每个会计期末，需要将每个分支机构的会计报表加以汇总，编制合并会计报表。在将各子公司、分公司以东道国货币计价的会计科目折算为以母公司所在国的货币计价的过程中，汇率的变动可能造成资产或收益的损失。折算风险带来的收益和损失，仅仅是反映会计报表各项目中的会计概念，并非真实发生的收益和损失。

3.经济风险

经济风险是指汇率变化导致跨国公司设在境外的子公司的现金流量的净现值变化而产生的经济损益的风险。汇率变动意味着各国同种商品之间的比价和一国不同商品之间的比价都发生变化，而经济风险的大小就取决于投资公司的商品销量、价格、生产成本对汇率变化的敏感程度以及现金流量的年限长度。

（二）经营风险

经营风险是指由于市场条件和生产技术条件的变化而使国际投资遭受的损失。其主要包括：

1.价格风险

价格风险是指国际市场上行情变动引起价格波动，从而使企业遭受损失的可能性。

2.销售风险

销售风险是指产品销售发生困难给企业带来的风险。企业的收益和现金流量靠销售来实现。导致销售风险的因素很多，如对消费市场预测失误、适销不对路、价格不合理、营销不力等。

3.技术风险

技术风险是指开发新技术的高昂费用、新技术的实用性以及与原有技术的相容性所带来的风险。

4.人员结构风险

人员结构风险是指企业在人员招聘、管理者任命中存在的风险。国际投资是跨地域、跨文化的经济活动，对东道国的人力资源环境和文化背景等的不熟悉，容易造成人员结构上的经济风险。

（三）政治风险

政治风险是指在国际经济交往中未预测到的政治因素变化对国际投资可能带来的经济损失风险。其主要包括：

1. 国有化和征用风险

国有化和征用风险是指东道国政府基于国家主权和公共利益的需要，对外资企业予以国有化或接管没收而给外国投资者带来的经济损失。该类风险多发生在政局不稳定和政策易变的发展中经济体。

2. 战争风险

战争风险是指东道国国内由于政府领导层变动、社会各阶层利益冲突、民族和宗教矛盾等原因，在东道国境内发生战争而给外国投资者带来经济损失。[①]

第四节 国际投资风险的管理与监管

一、国际投资风险管理的框架

在国际投资中，由于各种不确定性因素的影响，投资者的投资经营状况与预期状况存在一定的差异，投资者在这一过程中会遭受损失。与国内投资相比，国际投资具有投资环境和路径更加复杂、投资目标更加多样化等特征，面临的风险范围更广，损失更严重，成因更加复杂，风险管理难度加大，也变得更加重要。风险管理是通过对活动中的各种不确定性加以识别判定，进行预估和控制，尽量以最小的成本使不确定性可能造成的风险降至最低的管理行为。国际投资风险管理是指从事国际投资的投资者在对投资风险进行识别判定、预估、控制之后，运用各种技术和经济手段以最适当的措施来控制风险，尽最大可能保障投资者的利益，保证投资安全。

（一）制订国际投资的风险管理计划

对风险管理而言，设计一份风险管理计划是风险管理的第一步，也是所有风险管理工作的基础。制订合理的风险管理计划十分重要。进行国际投资的投资者要及时征求风险管理者的意见或委任专门的风险管理人员进行风险管理。对风险管理者来说，在制订风险管理计划的时候要考虑投资者的总体规划和预期目标，同风险投资者进行沟通，征得风险投资者的同意后，在尽量匹配投资的规划、目标的前提下制订风险管理计划。

风险管理计划主要包括以下几个步骤：

① 确定风险管理的预期目标。

② 建立风险管理结构，形成完整的风险管理体系。

③ 确定进行风险管理的人员、部门的责任，保证分工明确，妥善配合。

④ 编制具体的风险管理计划。

（二）识别国际投资风险

在制订计划以后，风险管理者需要对国际投资风险进行识别。这些风险包括投资者在

---

① 叶守礼. 国际投资 [M]. 上海：华东师范大学出版社，2000：211-213.

进行国际投资前、投资中、投资后所面临的各种不确定性可能带来的风险。一般有以下几种常见的潜在风险：

① 根据经营风险、技术风险的识别方法，估算即将产生的财产物质损失和由损失间接导致的其他成本，如生产延误。

② 因投资东道国发生战争、政局不稳或更改投资政策而引起的财产物质损失以及间接导致的其他费用。

③ 因在同竞争对手竞争过程中采取不正当的方式损害其利益所产生的赔付或诉讼费用。

④ 因企业的组织结构调整或公司管理层决策和管理不善、发生意外事故所产生的费用和损失。

⑤ 因技术发展而导致企业的技术被淘汰或影响企业生产经营效率所造成的损失。

（三）预估国际投资风险

识别投资风险之后，需要对风险可能对国际投资主体造成的损害、影响作出预估，包括预估风险发生的范围和影响的程度，以及在哪些环节可能发生、概率有多大。根据损失金额、损失规模，国际投资的损失一般可以被分为可预见条件下可能发生的损失的最大值和一般情况下风险发生时造成的损失（即最大可信损失）两种。进行国际投资的风险管理人员需要对这两种损失规模都作出估计。对每种可能的风险按照投资主体的风险承受和应对能力制定合理的处理措施，采取不同的方法，合理分配投资主体的风险管理能力，对风险的预估在国际投资风险管理中十分重要。

（四）选择合理的国际投资风险管控方案

合理预估国际投资过程中可能出现的风险后，风险管理人员需要根据投资主体的实际情况选择风险管控方案，如风险规避、风险转移、风险自留、风险抑制、风险共担等。

（五）执行制订的国际投资风险管控方案

国际投资风险的管理人员在做好充分的风险管控准备工作之后，就要开始执行制订的风险管控方案。在执行过程中，各风险管控部门要密切配合，对即将发生的重大风险，可以在同投资主体沟通好的情况下赋予风险管理部门负责人一定直接执行应急预案的权力。

（六）评价国际投资风险管控方案

对整个国际投资风险管控的过程而言，这是最后一步，但对投资主体之后的风险管理和提升其风险管理能力而言至关重要。因此，在国际投资风险管控方案得到执行之后，需要对整个国际投资风险管控方案执行过程中作出的处理决策进行评估和判断。对效果较好的风险管控措施可以加以记录，在之后发生类似风险的时候采取此类措施进行风险规避。若主要风险发生的情况、国际投资环境变化迅速，风险的特点和宏观环境就会不断变化，有些风险的类型虽然相似，但在更加错综复杂的情况下或许并不适用，因此一定要加以甄别。而对一些当时作出的错误风险管理决策，要进行深入分析，判断是否有更好的解决方案，及时加以改正，防止此类风险管理错误再次出现。

二、国际投资风险管理的基本策略

（一）风险规避

风险规避（risk avoidance）是在国际投资过程中风险防范最彻底的方式，在进行投资之前对投资过程中可能发生的风险进行预测，能够有效地规避一些风险。风险规避的策略主要有以下几种：

① 对从事生产的企业来说，尽量保证原材料和生产过程的安全。例如，化工企业在生产过程中可能产生有毒气体，这种情况下就要建立完善的有毒气体处理体系，避免有毒气体泄漏，造成重大事故。

② 确定合适的生产经营地点。例如，投资的企业东道国经常有洪水，计划投资时就要考虑将生产经营地确定在合适位置，以规避这种风险。在确定投资东道国时，应尽量选择政治环境稳定的国家。

③ 放弃对风险较大国家的投资和贷款计划，如在爆发国际债务危机时放弃对严重债务国的投资。

④ 闭关自守，不受任何国际政治、经济因素的干扰等。

（二）风险自留

对一些无法避免、无法转移的风险，投资者可以根据自己所能承担的范围和风险的程度来决定是否选择风险自留（risk retention）。这种策略需要投资者具有一定的经济实力和风险应对能力，在预料到可能的风险以后做好全方位的准备，预估风险可能影响的各个环节，尽力将风险造成的损失降至可以接受的范围内，不让其影响到国际投资者的大局，不要造成不可挽回的损失。例如，银行对某风险大的国家贷款时，适当提高呆账准备金率；某一大型跨国公司的子公司面临国有化威胁时，继续保持正常的生产经营。

（三）风险转移

风险转移（risk transfer）即风险承担者通过若干技术和经济手段将风险转移给他人承担。风险转移的具体措施是：

其一，投资者向保险公司投保，以交纳保险费为代价，将风险转移给保险公司承担；当承保风险发生后，其损失由保险公司赔偿。

其二，投资者也可不向保险公司投保，而是通过其他途径将风险转移给别人。如投资者将具有风险的生产经营活动转包给别人，这样就把风险转给承包者来承担。

（四）风险抑制

对已经努力规避但仍然发生的风险或者无法规避的风险，可以采用风险抑制（risk reduction）策略来降低风险发生的概率以及造成的损失。风险抑制的具体措施如：某债务国面临流动性债务危机时，可继续向其提供新贷款；东道国发生战争时，投资国将本国人员撤回大使馆或者本国，以避免人员伤亡。

（五）风险集合

风险集合（risk pooling）是指若有大量同类风险发生，投资者可以联合起来，提供集合的风险应对能力和经济实力，以降低风险处理成本，规避损失。银行在对一笔巨额国际贷款进行发放时，可以联合其他银行共同为其提供贷款，通过风险集合策略增强风险应对能力。①

三、国际投资风险的监管

金融监管是指政府通过特定的机构（如中央银行）对金融交易行为主体进行的某种限制或规定。其本质是一种具有特定内涵和特征的政府规制行为。金融监管可以分为金融监督与金融管理。金融监督是指金融主管当局对金融机构实施的全面性、经常性的检查和督促，并以此促进金融机构依法、稳健地经营和发展。金融管理是指金融主管当局依法对金融机构及其经营活动实施的领导、组织、协调和控制等一系列的活动。②

（一）金融监管的现状

1.金融体系出现了新业态，不受监管或监管较弱

随着金融业的不断发展和技术进步，金融体系中出现了新的机构形态或业态，很多处于不受监管或监管较弱的状态。尽管目前以银行或者保险公司为母公司的金融集团都受到国家金融监督管理总局的综合监管，但是监管标准并不统一，容易造成监管套利。而以控股公司作为母公司的金融控股集团，在集团层面基本处于无人监管的状态。

2.资金的流向和产品创新超出业务边界，监管机构难以掌控资金流向，主管机构权责不清

很多情况下，资金运行跨越了银行间市场、交易所市场，甚至是民间借贷市场，监管机构难以把握资金的流向，各个市场也有不同的主责机构。近年来，风险最为突出的是影子银行（第十二章第五节详细介绍）。影子银行的活动不受监管或所受监管较弱，常常会成为监管套利的工具。一方面，主体身份转换，使得银行从原先受到严格监管的机构转换为监管较少的主体；另一方面，业务形式创新，设计创新的业务模式，逃避监管，进行原来监管下无法开展的业务。中国的影子银行问题在后一点上表现得尤为突出，主要是商业

---

① 杨华峰，汪晓昀. 国际投资风险防范分析与策略［J］. 资源开发与市场，1995，11（5）：237-239.

② 王廷科. 现代金融制度与中国金融转轨［M］. 北京：中国经济出版社，1995：187.

银行资产的大规模出表。

（二）金融监管的不足

由于我国金融业发展较晚，监管体系也并非十全十美，其缺点如下：

1.分业监管导致机构之间协调不畅

在现有金融监管体系内，我国中央银行、国家金融监督管理总局、中国证监会的分工不同。但因国内金融业务在近年来的持续创新，信托、银行等诸多业务合作日益加深、互为渗透，因此界限变得并不明确。由于各类金融新产品的出现，各个机构的关联变得更为复杂。

2.监管滞后于金融创新，处于被动地位

近几十年来，中国金融业才开始得到发展，对比美国等发达经济体，在金融监管、创新等方面都略微滞后。现在，我国也出现了大量的金融创新，但从监管体制方面来看，始终处于滞后状态。

其一，全新创新工具的出现，对国际金融监管而言是一种挑战，而监管一般无法对潜在风险、趋势予以明确。

其二，中国目前实行分业监管，若想对此进行处理，需要以范围明确为前提；但在金融工具创新方面，并非仅与其中之一相关，此时即出现监管方面的滞后、空白情况。

3.及时制止金融风险的产生，保障金融市场的安全

例如，蚂蚁金服具有放贷高杠杆、高利息差的特点，如果上市成功，将会给整个金融市场带来系统风险。一旦蚂蚁金服出了问题，就会对金融市场产生超强的破坏性，因此未批准蚂蚁金服上市。

案例窗2-1

拓展阅读2-1

关键术语

国际资本流动　国际资本流出　国际资本流入　国际证券投资　外国债券　欧洲债券　汇率风险　经营风险　政治风险　风险管理　风险规避　风险自留　风险转移　风险抑制　风险集合

复习与思考

1.什么是国际资本流动？国际资本流动的主要方式有哪些？

2.当代国际资本流动有哪些根本原因？

3.论述资本流动对不同经济体的影响。

4.简述影响国际投资风险的因素和国际投资风险的分类情况。

5.试述国际投资风险管理的基本策略。

阅读分析

中国成非洲第四大投资国

到2023年11月，中国已连续14年保持非洲第一大贸易伙伴国的地位，中国对非洲出口的工程机械、日用品都很好满足了非洲人民生产和生活的需要。非洲也是中国很多矿产资源包括能源的重要来源地，为维护中国产业链稳定发挥非常重要的作用。

在基础设施方面，非洲历来也是中国"走出去"的一个重要市场。早在1979年，中国工程企业第一次走向国际，首批对外承包合同就是与非洲国家签的。目前非洲已经成为中国对外承包工程的第二大市场，中国企业利用援助以及各类资金帮助非洲国家实施了大量基础设施和民生项目，显著改善了非洲设施联通状况，提升了当地人民生活水平。

已经建成和在建的项目，为非洲新增和升级铁路超过了1万千米，公路达近10万千米，电力装机容量为19.2亿千瓦，通信骨干网是15万千米，医疗设施有400多个，教育机构有1 200多家，清洁用水处理能力为每年40万吨，累计创造就业岗位超过450万个。通过开展对非洲合作，中国产品、技术、服务、标准加快进入国际市场，有一大批中国企业迅速发展壮大，国际业务也不断迈向新的台阶。

党的二十大报告指出："依托我国超大规模市场优势，以国内大循环吸引全球资源要素，增强国内国际两个市场两种资源联动效应，提升贸易投资合作质量和水平。"在投资合作方面，中国企业赴非洲投资越来越踊跃，已经在非洲设立了超过3 500家各类企业，其中民营企业占比超过七成。我国在非洲直接投资存量是434亿美元，已经成为非洲第四大投资国。中非产业互补的优势非常显著，中国企业积极扩大对非投资，在帮助非洲创造就业岗位、提升工业化水平、推动经济包容性发展等方面发挥了重要作用。与此同时，中国企业优化业务布局，开拓国际市场的步伐也不断加快，跨国经营管理能力和社会责任意识也得到显著提升。

资料来源：彭瑶. 中国发布丨中国在非直接投资存量达434亿美元 已成非洲第四大投资国［EB/OL］.（2021-11-17）［2025-03-09］. http://news.china.com.cn/2021/11/17/content_77877417.html.

思考题：

1.中国企业为何不断增大在非洲的投资范围和力度？中国企业的优势在哪里？

2.在共建"一带一路"倡议的背景下，中国企业对非洲的投资会面临哪些机遇和挑战？

第三章 国际投资统计

内容提要

各国政府为了更好地进行国际投资理论分析，制定合理政策，保障经济稳健发展，需要使用客观权威的统计数据。本章主要阐述了国内外投资统计的基本方法，介绍我国和其他部分国家的投资统计制度，并着重介绍了我国国际投资制度和国际投资管理。掌握这些理论有助于了解世界各国国际投资统计的特点，并会应用统计方法。

❖ 导读

探求全球经常账户变动规律的积极尝试

进入 21 世纪之后，全球主要国家的经常账户失衡明显加剧。2007 年，中国、日本、德国的经常账户顺差均达到历史性高点，经常账户顺差占名义 GDP 的比重分别为 9.9%、4.6% 与 6.9%。美国、英国的经常账户逆差在 2006 年、2008 年相继达到历史性高点，经常账户逆差占名义 GDP 的比重分别为 5.9%、4.0%。①

从 2003 年至 2008 年全球金融危机爆发前的几年时间中，关于全球经常账户失衡的讨论无论在国际还是国内都一度非常火爆。关于全球经常账户失衡成因的讨论很多，可以从顺差国角度与逆差国角度进行梳理。

主要的经常账户顺差国包括以中国为代表的东亚经济体以及位于中东、北非地区的石油输出国。石油输出国的经常账户顺差不言自明，故而不在重点讨论的范围内。至于东亚经济体的顺差，主流解释有两种：一是东亚国家普遍实施出口导向的经济增长战略，为了让其出口具有国际竞争力，东亚国家会系统性地压低本币汇率，而本币汇率被刻意低估是东亚国家具备持续经常账户顺差的根源。二是从国民收入核算入手。在国民收入核算中，一国净出口等于该国储蓄与投资之差。换言之，如果一国国内储蓄大于国内投资，该国一定会出现经常账户顺差，而如果一国国内储蓄小于国内投资，该国一定会出现经常账户逆差。

除了全球经常账户失衡的成因之外，另一个讨论得非常热烈的问题就是全球经常账户失衡的可持续性。2008 年，全球金融危机爆发了。全球金融危机结束后，全球经常账

① 崔凡，苗翠芬. 中国外资管理体制的变革与国际投资体制的未来 [J]. 国际经济评论，2019 (5)：20-33；4.

户失衡明显缓解，原因既有周期性因素，也有结构性因素。所谓周期性因素，是指危机后全球经济增长明显放缓导致全球经常账户失衡收窄。所谓结构性因素，则是指全球人口老龄化加剧、全球技术进步速度放缓、逆全球化趋势抬头等中长期因素。如果全球经常账户失衡缓解的原因主要是周期性因素，那么随着全球经济增速回升，经常账户失衡可能再度加剧。而如果全球经常账户失衡缓解的原因主要是结构性因素，那么像过去那么严重的经常账户失衡就很难重演。

资料来源：张明. 张明 | 探求全球经常账户变动规律的积极尝试［EB/OL］.（2023-09-05）［2025-03-29］. https://business.sohu.com/a/717845939_788107.

思考题：

1.全球经常账户失衡加剧的原因是什么？

2.进行国际投资时收支顺差是否越多越好？

第一节　国际投资统计简介

一、国际收支

（一）国际收支的含义

国际收支（international balance of payment）是指一个国家在一定时期内由对外经济往来、对外债权与债务清算引起的所有货币收支。[①]狭义的国际收支是指一个国家或者地区在一定时期内，由于经济、文化等各种对外经济交往而发生的，必须立即结清的外汇收入与支出。[②]广义的国际收支是指一个国家或者地区内居民与非居民之间发生的所有经济活动的货币价值之和。[③]

国际货币基金组织在《国际收支和国际投资头寸手册》（第七版）中规定：国际收支是特定时期内居民与非居民之间的经济交易汇总表。其组成部分有货物和服务账户、初次收入账户、二次收入账户、资本账户和金融账户。在作为国际收支基础的复式记账会计制度下，每笔交易的记录由两个分录组成，贷方分录合计金额与借方分录合计金额相等。国际收支内的不同账户根据提供和获得经济资源的性质加以区分。国际收支中记录的交易是居民与非居民机构单位之间的相互行为。

（二）国际收支平衡表的账户分类

国际收支平衡表（balance of international payments）是一个国家与其他国家的净金融交易的项目表。其通常被分为：

---

① 张平，崔升波，赵铁男. 现代市场营销学［M］. 沈阳：东北大学出版社，1996：283.

② 刘舒年，刘园.《国际金融》学习问答［M］. 北京：对外贸易教育出版社，1993：1.

③ 王常华，焦利勤，陈卫红. 国际市场营销［M］. 长沙：湖南师范大学出版社，2012：52.

1.经常账户

经常账户（current account）是国际收支中重要的账户类别，显示的是居民与非居民之间货物、服务、初次收入和二次收入的流量。经常账户细分为货物和服务账户、初次收入账户以及二次收入账户。

2.资本和金融账户

资本和金融账户（capital and financial account）是对所有资产在国际的流动行为加以记录的账户，是国际收支平衡表的第二大类项目，分为资本账户和金融账户。

第一，资本账户表述居民与非居民之间的应收和应付资本转移以及非生产非金融资产的取得和处置。

资本转移是资产（非现金或存货）的所有权从一方向另一方变化的转移；或者是使一方或双方获得或处置资产（非现金或存货）的转移；或者为债权人减免负债的转移。资本转移在所有相关要求和条件满足且接受单位具有无条件权利主张时进行记录。

非生产非金融资产包括：① 自然资源；② 契约、租约和许可；③ 营销资产（和商誉）。非生产非金融资产的取得和处置在所有权发生变化时进行记录。

第二，金融账户记录涉及金融资产与负债以及发生于居民与非居民之间的交易。其可被细分为非储备性质的金融账户和储备资产两部分。

非储备性质的金融账户包括直接投资、证券投资、金融衍生工具、其他投资四个子账户，主要表现私人部门的跨境资本流动。

储备资产是指一国货币当局为了平衡国际收支、干预外汇市场以影响汇率水平或其他目的而直接控制并被各国所普遍接受的各种外国资产。储备资产又叫官方储备或国际储备，是平衡国际收支的项目。

3.净误差与遗漏

误差与遗漏是在编制国际收支平衡表的过程中由数据不完整、统计时间和计价标准不一致、货币折算等因素造成的。净误差与遗漏是为了保持国际收支会计平衡而设置的一个余额项目。

净误差与遗漏=−（经常账户差额+资本和金融账户差额+储备资产差额）

国际收支平衡表中的经常账户余额、资本和金融账户余额之和应为零。[①]国际收支平衡表举例见表3−1。

表3−1   2023年中国国际收支平衡表   单位：亿元人民币

项 目	金额	项 目	金额
1.经常账户	17 826	借方	−35
贷方	268 536	2.2　金融账户	−15 160
借方	−250 710	资产	−16 124
1.1　货物和服务	27 347	负债	964

---

① 朱琳. 我国净误差遗漏账户与资本外逃规模的相关性研究 [D]. 长沙：湖南大学，2018.

项　目	金额	项　目	金额
贷方	248 878	2.2.1　非储蓄性质的金融账户	−14 907
借方	−221 531	2.2.1.1　直接投资	−10 188
1.1.1　货物	42 114	资产	−13 138
贷方	225 381	负债	2 951
借方	−183 267	2.2.1.2　证券投资	−4 329
1.1.2　服务	−14 767	资产	−5 393
贷方	23 497	负债	1 064
借方	−38 263	2.2.1.3　金融衍生工具	−548
1.2　初次收入	−10 591	资产	−353
贷方	17 008	负债	−195
借方	−27 599	2.2.1.4　其他投资	158
1.3　二次收入	1 071	资产	3 014
贷方	2 651	负债	−2856
借方	−1 580	2.2.2　储备资产	−253
2.资本和金融账户	−15 181	3.净误差与遗漏	−2 645
2.1　资本账户	−21	……	……
贷方	13	……	……

（三）国际收支调节政策

各国政府可以选择的国际收支调节政策包括财政政策（fiscal policy）、货币政策（monetary policy）、汇率政策（exchange rate policy）、直接管制和其他奖出限入措施等。这些手段不仅改变国际收支，而且给国民经济带来其他影响。各国政府根据本国的国情采取不同措施对国际收支进行调节。

1.财政政策

当一国出现国际收支顺差时，政府可以通过扩张性财政政策促使国际收支平衡。首先，减税或增加政府支出通过税收乘数或政府支出乘数成倍地提高国民收入，由于边际进口倾向的存在，进口相应增加。其次，需求带动的收入增长通常伴随着物价水平上升，后者具有刺激进口、抑制出口的作用。最后，在收入和物价上升的过程中利率有可能上升，后者会刺激资本流入。一般说来，扩张性财政政策对贸易收支的影响超过它对资本账户收支的影响，因此它有助于一国在国际收支顺差的情况下恢复国际收支平衡。

2.货币政策

货币政策是指一国政府和金融当局通过调整货币供应量实现对国民经济需求管理的政策。政府一般通过改变再贴现率和法定准备金率、进行公开市场业务等来调整货币供应量。由于货币供应量变动可以改变利率、物价和国民收入，所以货币政策成为国际收支调节手段。

3.汇率政策

汇率政策是指一国通过调整本币汇率来调节国际收支的政策。当一国发生国际收支逆差时，政府实行货币贬值（devaluation）手段可以增强出口商品的国际竞争力，并削弱进口商品的竞争力，从而改善该国的国际收支。当一国长期存在国际收支顺差时，政府可以通过货币升值（revaluation）手段来促使国际收支平衡。为了保证国际汇率相对稳定，国际货币基金组织曾规定各会员只有在国际收支出现基本不平衡时才能够调整汇率。

4.直接管制政策

直接管制政策是指政府直接干预对外经济往来从而实现国际收支调节的政策措施。上述国际收支调节政策都有较明显的间接性，更多地依靠市场机制来发挥调节作用，而直接管制政策可以直接干预。直接管制可分为外汇管制、财政管制和贸易管制。[①]

二、国际投资头寸

（一）国际投资头寸表的定义

国际投资头寸表与国际收支平衡表一起，构成一个国家或地区完整的国际账户体系。国际收支平衡表反映的是在特定时期内一个国家或地区与世界其他国家或地区发生的一切经济交易。国际投资头寸表反映的是特定时点上一个国家或地区对世界其他国家或地区的金融资产和负债存量状况。[②]

（二）国际投资头寸计算

《国际收支和国际投资头寸手册》（第六版）主要对国际投资头寸的核算规则进行完善，采用市场价值代替账面价值对国际投资头寸中各资产项目进行核算。当采用账面价值核算国际投资头寸中各资产项目时，国际投资净头寸的变动额与国际收支中经常账户的累积额相等，如下可知：

---

① 何璋. 国际金融 [M]. 北京：中国金融出版社，1997：27-30.

② 国家外汇管理局. 外汇局有关负责人就公布中国国际投资头寸表答问 [EB/OL]. (2006-05-25) [2022-03-15]. http://www.gov.cn/govweb/zwhd/2006-05/25/content_291098.htm.

$$NFA_t + NFA_{t-1} = (NX_t + IA_t) + (CT_t + KA_t) + EO_t + KG_t$$

式中：NFA表示国际投资净头寸，也代表一个国家的外部净资产；NX表示净出口额，IA表示利息及股利，NX与IA相加即经常账户；CT和KA分别表示现金转移支付和资本转移支付；EO表示净误差与遗漏；KG表示资本利得；t表示时间。

（三）国际投资头寸表失衡

近些年来，随着全球国际收支失衡持续加剧，国际投资头寸的失衡现象越发明显，并成为全球外部失衡的重要表现形式。由资产价格或汇率波动引致国际投资头寸失衡的变动，被称为外部失衡的金融调整，对其影响、驱动因素以及机制的研究逐渐成为外部调整理论的重要拓展，进而形成外部失衡金融调整理论。

根据国际收支平衡表的记账规则，国际投资头寸是一定时期内国际收支状况的累积反映，因此，持续的国际收支失衡最终将引致国际投资头寸失衡。同时，根据上述记账规则，国际投资净头寸代表一国外部财富，较之国际收支，更能反映该国在一个连续时期内的国际经贸情况，其不仅可以反映流量状态下的国际收支情况，也可以反映一定时期内国际收支的累积情况。因此，国际投资头寸失衡已逐步取代国际收支失衡，成为外部失衡的主要表现形式。[1]

第二节 美国和日本国际投资统计方法

从国际经验上看，发达经济体的国际收支类型之一是"经常账户逆差、资本和金融账户顺差"模式，表现为对外净负债，这种类型的典型代表经济体就是美国；另一类发达经济体的国际收支总体上处于"经常账户顺差、资本和金融账户逆差"模式，表现为对外净投资，这类经济体的代表为日本。

通过学习国际投资统计方法，我们要了解各国投资情况，为日后分析各国投资现状、趋势打下基础；同时，通过对中国与其他国家国际收支的差异进行比较，得出相应建议，促进我国国际投资统计方法的发展。

一、美国国际收支平衡表

（一）美国国际投资头寸表的发展

美国作为全球最强大的国家，历史上曾经长期拥有巨大的国际投资净债权，并在1945年第二次世界大战结束时达到顶峰；在布雷顿森林体系建立时，美国曾经控制了全球2/3的黄金储备。此后，美国的外部经济均衡日现颓势，国际收支顺差和国际投资头寸

① LANE P R, MILESI-FERRETTI G M. The external wealth of nations: measures of foreign assets and liabilities for industrial and developing countries [J]. Journal of International Economics, 2001, 55 (2): 263-294.

盈余双双收缩，终于在20世纪70年代中期发生了贸易逆差，在20世纪80年代中期出现国际投资净债务头寸。

在美国的对外债权结构中，政府部门的对外债权比重微乎其微，而外国政府部门持有庞大的对美国尤其是对美国政府的债权。在对美国私人部门国际投资头寸的分析中，美国私人部门对外间接投资和外国私人部门对美国间接投资都占有绝大比重，说明当代国际资本更愿意选择流动性强的间接投资形式。这种以间接投资为主要形式的国际资本流动也是造成国际金融市场动荡的根本原因。

（二）美国国际收支平衡表波动

2007—2008年美国国际收支大幅下跌（如图3-1所示）。美国次贷危机在2007年2月浮出水面，到2008年演变成全球金融危机，世界经济陷入严重衰退。随着金融危机愈演愈烈，美国金融业逐步被此次危机彻底改变：从金融危机爆发至2009年8月，美国商业银行总共破产倒闭111家，破产清算总资产达18 136.5万亿美元，涉及储蓄金额12 847.6万亿美元，分别达到2000—2007年商业银行破产数量和资产规模的数十倍。

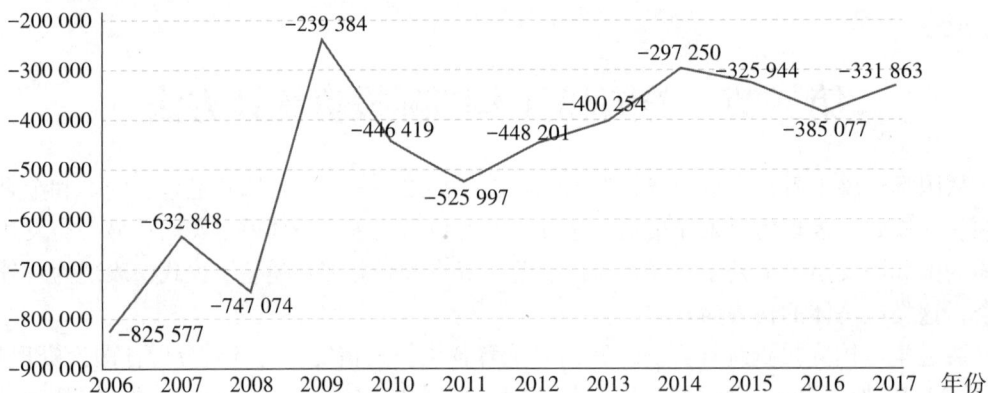

图3-1 2006—2017年美国国际收支平衡表资本和金融账户波动情况（单位：百万美元）
资料来源：美国经济分析局网站。

在美国金融机构处于风雨飘摇之时，美国政府对其伸出援助之手。美联储从2007年底开始通过每2周1次的低息贷款、公开拍卖等公开市场操作，对中小银行进行救助，其实质是以较高的频率向其直接提供资金。2008年9月以来的事实证明：美联储的一系列公开市场操作为美国金融市场注入急需的流动性，遏制了更猛烈的中小银行倒闭浪潮；美国政府对房利美、房地美、美国国际集团的接管避免了"两房"在2008年8—9月的历史市值最低点破产，也避免了美国国际集团重蹈雷曼兄弟破产的覆辙，预防了房贷市场的彻底崩溃以及可能随之而来的多米诺骨牌效应；美国财政部对花旗集团等一系列全球化商业银行的紧急注资计划，使银行在雷曼兄弟破产之后生存下来，在一定程度上防止了全球金融市场的崩溃和更多制造企业的破产。美国政府对金融机构的诸多救助措施在一定程度上遏制了金融危机迅速蔓延、恶化的趋势。[①]

2011年后，新一轮全球债务危机爆发，美债主权信用评级下调，主权债务问题已在全球迅速蔓延。2007年美国次贷危机所引发的全球金融风暴，使美国债务问题急剧恶化，引起了国际社会的普遍担忧。美国债务问题的凸显，挤压了政府恢复经济的政策空间，延缓了其经济复苏的进程。后危机时代以来，欧债危机的迅速蔓延严重削弱了国际社会恢复经济增长的信心，而美国债务问题的显现使其步履蹒跚的经济复苏变得更为艰难，政策空间逐渐萎缩。

为减少债务风险，美国采取相关措施减小国际收支波动幅度。在联邦制下，美国联邦政府无权对州和地方政府的借债行为直接控制。各州发行债券不需联邦政府批准，地方政府发行债券也不需所在州政府的批准，而是采用市场机制，以及遵守宪法、其他法律和政府规章相结合的控制方式。同时，政府间通过立法形式，硬化地方政府的预算约束，从而防止地方政府将债务风险向上级转嫁。

2008年全球金融危机之后美国经济长期停滞，失业率一直居高不下，2009年失业率达到了9.3%，一直到2013年失业率始终维持在7%以上，失业人数也在波动中上升。2013年之后，美国政府和普通民众都开始意识到虚拟经济超越实体经济发展的金融化发展模式的不稳定性和脆弱性，制造业生产能力的逐步丧失是对美国国家竞争力的蚕食。据此，时任美国总统奥巴马提出"再工业化"战略。"再工业化"战略实行以来，取得了一定成效，但是制造业对就业岗位增加的贡献仍然较小。

二、日本国际收支平衡表

1985—2009年，日本国际收支的总体结构特征持续为"顺差+逆差"模式。据统计，1985—2009年，日本的收入顺差累计达1 410.737亿日元，占同期经常账户顺差总额的63.41%。

金融账户在1985—2009年一直是逆差，但在2003—2004年是顺差，2007年以来受全球金融危机的冲击，逆差呈不断扩大趋势。这说明1985年后日本的金融账户逆差并不是取决于外汇储备增长和净误差与遗漏逆差的加大，巨额的金融账户逆差与外汇储备增长和持续净误差与遗漏逆差并存使得日本形成了金融账户逆差这一收支特征。对日本金融账户的分析表明，其与国际储备变动和净误差与遗漏具有较强的非同步性。

第三节 中国国际投资统计方法

中国国际投资统计是一项部门统计，其数据一般由调查项目的实施部门依据国家有关规定自行对外发布，为全面、准确、及时地反映中国对外直接投资的全貌，为国家分析境外投资发展趋势、监测宏观经济运行情况、制定促进导向政策和实施监督管

---

① 程棵，魏先华，杨海珍，等. 金融危机对金融机构的冲击及政府救助分析 [J]. 管理科学学报，2012，15（3）：1-15.

理，以及建立中国资本项目预警机制提供依据。^①我国的《对外直接投资统计制度》详细介绍了中国对外投资统计的方法以及工作程序，为我国国际投资统计标准化起到促进作用。

一、统计范围及主要内容

我国对外直接投资统计的范围主要包括境内投资者通过直接投资方式在境外拥有或控制10%或以上股权、投票权或其他等价利益的各类公司型和非公司型的境外直接投资企业（以下简称境外企业）。境外企业按设立的方式主要分为境外子公司、联营公司和分支机构。

对外直接投资统计的内容主要包括境内投资者的基本情况，境外企业的基本情况，对外直接投资流量、存量情况，境外农业种植及主要农产品产出情况，境外企业返程投资情况，通过境外企业再投资情况，境外主要矿产资源情况，境外电力生产领域投资情况，对外直接投资月度投资情况，对外投资并购情况，通过境外企业再投资月度情况，境外经济贸易合作区情况等。

对外直接投资统计的指标主要包括对外直接投资流量、年末对外直接投资存量、股权、收益再投资、债务工具、反向投资额、资产总计、负债合计、所有者权益合计、实收资本、资本公积、盈余公积、未分配利润、销售（营业）收入、利润总额、净利润、年末从业人数、年末实际在外中方员工数、对所在国家（地区）缴纳的税金总额等。

对外直接投资统计报表包括对外直接投资统计综合报表和对外直接投资统计基层报表（见表3-2）。

表3-2　　　　　　　　　　中国对外直接投资统计报表目录

表号	表　名	报告期别	统计范围	报送、提供单位	报送、提供日期及方式	页码
（一）综合报表						
FDI金融N1表	金融业境内投资者对外直接投资流量和存量（按国别地区分组）	年报	全部金融业境内投资者	国家外汇管理局	年后7月20日前向商务部提供，纸介质	13
FDI金融N2表	金融业境内投资者对外直接投资流量和存量（按国民经济行业分组）	年报	同上	同上	同上	14
FDI金融N3表	金融业境内投资者拥有的境外企业基本情况	年报	同上	同上	同上	15

---

① 古今. 我国境外投资政策体系需进一步完善 [J]. 中国外资，2005（4）：47-49.

表号	表名	报告期别	统计范围	报送、提供单位	报送、提供日期及方式	页码
FDI金融Y1表	金融业对外直接投资情况（按国别地区分组）	月报	同上	同上	月后15日前向商务部提供，纸介质	16
FDI金融Y2表	金融业对外直接投资情况（按国民经济行业分组）	月报	同上	同上	同上	17
（二）基层报表						
FDIN1表	境内投资者基本情况	年报	全部非金融业境内投资者	非金融业境内投资者	年后6月20日前报省级商务主管部门或商务部，网络传输	18
FDIN2表	境外企业基本情况	年报	同上	同上	同上	19
FDIN3表	对外直接投资流量、存量情况	年报	同上	同上	同上	20
FDIN4表	成员企业间债务工具情况	年报	同上	同上	同上	21
FDIN5表	境外企业返程投资情况	年报	同上	同上	同上	22
FDIN6表	境内投资者通过境外企业再投资情况	年报	同上	同上	同上	23
FDIN7表	境外主要矿产资源情况	年报	同上	同上	同上	24
FDIN8表	主要国际产能合作领域情况	年报	同上	同上	同上	25
FDIY1表	对外直接投资月度情况（按出资方式分组）	月报	同上	同上	月后10日前报省级商务主管部门或商务部，网络传输	27
FDIY2表	对外直接投资月度情况（按投资构成分组）	月报	同上	同上	同上	28
FDIY3表	对外投资并购基本事项	月报	同上	同上	同上	29
FDIY4表	农业对外投资合作情况	月报	同上	同上	同上	30

续表

表号	表名	报告期别	统计范围	报送、提供单位	报送、提供日期及方式	页码
FDIY5表	境外经济贸易合作区情况	月报	同上	同上	同上	31
FDIY6表	境外企业再投资月度情况	月报	同上	同上	月后15日前报省级商务主管部门或商务部，网络传输	32
FDIY7表	对外投资带动货物进出口情况	月报	同上	同上	月后15日前报省级商务主管部门或商务部，网络传输	33

二、统计原则

中国执行国际非统一体系，即仅统计境内投资者在国外及中国港澳台地区完成的直接投资活动。

（一）国家（地区）的统计界定

对外直接投资的国家（地区）按首个投资目的国家（地区）进行统计。

（二）境内投资者与境外企业的行业分类的界定

境内投资者根据中华人民共和国《国民经济行业分类》（GB/T 4754—2017），按销售收入份额最大的产品的所属行业确定其行业类别。

境外企业分类也参照中华人民共和国《国民经济行业分类》（GB/T 4754—2017）执行。

（三）货币转换和计价原则

①境内投资者调查表（FDIN1表），填报的内容以人民币为货币单位；其余报表的金额单位均为美元。以非美元计价的，须按照国家外汇管理局制定的《各种货币对美元内部统一折算率表》规定的折算率折合为美元，年度数据以报告期最后一个交易日汇率计算，月度数据按交易当日汇率计算。

②经营活动有关指标（如营业收入、出口总值、进口总值等）按实际交易价即以市场价值作为计价基础；资产、负债、权益等存量指标按账面价值计算。

（四）报告年份的界定

本制度各项统计报表数据均按公历年度上报；以财政年度反映的境外企业的数量须调整为公历年度或按最近一期财政年度报表的数据填报，并在报表中加以说明。

（五）分支机构的统计界定

境内投资者在国（境）外设立的机构有下列情形之一的，纳入对外直接投资分支机构统计范畴：

① 有独立财务账户并在当地有登记。

② 在当地拥有土地、建筑物等不可移动资产所有权（不包括本国政府在当地拥有的土地和建筑，如大使馆、领事馆、军事基地、科研设施、信息或移民部门、援助机构等）。

③ 境内投资者直接承担国（境）外工程项目建设，在项目所在国设立一年以上的办公室（注册或非注册），并存在完整、独立的活动账户。如境内投资者在国（境）外承担的水坝、电站、桥梁等大型工程建设项目，大多数情况下，由未在当地登记的办公室（经理办、代表处、项目部）实施和管理项目，已构成生产经营属性，属于国际标准意义的直接投资活动。

④ 拥有移动设备（如船舶、航空器、天然气和石油钻探设备、铁路车辆等）并经营至少一年。

对境外分支机构的直接投资额（流量、存量）可按照新增或期末"所有者权益合计+对境内主体的负债"计算生成。

（六）其他统计界定

① 凡境内投资者在境外企业中拥有或控制10%或以上的投票权（对公司型企业）或其他等价利益（对非公司型企业）的投资，均计入对外直接投资统计。

② 子公司获得由境内直接投资者担保的借款，不计入对外直接投资统计。

③ 参加国际组织的投资不计入对外直接投资统计。

④ 提供技术并收取管理费的跨境服务不计入对外直接投资统计。

⑤ 境外企业若被其他国家企业收（并）购，记作境内投资者对外直接投资的减少。

⑥ 若境外企业中有多家境内投资者，且均拥有10%以上的股份，可作为上报单位分别报送按股权比例计算的相应指标。

⑦ 境外企业对境内投资者投资控股比例大于或等于10%不计入反向投资。

⑧ 报告年度通过追加投资等方式达到控制企业10%或以上的投票权的境外企业纳入报告年度的对外直接投资统计，追加投资金额记作当期的对外直接投资的增加，期末对外直接投资存量按其持股比例计算的所有者权益合计部分计算。

⑨ 境内投资者之间以股权置换的方式获得境外企业10%以上股权，记作当期对外直接投资的增加；由于股权置换而丧失或减少境外企业股权，记作当期对外直接投资的减少。

⑩ 境内银行（或存款公司）放在其境外支行或子公司内的存款不属于直接投资。

⑪ 境内银行（或存款公司）通过境外支行或子公司吸收的存款不属于直接投资。

⑫ 境内保险公司在境外设立的保险公司的技术储备（即防范现有风险的实际储备、提前支付的保费、盈利保险业务储备，以及未决索赔的准备金）不属于直接投资。

三、中国国际投资头寸的变化趋势

（一）中国国际收支未来展望

1.建立适合我国国情的国际收支新格局

从中国国际收支结构演变的角度来看，"双顺差"结构已不适合中国目前的经济发展水平。虽然国内需求不断增加，但国外需求是我国总需求的重要组成部分。财政账户赤字的长期非储备性不符合我国的长期利益，因此，需建立一个经常账户盈余和非储备金融账户周期性赤字的国际收支新格局。

2.加快经济结构转型，巩固货物贸易基础

我国要保持稳定的收支结构，关键在于增强专业竞争力。要从维护完整的产业链入手，制定更加完善的产业政策。应在完善基础设施、提高物流系统效率、优化营商环境的基础上，推动劳动密集型产业转移到条件较好的中西部地区，稳步推进传统产业升级转型，避免产业空心化。

3.提升我国服务业竞争力，减少服务贸易逆差

应深入挖掘"入境旅游"高附加值产业发展空间，不断优化旅游产品和服务结构，提高当前国内旅游消费质量。应充分利用自己作为一个主要贸易国家的优势，使用运输和贸易的桥梁，航运企业和货主之间加强合作，进一步发展为运输服务网络平台，提升我国交通行业的竞争力，促进我国对外贸易的快速发展。

4.深化外汇管理改革，推动金融市场双向开放

人民币汇率改革后，人民币汇率的稳定性大大增强，抵御风险的能力逐渐增强，合格境外机构投资者（QFII）的投资规模将继续增加。有必要加大资本流动的自由度，在满足境外投资和国内投资需求的基础上，进一步加大合格境内机构投资者（QDII）额度，帮助其增强核心竞争力和国际实力，为专业机构提供更广阔的平台。

5.坚持底线思维，维护外汇市场稳定，防范跨境资本流动风险

推进 QFII 和 QDII 改革的同时，风险也逐渐放大。因此，有必要避免激进化，坚持稳健的开放战略；防止跨境资本的过度流入和流出；加强国际经济政策协调；完善跨境资本流动"宏观审慎+微观监管"二合一管理框架，通过互联网大数据分析技术对跨境资本流动进行有效监测、预警和响应。[1]

（二）中国国际投资头寸表的变化趋势

和美国、日本相比，中国的国际投资头寸具有证券投资比例较低、储备资产规模较大等特点。从长远来看，随着我国汇率制度弹性的提升和资本项目开放程度的提高，我国的对外资产和负债结构有可能发生以下几个方面的变化：

---

① 唐啸，张爽. 中国国际收支变动趋势研究 [J]. 商业文化，2020（32）：46-47.

1.储备投资占对外资产的比重将下降

随着人民币汇率市场化形成机制改革的稳步推进，人民币的汇率弹性将进一步增强，这一变化将引起外汇储备比重的下降。未来，我国经常账户顺差规模将有所下降，而跨境资本流动将呈现双向流动的特征，以上变化会降低政府干预外汇市场的必要性。汇率制度本身的改革也会降低政府干预外汇市场的频率。

2.对外直接投资占对外资产的比重将上升

2023年，中国全行业对外直接投资10 418.5亿美元，同比增长5.7%。其中，我国境内投资者共对全球155个国家和地区的7 913家境外企业进行了非金融类直接投资，累计投资9 169.9亿元人民币，增长16.7%。随着"一带一路"国际合作的推进，中国企业对共建"一带一路"国家的直接投资明显增加。

3.证券投资占对外资产和负债的比重都将有所上升

随着资本市场的发展和资本市场开放程度的加大，我国居民和企业将拥有更多的投资选择，外国居民和企业也可以通过证券投资参与并分享中国经济的发展成果；作为资本项目开放的重要内容，政府采取了逐步扩大QFII、QDII和沪港通[①]额度的政策，将有助于提高证券投资在对外资产和负债结构中的比重。

4.外商直接投资占对外负债的比重将下降

我国经济增长前景向好，对外资的吸引力一直保持稳定；但从长期来看，中国吸引外资的两大优势都有所减弱。从政策优势来看，我国对外资的政策从超国民待遇向国民待遇转变，这一变化有可能引起外商对内直接投资的下降。就劳动力的低成本优势而言，我国以美元计价的工资水平已经明显高于一部分发展中经济体，会引起一部分外商将对内直接投资转向其他低工资的发展中经济体。

5.我国对外资产和对外负债的规模将大幅增加

一方面，保持外汇管理政策的连续性、稳定性，进一步促进贸易投资自由化、便利化，服务国家全面开放新格局。应保障企业和个人等市场主体正常的用汇需求，继续为企业进出口、利润分配、跨境双向投资等生产经营活动提供支持。另一方面，维护外汇市场稳定，防范跨境资本流动风险，维护国家经济金融安全。应不断夯实外汇管理工作基础，完善国际收支统计制度，强化非现场监管能力，建立健全数字化、信息化监管平台。[②]

拓展阅读3-1

拓展阅读3-2

---

① 沪港通，即沪港股票市场交易互联互通机制，指两地投资者委托上交所会员或者联交所参与者，通过上交所或者联交所在对方所在地设立的证券交易服务公司，买卖规定范围内的对方交易所上市股票。沪港通包括沪股通和港股通两部分。

② 徐乾宇.中国国际投资头寸结构特点及变化趋势［J］.世界经济研究，2018（3）：127-134；137.

关键术语

国际收支　国际收支平衡表　经常账户　资本和金融账户　财政政策　货币政策　汇率政策

复习与思考

1.阐述对国际收支平衡表的理解。

2.国际收支顺差是否更有益？

3.美国国际投资统计的方法和特点分别是什么？

4.各国国际投资统计差异的原因是什么？

5.中国国际投资统计的特点是什么？

6.国际投资统计方法的变化受到哪些方面的影响？

7.与美国等发达经济体相比较，中国国际投资统计方法有何不同？

8.国际收支账户波动的原因是什么？

阅读分析

加拿大国际投资统计方式

加拿大统计局把金融资产和金融负债分为三类：直接投资、证券投资和其他投资，这三类投资在很大程度上反映了在外国的投资状况。

加拿大的国际投资统计均由加拿大统计局负责收集整理并对外公布。统计局主要根据企业调查问卷，同时参考加拿大联邦政府相关行政部门如工业部、中央银行、金融机构管理办公室、财政部等提供的相关数据，汇总整理出加拿大的国际投资数据。与其他国家一样，加拿大统计局在整合管理数据时都在一定程度上使用了调查和普查资料。大多数政府统计资料来源于行政管理机构，如关于出生率、死亡率、移民（移出和移入）等。另外，加拿大统计局的统计制度也建立了信息更新和内部调整机制，使得统计在条件和需求变化的情况下保持其有效性。但是，一切实际操作都取决于可获得的信息量、有经验的专业人员开发并维护统计系统的能力和所能运用的统计工具。统计系统内部力求保持连贯一致、可信并有意义。统计工作人员的主要作用就是将数据进行整合，不论其来源如何。

加拿大国际投资统计来源如下：

第一，年度问卷调查参与者。

第二，行政管理部门档案。来源部门包括：工业部、央行和金融机构管理办公室（金融机构提供的行政补充数据）、财政部（货币权威部门的数据）、移民局（移民数据）、国库局（有关津贴数据）等。

第三，加拿大统计局的其他调查或其他信息来源，包括：①加拿大国际收支平衡季度数据，主要提供最近直接投资和其他影响国际投资状况的资产与负债方投资交易数据；②加拿大国际证券交易按月统计调查，主要提供最近证券投资和其他影响国际投资状况的资产与负债方投资交易数据。

第四，其他来源，如金融媒体、商业出版物、公司报告等。按规定，季度性统计在新一季度的统计公开之前都要对上一季度的统计作修正和调整；每年的第一季度统计公布之前，对之前的 4 年间的统计进行修正和调整。

在统计调研的过程中，国家统计系统的数据常常需要整合行政管理机构的数据和问卷调查、普查统计等数据。数据的统计集成度与以下几个因素有关：①国家的统计系统的成熟度；②从政府的行政管理项目所能获取的信息质量和数量；③统计人员的经验和受训练程度；④资金支持；⑤政府部门的配合程度。

以加拿大和美国的统计为例，加拿大根据本国海关资料得出对美国进出口贸易数据；美国利用本国海关的资料得出对加拿大进出口贸易数据。但加拿大统计的从美国进口贸易数据与美国统计的对加拿大出口贸易数据并不吻合；同样，加拿大统计的对美国出口贸易数据与美国统计的从加拿大进口贸易数据也不吻合。通过多年的共同努力，两国都努力采用类似的方法和系统测量相同的概念，结果令人沮丧，不能达成令双方满意的结果。考虑到共用数据对两国贸易谈判的重要性，两国达成的共识是，搁置衡量标准，加拿大统计局接受美国关于从加拿大进口的贸易统计，将其视为加拿大对美国出口贸易统计；美国商务部接受加拿大关于从美国进口的贸易统计，将其视为美国对加拿大出口贸易统计。

资料来源：中华人民共和国驻加拿大大使馆经济商务处. 加拿大统计局对国际投资和贸易的统计方法简介［EB/OL］.（2015-07-10）［2025-03-29］. http://ca.mofcom.gov.cn/article/ztdy/201212/20121208502867.shtml.

思考题：结合加拿大国际投资统计方式讨论国际投资统计的重要性。

第四章　国际直接投资

内容提要

　　本章包括四部分内容：一是介绍国际直接投资理论，包括关于投资动机的理论、国际直接投资具体理论分析；二是国际直接投资实践；三是中国吸引国际直接投资的现状以及相关分析；四是引入了在"一带一路"背景下中国对外直接投资的机遇和挑战。

❖ 导读

雀巢与徐福记结成合作伙伴关系

　　雀巢在我国的发展可以追溯到1990年建立的第一家合资工厂。从那时起，雀巢开启了在中国的发展之路，后来又陆续建立了多家工厂。雀巢在我国的发展采取的是本土化策略，充分利用当地的原料来生产同等高品质的产品，从而替代了进口产品。2011年7月5日，雀巢声称要收购徐福记，随后徐福记在新加坡交易所停牌，并亲自证实了与雀巢商谈并购的事宜。到7月6日，雀巢方面证实已经启动了收购徐福记方案，但是也指出并购还有很多障碍；徐福记方面声称会采用合作的方式，而不会选择把公司全部卖给雀巢。7月11日，雀巢和徐福记正式签署合约，以17亿美元的价格收购了徐福记60%的股份；到2011年12月7日，徐福记在新加坡交易所对外正式宣布，雀巢并购案已得到中国商务部的批准；同时，雀巢打算在新加坡交易所将徐福记摘牌。

资料来源：吴勇毅. 雀巢收购徐福记——国内食品业令外资垂涎 [J]. 新财经，2011 (8)：22-23.

思考题：

　　1.雀巢与徐福记结成合作伙伴关系的动机有哪些？

　　2.结合这些食品生产巨头的扩张，讨论外资迅速扩张是否会造成食品业被外资控制。

第一节 国际直接投资理论

一、关于投资动机的理论

（一）传统的国际直接投资动机理论

一般来看，由于各个经济发展阶段的国家开展国际直接投资的时间不同，传统的有关对外直接投资的理论多数是从发达经济体的视角展开研究的。比较权威的垄断优势理论、国际生产折中理论和内部化理论等，都认为全球投资环境具有较强的不确定性，在这种复杂的投资环境中，某一国企业进行国际化经营的主要动机包括寻求低价劳动力以减少运营成本，在世界范围内经营以扩大影响范围、提升竞争力，以及寻求更大的市场等。以邓宁为代表的学者对国际直接投资进行传统理论研究，将企业对外直接投资的动机分为资源开拓和资产寻求两种，这些动机具体又分为资源寻求、效率寻求、战略资产寻求和市场寻求。传统理论将企业进行对外直接投资的动机总结为以下3种：

第一，传统的垄断优势理论认为企业活动的前提是市场的非完全性和企业具有其自身特有的优势。其中，市场的非完全性是企业获取垄断优势的唯一来源，即垄断优势被视为企业进行对外直接投资的关键动机。

第二，研究国际生产折中理论的学者则认为企业进行对外直接投资最主要的动机体现在企业的所有权优势、内部化优势和区位优势三方面。具体举例而言，在其他条件不变的情况下，拥有强势货币的国家会具备较大的资本化优势，这些国家的企业会有针对性地向弱势货币国家开展直接投资。

第三，内部化理论从产权理论出发，进行了国际市场范围的制度分析，得出的结论是中间产品市场具有较强的不完全性，厂商都会出于降低交易成本的目的而采取包括对外投资在内的积极行动，这就是企业进行对外直接投资的最重要动机。

总结来看，这些传统理论基本上都关注企业如何在进行对外直接投资的过程中降低其营运成本与交易成本，而几乎没有关注到跨国公司通过对外直接投资形成全球营运网络得到的利益和发展机遇。

（二）20世纪90年代的国家对外直接投资动机理论

20世纪90年代的国家对外直接投资动机理论分析认为很多进行对外直接投资的企业的投资价值主要体现在对外投资增加了其实质选择权数目，从而那些进行对外直接投资的企业的价值会随着其国际化水平的提高而得到提升。有关20世纪90年代的国家对外直接投资动机的相关理论也比较多，其中比较权威的是美国经济学家路易斯·威尔士（Louis R. Wells）提出的小规模技术理论，受到了大量学者和研究论文的支持。小规模技术理论由于得出了与传统理论非常不同的结论，被学术界认为是研究国家对外直接投资领域的开创性成果。该理论认为，从某些角度而言，由于发达经济体先进的管理经验和技术难以在市场容量较小的发展中经济体获取规模优势，所以发展中经济体相对发达经济体可以有一些比较特别的获取竞争优势的策略，其主要分以下两种：一是服务于小型市场的小规模生产技术策略；二是与其母国市场特征联系紧密的低价或低生产成本策略。

从小规模技术理论中可以看出，即使是那些在技术和生产规模、市场规模都不具备比较优势的发展中经济体，当地企业也可以通过技术引进、升级改造以及技术创新等手段实现技术的再生，并借此参与到对外直接投资实践中。同时，小规模技术理论认为由于种族纽带、保护出口市场等因素可以促进发展中经济体的企业进行对外直接投资，所以民族文化特征逐渐成为发展中经济体对外直接投资的主要特征。具体而言，发展中经济体的跨国公司可以通过小规模生产和对相似市场需求的积极回应等，得到与发达经济体进行竞争的优势。这类优势在促进发展中经济体对外直接投资的同时，还能借助对发达经济体成熟技术的改造和再创新，扩大发展中经济体跨国公司对发达经济体进行直接投资的规模和范围。目前在国际主流经济学界应用最为广泛的是基于新古典经济学框架提出的横向和纵向对外直接投资动机。其中，企业进行对外直接投资的横向动机是规避高运输成本或东道国贸易壁垒，而纵向动机主要是通过对外直接投资获取更低的劳动成本或自然资源。那些进行对外直接投资的企业会分别从横向动机和纵向动机的角度进行权衡和考虑，分析其进行出口贸易和直接在东道国投资与生产的收益和成本，而当其进行对外直接投资的成本低于出口成本，同时东道国的市场规模比较大时，企业会倾向于进行横向动机的对外直接投资。①

二、国际直接投资具体理论

（一）小岛清的比较优势理论

1.小岛清的比较优势理论简介

小岛清的比较优势理论又称边际产业扩张论，在20世纪70年代中期由小岛清提出。它从国际分工的原则出发，以日本的对外投资为研究对象提出。该理论的核心是，对外直接投资应从本国已经处于或即将处于比较劣势的产业依次进行，而这些产业是东道国具有明显或潜在比较优势的部门；如果没有外来资金、技术和管理经验，则东道国的这些比较优势不能被利用。因此，投资国通过对外直接投资就可以充分利用东道国的比较优势。

小岛清的比较优势理论的核心内容是：一国应从本国已经处于或即将处于劣势地位的边际产业开始依次进行国际直接投资。这些边际产业是指已经处于比较劣势的劳动力密集部门或者某些行业中生产或装配特定部件的劳动力密集的生产环节或工序；但在其他国家，这些产业可能正处于优势地位或潜在的优势地位。因此，该理论被称为边际产

---

① 赵春艳，程璐. 发达国家与发展中国家对外直接投资效率比较研究［J］. 河南社会科学，2017，25（5）：30-37；56.

业扩张理论。20世纪70年代，日本对外直接投资的产业结构就遵循了这样一条演进路线，即以资源密集型产业为主—以劳动密集型产业为主—以重化工业为主，这一投资顺序的演进符合边际产业扩张理论。小岛清以日本对外直接投资为研究对象，分析和解释了第二次世界大战后日本对外直接投资大幅增加的现象，所以该理论被称为小岛清模式。

2.小岛清的比较优势理论的内容

（1）对外直接投资动机的类型

小岛清从投资国的角度将对外直接投资动机划分为3种类型：

① 自然资源导向型。对以自然资源或初级产品为生产要素的行业来说，随着生产的扩大会出现资源不能满足生产需求的情况。因此，为了克服资源的瓶颈，这些行业就会进行对外直接投资，利用东道国的自然资源来满足本国的生产需求，或者进口国内不能生产的产品，从而增强本国的比较优势，并促进加工制造与初级产品之间的纵向专业化。自然资源导向型的对外直接投资多流向资源丰富的国家，形成最终产品生产国与初级产品生产国之间的垂直专业分工；但这种一体化的生产与销售往往被跨国公司所支配，导致东道国获利甚微。

② 劳动力导向型。发达经济体的劳动力成本相对资本等生产要素来说一直不断上升，并且随着发达经济体对资本密集型和知识密集型产品的投入增加，其更倾向于将已经标准化的传统劳动密集型行业或密集使用廉价劳动力的产品，转移到劳动力成本较低的国家进行生产。劳动力导向型的对外直接投资重新调整了国际分工的格局，增加了劳动力匮乏国与劳动力富足国之间的贸易。小岛清认为劳动力导向型投资属于贸易导向型的投资，其目的在于建立出口基地，而不是进口替代。

③ 市场导向型。小岛清将市场导向型投资动机细分为两类：一是东道国出于贸易保护主义对进口商品征收高额关税，试图通过贸易壁垒来减少对最终产品的进口，促使商品输出国以零部件、中间产品、设备和技术的出口取代最终产品的出口，通过国际直接投资的手段在东道国当地设厂，在东道国加工最终产品，从而保持市场份额。这种对外直接投资属于顺贸易导向型投资。一是寡头垄断企业的国际直接投资，属于逆贸易导向型投资，在近几十年来美国的新兴制造业中表现尤为明显。

④ 生产和销售国际化型。通过跨国公司横向一体化与纵向一体化来实现国际化的生产与销售，可根据其投资行为是否构成寡占来划分为贸易替代型或销售替代型投资。[①] 从与国际贸易的关系来看，美国型投资与国际贸易是一种替代关系，是一种逆贸易导向型对外直接投资；日本型投资与国际贸易是一种补足关系，是一种顺贸易导向型对外直接投资。

基于上述对比分析，小岛清认为，对外直接投资应该从本国已经处于或即将处于比较劣势的产业（边际产业）开始按顺序依次进行。边际产业不仅包括渐趋比较劣势的劳动密集型部门，还包括一些行业中的装配或生产特定部件的劳动密集型的生产部门。这些部门、行业或企业的生产可以统称为"边际型生产"。与国际贸易按照既定的比较成本开展

---

① 黄汉江，蒋同初. 涉外投资学［M］. 上海：百家出版社，2000：71.

贸易相比，对外直接投资是按照从趋于比较劣势行业开始投资的原则，因此可以扩大两国的比较成本差距，创造出新的比较成本格局。这是小岛清理论的核心思想。[①]

（2）小岛清的比较优势理论的特点

小岛清指出，以海默为代表的垄断优势理论过于强调微观因素（企业方面）对国际直接投资行为的影响，忽略了宏观经济因素的作用，更没有考虑国际分工原则，对国际直接投资理论的研究失之偏颇。在小岛清看来，国际分工原则和他的比较优势理论对国际直接投资的讨论应该是一致的。小岛清的比较优势理论具有以下几个特点：

第一，投资国与东道国的技术差距越小越好；

第二，中小企业在制造业的投资比大企业更具有优势；

第三，无论是投资国还是东道国，都不需要有垄断市场。

（3）小岛清的比较优势投资理论的基本命题

第一，古典国际贸易理论中赫克歇尔-俄林（H-O）模型的基本假定是合理的，运用H-O模型来分析国际直接投资时，可以用更广义的经营资源（managerial resources）概念来代替资本要素。

第二，凡是具有比较成本优势的行业，其比较利润率也较高，建立在比较成本或比较利润率基础上的国际分工理论不仅可以解释国际贸易的发生，也可以说明国际直接投资的原因。小岛清认为可以将国际贸易和国际直接投资的综合理论建立在比较优势理论的基础上。

第三，日本式的对外直接投资与美国式的对外直接投资是不同的。

3. 小岛清的比较优势理论推论

根据小岛清的比较优势理论的核心思想，小岛清作出了"若干推论"：

推论一：国际直接投资与国际贸易在比较优势理论上达到统一。在国际贸易中，由于两国产品的比较成本不同，一国应生产本国具有比较优势的产品并出口，从另一国进口本国具有比较劣势的产品，通过这样的方式双方可以从贸易中获利。在国际直接投资中，投资国通过将本国处于比较劣势的产业转移到这些产业仍具有比较优势的东道国，既有助于发挥东道国潜在的比较优势，又可以使投资国集中优势资源发展国内的比较优势产业，从而加大两国的比较成本差距，增加两国间的进出口贸易。如日本的传统工业部门到那些生产要素、技术水平相适应的国家和地区进行投资，其优势要大于在国内投资新行业。总之，国际贸易按照既定的比较成本进行，而国际直接投资可以创造新的比较成本格局，二者在比较优势理论上达到了统一。

推论二：日本的对外直接投资有利于国际贸易，属于贸易导向型的投资。这是因为，日本通过将国内处于或趋于比较劣势的边际产业对外直接投资，带动了日本相关机器设备对东道国的出口，经过东道国生产后，低廉的产品可以销往日本及其他国家。此外，东道国通过引进外资加速经济发展来提高国民收入以后，会从日本进口更多的产品，从而增加了日本的出口量。

推论三：国际直接投资中产业的选择应该遵循从技术差距最小的产业开始的原则。这

---

① 任永菊. 跨国公司经营与管理 [M]. 2版. 大连：东北财经大学出版社，2015：36.

样才能确保东道国在该产业中获得更大的优势；同时，投资国可以集中资源发展国内其他产业，从而保持比较优势。虽然东道国的经济不发达、资本缺乏、生产技术相对落后，但在自然资源和劳动力成本上具有明显的优势，通过吸收日本的投资可以充分利用其比较优势，促进产业的发展，其生产的产品可以在东道国、日本以及第三国市场上销售，在推进国际贸易发展的同时优化了东道国及日本的产业结构。

推论四：传统理论对国际直接投资的分析往往是从一种商品、一个产业或一家公司入手，认为只有当一个产业处于或即将处于比较劣势时，该产业才会对外直接投资。这种分析缺乏理论依据。小岛清认为，一个产业是否处于或趋于比较劣势，应该通过对比分析两种或两种以上商品的成本比率和利润比率才能得出结论，因此，应根据比较成本和比较利润率来分析一国的对外直接投资。根据比较优势理论的核心内容及推论，小岛清从日本的实际国情出发，提出了一些具体的政策主张，如对资源开发型产业的投资应采用"开发进口，长期合同方式"；向发展中经济体的工业部门进行投资时要起到"教师的作用"，带动东道国的经济发展；与发达经济体进行"协议性的产业内部交互投资"，即在双方比较成本差距很小的产业上相互投资。

4. 小岛清的比较优势理论的贡献

小岛清的比较优势理论开辟了一种新的思路，即将国际直接投资理论与国际贸易理论在比较优势原则的基础上融合起来，从投资国宏观的角度而不是企业微观的角度来讨论投资的动机，因而与传统的垄断优势理论有明显的不同。小岛清否定了垄断优势因素在对外直接投资中的决定性作用，指出由于投资国与东道国在自然资源、资金价格、劳动力成本以及生产技术水平等方面存在差异，所以对外直接投资应建立在比较优势的基础之上，通过将本国处于或趋于比较劣势的产业转移到东道国，并运用与东道国生产力水平相适应的生产技术，更合理地配置生产要素，从而产生比较优势，大大提升产品的竞争力，并扩大市场。

5. 小岛清的比较优势理论的局限性

小岛清的比较优势理论立足日本国情，较好地解释了20世纪60至70年代日本企业在对外直接投资的同时出口也大幅增加的现象，证实了该种投资属于顺贸易导向型直接投资。但是80年代以后，随着国际贸易保护主义的盛行和日本产业结构的调整，日本众多大型企业纷纷进行对外直接投资，导致了逆贸易导向型对外直接投资大幅度增加，小岛清的比较优势理论无法对该现象进行有力的解释。

小岛清从宏观的角度来论述比较优势理论，以投资国为主体而不是以企业为主体，这就假定了所有对外直接投资的企业动机是一致的，即投资国的动机就是所有企业的投资动机。但现实并非如此，通过对日本对外直接投资的实证分析可知，这样的假定过于简单，即使日本在某些行业存在比较优势，但并非该行业中所有的企业都会进行对外直接投资。

按照小岛清的理论，对外直接投资只能是发达经济体对东道国进行的单方向投资，而技术相对落后的发展中经济体无法进行对外直接投资，更不能向发达经济体投资。这无法解释20世纪80年代后以中国为代表的发展中经济体对外直接投资迅猛发展的现象。另外，劳动力导向型投资可以促进国际分工的重新调整，但这种调整是单向的，即出于发经济体自身的考虑，投资对象总是处于被动地位。

日本在第二次世界大战后采取"贸易导向"的产业政策，其对外直接投资必然集中在经济水平较低国家的资源开发或劳动密集部门，立足于东道国丰富的自然资源和廉价的劳动力成本。日本大型企业采取零部件加工系统化生产，受日元升值、国内工资成本上升的影响较小，故日本大型企业在第二次世界大战后一段时期内国际直接投资较少。由于日本国内市场狭小，中小企业无法与大企业竞争而转向境外生产，实际上是一种寻求生存机会的直接投资行为。因此，当时的日本对外直接投资出现以中小企业为主的特点。但是在20世纪70年代中期以后，随着日本经济实力的增强和产业结构的调整，日本的对外直接投资也发生了明显的变化，表现在向北美等发达经济体的制造业直接投资大幅增加，并多以进口替代型投资为主。[①]

（二）产品生命周期理论

产品生命周期理论将美国企业的对外直接投资与产品的生命周期密切地联系起来，利用产品生命周期的变化解释美国第二次世界大战后对外直接投资的动机与区位的选择。产品生命周期是指从推出新产品到广泛生产、销售直至退出市场的全过程，而不是从使用价值的角度来考虑产品自然属性逐渐消失的过程。

1.产品生命周期理论简介

费农认为，产品生命是指市场上的营销生命；产品和人的生命一样，要经历形成、成长、成熟、衰退这样的周期，这可以解释企业根据产品所处的不同阶段所作出的对外直接投资决策。他将产品生命周期分为新产品阶段、产品成长和成熟阶段以及产品衰落阶段（如图4-1所示）。

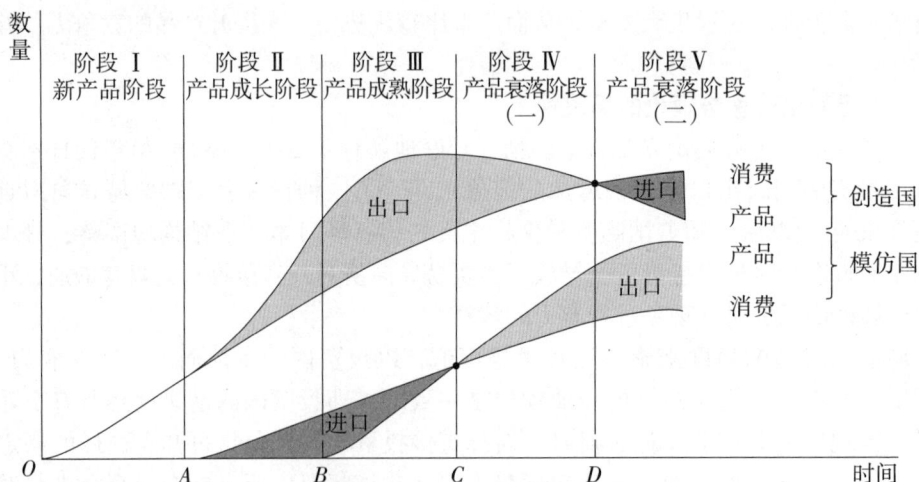

图4-1　产品生命周期理论图

资料来源：萨尔瓦多. 国际经济学 [M]. 朱宝宪，吴洪，俞露，译. 8版. 北京：清华大学出版社，2004.

（1）新产品阶段

在这一阶段，技术上领先的厂商首先推出新产品，国内市场潜力很大，此时生产主要

---

① 刘志伟，等. 国际投资学 [M]. 北京：对外经济贸易大学出版社，2017：40-42.

集中在国内；同时，通过出口而不是通过对外直接投资将产品打入国际市场。

（2）产品成长和成熟阶段

在这一阶段，新技术日益成熟，新产品基本定型，生产走向规模化。同时，国内仿造、替代品开始出现，商品价格的需求弹性逐渐增大，公司竞争压力的增大开始促使厂商进行对外直接投资，但这一阶段的对外直接投资往往是投向市场需求相近的发达经济体，以占领其市场。

（3）产品衰落阶段

在这一阶段，产品的生产已经是标准化，生产成本更低，技术扩散使国外竞争者开始生产仿制品。此时，竞争优势已经不是技术，而是低成本。这样促使厂商大规模对外投资，把生产基地转移到发展中经济体，利用当地生产要素来降低成本。但是这一理论也有很大的局限性，在国际分工越来越细的情况下，同一产品的不同零部件之间的分工已成为推动国际直接投资的重要因素，产品生命周期理论难以解释这种国际直接投资行为。

弗农认为要素禀赋理论和比较优势理论等传统理论偏离现实，对国际贸易和国际直接投资现象的解释能力较弱。于是他引入若干新变量，如创新、规模经济、新产品开发中的累积知识和风险程度的降低、大规模跨国公司相互依存的寡头市场关系等，使其理论能够反映对外直接投资的动态变化过程。产品生命周期理论在一定程度上继承了垄断优势理论中的特有优势，并将企业的特有优势与产品生命周期联系起来，分析处于产品生命周期不同阶段的企业，随着其特有优势的分散、转移，如何进行出口或国际直接投资的决策。企业特有优势主要是指发达经济体对市场需求迅速的反应能力、在研发投入方面的资金优势，以及在创新和开发新产品、新工艺时特有的技术优势等。弗农还指出，劳动力成本、信息成本等因素在跨国公司对外直接投资的区位选择中具有重要的影响。根据弗农的产品生命周期理论，跨国公司结合自身的特有优势与东道国的区位优势，通过对东道国的直接投资来降低生产成本，提高产品竞争力，稳固和扩大市场份额。因为发达经济体对新产品的研发和创新能力较强，具有技术垄断优势，所以发达经济体一般会作为国际直接投资母国，向市场结构和消费者偏好相似、相对成本较低、具有区位优势的其他发达经济体进行直接投资，进而转向自然资源丰富、劳动力廉价的发展中经济体进行大规模的生产。弗农的产品生命周期理论较好地解释了美国企业在第二次世界大战后对西欧和其他国家进行的国际直接投资，并指出这种国际直接投资是拥有技术垄断优势的企业根据竞争条件的变化而采取的进攻性投资行为。

2. 产品生命周期理论的局限性

产品生命周期理论以第二次世界大战后美国对西欧国家的直接投资为研究对象，并且所研究的公司都具有技术垄断优势。但是自20世纪80年代以来，国际经济环境发生重大变化，对外直接投资的主体不再局限于技术垄断性的企业，许多中小企业也开展了对外直接投资。所以该理论不能很好地解释发达经济体之间的交叉直接投资和发展中经济体的对外直接投资现象。

产品生命周期理论适用于解释制造业企业的对外直接投资行为，因为其最终产品符合产品生命周期特征；但在解释不具备显著产品生命周期特征的原材料采掘业等资源开发型和技术导向型投资方面存在局限性。

产品生命周期理论所分析的对外直接投资往往是跨国公司针对内部因素进行决策的结果，除了区位因素外，忽视了外部环境，如日益激烈的市场竞争对直接投资的影响。现实中，对外直接投资并不都是按照该理论所分析的路径来进行的，如先通过出口占领国外市场，再通过先向发达经济体、后向发展中经济体的直接投资，来保持其市场份额和竞争地位。这种传统的境外扩张方式给竞争者足够的时间来生产仿制品和替代品，甚至在原有产品的基础上开发出更好的产品来占领市场。

产品生命周期理论假设企业只生产一种产品，该产品的跨国生产将替代产品的出口。但现实中跨国公司生产范围广泛，其生产的产品往往都有很大的相关性。此时该理论对出口和对外直接投资的关系不具备解释力。[①]

（三）内部化理论

1.内部化理论简介

内部化理论（Internalization Theory）起源于 1937 年美国学者罗纳德·科斯（Ronald H. Coase）的交易成本理论（Transaction Cost Theory）。"内部化"这一概念是由科斯首先提出来的，他指出市场配置资源是有成本的，当市场交易成本高于企业内部协调成本时，企业内部的交易活动将取代外部市场的交易活动。1976 年，英国雷丁大学学者皮特·巴克利（Peter J. Buckley）和马克·卡森（Mark Casson）在其合著的《跨国公司的未来》和 1978 年出版的《国际经营论》中，以市场不完全为假设前提，将科斯的交易成本学说融入国际直接投资理论中，提出了现实意义更强的内部化理论，阐述了跨国公司内部化的基本条件、成本与收益等问题，解释了跨国公司纵向一体化和产品多样化行为。后经加拿大学者阿兰·拉格曼（Allan M. Rugman）将其应用到国际直接投资领域，形成国际直接投资的市场内部化理论，用来解释国际直接投资的原因。

内部化理论有三点基本假设：第一，企业在不完全市场上从事生产经营活动的目的是追求利润最大化；第二，生产要素特别是中间产品市场具有不完全性，企业可以通过将外部市场内部化的方式来降低外部市场交易成本，进行统一经营管理活动；第三，内部化跨越国界就产生了跨国公司。

基于以上假设，当中间产品（原材料、知识、信息、技术、管理技能等）市场不完全，企业在外部市场的交易成本大幅增加时，企业就将中间产品市场建立在企业内部，降低成本支出，以获得最大经济利益。

2.影响因素

① 产业因素，主要是指产品本身的特性是属于技术密集型、劳动密集型还是资本密集型，以及产业是否具有明显的规模经济性。

② 企业因素，主要是指不同企业的组织结构、管理能力、控制和协调能力等。

③ 国家因素，主要是指东道国的政治是否稳定、法律和经济制度是否健全、金融方面是否有配套服务等能够对跨国公司业务产生影响的因素。

---

① 林康. 当代跨国公司论［M］. 北京：中国青年出版社，1996：247-250.

④ 地区因素，主要是指投资国与东道国在地理上的距离以及社会文化、宗教差异等会引起交易成本变动的因素。

其中，产业因素是最为关键的因素。如果某一产业具有多阶段生产的特点，那么必然存在中间产品交易的环节。若中间产品的交易在外部市场进行，则无论供求双方如何协调，都难以消除供求间的摩擦和波动。为了克服中间产品市场的不完全性，就会出现市场内部化，从而给企业带来多方面的收益。

3.市场内部化收益和成本比较

内部化理论认为，企业实行市场内部化的目标是获取内部化本身的利益，所以内部化的进程取决于企业内部化带来的收益和企业外部交易成本与内部化过程产生的成本之和的比较。

市场内部化的收益来源于消除外部市场不完全所带来的经济效益，具体包括以下方面：

（1）统一协调生产经营，消除"时滞"

实行内部化以后，跨国公司可以将相互联系的各项生产经营活动置于统一的管理控制之下，协调不同生产阶段的长期供求关系，从而避免外部市场不完全造成的生产经营活动的"时滞"，也可以避免外部市场价格信号失真所带来的负面影响。

（2）制定有效的差别价格以及转移价格

内部化之后，跨国公司可以对内部市场上流转的中间产品特别是知识产品制定差别性的转移价格，即通过对较低税率国家实行较高转移价格来提高本公司的整体经济效益。

（3）消除国际市场的不完全性

市场内部化可规避各国政府在贸易管制、资本、税收、价格等方面的限制，也可享受到东道国的各种优惠政策，从而大大减少国际市场不完全所带来的损失，获得更多的经济利润。

（4）有效防止技术优势扩散和丧失

技术优势是跨国公司拥有的最重要的优势之一。市场内部化之后，跨国公司可以通过知识产品的内部转移来避免知识产品外溢造成外国竞争者的迅速仿制，从而防止知识产品优势扩散和丧失，维持其技术优势和市场垄断地位。

与此同时，跨国公司实行市场内部化也需要支付一些成本。内部化过程产生的成本一方面包括企业进行跨国生产的交通运输、通信、管理等方面的支出，另一方面包括由于政治、文化、社会环境等差异而产生的额外支出。

（1）规模经济成本

企业进行内部化以后其实将一个完整的市场划分为若干相对独立的内部市场，因而从全社会角度来看，市场内部化不能实现资源的最佳配置。企业可能在低于最优规模经济的水平上从事生产，造成资源的浪费。

（2）通信联络成本

为避免垄断技术泄露，企业将建立独立的通信系统，必然增加通信联络成本。同时，不同企业建立的遍布全球的通信网络，往往由于缺少统一性而加大跨国公司之间的通信成本。

（3）国家风险成本

跨国公司在国外市场形成垄断优势或者对当地企业生产经营活动造成威胁时，往往会受到东道国政府的干预。东道国政府可能会采取歧视性政策，如对外资股权份额加以限制、实行国有化等。因此，跨国公司面临的国家风险增加了风险成本。

（4）管理成本

市场内部化之后，跨国公司为了实现利润最大化，会对遍布全球的子公司进行统一规划，并对其日常经营活动进行监督和管理；同时，为了调动子公司员工的工作积极性，也要引入必要的激励机制，这些措施必然增加企业的监督管理成本。

4.内部化理论的贡献

内部化理论是西方学者对国际直接投资理论研究的一个重要转折点，提出了不同于垄断优势理论的研究思路以及新的理论框架。垄断优势理论从结构性的市场不完全和企业的特定优势角度出发，论述了发达经济体的跨国公司对外直接投资的动机和决定因素，但对公司的扩展问题分析得较少。而市场内部化理论从自然性的市场不完全的角度出发，并结合国际分工和企业国际生产的组织形式来论述跨国公司的扩展行为，特别是对第二次世界大战以来跨国公司的迅猛增长和扩展现象给出了较好的解释。内部化理论指出，原材料、半成品、知识、技术、管理技能等中间产品市场存在不完全性，增加了企业的交易成本，迫使企业将外部市场进行内部化。企业将内部化的收益与成本进行比较，得出了企业进行内部化行为的基本条件，即只有当市场内部化的收益超过了外部市场交易成本和为实现内部化所付出的成本，这种市场内部化行为才会进行。通过内部化将市场的上、中、下游企业移入企业内部，会降低交易成本，获得利润最大化；当企业的内部化行为超越国界时，便产生了跨国公司。

5.内部化理论的局限性

第一，内部化理论虽然解释了对外直接投资的可能性，但是其分析仅仅局限在较狭窄的范围内，忽视了投资主体的投资冲动所起的作用，因为大多数情况下是企业先产生了投资需求，才会接下来考虑具体的投资机会和方案。

第二，内部化理论在解释企业扩展方面具有明显的局限性。内部化可以较好地解释企业的垂直一体化，但在解释水平一体化方面不如规模经济具有说服力，内部化会妨碍企业规模经济的实现。此外，该理论认为企业进行内部化的动机主要是降低外部市场交易成本，这就限制了其对国际直接投资的解释能力，如不能解释资源开发型和出口导向型直接投资。

第三，内部化理论对企业间竞争力量的影响没有加以考虑。企业内部化的决策过程是企业结合自身特点作出的决定，较少地考虑了企业间的竞争强度、市场结构等环境因素。

第四，内部化理论没有对跨国公司区位的选择问题进行研究和探索。

（四）国际生产折中理论

1.国际生产折中理论简介

1981年，邓宁在《国际生产与跨国企业》中对国际生产折中理论进行了系统的整理和阐述。邓宁的学说在适应国际化生产格局变化的同时，吸收和综合了以往的国际直接投资理论，将企业的特定垄断优势与国家的区位、资源优势结合起来，解释跨国公司参与国际经济活动时对国际直接投资、出口贸易或许可证交易的选择问题，提供了一种综合分析的研究方法，在很大程度上解释了国际化经营活动的3种方式——国际直接投资、技术转让和出口贸易的选择问题，构建了国际直接投资理论研究的综合框架。因此，邓宁的国际生产折中理论也被称为国际直接投资的综合理论。

2.OIL优势

国际生产折中理论指出一个企业要进行对外直接投资必须具备所有权优势（ownership advantage）、内部化优势（internalization advantage）和区位优势（location advantage），这就是跨国公司国际直接投资的OIL（ownership-internalization-location）模式。

（1）所有权优势

所有权优势又称专属优势或厂商优势，是指企业相对国外竞争者所特有的优势。其主要包括专利技术优势、商标优势、创新能力优势、规模优势、组织管理能力优势、金融和货币优势以及市场销售优势。邓宁指出，国际直接投资会增加企业的成本和风险，但企业之所以仍然愿意对外直接投资并获得收益，主要是因为企业拥有其他竞争者所没有的比较优势，这种优势所带来的收益会超过国际直接投资的成本和风险。

（2）内部化优势

外部市场的不完全性增加了企业的交易成本，企业通过将资产或所有权内部化可以避免这种不利影响，相比处于外部市场的企业具有一定的优势。邓宁认为外部市场的不完全性包括两个方面：一是自然性的市场不完全，主要是由知识市场的信息不对称和交易成本过高造成的；二是结构性的市场不完全，主要是由企业间为了争夺市场占有率而设置的竞争壁垒，以及政府干预行为等导致的市场失灵。

由于外部市场的不完全性，企业的特有优势在外部市场中存在散失的风险，所以企业为了保持其垄断优势，通过内部化降低交易成本，从而获得最大利润。在同时具备所有权优势和内部化优势的条件下，企业可以通过商品出口来增加利润，并使国际直接投资成为可能。

（3）区位优势

区位优势是指东道国在投资环境、经济制度和政策等方面比投资国更有利的条件。区位优势主要包括两方面：一是资源禀赋优势，即东道国丰富的自然资源、优越的地理位置、适宜的气候条件、价格低廉的土地和劳动力及优惠的贷款利率等；二是制度政策优势，即东道国稳定的政治经济环境、完善的法律和法规、有利于投资的金融政策以及吸引外资的各种优惠政策等。

区位优势是跨国公司开展对外直接投资的充分条件。在同时具备所有权优势、内部化优势和区位优势的条件下，企业可以进行国际直接投资。只有当东道国的区位优势非常显著时，企业才有可能对东道国进行直接投资，这种优势可以包括东道国优惠的生产要素价格、低廉的物流和通信费用、消费者较强的购买能力、完善的国内市场体系、健全的基础设施以及政府对吸引外资的优惠政策等。邓宁指出，区位优势不仅使企业从事国际生产成为可能，而且决定了国际直接投资的部门结构和国际生产类型。

3.核心内容

国际生产折中理论吸收了已有的国际直接投资理论的主要观点，但并非对以往理论的简单总结和归纳，而是从所有权优势、内部化优势和区位优势这3个方面论述企业对国际经济活动方式的选择（见表4-1）。3个基本要素的不同组合决定了企业采取国际直接投资、商品出口还是技术转让（许可证贸易）的经营方式。

表4-1　　　　　　　　　　　　企业国际经济活动方式的选择

优势 国际经济活动方式	所有权优势	内部化优势	区位优势
国际直接投资	+	+	+
商品出口	+	+	0
技术转让	+	0	0

资料来源：DUNNING J H. International production and the multinational enterprises ［M］. London：George Allen & Unwin, 1981：111.

该理论可以表述为：

① 若企业只具备所有权优势，既没有能力使之内部化，也没有能力利用国外的区位优势，就只能通过技术转让的方式参与国际经济活动，即把技术专利转让给国外厂商使用，从而获得报酬。

② 若企业具备所有权优势，并且具有内部化的能力，就可以通过商品出口的方式参与国际经济活动。

③ 企业只有同时具备了所有权优势、内部化优势和区位优势，才可能以国际直接投资的方式参与国际经济活动。

4.国际生产折中理论的贡献

国际生产折中理论探讨了跨国公司进行国际经济活动的决定因素——所有权优势、内部化优势和区位优势，分析了跨国公司对国际经济活动方式的选择，特别是结合区位优势因素可以较好地解释经济实力不如美国的国家对美国进行直接投资的行为。第二次世界大战之后，美国吸引的国际直接投资日益增加，并成为世界上第一大国际直接投资接受国，这主要取决于美国所具有的区位优势。该理论目前已成为跨国公司对外直接投资研究中最有影响的理论，被广泛用来分析跨国公司对外直接投资的动机和优势。

5.国际生产折中理论的局限性

① 该理论指出，同时具备3种优势的跨国公司可以通过国际直接投资参与国际经济活动；有些企业并没有同时具备这3种优势，却可以进行国际直接投资，该理论对这种现象不具有解释力，也不能解释行业内的交叉投资现象。

② 该理论不具备动态分析的特点，3种优势之间的关系及其随时间变动的情况并不明确，更像是一种分类方式。

③ 邓宁在分析中着重考虑成本，并假定不同国际经济活动的收入是相同的，这点假

设不符合现实。实际上，国际直接投资产生的收入流量最大，商品出口其次，技术转让最低，因此，应该在考虑收入的基础上决定获利最多的国际经济活动方式。同时，邓宁没有考虑进入方式的风险差别，导致该理论具有一定的局限性。①

第二节 国际直接投资实践

一、发达经济体与发展中经济体进行国际直接投资的实践情况②

世界上具有研究价值的国际直接投资实践行为最早可追溯到第一次世界大战前的殖民时代，当时由于英国、荷兰、西班牙等欧洲强国利用自身优势对外掠夺，积累了大量资本，所以当时的国际直接投资呈现出以这些列强为主要资本对外输出国的单极化特征。而输入国以东亚、日本和北美地区为主，其中，美国是当时最大的国际资本输入国，接受最多的国际直接投资，投资领域主要集中在工业品的商业贸易和基础设施建设。

发达经济体的国际直接投资总体实践针对不同类型的发达经济体有不同特点，主要投资代表为美国、日本、欧洲国家3个主体。欧洲国家进行国际直接投资的资本来源主要是最初殖民掠夺形成的产业资本的积累和产业技术与管理优势。从对外直接投资的目标区域分布来看，20世纪70年代以后，欧洲国家间的内部相互投资占较大比重，而除此之外流出欧洲的国际直接投资几乎都进入美国。但英国对欧洲内部的直接投资规模较小，其大规模的直接投资还是主要流入美国和亚洲的非经济合作组织国家。从投资领域来看，欧洲大量资本会选择进入美国的金融、保险等生产服务业和机械制造等行业，而对亚洲国家的投资主要集中于商业贸易和与之相关的商品运输和保险业，欧洲国家间则主要进行重化工和机械制造业的垂直型直接投资。美国是一个后起的对外直接投资大国，国内产业和商业资本并不雄厚，但美国企业具有对外直接投资的技术优势和产品优势，其对美洲国家的投资具有地理与区位优势，对欧洲的投资则具有文化与宗教优势。20世纪80年代后，美国在国际直接投资中的地位呈现双重化趋势，既是对外直接投资资本的主要提供者，又是国际直接投资的主要接收者。其经济的"一拉一推"模式构建了新的投资模式。从国际直接投资产业流向来看，美国跨国公司在欧洲主要投资于石油化工、工业机器、运输设备、商业批发和服务业等行业。其中，美国在欧洲投资的工业制造业、石油化工和批发业产值占整个产值的75%左右，制造业占40%左右。而欧洲跨国公司在美国主要投资于化工、冶炼、金融保险、房地产、零售和公共交通运输业等行业。

发展中经济体的国际直接投资实践总的来说可以分为3个具有不同形态的时期：

---

① ［1］马一宁，马文秀. 中国对"一带一路"沿线国家直接投资的实证研究 ［J］. 经济问题探索，2020（8）：114-122. ［2］张璐，李秀芹. 国际投资学：理论·政策·案例 ［M］. 北京：北京交通大学出版社，清华大学出版社，2015：81-83.

② 张为付. 国际直接投资特点的历史研究 ［J］. 国际贸易问题，2009（5）：120-127.

第一个时期是从第二次世界大战到20世纪60年代后期，以拉美的墨西哥、哥伦比亚以及亚洲的印度为主的国家开始实行"进口替代"工业化发展战略，需要外部资源和要素的支持，所以首先进行了以资源寻求为导向的国际直接投资和小规模的成熟制造业的对外投资。

第二个时期开始于20世纪80年代后期，以东亚新兴工业经济体为主要代表，这些经济体首先在60年代后期接受了日本的直接投资，积累了一部分贸易资本和国际经验，同时在出口贸易过程中不断提升本国产品竞争力，所以能够支撑其在80年代开始进行以"出口导向"为发展战略的对外直接投资。

第三个时期是20世纪90年代开始的发展中经济体国际直接投资热潮，以中国为主要代表。实际上中国的国际直接投资，尤其是对外直接投资开始于20世纪80年代，出现了多次的政策反复，所以导致大规模对外直接投资开始于90年代，其特点与60年代的日本相似，是政府推动的资源寻求型投资。

二、发达经济体与发展中经济体进行国际直接投资的动机

第二次世界大战以后，全球经济一体化的快速发展推动了发达经济体跨国公司国际直接投资行为的兴起，并且对全球经济产生了重要影响。到了21世纪，发展中经济体也开始在全球经济中崭露头角，尤其是新兴经济体的崛起催生了发展中经济体的企业国际直接投资行为，而这进一步将国际学术界研究跨国公司对外直接投资对母国和东道国所产生的经济影响扩展到了发展中经济体领域，但是各种研究结果间存在较大差异。实际上，不同动机的国际直接投资所带来的经济影响间的差别也比较大，所以很有必要研究国家因何动机进行对外直接投资。理论以及国别实证研究显示，发达经济体和发展中经济体间的投资动机存在以下明显区别：

第一，发达经济体企业进行国际直接投资的动机较为集中，发展中经济体企业的动机较为多样。发达经济体企业的国际直接投资行为的动机大多是新古典经济学范式中的横向类型与纵向类型以及两种类型的结合，大量的实证研究也对此进行了验证。

第二，发达经济体企业国际直接投资的动机较多受东道国因素的影响，而发展中经济体企业较多受母国因素影响。发达经济体企业进行对外直接投资往往受东道国市场规模以及生产成本等因素的吸引，这体现在横向动机和纵向动机的实证研究文献中，这些研究大多从东道国因素出发考察发达经济体企业对外直接投资的动机。

第三，发达经济体企业国际直接投资的动机基本上由市场因素推动，而发展中经济体企业受政府政策影响较大。发达经济体政府对市场干预较少，企业行为也基本上受市场因素支配，其进行对外直接投资也是出于市场利润最大化的动机，政府较难影响企业行为。[1]

---

① 余官胜. 发达国家和发展中国家企业对外直接投资动机——基于文献综述的比较研究［J］. 湖北经济学院学报，2014，12（6）：40-46.

第三节　中国吸引国际直接投资

一、中国吸引国际直接投资的状况

（一）总体状况分析

我国从1983年以后开始统计实际使用外资金额和实际使用外商直接投资金额，直到1997年我国实际使用外商直接投资金额才首次超过400亿美元。1983—2021年，我国利用外商直接投资金额实现了跨越数量级的增长。

我国吸引外资整体呈上升趋势，到2010年，全年实际使用外资超过1 000亿美元，从2010年起中国每年实际使用外资增长速度明显放缓，2017年实际使用外资为8 775.6亿元人民币，2018年为8 856.1亿元人民币。2019年，我国利用外资稳定增长，实际使用外资9 415亿元，同比增长5.8%，规模再创历史新高，保持全球第二大外资流入国地位。2023年，我国实际使用外资1 632.5亿元，下降13.7%，新设外资企业53 766家，成为全球最大外资流入国。2024年，我国实际使用外资8 262.5亿元，同比下降27.1%，同时新成立外资企业59 080家，同比增长9.9%。

（二）分行业及投资方式的现状分析

2023年中国按行业分外商直接投资情况见表4-2。

表4-2　　　　　　　2023年中国按行业分外商直接投资情况

行　业	设立企业（家）	实际使用外资金额（万美元）
总计	53 766	16 325 345
农、林、牧、渔业	418	72 190
采矿业	32	513 686
制造业	3 624	4 552 686
电力、热力、燃气及水生产和供应业	568	454 463
建筑业	685	237 235
批发和零售业	18 010	988 812
交通运输、仓储和邮政业	867	214 028
住宿和餐饮业	1 211	39 050
信息传输、软件和信息技术服务业	3 764	1 642 694

续表

行　业	设立企业（家）	实际使用外资金额（万美元）
金融业	387	675 697
房地产业	684	1 172 689
租赁和商务服务业	10 673	2 637 742
科学研究和技术服务业	9 519	2 938 239
水利、环境和公共设施管理业	123	53 498
居民服务、修理和其他服务业	726	48 692
教育	109	6 031
卫生和社会工作	143	29 624
文化、体育和娱乐业	2 223	43 786
公共管理和社会组织	0	4 503

资料来源：国家统计局. 中国统计年鉴 2024［EB/OL］.［2024-11-19］. https://www.stats.gov.cn/sj/ndsj/2024/indexch.htm.

外国投资者为了迅速进入我国市场、适应市场需求的变化，同时为了获取税收减免、缓解民族意识等，有较大一部分投资选择了以合资经营企业的方式进入我国。但同时可以看出，外国投资者对我国进行直接投资最主要的方式还是创办外资企业。实际上，中国对外资企业设立条件的要求十分严格，但有越来越多的外资企业在中国被创办，也有越来越多的中外合资企业转变为外资企业。从交易成本方面来分析，主要原因是外方想保护自己独有的技术或资产，降低专用技术或资产被盗用或滥用的风险，或者减少中西方文化差异导致的合资双方在企业管理、组织协调的冲突中所产生的交易成本等。总的来说，外商投资企业独资化倾向的目的都是降低交易成本，提高企业经济效益，获取更大的利润。但外商独资化的趋势显然对国内企业带来较大的冲击，不仅削弱了当地企业的竞争力，而且逐步形成了对行业的垄断，挤占了国内企业的市场份额，国内企业尤其是民族品牌受到冲击，这对我国综合国力和国际竞争力也会形成较大的威胁。因此，对这种情况，我国政府应该尽快制定相应的对策，进一步提高利用外资的质量和水平，在吸引外商直接投资的同时尽量减少外资对国内市场和企业的损害。

二、中国吸引外资的影响因素分析

（一）市场规模及质量

一般来说，市场规模越大或经济发展水平越高，外商直接投资的流入量就越大。市场规模及质量关系着外资企业能否及时获取信息，根据市场需求的变化及时调整企业的经营策略、研发并生产符合本地区要求的产品，建立品牌效应，快速回笼资金等，因此是影响外商对华直接投资的主要动因之一。

（二）劳动力

劳动力作为生产要素的重要成分之一，其数量、成本及素质的变动必然会对生产者的一系列决策产生影响，是影响跨国公司对外直接投资的决定因素。其中劳动力成本的差异直接影响了企业利润和税收、出口价格等，影响着外商对华直接投资的规模、产业及区位选择。我国的廉价劳动力曾经是吸引外商直接投资的重要因素之一，而近些年随着"人口红利"的减少，我国逐步迈入老龄化社会。同时，劳动力素质是影响投资环境的主要因素之一，它包括劳动力受教育程度和劳动技能掌握情况。综合来看，虽然我国的劳动力成本远超过东南亚国家，但劳动力素质整体上还是较高的，尤其是我国东部沿海地区劳动力素质已接近欧美发达经济体。高素质的劳动力在劳动力价格优势不再的情况下可以帮助吸引高端制造业、现代服务业等流入，对我国现阶段吸引外资有很重要的作用。

（三）基础设施

基础设施主要指用于保证社会生活和经济活动正常进行而配套的公共服务系统，是为生产和居民生活提供必需公共服务的工程设施，是社会赖以生存、经济得以发展的一般物质条件。地区基础设施建设的完善会相应降低该地区企业的相关支出成本，有助于降低企业的运营成本和增强商务的便捷度，如交通设施的提升使得企业的产品输出和原材料输入成本下降，对外商直接投资的吸引力更大。随着信息技术的发展，互联网已成为企业经营必不可少的设施，所以交通、电信设施建设有助于更好地吸引外商直接投资。

（四）法律和行政环境

外商历来十分重视法律体系完善、执法公正性及政府行政效率。中国自改革开放以来，为保障经济快速腾飞，制定了一系列法律、政策，并签订了 系列国际协议。党的十八大以后，中国更是系统地、快速地、精确地从法律、政策和管理上优化外商投资环境，两次建立外资基础性法律：一是《中华人民共和国中外合资经营企业法》《中华人民共和国外资企业法》《中华人民共和国中外合作经营企业法》[①]；二是《中华人民共和国外商投资法》。这是中国政府保护外资权益、促进外资发展最重要、最有力的举措，使外资企业在中国的运营更高效，也大大增强外资企业在中国发展的信心。行政效率也是外商来华直接投资的重要考量之一，政府部门服务企业的意识、在海关监管方式和服务手段上的创新等都是提高行政效率、吸引外资的重要因素。

（五）文化环境

文化环境对外商直接投资的影响体现在区位选择上。由于我国东部地区开放较早，受

---

① 2020年1月1日起，《中华人民共和国外商投资法》施行，这3部法律同时废止。

西方国家影响较大，接受先进技术、管理理念较快，所以欧美发达经济体往往选择我国东部地区。

三、中国吸引国际直接投资的现有问题分析

（一）使用外资质量有待提高

我国使用外资规模已成为全球第一，增速稳中趋缓。随着经济快速发展，我国慢慢从过去的"短缺经济"发展成如今的"过剩经济"，而当今世界经济增速减缓，使得我国使用外资同质化、低端化所带来的产能过剩、环境污染等问题日益显现。[①]

（二）使用外资的结构有待优化

从产业看，外商对我国直接投资于第一产业的份额非常少，2023年，第一、二、三产业实际使用外资占比分别为0.4%、35.2%和64.4%。从行业门类看，外商投资主要集中在制造业，租赁和商务服务业，房地产业，科学研究和技术服务业，信息传输、软件和信息技术服务业，批发和零售业，金融业，该7个行业实际使用外资占比达90.8%。与这一现象相对应的是我国作为农业大国，农业人口占比近一半，且农业基础薄弱，第一产业急需资金投入经济发展，外资主要投资于第二、三产业，极不利于我国国民经济均衡发展，可能加剧城乡间差距，造成更多不平衡的状况。从整体上来看，我国在引入外商直接投资中存在产业结构上的严重偏差。由于多数投资产业技术含量少、门槛低、复制速度快，随着国内消费层次提高，会造成资源浪费、产能过剩等严重现象，这也进一步加重了我国自身存在的产业结构不平衡问题，使得我国产业之间的发展水平与国际竞争能力的差距越来越大，给我国供给侧结构性改革和产业升级换代造成困难。

（三）外商直接投资独资化趋势明显

在我国的外商直接投资中独资化日益明显。外商独资对其先进技术、先进设备以知识产权形式加以保护，限制了尖端技术在我国的传播，外商企业的技术溢出效应大大减弱，削弱了我国"市场换技术"的策略；同时，造成我国高端人才向外商独资企业单向流动，紧缺的科技研发、创新人才的流失，将严重阻碍我国研发和创新能力以及在国际市场上竞争力的提升。此外，外商独资化所形成的强大独资集团在行业中快速成长，造成行业垄断，挤占了国内企业的市场份额，对国内企业尤其是民族品牌造成很大的冲击，给我国相关产业的发展带来威胁，不利于我国供给侧结构性改革的产业结构调整和产业升级换代。

---

① 罗建兵，杨丽华. "逆全球化"风险下的"一带一路"倡议发展展望与合作范式［J］. 河南社会科学，2020，28（8）：43-52.

第四节 "一带一路"与中国对外直接投资

一、"一带一路"背景下中国对外直接投资的机遇

(一)有利于实现投资便利化,提高对外直接投资效率

我国与共建"一带一路"国家的合作日趋紧密。截至2023年年末,我国已与135个国家和地区签订双边投资保护协定,其中,有108个国家为共建"一带一路"国家。

党的二十大报告提出:"我们实行更加积极主动的开放战略,构建面向全球的高标准自由贸易区网络,加快推进自由贸易试验区、海南自由贸易港建设,共建'一带一路'成为深受欢迎的国际公共产品和国际合作平台。"共建"一带一路"倡议提出以来,境外经贸合作区建设取得了较大的进展,包括租赁服务、厂房建造、生产和生活配套、维修服务和医疗服务。境外经贸合作区提供的这些服务,极大地方便了我国企业在东道国的直接投资,为我国企业的投资提供了良好的投资机遇。境外经贸合作区的核心是互利共赢,东道国企业在为我国企业提供便利的同时,我国企业也为共建国家贡献税收753亿美元,提供近53万个就业岗位。总而言之,境外经贸合作区对促进共建"一带一路"国家国民经济的发展、产业结构的优化升级发挥了重要的作用。企业积极参与境外经贸合作区的建设,将进一步深化经贸合作关系。

(二)有利于加强国际产能和装备制造合作,优化我国对外投资的结构

国际产能和装备制造合作是共建"一带一路"倡议的重要内容。由于我国装备制造技术精湛、做工精良,因此在共建"一带一路"国家的认可度较高。例如,白俄罗斯与我国招商局集团、吉利汽车、中信集团等有着广泛的合作,共同打造了中白工业园,相继入驻了无人机、机器人等企业。随着我国经济结构的不断优化,在钢铁、有色金属、化工等相关产业方面存在产能过剩的情况,而共建"一带一路"国家基础设施建设不完善,缺乏相关产业技术。

二、"一带一路"背景下中国对外直接投资的挑战

(一)东道国的政治风险较高,社会安全问题突出

大部分共建"一带一路"国家在政治上仍属于中等以上风险,较高投资风险和高投资风险的国家主要位于南亚、西亚、北非地区。这些区域地缘关系复杂,各国势力盘踞交错,区域内的大部分国家都存在政局不稳定的问题,这严重破坏了各项政治、经济、外交政策的连续性,甚至威胁了部分国家的主权信用,导致我国的区域选择及投资领域选择严重受限。此外,随着"一带一路"不断深化发展,我国政府和企业对共建国家的投资活动

不仅持续面临大国博弈与利益制衡的双重挑战，同时受到共建国家内部的民族文化冲突与恐怖极端组织的双重威胁，甚至有部分不安势力不断影响、干扰东道国的态度与决策，导致我国与部分共建国家政策协调的难度与成本增加。[①]

（二）东道国的宏观经济基础薄弱，经济风险加剧

除少数发达经济体和新兴市场经济体外，多数共建"一带一路"国家的经济发展水平较低，且大多存在经常账户赤字、产业结构性失衡、经济体制僵化、市场经济开放度低、经济增速放缓等宏观经济基础薄弱的问题，这些又会催生出工业化程度过低、基础设施发展滞后、税收制度不明等问题，导致投资、营商环境持续恶化、债务违约、资产泡沫化、大型项目停工等情况频发，经济风险不断加剧。一旦东道国发生严重的经济危机或风险转嫁，中国境外投资企业的资金安全与项目建设就无法得到有力保障。

（三）东道国的法律体系不健全，多因素引发法律风险

首先，由于共建"一带一路"国家的法律体系的健全程度与执法力度不一，大多数发展中经济体存在法律体系不完备、不透明、变动频繁等问题，且这些国家在法律上与国际接轨的程度都比较低，法律体系差异较大，导致我国对外投资企业在税收缴纳、劳资关系、招标程序、并购审批、国家安全审查等一系列经营环节都面临巨大的潜在风险。

其次，共建国家的政治风险较高、宏观经济基础较薄弱等问题也会破坏法律体系的稳定性、连贯性和可行性。比如，伊朗曾以政治风险因素为由使我国企业受到制裁。

最后，非政治、经济风险引发的法律风险也不容小觑。

（四）共建国家的金融合作尚处于初级阶段，市场化程度严重不足

首先，中国与共建国家贸易的主要金融合作业务——贸易结算业务方面存在规模有限、监管不畅、资本流动受阻等问题，在整体的金融合作方面也存在互设金融机构少、合作业务单一、金融创新服务不足等诸多问题。

其次，虽然共建国家之间签订了较多的金融合作协议，但是通过协议落实的合作实体较少，合作国家主体较为单一，且金融服务效率低下。

最后，由于共建国家主要是发展中经济体，金融市场化程度严重不足，普遍存在依靠财政补贴、政府垄断等方式进行投融资活动的问题，市场化、国际化资金运营模式及投融资的配套措施、监管制度都无法落实和升级，导致金融配置资源效率大幅降低。[②]

---

① 中国人民大学国家发展与战略研究院能源与资源战略研究中心. 2019"一带一路"能源资源投资政治风险评估报告 [R]. 北京：2020.

② 王曼怡，郭珺妍. "一带一路"沿线直接投资格局优化及对策研究 [J]. 国际贸易，2020 (5)：43–51.

案例窗4-1

拓展阅读4-1

素养园地

"中国机遇"吸引跨国投资持续加码

数字经济成为跨国公司追逐的热点，绿色低碳蕴藏投资合作新空间，持续扩大开放带来强劲"引力"。党的二十大报告提出："推进高水平对外开放。依托我国超大规模市场优势，以国内大循环吸引全球资源要素，增强国内国际两个市场两种资源联动效应，提升贸易投资合作质量和水平。"中国以高质量发展的综合优势吸引更多国际资本投资合作。

一、全球投资减速，我国吸引外资逆势增长

当前，全球贸易投资减速，经济格局重塑，而中国成为全球最大的外资流入国，吸引着更多国际资本投资合作。在全球投资大幅下降的背景下，2023年，我国引进外资规模达到11 339.1亿美元，下降8.0%；2022年，全国吸引外资同比增长6.3%，达到1.2万亿美元。

中国经济迅速发展，产业结构不断优化，同时出台了一系列改革措施，进一步完善了外商投资环境。这使得中国成为跨国公司投资的重要目的地，吸收外资创新高，外资质量不断优化。

中国对于跨国公司最大的吸引力在于其市场规模、生产成本、供应链配套、基础设施和人才的综合优势，这里不仅有潜力巨大的市场，更是生产和服务的基地。

二、跨国公司加码"新经济"

绿色低碳、数字经济成为国际投资合作的热点。

中国正大力发展数字化基础设施建设，各行业数字化赋能的速度加快。这更加坚定了ABB电气在中国的发展方向，要做电气行业的数字化领军企业。2020年，ABB电气完成了对上海联桩新能源科技有限责任公司的收购，进一步拓展在电动交通领域的业务。

在数字经济领域，中国拥有较好的投资环境。戴尔从2016年开始跟踪全球4 000多家企业的数字化转型趋势，其中中国企业表现突出，领军型企业数量不断增长。这说明中国产业智能化升级的步伐坚实，数字经济的前景广阔。戴尔已将先进存储设备的生产产能转移到厦门工厂，未来还会进一步加快数字经济和电子信息产业的投资。

绿色低碳创新是吸引国际投资者的另一大热点。空气化工产品（中国）投资有限公司是一家总部位于美国宾夕法尼亚州的工业气体公司，近些年大力开拓中国市场，在中国投资建设了200多个生产设施，与中国的合作伙伴探讨二氧化碳利用的技术，希望能够参与中国碳中和技术的合作，为"双碳"目标的实现作贡献。

三、持续开放"引力"增强

阿吉兰兄弟控股集团是沙特在华规模较大的民营企业。中国持续开放、优化营商环境的改革举措取得巨大成就，得益于此，该企业与顺丰速运、腾讯等中国领先企业合作达成

了多个项目。未来该企业希望与更多中国企业携手，共促中沙双边经贸关系深入发展。

外资看好中国，不仅基于中国当前稳健复苏的经济，更因为中国持续深化改革、全面扩大开放带来的长久机遇。多位业界人士对外资企业开辟合作新领域、新空间充满信心，期待分享中国庞大的市场机遇和发展红利。

资料来源：李慧颖，付敏，张逸之．"中国机遇"吸引跨国投资持续加码——从投洽会看外资新动向［EB/OL］．（2021-09-11）［2025-03-29］．http://www.gov.cn/xinwen/2021-09/11/content_5636735.htm.

关键术语

国际直接投资理论 "一带一路"对外直接投资

复习与思考

1.简述国际直接投资理论。

2.国际直接投资的动机是什么？

3.如何定义中国对外投资？

4.列出中国对外投资的动因。

5.中国对外投资面临什么挑战？

阅读分析

照亮柬埔寨首都金边城市夜空的电能，50%以上来自距离金边150千米外的甘再水电站，一群来自中国的电建人为之默默坚守。甘再水电站是中国电建集团在境外第一座以BOT方式投资开发的水电站，自2012年8月进入商业运行以来，一直安全稳定，创造了巨大的社会和经济效益，被首相誉为柬埔寨的"三峡工程"。

近年来，柬埔寨政府采用甘再水电站合作模式，先后启动了基里隆水电站、达岱水电站、阿代河水电站、额勒赛河下游水电站等大型水电站项目建设。它们和甘再水电站一样，都是由中国企业投资建设，其装机已可满足柬埔寨雨季全国用电需求，最终带动中国技术、中国标准、中国设备、中国文化"走出去"，融入共建"一带一路"倡议的宏伟蓝图中去。惠民生，更聚民心。2017年7月，甘再项目公司为甘再村打通了最后"一千米"，使地处偏僻的村民们可以沿着平整的道路直达贡布省府，村里的土特产、手工艺品也可以源源不断地运往城里。像这样的"电建路""电建桥"，许多都分布在贡布省府的山水之间，被当地村民誉为"致富路""连心桥"。

资料来源：刘向晨，张一凡．甘甜如饴 再创辉煌——记集团首个海外BOT电站甘再水电站［N］．中国电力建设报，2017-10-26.

思考题：

1.中国对柬埔寨甘再水电站投资的动因是什么？

2.甘再水电站成功的原因是什么？

第五章　国际并购

内容提要

本章介绍的主要内容是国际并购，包括国际并购概述、敌意并购与反敌意并购、发达经济体和发展中经济体的国际并购实践以及中国企业国际并购实践等内容。

❖ **导读**

中国企业应对敌意并购的经验与探索
——以"宝万之争"事件为例

万科企业股份有限公司（简称万科）是我国较大的专业住宅开发企业。1991年，万科成为深圳证券交易所里第二家上市公司。一直以来，推崇"职业经理人"管理制度的万科的股权都极其分散，表现为大众持股。1997年以前，公司最大股东的持股比例始终小于9%。1998年，公司前十大股东的持股比例合计23.95%。直至2015年6月，万科的前十大股东合计持股比例才约为25%。

深圳市宝能投资集团有限公司（简称宝能集团）敌意并购万科始于2015年1月，由宝能系下前海人寿及其一致行动人钜盛华买入万科的股份。2015年7月10日，宝能系增持股份比例达到5%，正式举牌（见表5-1）。14天后，宝能系再度举牌，持股比例达到10%。2015年8月26日，宝能系第三度举牌，首次超过华润集团成为万科股份的第一大股东，持股比例为15.04%。5天后，华润集团开始增持万科股份，并于9月1日将持股比例加持至15.23%，重回最大股东之位。2015年11月27日，钜盛华买入万科股份，宝能系再次成为万科第一大股东。12月4日，宝能系因持股比例超过20%再次举牌。3天后，安邦集团买入万科5.53亿股份，占总股份的5%。12月10日，宝能系耗资37亿元，又购入万科约1.91亿股。12月11日，宝能系持股比例共计22.45%，稳居万科第一大股东宝座。17日，万科董事长措辞强硬地表示不欢迎宝能系成为第一大股东。18日，万科A向深交所申请临时停牌，公告宣称万科正在筹划股份发行，用于重大资产重组及收购资产。同日，万科总经理与媒体见面，力挺王石。12月24日，万科和安邦集团同时发布声明，表态结盟。此时，宝能系和万科双方的持股比例变为23.52%：28.11%，万科重获控制权。2016年1月29日，万科A宣布将继续停牌。

2017年1月，华润将其持有的万科15.31%股份转让给深圳地铁集团（简称深铁），深铁成为仅次于宝能系的万科第二大股东。2017年6月，恒大将万科14.07%股份转让给深铁，使深铁持有万科29.38%股权，成为万科第一大股东。2019年，宝能系密集减持万科股票，从巅峰时的持股超过25%，降至不足5%。根据A股上市公司相关管理办法，持股比例低于5%后，宝能系的后续减持动作无须再行披露。

表5-1 万科股权结构变化

万科股东	2015年7月10日	2015年7月24日	2015年8月26日	2015年12月4日	2015年12月11日	2016年8月9日
宝能系	5.00%	10.00%	15.04%	20.01%	22.45%	25.40%
前海人寿	5.00%	5.93%	6.66%	6.66%	6.66%	6.66%
钜盛华	0.00%	4.07%	8.38%	13.35%	15.79%	18.74%
华润集团	14.89%	14.89%	14.89%	15.23%	15.23%	15.29%
安邦集团	0.00%	0.00%	0.00%	0.00%	5.00%	6.18%
恒大集团	0.00%	0.00%	0.00%	0.00%	0.00%	5.00%

资料来源：[1] 吴晓灵. 吴晓灵解读宝万之争：规范杠杆收购，促进经济结构调整 [EB/OL]. (2016-12-05) [2025-03-17]. https://www.sohu.com/a/120642908_481741. [2] 姚远. 浅析企业的敌意并购与反并购——以"宝万之争"事件为例 [J]. 西部财会，2016 (5)：51-54.

思考题："宝万之争"为企业投资并购带来什么启示？

第一节 国际并购概述

一、国际并购的定义

国际并购又称跨国并购（cross-border merger & acquisition），是指某个国家的跨国性经营型企业为了达成某些目的，通过一定的合法渠道与相关支付手段，将另一国家某一企业的全部或一部分份额的股权购买下来的行为，从而对被并购企业的运营管理实现部分的或完全的控制效果。国际并购中参与的企业一定涉及两个或两个以上的国家以及它们各自的市场与它们自身已经具有的法律制度。其中，某一国的跨国性企业是并购的发起企业，被称为并购企业，而另一国的企业是指别的国家的被并购企业，被称为目标企业。[①]

国际并购中的"并购"（merger & acquisition）一词包含了兼并与收购的两层含义。

（一）兼并

兼并（merger）是指企业与企业之间的吸收与合并，即某企业以现金、证券或者其他

---

① 黄晋. 跨国公司并购的发展趋势及其法律问题研究 [D]. 大连：大连海事大学，2002.

形式购买取得其他企业的产权，将一个或多个其他企业并入本企业来，使目标企业失去其法人资格，取得其决策控制权的经济行为。兼并是市场中企业竞争其自身市场地位、彰显自身实力的正常方式，也是企业作出改变的方式之一。在西方的企业运营中，企业之间的兼并主要存在两种方式：吸收兼并与创立兼并。

1.吸收兼并

吸收兼并又称吸收合并，是指兼并方（即购买方）通过企业兼并的方式来取得被兼并方（即被购买方）的全部净资产，之后兼并方要注销被兼并方的法人资格，而被兼并方之前持有的所有资产、负债等，在兼并程序结束之后全部转移成为兼并方的资产及负债。

2.创立兼并

创立兼并又称新设兼并，是指区别于吸收兼并的方式，这种方式由多个企业重新组合成为一个具有新的独立法人地位的企业。创立兼并的程序结束之后，参与兼并的各个企业均失去之前的法人资格，只有新设立的企业具有法人资格。

（二）收购

收购（acquisition）意为获得、获取，即某个企业为了实现对其他某个企业的实际控制行为而对其进行资产或股权的购买，其中也包含了接管及接收该企业管理权或者所有权的意思。收购可以分为许多种类型，根据收购内容的不同可分为资产收购和股份收购两类。

1.资产收购

资产收购（assets acquisition，AA，又称 purchase of assets）是指某企业通过支付现金、有价证券、实物、劳务或债务免除等方式，有选择性地收购其他某企业的全部或者部分资产的收购方式。在进行资产收购前，需要谨慎注意被收购企业所在国的法律、法规，以避免在收购完成后需要承担额外的债务或义务。

2.股份收购

股份收购（stock acquisition）是指个人收购了另外　个或多个人所拥有的某一企业的股份。通常股份收购的目的不是获取目标企业的控制权，收购方通常处于参股地位，而股份收购的目的也更多在于多元化经营及投资，或者为了实现上游企业及下游企业之间的协作关联。

二、国际并购的主要类型

（一）按照国际并购双方的行业关系划分

1.横向国际并购

横向国际并购是指多个国家中生产或销售相同或相似产品的企业之间进行的并购。此类型并购的主要目的在于扩大产业在世界市场中的份额，以增强企业的国际市场竞争力，并实现高额利润的最终目的。由于在横向国际并购中，并购的双方具有类似的行业背景及基础，所以此类国际并购比较容易实现，也是国际并购中经常采用的形式。

2.纵向国际并购

纵向国际并购是指多个国家中生产或销售相同或相似产品但又处于不同生产阶段的企业之间进行的并购，如加工制造企业并购与其有原材料、运输、贸易联系的企业。此类型并购的主要目的在于扩大原材料的供应来源以及产品的销售渠道，以达到减少市场竞争对手的原材料供应及产品销售的目的，并最终实现高额利润。并购双方通常包含原材料供应商、产品加工商或产品购买者，因此，并购双方对彼此的情况较为了解，并购后容易实现整合。

3.混合国际并购

混合国际并购是指多个国家从事不同行业的企业为实现风险规避所进行的并购，如钢铁公司并购原油公司。此类型并购的主要目的在于实现企业全球化发展及多元化发展的战略，从而有效规避单一行业经营中的风险，以此增强企业在全球市场中的竞争力。

（二）根据并购企业与被并购企业是否进行接触划分

1.直接并购

直接并购是指并购企业根据自身的企业战略直接向被并购企业提出所有权要求，或者被并购企业因为经营不善导致濒临破产而主动向并购企业提出转让所有权请求，经过双方的协议，最终完成所有权转移的并购方式。

2.间接并购

间接并购是指并购企业在没有直接向被并购企业提出并购请求的情况下，直接通过在证券市场收购目标企业股票的方式来获得对被收购企业的控制权。与直接并购相比较，间接并购受法律规定制约较多，成功率也较低。

三、国际并购的作用

国际并购越来越成为各国跨国公司在国际投资中选择的主要方式，出现这种现象主要是与国际并购的作用有关。其作用主要分为以下几类：

（一）迅速进入他国市场

一个国家的跨国公司有两种进入他国市场的方式：

一是直接将企业生产的产品销售到他国去，即进行产品出口。但是由于跨国运输的高昂费用及各国之间贸易壁垒的存在，企业的产品在进入他国市场后的销售价格已经变得高不可攀，从而直接丧失了市场竞争优势。

二是在其他国家投资设厂。这种方式的成本较高，花费时间也较长；但是，并购可以使一国企业以最快的速度投入目标企业所在国的市场中，并迅速扩大市场份额。

（二）直接使用目标企业的已有资源

被并购企业通常在其所在国拥有较为丰富及成熟的资源，主要包括以下内容：

① 成熟并且完善的产品销售渠道及销售网络；

② 目标企业掌握的专利和核心技术，以及商标与商誉等无形资产；

③ 既有的稳定的产品原材料供应；

④ 目标企业所在国已有的先进管理技术及组织结构；

⑤ 目标企业已有的成熟客户关系网。

以上资源的存在均可以使并购方在进入他国后有效规避他国市场的准入壁垒，迅速适应市场环境，扩大生产，并完善及开拓更广阔的销售渠道，扩大市场份额。这些都是其他几种国际投资方式所不具备的优势。

（三）实现便利的境外融资

企业向他国进行投资的过程中往往需要融资的支撑。国际并购能够使并购方比较容易地获得融资渠道。并购程序结束之后，并购方能够通过以下几种方式获得融资资金：

① 将目标企业的部分资产及未来时间内的收益作为抵押，通过发行债券来获取融资。

② 用被并购企业的实有资产及未来时间内的收益作为抵押，直接从银行等金融机构手中获取贷款。

③ 并购方可以通过直接与目标企业进行股权互换的方式实现目标企业的控制，从而避免现金支付的压力。

（四）以低于实际价值的价格获得资产及股权

国际并购有时能够使并购企业以低廉的价格买入目标企业的资产及股权，这主要有3种情况：

① 被并购企业低估了自身某种资产的价值，但是并购方对该项资产具有充分的认识，能够以低于其资产实际价值的价格来购得该企业的资产。

② 目标企业正处于困境或濒临破产，并购企业能够以低价收购亏损或不景气的企业。

③ 在目标企业的股票出现暴跌时能够以低价买入该企业股票。

（五）其他作用

跨国并购能够使并购企业有效降低进入新行业可能遇到的壁垒，大幅降低企业运营过程中的风险及成本，获得科技方面的优势。

四、国际并购的风险

跨国公司在国际并购的过程中通常会在效果与动因之间存在一些差异，其中的关键在于并购企业对并购各阶段可能出现的风险并未预期或者未对其作出有效的防范措施。国际并购过程可以分为3个阶段：

① 准备阶段。此阶段会出现的风险主要包括对目标企业的选择及战略评估过程中可能出现的风险。

② 谈判阶段。此阶段会出现的风险主要包括价值评估等财务环节风险。

③ 整合阶段。此阶段涉及的风险主要是指整合失败的风险。

不仅如此，企业在进行国际并购的过程中还会遭遇或多或少的政治风险，以及在并购过程中受自身企业能力及经验所限制，对并购程序中的潜在风险或关键点认识不足、处理能力不足而引起诸多问题，因此对企业的并购过程产生负面影响，并且降低了并购后的企业绩效。企业在国际并购中的主要风险具体分析如下：

（一）战略评估风险

此类风险发生在国际并购之前。我国的跨国公司在开展国际并购活动的过程中，通常会犯缺少明确并购计划或方案的错误，并购项目的确定与进行也较为仓促，在长期战略计划与科学的管理体系准备方面较为不足，在并购项目的选择过程中筛选标准不够明确，很少有企业会进行战略评估。

跨国公司在国际并购过程中更多考虑的是被并购企业价值被市场低估的部分，对并购完成后战略的协同与企业的整合考虑较少，这就导致企业在并购的过程中缺乏理性，潜在的风险也较高。例如并购的决策风险，就是指并购对象选择不合适而造成各类损失，包括盲目进行国际化、多元化扩张而导致错误地选择了目标企业。

为避免这种风险，尽职调查是国际并购中战略评估的基础工作。调查范围应当包括财务、法律、经营等多个方面，并且分析目标企业可能存在的陷阱，发现信息不对称的问题。尽职调查一般通过中介机构或专业评估机构进行，利用它们既有的东道国相关情况来降低企业的交易成本。

除了对并购对象进行全方位评估之外，并购企业还需要针对自身情况进行评估，即自身是否有能力完成并购流程，以及并购之后是否有能力进行目标企业的整合。我国的跨国公司在与发达经济体的大型跨国公司的比较过程中，通常存在整体规模较小、结构脆弱、创新能力欠缺、科研投入不足、品牌知名度较低等劣势，因此也存在风险点。

（二）财务风险

国际风险中可能遇到的财务风险主要包括价值评估风险及融资风险。

1.价值评估风险

价值评估风险通常存在以下几个方面：

第一，评估方法的选择；

第二，不同国家使用的财务与会计准则可能不同；

第三，国外市场的信息难以搜集，可靠性较差；

第四，涉及无形资产时的评估难度很大。

2.融资风险

由于国际并购涉及的金额往往较为庞大，因此融资风险也就较大。我国企业在国际并购中一般采用的是杠杆收购方式，企业在完成并购后的负债压力较大，资本结构方面的风险较高。融资风险通常存在以下几个方面：

第一，融资在数量及时间上能否满足国际并购的需要；

第二，融资结构是否合理；

第三，企业正常的经营盈利及偿债能力是否会受到并购的影响。

（三）整合风险

整合风险是在国际并购工作完成后应当高度重视的环节。它主要包括制度整合风险、财务整合风险、人力整合风险及文化整合风险等。整合风险未妥善解决最终导致的风险数不胜数。

由于文化、社会环境、法律环境的差异，我国企业在与他国企业进行并购的过程中常常会出现许多冲突和对立，包括企业的发展模式、管理风格和价值理念等方面。我国跨国公司的整合风险主要来自两个方面：

第一，缺少真正了解国际通用规则的管理团队。

第二，整合需要大量的资本投入，我国往往在并购过程中对整合成本的评估不足，企业无法负担繁重的整合成本，因此会出现效益的下降。

（四）政治风险

资本主义国家对中国市场的误解与偏见造成了中国企业在国际并购中可能遭遇政治风险。我国的国有企业在进行国际并购过程中，由于其国有控股特性，很容易让他国产生抵触心理，这种现象极为常见。资本主义国家更多地将国有企业的并购活动认为是中国政府的政治干预，反映的是中国的政治策略，从而不利于我国企业国际并购的正常进行。

第二节 敌意并购与反敌意并购

随着全球经济一体化的推动，我国市场逐渐向西方成熟的资本市场发展，致使未来敌意并购变得愈加频繁。所以，我国企业需有所了解，防患于未然。

企业并购的实质是企业产权的资产性交易行为，通过这种行为，企业的产权和所有权依据市场规则实现权利的转移和让渡。按照并购的意愿形式，并购可被划分为善意并购（友好协商并购）和敌意并购（强迫接管）。[①]两者的区别在于是否有悖于优化资源配置，是否达到双赢的目的。

一、敌意并购

（一）敌意并购的相关概念

敌意并购（hostile takeover）又称强迫接管并购，它与善意并购相对，是指并购方不顾目标企业的意愿而采取的非协商购买手段，强行并购目标企业。在此类收购中，收购方的目的不仅是取得部分股权，更是想取得目标企业董事会的多数股权，进一步得到目标企业的经营控制权，强行完成对整个目标企业的收购。一般目标企业有三大特征：一是股份可自由流通；二是股权高度分散；三是资产质量优良。

敌意并购的优点在于并购方占主导地位，不用权衡各方利益，而且并购速度快、时间

---

① 陈放. 企业并购中的人力资源整合 [J]. 黑龙江对外经贸，2005（12）：54-55.

短，并购成本可有效控制。但是敌意并购通常无法从目标企业中获得真实的重要资料（如内部运营、财务状况等），这给收购方带来了估价困难的问题。同时，由于企业一旦被并购，原企业的法人地位就可能消失，原企业人员面临新的就业机会，管理层会变动，更何况有时并购方提出的各种并购条件十分苛刻，因此，目标企业得知并购方的并购意图后，可能采取一切反并购措施。同样，并购方在得知目标企业不愿意被并购后，会采取一些措施想方设法去并购目标企业。与善意并购相比，敌意并购的风险大且成功率较低，要求并购方制订严密的收购计划，并严格保密、快速实施。另外，由于敌意并购会对股市造成一些不良影响，甚至扰乱企业的正常发展秩序，各国政府都对敌意并购给予一定的限制。

（二）敌意并购的方式

企业并购可以通过多种方式来实现，不仅可以运用经济手段，还可运用法律手段以及行政手段。但是敌意并购作为一种特殊类型的并购，近年来日渐频繁，其手段和操作手法日趋隐蔽和精细。[①]总体而言，敌意并购的方式可以分为3种：

1.要约并购

要约并购是指并购方直接在二级市场公开向目标企业宣布并购计划，同时以高于市场价格的股价积极购买企业原有股东的股票，力求尽早地达到预先设定的目标企业股票数量的行为。由于在现行的法律制度下，并购方获取目标企业股票达到5%或30%时即触发公告和申报义务，从而引起目标企业的警觉，因此，敌意并购方通常会采取一些隐藏方法来防止目标企业发觉：

一是先购买一些包含目标企业股权的金融衍生产品，以避免触发公告义务；

二是联合公司的关联企业或友好公司分散买进同一个目标企业股权再集中转让给敌意并购方。

要约并购的特点主要有两个：

第一，要约并购是一种不可协商的要约形式，它通常将并购的价格、数量以及有效期限详细地说明；要约一旦发出，就不可随意更改。

第二，要约并购是有限的，即它不是全面并购要约，也没有全部并购的义务。

2.熊式拥抱

熊式拥抱是指并购方绕过目标企业管理层，直接与目标企业董事会成员协商，以溢价的方式表达并购意愿，并希望董事会支持并购；有时部分董事会成员会因高价格的诱惑而劝导管理层同意收购，此时敌意并购方的目的达成。如果董事会拒绝了并购方案，则并购方会转而通过市场进行要约并购或者放弃并购。

3.争夺代理权

争夺代理权与前两种方式相比，是一种间接的并购方式，是指敌意并购方在获取部分股权成为目标企业的股东后，通过征集其他股东的投票权来达到控制董事会的目的，进而间接地获得目标企业的经营控制权。并购方通过与企业的管理层以及其他的持股人进行协商，力求得到他们的支持和配合，等这些基金和小股东将投票权委托给并购方后，并购方

---

① 张述丽. 敌意并购绩效实证分析——基于并购方的研究 [D]. 杭州：浙江工商大学，2012.

就获得了对控制企业相对的或绝对的表决权。其中，代理权的竞争主要有两种方式：

一是争夺董事会的席位，是指争夺有决策权的董事位置，借此控制董事会，进而当选董事长，以进一步控制企业管理层及整个企业。

二是在董事会就某项具体的议题进行讨论时，表达与其他成员不同的意见，从而左右董事会的决策。

（三）敌意并购的目的

敌意并购一般是在未经目标企业管理层允许（非协商）的情况下强制进行的，且敌意成本较高。并购方之所以仍愿意以较高成本获取目标企业，通常是为了达到以下目的：

1.降低收购难度

通常情况下，善意并购需与企业管理层及股东进行多次协商。依据利益相关者理论，并购方需要妥善考虑和处理多方利益，因此协调成本较高。而敌意并购最普遍的形式是在市场上短期内大量买入被并购方的股票，靠绝对多数的股权来获取控制权，能够有效地降低协调成本以及收购难度。

2.减少同业竞争，巩固市场地位

当在同一行业中，一个企业对其他企业的经营产生一定影响或威胁时，敌意收购就很可能发生。敌意并购方通过并购获得目标企业的控制权，在市场上消除了自身企业的竞争对手，减少了企业的竞争压力，提高了市场占有率。

3.获取优势资源，实现协同效应

通常情况下，敌意并购方强行以较高价格获取对目标企业的控制权，其原因之一是目标企业有一部分优势的战略性资源，如品牌、销售渠道、特许经营权等。这种并购多发生在同产业企业之间。敌意并购方在获取目标企业控制权后，将双方优势资源进行整合，弥补企业短板，获取较高的协同价值，增强企业的市场竞争力，从而进一步巩固敌意并购方在市场中的地位。

4.借壳上市

由于我国相关法律和法规对上市条件有着非常严苛的规定，因此，对于一些现金流充裕、业绩优良，却未满足上市条件的公司，敌意并购方会选择一些拥有上市资格的企业作为"壳公司"，成为变相上市的途径。

二、反敌意并购

反敌意并购又称反并购，是指目标企业管理层为了防止企业控制权让渡或转移，采取一些预防或挫败并购者并购本企业的行为。

（一）反敌意并购的动因理论基础

1.短视理论

由于信息不完全，市场上的投资者无法对企业未来经营作出合理的判断，只能把企业经营好坏的标准暂时放在企业近期短期投资的盈利上，这导致有好项目的企业股价被低

估。当企业价值被低估时，拥有大量可自由支配资源的企业或个人投资者（进攻者）会将其看作极具吸引力的目标。如果没有企业并购，企业股东将得到延后补偿；如果存在企业并购，目标企业的股东就不得不接受低估的市场价格。短视理论包括市场短视理论和管理层短视理论。

市场短视理论认为，市场活跃度较高且受金融市场驱使的企业控制市场，往往追求短期盈利，很容易出现高估企业短期绩效、低估有风险的长期投资效益的现象。在这样一个以短期盈利为中心的市场，如果经理人从事长期战略投资，就会让自己面临很大的就业风险。[①]因此，收购威胁会助长价值被低估的企业经理人的短视行为。

管理层短视理论认为，市场短视行为导致了管理层短视，为了使目标企业的股东免遭这种潜在的财富损失，经理人不得不减少市场不能被准确估价的长期投资（如研发、市场调研等），竭力增加企业的当前盈利。经理人把长期投资转向更容易被估价的短期项目，虽然减少了企业价值被低估的情况，但也牺牲了企业有利可图的长期投资。

2.公司稳定发展理论

公司稳定发展理论认为：

第一，企业并购行为随时可能发生，这使企业经营者辛苦制定的长期发展战略极有可能成为别人的"嫁衣"，因此会打击经营者对企业经营作长期规划的积极性。此外，企业并购可能损坏企业长期与其他企业（如供应商、制造商、销售商等）建立的信任关系，影响企业稳定发展。

第二，以追求短期暴利为目的的企业并购，并不关注企业的长远发展，往往采取重组分拆的方式将企业出售，违背了企业的发展宗旨。此外，并购重组可能带来裁减员工、精简职能机构的问题，对管理层和员工来说是不公平的。

第三，企业收购给企业带来高风险的巨额债务负担，最终导致企业面临严重的财务负担甚至破产。

第四，企业并购可能产生难以协调的企业文化冲突、无法预料的业务整合障碍，以及规模不经济、范围不经济等问题，导致企业竞争力下降。

3.股东利益假说理论

股东利益假说理论认为，企业采取反并购策略有利于提高企业的经营业绩，使企业获得更高的并购价格，增加股东财富。该理论基于以下观点：

企业如果设立了反并购的制度，就不会时刻处于被并购的风险中。这对管理层来说，意味着其有一个较为稳定的工作环境，也促进了管理层制订企业的长远发展计划；对股东来说，能够获得更为稳定的收益。同时，并购重组可能意味着管理层的换届。如果企业存在被并购的风险，那么管理层的职位很可能处于一个不稳定的状态，倘若没有反并购措施的保护，不利于企业的长期发展，也无法实现股东的利益最大化。

其次，当企业面临被并购的风险时，中小股东的决定也应纳入考虑范围内。中小股东由于自身的局限性以及信息不对称，可能会作出与企业整体利益不相符的决定。当并购方给出较高的收购溢价时，出于对个人利益的追求，部分中小股东可能会出售手中的股票。

---

① 孙维章. 控制结构与企业长期发展相互关系的实证研究 [D]. 重庆：重庆工商大学，2011.

但是企业如果在章程中设立了反并购措施，将同意并购或实施反并购策略的决定权交给管理层，则能更好地维护企业的整体利益。

最后，该理论认为在企业章程中设置"降落伞计划"的反并购策略能有效应对并购威胁。目标企业在被敌意并购后，需要支付管理人员高额的遣散费，因此管理人员会根据客观情况综合评定并购或者反并购的价值，作出符合企业整体利益的决策。

通过对以上几点的分析，股东利益假说理论认为，企业的反并购策略能够实现企业的整体价值，确保股东利益最大化。

（二）反并购策略的理论基础

许多西方国家经济发展较早，并购与反并购行为也有较长的历史，各种并购与反并购的案例也较为常见，通过对这些案例的研究，形成了相关的反并购策略的理论体系。根据反并购措施实施的时间，反并购措施可被分为事前措施和事后措施。

事前措施是指目标企业在没有发生并购之时采取的法律措施，以降低企业未来被并购的可能性。[1]其主要有毒丸计划、驱鲨策略、降落伞计划。

事后措施主要是当敌意并购行为发生后，目标企业为了应对敌意并购而采取的措施。其主要有白衣骑士、帕克曼防御策略、法律诉讼以及剥离资产或资本等。

1.毒丸计划

毒丸计划是指企业被敌意并购发生之前就在相关协议中规定一些"毒丸"，如股权"毒丸"、负债"毒丸"以及人员"毒丸"。当企业遭遇敌意并购时，目标企业会使"毒丸"发作。通过"毒丸"的发作，并购方不得不增加并购成本，或者降低并购收益。此时，并购方需要充分考虑是否还继续采取并购手段，目标企业因此可以降低被并购的风险。但该策略在损害并购方的同时也损害了自身利益。

2.驱鲨策略

驱鲨策略是指企业通过修改规章制度进行敌意并购防御。相比于其他策略，该策略更柔和些，但是其效果是比较明显的。它主要是通过在企业中设立一些规章制度来达到反并购的目的，其方式主要有：

① 公平价格条款，规定并购方向少数股东购买股票的价格必须高于或等于股票的公允价值。

② 绝大多数条款，是指企业的重要决定、重大交易必须经过股东大会绝大多数的同意，该条款旨在保护大多数人的利益。

③ 分级董事会条款，是指限制董事会的改选比例，一般规定董事会每年改选的人数不得超过一定的比例，目的在于当并购企业取得目标企业绝大多数股权时，并购方不能马上更换目标企业的董事会，进而获得目标企业的控制权或掌控目标企业的经营活动。

④ 双重资本化条款，主要是将股东拥有的股权与投票权进行分离并重新设定，使持股比例相同的股票拥有不同的投票权。

---

① 沈四宝.经贸法律评论（一）[M].北京：对外经济贸易大学出版社，2005：20.

3. 降落伞计划

降落伞计划是一种给予企业员工高额解聘费用的特殊补偿性条款。这种补偿是需要触发条件的，即当目标企业被并购后，其管理层变更或企业裁员。在这种情况下，这些员工将按特殊补偿性条款得到相应的补偿，就变相增加了恶意并购方重组目标企业的成本和难度。该策略可以在敌意并购方并购前使用，也可在并购过程中使用。该策略根据赔偿对象的不同可以分为金降落伞、银降落伞和锡降落伞。

金降落伞是指并购后若要更换企业高层管理者，并购方要一次性支付巨额的遣散金、股票选择权收入或额外津贴。

银降落伞主要是针对企业中级管理人员。

锡降落伞是针对企业的普通员工。

该策略主要目的是通过支付一次性巨额赔偿金来增加并购成本，从而阻碍并购成功。但是，根据对大量案例的研究，也有学者持有不同看法，企业在并购重组中会支付高额的成本，支付给员工的补偿费用只占该成本很小的一部分，可能对并购方来说无法左右并购进程。

4. 白衣骑士

白衣骑士是指被并购方遭遇敌意并购时可列出一些优惠条件，主动吸引第三方（即白衣骑士）参与并购竞价，第三方提出更高的并购价格，这使敌意并购方或者接受更高的并购价格，或者选择放弃。给予"白衣骑士"的优惠条件主要有股份锁定和资产锁定。

5. 帕克曼防御策略

帕克曼防御策略是指目标企业在遭遇并购威胁时，主动出击收购并购企业的股票，通过这种方式给予对方警告，使其放弃并购。如果目标企业自身实力不足，无法取得并购企业的股权，可以争取友好第三方的协助，出让本企业的部分利益，以寻求第三方协助并购。但是这种策略存在一定的局限性：

首先，目标企业应有较强的实力，能够对并购方造成较大的影响，或者能够争取到第三方协助。

其次，这种策略要求敌意并购方是可以被并购的，必须是上市公司且有被并购的可能性。

最后，由于并购双方都在试图收购对方的股份以求得到对方公司的控制权，这使得双方的财务结构具有很强的杠杆性，对双方来讲都会产生不利影响。

由于这些局限性的存在，帕克曼防御策略并不适用于所有敌意并购案例。

6. 法律诉讼

法律诉讼是指被并购企业利用法律和法规中的相关条款来对抗敌意并购的策略。首先，通过法律和法规能够获得支持和判决，以抵御并购行为。其次，法律和法规可规范敌意并购行为，打击并购方的信心，同时为目标企业的反并购行为争取时间。美国的一项调查显示，大约有1/3的企业在并购案中会产生法律诉讼。[①]

---

① 吴昊，李刚. 全流通时代上市公司如何应对敌意收购 [J]. 合作经济与科技，2007（7）：49-50.

第三节　发达经济体企业国际并购实践

一、发达经济体企业在国际并购中的状况

（一）国际并购的规模持续扩大，并且以横向并购为主

在经济全球化愈演愈烈的当下，发展中经济体和发达经济体的国际并购规模都在不断扩大。在发达经济体中的国际并购交易中，单个并购案的交易额巨大，横向并购的情况主要出现在第二产业中。

（二）国际并购出现本地化发展趋势

随着中国经济迅速发展，越来越多的发达经济体跨国公司选择在中国进行国际并购，是由于中国存在丰富的自然资源与人力资源。然而，在全球金融危机发生之后，发达经济体跨国公司重返中国市场所采用的实体投资并购策略变成"本地化"。尤其是在当前的中国，基础设施等建设水平已经达到基本完善的水平，市场经济体制也建立健全，已经基本具备了吸收发达经济体先进技术及组织结构管理理念的能力。

（三）国际并购的领域愈发集中于第二、三产业

自20世纪90年代起，发达经济体就开始了在我国的国际并购活动。到目前为止，跨国公司对我国的国际并购逐渐转向第三产业，特别是制造业中的高科技领域和服务业中的信息技术、金融、医疗健康等细分领域。这一趋势受到产业升级、政策支持和市场需求等多方面因素的驱动，并在未来持续深化。

二、发达经济体在我国并购的动机分析

（一）规模经济效应

在企业的并购问题中，规模经济效应能够使一些跨国公司的产业规模扩大，并且能够产生管理、财务与经营方面的协同效应，最终能够保证企业获得客观的规模效应。

（二）提高市场占有率

我国人口总数目前为全球第一，因此也带来了庞大的市场需求与消费市场。随着近年来我国人均消费水平的步步攀升，众多发达经济体的跨国公司看到了商机。很多跨国公司选择中国，是因为中国已经初步建立起完备的生产线与销售渠道，能够使跨国公司在进入中国市场后实现快速升值，同时提高资金的时间利用效率，避免资本闲置所带来的损失。此外，如同任何跨国并购所带来的优势一样，发达经济体跨国公司能够通过国际并购获得

目标企业所拥有的资源以及融资便利。

三、发达经济体的并购特征

随着世界经济态势的整体复苏，各国政府都结合自身的实际状况在政策上进行了一定程度的调整，尤其是对外投资政策方面，如德国的工业革命4.0、美国的制造业回归、中国的共建"一带一路"倡议和《中国制造2025》等，这些政策层面的改变使得发达经济体的跨国公司在国际并购的交易过程中呈现出与以往不同的特点：

（一）并购的发起方所处国家或地区较为发达

全世界范围内的国际并购活动的跨国公司发起方始终是以美、日、欧为主，新加坡的并购也有所增长。随着各个国家经济态势趋好以及消费结构的升级与经济转型的发展，发达经济体的国际并购及对外投资力度也在不断加大，发展中经济体的首都及经济中心等城市越来越多地成为跨国公司的总部所在地，中国、印度等发展中经济体对其的关注程度也在不断提升。

（二）国际并购的方式以协议收购为主

从整体情况来看，发达经济体跨国公司在世界范围内的并购方式主要包括协议收购、发行股份购买资产、在二级市场进行收购、吸收合并、要约收购、增资、购得公司发行的新股、间接收购、资产置换、继承，其中，以协议收购为主。以我国为例，2023年披露预案6 460笔并购交易，同比下降18.33%；当中披露金额的有4 764笔，交易总金额为2 157.84亿美元，同比下降26.43%。并购市场整体活跃度下降。

（三）国际并购涉及行业由制造业向服务业及高科技产业转移

发达经济体的国际并购行业趋势开始逐渐集中于高技术服务业。以我国并购情况为例，2024年，并购活动主要集中在两大行业：能源行业的并购活动明显增加，主要从能源转型的范围交易转向了体量整合的规模交易；科技行业是另一大并购活跃行业，仍然以增长为导向的范围交易为主，但交易规模远不及2020—2021年繁荣时期的水平。2023年，电子信息交易数量最多，占比为15.7%，其次分别为传统制造、金融、医疗健康以及房地产等。就披露交易规模来看，2023年，公用事业占比最大，以228.71亿美元占比15.1%；紧随其次为金融，以214.76亿美元占比14.2%；传统制造、能源及矿业与电子信息，交易金额分别为157.50亿美元、137.70亿美元、113.29亿美元，相应占比为10.4%、9.1%、7.5%。

（四）并购区域多集中于东道国的经济发达地区

以我国为例，从区域分布来看，跨国公司在我国开展国际并购的区域主要集中在华东和华北地区。2024年，我国并购市场共披露了8 378起并购事件，交易规模约为20 163亿元。其中，华东地区的并购活动较为活跃，尤其是江苏和上海，交易规模和数量均处于较高水平。尽管跨国公司在我国的中部及西部地区的国际并购数量已经有所增加，但是从总体上来看，仍然以东部地区为主要目标，西部地区吸引力较弱。这能够说明，发达经济体跨国公司在选取国际并购目标时主要的着眼点仍然是集中在基础设施发展良好的地区，因为这类地区具有市场潜力大、劳动力素质高、运输条件便利、已取得竞争优势等特点。

四、发达经济体国际并购对发展中经济体经济发展的正面作用

（一）优化发展中经济体的产业资源配置

发达经济体在发展中经济体进行国际并购取得高额利润的同时，也优化了东道国的资源优化配置。随着国际合作的日益增多，跨国公司是国际资本交流的重要媒介。在各国跨国公司国际并购扩张的趋势之下，传统的国内市场边界被打破，各类产业的国际化趋势日益明显。跨国并购活动使得各国的生产要素能够在国际进行流动，各国都拥有自己的比较优势。发展中经济体为了更加符合国际市场的需要，也更加充分发挥自身的比较优势。

（二）提高发展中经济体的技术水平

发达经济体的跨国公司在进入发展中经济体市场后，能够通过技术溢出效应获得先进的技术及管理方法。具体来说，技术溢出主要有以下几种方式：

1.竞争效应

发达经济体的跨国公司在发展中经济体开展国际并购，会改变原有的市场结构，可能淘汰市场中生产效率低下、管理制度落后的中小企业，能够让更多的资源流入竞争优势较强的企业中去，从而提高整个行业市场的整体水平。同时，跨国公司的进入能够刺激国内企业的创新及技术研发速度，也使中小企业相继探索较为高效的管理模式，最终使企业自身资源得到充分利用。

2.员工培训效应

跨国公司在国际并购程序结束之后通常会对被并购的企业员工及管理层进行技术培训，经过培训的人员在流入其他企业或进行自主创业的过程中都能够将学习到的先进技术进行一定程度的传播，带来技术的外溢。

3.联系效应

联系效应包括前向联系和后向联系，主要发生在跨国公司与当地的供应商之间。前向联系是指所在国的供应商为满足跨国公司对零部件、原材料、半成品等产品的需求，而对其进行不同于以往方式的创新加工。后向联系是指跨国公司生产的产品在向下游进行销售时，能够使下游的企业产品质量得到提升。

第四节 中国企业国际并购实践

一、中国企业在国际并购中的状况

近年来，中国日益成为影响全球企业并购市场发展的主导力量之一。一方面，中国是

全球引进外国直接投资最多的国家之一，不断增长的外资在华并购和国内本土企业间并购，使中国企业并购市场成为全球企业并购市场的重要组成部分。另一方面，中国作为世界第二大经济体和最大的新兴经济国家，越来越多的中国企业"走出去"，并在越来越广泛的地区和领域进行跨国投资。尤其是在2008年全球金融危机后，中国企业在全球企业并购市场中表现较为活跃，已成为推动全球企业并购市场发展的重要动力之一。

随着我国经济实力和国家影响力的增强，中国企业境外并购活动日益频繁，正从以往主要担当资产被收购的角色逐渐变成主要的资产并购方。2016年以来，我国境外并购交易规模快速扩大，2016年达到顶峰2 104亿美元；但是随着全球经济增速放缓，再加上境外并购后一系列的"后遗症"，2017年我国境外并购进程逐渐放缓。2019年，中国在全球贸易不明朗的前景下，新兴信息业、健康产业等行业仍然坚持了自身的发展步伐，当年中国境外并购交易额达2 415亿美元，达到新的历史高度（如图5-1所示）。2020年，中国企业的境外并购活动受到打击，跨境交易变得异常困难，中国境外并购交易金额跌至420亿美元，是自2010年以来的最低值；并购交易数量跌至403宗，是自2015年以来的最低值。从数量上来说，民营企业仍然是最活跃的境外买家，国有企业将注意力转向了国内市场，高科技行业对中国买家的吸引力还是很大，但是几乎所有行业受到了打击。[①]2024年，中国企业境外并购交易额达到307亿美元，同比下降31%。不过，跨境并购市场整体表现出显著的回暖趋势，出入境并购总交易金额达到1 030.8亿元人民币，同比增长104.24%，创下近年来的新高。

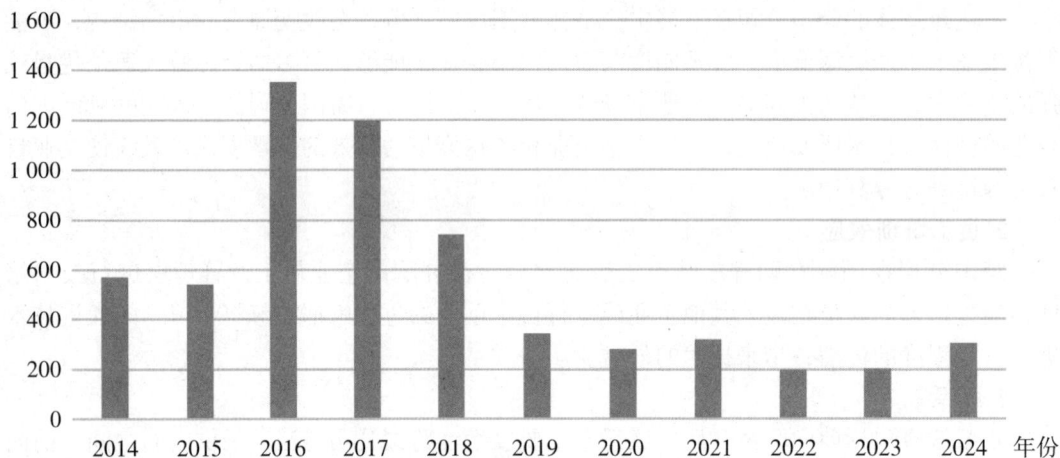

图5-1　2014—2024年中国境外并购交易额（单位：亿美元）

二、中国企业境外并购动机分析

（一）获取战略性资源

中国经济飞速发展，国内有限的资源难以满足经济快速发展的需要，而世界上越来越多的国家对初级形态的资源出口采取限制政策，对石油等矿产资源的需求使境外投资成为中国企业利用国外资源的必然选择。

（二）获取先进技术

在当前跨国公司对我国大规模的制造业转移中，核心技术空洞化已经成为转移过程中的主要问题，技术特别是核心技术的缺失是中国企业的最大软肋之一。通过并购的方式直接接收外国企业的技术研发部门是中国企业尽快提升自己技术创新能力的一种有效途径。

（三）拓展发展空间，抢占国际市场

中国企业通常采取贸易的方式进入国际市场，但对欧美高度发达和成熟的市场，新品牌的进入是异常困难的，巨额广告费用、营销费用等进入成本是相当高昂的。中国企业大多缺乏国际品牌，使得产品在国际市场销售不畅，只能靠贴牌生产赚取低廉的加工费。因此，通过跨国并购尽快建立起中国企业的国际品牌并形成自己的营销网络，既能满足企业发展的需要，又能迅速有效地开拓国际市场。

（四）绕过贸易壁垒

跨国并购避开了国外知识产权保护壁垒，快速进入战略性行业。近年来，随着各国关税的普遍降低，贸易保护主义有所抬头，寻求合法而隐秘的保护工具的国家越来越多。它们为企业出口设置重重障碍，形式表现为：第一，进口配额限制。比如，2025年2月，美国宣布对中国船舶航运企业实施新的限制措施。第二，反倾销调查。国际反倾销案件数量呈螺旋式上升趋势，作为WTO成员和出口大国的中国已成为遭受反倾销指控最多的国家。

中国企业为扩大国外市场，尤其打入欧美发达经济体市场，不得不通过并购或直接投资绕开贸易壁垒。比如，2001年，海尔收购意大利一家冰箱厂，开启白色家电企业跨国并购先河，使企业生产当地化，从而立足东道国，绕开关税和非关税壁垒，同时通过兼并减少市场竞争对手。

三、中国企业国际并购的特征

（一）对象集中

除一些资源性并购外，我国大多数非资源性并购都集中在欧美国家。之前，我国的并购以中小企业为主，如2002年上海电气集团收购日本秋山公司等。对欧美、日韩的并购案有所增加，一些企业开始尝试规模更大、交易更复杂的大型企业或主营业务收购。如上汽集团、京东方、上海工业缝纫机等接连成功并购了韩、日、德、美等国的汽车、精密制造和电子企业，海尔集团收购美国第三大家电巨头美泰克，都显现出并购大型化趋势。在并购活动中，换股支付仍是主要的支付方式。交易显示，股票和其他证券的使用亦见增长。例如，京东方并购使用了6家国际金融保险机构的混合贷款，网通并购则采取了组建

国际财团和整体谈判的形式。2012年3月12日，中国国内知名视频网站优酷和土豆共同宣布，双方已签订最终协议，将以100%换股的方式合并，新公司将命名为优酷土豆股份有限公司。根据协议条款，自合并生效日起，土豆的美国存托凭证退市，并兑换成1.595股优酷美国存托凭证，继续在纽约证券交易所交易。[①]一些国内金融机构也积极介入，在并购操作中发挥中介和财务顾问的作用。

（二）借助外资

中国企业在并购中展现了熟练的国际融资技巧。以京东方为例，其收购韩国现代显示技术株式会社（HYDIS）的TFT-LCD业务，耗资3.8亿美元。但京东方真正自有资金购汇仅6 000万美元，国内银行借款9 000万美元；另外的2.3亿美元，一部分通过BOE-HYDIS[②]以资产抵押方式，向韩国产业银行、韩国外换银行以及现代海商保险借款折合1.882亿美元，另一部分来自HYNIX提供的卖方信贷或者通过BOE-HYDIS以资产向HYDIS再抵押方式获得抵押贷款。[③]

四、中国企业国际并购存在的问题

（一）缺乏整体的战略规划

并购失败的企业通常把国际化当成目的，而不是手段。跨国并购实现了企业的国际化，但是忽略了跨国并购的根本目的在于培育和增强企业的核心竞争力。尽管如今不少中国企业国际并购是出于战略考量，如2025年一些A股上市公司跨境并购是为了推进国际化战略、整合产业链上下游等，但仍有部分企业存在战略规划缺失的情况。一些企业可能受市场热潮影响，盲目跟风进行国际并购，没有充分考虑自身实力和发展需求。例如，部分新兴行业企业在技术和资金尚未成熟时急于并购海外企业，试图快速占领市场，结果自身能力不足，导致并购后经营困难。

（二）缺乏足够的境外并购经验与整合能力

虽然经过多年发展，中国企业积累了一定的并购经验，但面对复杂的国际环境和不同文化背景的企业，多数企业并没有足够的跨国并购经验以及整合并购企业的能力。同时，中企在并购后整合时仍面临东西方文化差异、管理模式融合等难题。种种弊端导致有些并购夭折，有些企业并购后经营状况不佳。

---

① 周文林. 优酷与土豆宣布合并　新公司命名为优酷土豆 [EB/OL]. (2012-03-13) [2025-03-24]. https://www.163.com/news/article/7SFD9C6C00014JB5.html.

② 京东方在韩国注册京东方科技集团股份有限公司的全资子公司BOE-HYDIS技术株式会社，代表京东方负责此次资产收购。

③ 程立茹，周煊. 中国企业战略性海外并购研究 [J]. 商业时代，2006（8）：64-65.

（三）缺乏非政府的中介组织系统

跨国并购是一种复杂的投资活动，且并购过程中涉及方方面面的专业知识。因此，被称为"财力与治理的高级结合"的跨国并购，仅靠并购企业单枪匹马是难以完成的。

跨国并购需要很多中介机构提供中介服务，这些中介机构门类齐全、范围广泛，从投资咨询、会计师事务所到法律服务，从资产评估到企业审计，从行业协会到区域性商会，应有尽有。多数中介机构都有广泛而畅通的国际合作渠道。

国内中介机构在国际并购服务方面虽有进步，但整体服务水平仍有待提升。我国本土中介机构规模普遍较小，实力和经验不足，许多标准尚未与国际接轨，难以提供高质量的跨国并购服务。一些大型海外并购项目仍依赖外资背景的投资银行担任财务顾问，存在泄密风险及立场不一致等问题。

中国企业需要熟悉跨国并购的投资银行、律师事务所等中介机构和通晓国际贸易、国际金融、国际市场营销、国际管理和国际商法等知识，熟悉境外并购业务，可以与国外直接沟通，对行业和市场环境有专门研究，有自己的信息网络，并能按国际惯例管理境外并购企业的专业人才。高质量非政府中介组织的缺乏，使中国企业在进行跨国并购时会出现信息不对称的问题，提升了中国企业跨国并购的风险和成本。[①]

案例窗5-1

拓展阅读5-1

关键术语

并购　跨国并购　吸收兼并　创立兼并　资产收购　股份收购　横向国际并购　纵向国际并购　混合国际并购　直接并购　间接并购　敌意并购

复习与思考

1. 国际并购的主要作用有哪些？
2. 跨国公司在国际并购过程中主要有哪些风险？
3. 什么是敌意并购？敌意并购的目的是什么？
4. 什么是反敌意并购？反并购策略的理论有哪些？
5. 发达经济体国际并购对发展中经济体经济发展有哪些正面作用？
6. 中国企业国际并购存在的问题有哪些？

---

① 田晓云. 中国企业跨国并购核心竞争力研究［D］. 北京：中央民族大学，2012.

阅读分析

吉利并购沃尔沃

吉利并购沃尔沃（2010年）是杠杆收购的范例。整个并购项目需要资金27亿美元，其中18亿美元用于收购沃尔沃轿车100%的股权，余下9亿美元是对沃尔沃轿车的输血，是保证沃尔沃后续运营的资本开支。27亿美元并购资金分为两部分：一部分来自国内融资，其中又以吉利汽车自有资金为主，加上国内银行的收购资金；另一部分来自境外，包括来自美国、欧洲等市场的资金。被业界惊呼"蛇吞象"的吉利的并购主要方式就是杠杆收购，外界融资在其中发挥了重要的作用。

2008年的全球金融危机使得许多境外资产被低估，通过境外并购，吉利用较低的成本获取梦寐以求的汽车国际品牌、核心技术和国际市场营销渠道，这是中国汽车产业实现技术跨越的一条捷径，可以迅速提升中国汽车产业的软实力。

吉利并购沃尔沃成为中国企业成功进行跨国并购的具有里程碑意义的事件。但成功并购只是第一步，在众多的杠杆收购案例中，大多数的杠杆收购失败最终都归因于杠杆收购背后所隐藏的巨大风险。作为一种以小博大的并购方式，在成功并购目标企业后，并购方仍然面临巨大的运营风险与财务风险。吉利集团同样面临巨大的不确定性因素，杠杆收购后在经营方面和财务方面存在不可避免的风险，只有充分认识与分析，采取正确的防范控制措施，才能使杠杆收购最终取得真正的成功。

资料来源：刘影. 吉利并购沃尔沃 [J]. 汽车与社会，2014（16）：52–53.

思考题：

1.试分析吉利并购沃尔沃后面临的风险。

2.总结吉利并购沃尔沃对中国企业跨国并购的启示。

第六章 国际风险投资

内容提要

本章内容围绕国际风险投资的相关内容进行阐述，通过对国际风险投资概念的引入、国际风险投资特点的总结，分析给出对国际风险投资的理解；之后对风险投资基金进行介绍分析，在此基础上展开对国际风险投资发展以及我国风险投资发展的分析与探讨。

❖ **导读**

风投行业：旧规则的消亡与新秩序的建立

管理大师彼得·德鲁克曾说，动荡时代最大的危险不是动荡本身，而是仍然用过去的逻辑做事情。对习惯了快速扩张、资金泛滥、独角兽丛生的风险投资者来说，经常需要思考：接下来该怎么办？

一、行业：制度红利与时代红利

2009年10月30日，在万众期待下创业板启动，也开启了人民币基金的强劲走势。深创投、达晨创投、同创伟业等一批本土人民币基金迎来了丰收季，也诞生了专门为此设计的流水线投资方式。资本市场红利也创造了人民币基金的黄金时代，风险投资在2009—2019年的界限越来越模糊。到了2014年，资金泛滥，优质项目越来越难抢，成熟期项目估值虚高。2019年，由于头部机构募资规模的提升以及优质项目的稀缺，一些投资机构采取了全产业链策略。未来，越来越开放包容的资本市场让更多的硬科技企业上市，风险投资者将享受新的制度红利。

二、募资：LP结构待调整

2009—2019年，风投机构募资最大的变化在于政府引导基金的参与。2014年，"大众创业，万众创新"的口号被提出，不仅鼓舞越来越多的人参与到创业中，也让各地政府引导基金作为LP参与到股权投资中。2015年，我国共设立227只政府引导基金，披露的基金总规模为9 519.1亿元，平均单只引导基金规模为41.9亿元，为2014年及以前平均单只引导基金规模的近3倍。最为引人注目的是湖北长江经济带产业基金，当时宣称的募集总规模为2 000亿元。设立政府引导基金一时间成为新风尚，推动风投机构规模进一步膨胀。不过，在我国2018年资管新规颁布以后，过去来自银行系统的资金没有了，风投直接面临的问题是钱从哪里来。2019年10月我国出台资管新豁免规定，对创投基金和政府出资产业投资基金的多层嵌套进行了豁免，这对风投机构来说是久旱逢甘霖的好事。

三、投资：从平台到细分机会

未来，在增量市场变成存量市场后，投资者会开始重点布局To B市场。To B项目通常是在特定垂直行业进行深耕，通过对传统行业进行技术改造，提升其效率和收益。这意味着更为深刻的产业结合，在细分场景落地的To B项目将受到青睐。此外，5G的商业化将为云网一体化、AI和数据安全带来新的投资机会，5G推动的产业互联网将深耕各个行业，带来全新的产业变革机会。当然，To C领域也有许多小亮点。2019—2023年，风投行业在To B项目和5G、AI等领域取得了显著进展。To B项目演进从传统的"增量市场"转向了"存量市场"，投资者对这些领域的技术升级和应用创新更感兴趣。未来，风投行业里好摘的果实没有了，投资者需要扎根到细分行业赛道和领域中。

资料来源：李碧雯. PE、VC行业十年：旧规则的消亡与新秩序的建立 [J]. 中国企业家，2020（1）：45-48.

思考题：在行业不断变化的情况下，风险投资者应如何跟上时代的脚步？

第一节　国际风险投资概述

一、风险投资的概念

（一）从投资资本运用的角度阐述

按美国风险投资协会的解释，风险投资是由金融家投入新兴的、迅速发展的、有巨大竞争潜力的企业（特别是中小企业）中的一种股权资本。经济合作与发展组织把风险投资定义为以高科技与知识为基础、生产与经营技术密集的创新产品或服务的投资。英国学者认为，从广义上看，风险投资是指以股权资本方式对未上市企业的投资，以扶持该企业的未来发展并获得投资收益。风险投资是一种长期的风险性股权融资，它为风险投资者带来的首先是资本增值，而不是红利。成思危在《积极稳妥地推进我国的风险投资事业》一文中对风险投资的定义是："所谓风险投资，是指把资金投向蕴藏着较大失败危险的高新技术开发领域，以期获得成功后取得高资本收益的一种商业投资行为。"

综上所述，我们认为风险投资应有广义和狭义之分。从广义上说，风险投资是指对蕴藏着高风险并伴有高回报预期的高新技术及其产品的资金投入活动。从狭义上说，风险投资是为获取未来成熟企业高额转让收益而在其孵化阶段冒险投入的即期货币，即从产业角度出发，特指在高新技术领域、技术密集型产业中投资。[①]

本书认为，严格的风险投资专指高新产业中将科技发明创造首次商业化、产业化的

---

① 恽晓方. 国际投资理论与实务 [M]. 沈阳：东北大学出版社，2015：170-171.

投资。

（二）从投资行为的角度阐述

风险投资是将资金投入具有失败风险的高新技术行业，促进其产品研发走向产业化的投资行为。

二、风险投资的构成要素

（一）风险资本

风险资本（venture capital）是一种以私募方式募集资金、以公司等组织形式设立、投资于未上市的新兴中小企业（尤其是新兴高科技企业）的承担高风险、谋求高回报的资本形态。它和共同基金、单位信托等证券投资基金截然不同，在投资、募集等运作方式上有其自身的特点。[1]

风险资本是以股份投资的方式投资于未上市的具有高成长性的新生企业的资本，是一种有组织、有中介的资本形式。风险投资者或风险投资基金管理者是资本供给者和使用者之间的中介。在多数情况下，这些中介是以有限合伙制的方式组成的独立基金。风险资本独特的运作机制是针对新生高新技术企业高度的信息不对称和信息不完全而形成和发展起来的，其高度组织化、理性化和程序化的运作过程及治理结构已成为现代金融工程中一个重要的资本运作模式。[2]

（二）风险投资者

在风险投资市场上，风险投资者（venture capitalist）将资金投向风险公司，只有十分谨慎，才能达到获得高利润的目的。一般投资者处于优势地位，所以这一阶段中许多协议和法律文件是由风险投资者的律师起草的，律师在此处于关键的地位。律师的业务与职责主要包括：

1.协助投资方调查风险公司

由于风险投资的高风险性，投资者需要对公司的各个方面作全面的调查、了解，才能作出理性的决策。了解的范围包括公司的历史、业务、产品、原始股本、管理结构、无形资产、对外债权和债务等。风险投资者从经济回报的角度对公司进行调查，律师可以从法律的角度协助风险投资者进行审慎的调查，调查项目主要包括：① 公司组织形式和股权结构；② 公司注册资本和出资到位；③ 公司管理者个人重要信息的真实性；④ 管理层与公司的劳务合同及与其以往雇主的合同，主要注意涉及商业秘密的条款；⑤ 公司的资产报告和债权、债务；⑥ 公司对外往来的合同与其他法律文件；⑦ 公司拥有的知识产权的真实性与合法性；⑧ 公司的涉诉或者仲裁案件；⑨ 政府相关审批文件的到位情况。

---

① 李明义. 金融业务与管理制度典范全书［M］. 北京：中国物价出版社，1999：205.

② 王益，许小松. 风险资本市场的理论与实践［M］. 北京：中国经济出版社，2000：37.

如果公司提供的信息有虚假或者种种不规范的做法，则律师应该提出书面意见。

2.协助投资方进行商业谈判

律师在商业谈判中的作用不可忽视，因为涉及的许多法律问题需要立即解决；否则，可能使谈判的条款因为违反我国法律而无效，从而可能给委托人带来巨大的经济损失。这时，律师的职责主要是：准备好相关法律问题概要，可以帮助投资者充分了解有关的法律，不至于在谈判中感觉很突然而受挫；在谈判中除了回答投资者的问题外，还可以根据谈判实际情况提出合法的建设性意见，并告知双方法律后果，以供委托人选择。

3.审查和起草相关法律文件

审查的法律文件主要是风险公司提供的合作计划书、法律意见书、新的人事协议等，而需要律师起草的法律文件一般包括法律意见书和投资协议，其中最重要的是投资协议，因为它是这个项目的基础法律文件，协议是否完整准确，直接影响了双方的利益。通常来说，起草投资协议需要注意以下几点：

① 投资协议是和公司控股股东而不是风险公司签订。因为风险投资不是一般的公司融资方式，投资方是要获得公司的股权，所以投资将影响到公司股权的分配和公司的管理，这种协议应该是和股东签订。

② 不能采用一般的股东出资转让协议形式。风险投资追求高利润，也有高风险，因此双方之间应该进行多种特殊的约定，而不应该仅仅规定一般的股权转让协议的内容。

③ 在协议的条款中，除了公司的自我陈述、出资金额、回报方式等基本条款之外，还应该写明按照协议修改公司章程，以加强对公司董事会等机构的约束；同时，由于投资方的投资，应该派员充实管理层，并写明是否可以更换经理、投资商所持股权的转让方式和清算时候的优先权、投资方履行义务的前提条件等，以降低投资方的风险。[①]

（三）投资目的

风险投资虽然是一种股权投资，但投资的目的并不是获得企业的所有权，不是控股，更不是经营企业，而是通过投资和提供增值服务把投资企业做大，然后通过首次公开募股（IPO）、并购或其他方式退出，在产权流动中实现投资回报。

（四）投资期限

风险投资者帮助企业成长，但其最终寻求渠道将投资撤出，以实现增值。风险资本从投入被投资企业到撤出投资为止所间隔的时间被称为风险投资的期限。作为股权投资的一种，风险投资的期限一般较长，其中，创业期风险投资通常在7~10年内进入成熟期，而后续投资大多只有几年的期限。

（五）投资对象

风险投资的产业领域主要是高新技术产业。

---

① 陈文君.民商法律事务代理［M］.上海：上海财经大学出版社，2004：261-263.

（六）投资方式

从投资性质看，风险投资的方式有3种：一是直接投资；二是提供贷款或贷款担保；三是提供一部分贷款或担保资金，同时投入一部分风险资本购买被投资企业的股权。但不管是哪种投资方式，风险投资者一般都附带提供增值服务。[①]

风险投资还有两种不同的进入方式：一是将风险资本分期、分批投入被投资企业。这种情况比较常见，既可以降低投资风险，又有利于加速资金周转。二是一次性投入。这种方式不常见，一般风险投资者和天使投资者可能采取这种方式；一次投入后，很难不愿提供后续资金支持。[②]

三、国际风险投资行为的特点

（一）是高风险、高收益的跨境投资

因其主要存在于创新的技术产品或服务行业，所以在技术、经济及市场等方面都具有相当程度的失败风险。

（二）多为组合跨境投资

组合的目的在于分散投资的风险，即"不要把鸡蛋放在同一个篮子中"。风险投资者通常会投资包含多个项目的项目群，其中成功的项目会带来极高的回报，足以抵偿项目群中失败项目带来的损失。

（三）具有长期性

国际风险投资一般需要3~7年才能取得收益。

（四）具有权益性，并非借贷资金

风险投资的着眼点不在于投资接受主体当前的经营业绩，而在于其发展潜力与增值可能，以此为纲选取适合的投资对象，以求在远期获得高额回报。这就需要投资者在考量财务时站在所有者权益的角度进行评估，否则其投资对象在市场拓展以及自身扩建过程中经年亏损的财务报表会在极大程度上导致投资者的误判。

（五）具有专业性

国际风险投资是一种同时向创业者提供资金、管理知识和经验、社会联系等资源的投资，并且投资者会积极参与创业者的管理活动，在其组织结构设置、业务方向规划以及财务管理等专业领域进行援助。

[①] 张永谦，郭强. 技术创新的理论与政策 [M]. 广州：中山大学出版社，1999：394.

[②] 赵慧娥. 论创业投资及其在经济发展中的作用 [J]. 理论界，2003（3）：31-33.

四、国际风险投资的影响因素

（一）东道国环境

在跨国风险投资行为中，东道国的投资环境将在很大程度上影响投资者的风险投资选择，决定投资者的权益风险水平以及退出机制等。这些环境因素包括东道国经济水平、创新环境、法律和法规以及金融市场发展等。

创业和创新环境对跨境风险投资的影响机制在于风险资本需要投资于高成长、高回报的创业企业，但是决定这些产业是否景气的因素就是东道国的创新能力。

证券市场的发展程度被认为与风险资本行业的发展呈正相关关系，因为风险投资者更关注的是风险资本带来的回报，所以能否顺利退出是风险机构关注的重点。而IPO是风险资本最重要的退出途径，直接关系到风险资本的发展水平。证券市场的发达程度越高，风险成本通过IPO成功退出的机会就越大，而且通过IPO成功退出也会提升风险机构的声誉。

法律和法规的健全与否是国际风险投资中受到广泛关注的重要因素之一，东道国的法律和法规健全程度直接决定投资方的权益受保护程度。

（二）国家之间的差异

国家之间固有的地理、文化、风俗以及制度等方面的差异会导致严重的信息不对称，从而直接影响风险投资机构的选择和意愿。但是从现有研究来看，学术界主要研究的重心在于跨境风险投资机构如何采取措施应对跨境融合时可能面临的困境。

（三）母国环境

母国的经济发达程度、证券市场发展程度等因素均会对风险投资机构的跨境投资行为产生影响。母国经济增长预期良好，将会对本国风险投资机构的跨境风险投资选择产生正向影响。证券市场的发达程度也具有同样的效应，原因在于母国证券市场的发展程度越高，风险投资机构越能够连续通过IPO退出获得资本积累，从而拥有更强的跨境投资实力。

第二节　风险投资基金

一、风险投资基金的概念

风险投资基金（venture capital fund）又叫创业基金，是当今世界上广泛流行的一种新型投资机构。它以一定的方式吸收机构和个人的资金，投向那些不具备上市资格的中小企业和新兴企业，尤其是高新技术企业。①风险投资基金投资企业一般不要求控股，而是通过资金和技术援助，取得受资公司的部分股权，最终目的是使该企业上市，通过在二级市场的套现获得投资回报。为控制投资风险，风险投资基金往往挑选具有增长潜力但暂时缺乏发展资金的公司作为投资对象，且投资额只占该公司股份的15%~20%，以分散投资风险。此外，风险投资基金与其他种类基金相比，除关注市场行情之外，还注重监管所投资的企业，甚至参与企业经营管理，包括提供与市场拓展机构的联系、协助受资公司取得所需的技术，以增强受资公司的竞争力、协助并安排受资公司上市等。②

　　风险投资基金无需风险企业的资产抵押担保，手续相对简单。它的经营方针是在高风险中追求高收益。风险投资基金多以股份的形式参与投资，其目的就是帮助所投资的企业尽快成熟，取得上市资格，从而使资本增值。一旦公司股票上市后，风险投资基金就可以通过证券市场转让股权而收回资金，继续投向其他风险企业。③

二、风险投资基金的类型

　　根据资金来源和投资目标不同，风险投资基金可被分成独立风险投资基金、公司风险投资基金、政府风险投资基金和银行风险投资基金。后3种风险投资基金被统称为附属风险投资基金。专门以基金为投资标的的基金，被称为风险投资母基金。

（一）独立风险投资基金

　　独立风险投资基金与附属风险投资基金的最主要区别是投资目标和资金来源。独立风险投资基金唯一的投资目标就是让投资者获利。附属风险投资基金通常在获利之外，还兼有其他投资目标。例如，政府风险投资基金有促进社会创新、活跃经济发展的目标，公司风险投资基金有为公司提供创新试验产品的目标等。投资获利是金融市场运行的基本规律，因此、独立风险投资基金也称市场化运行风险投资基金。市场上大多数风险投资基金为独立风险投资基金，如果没有特别指出，风险投资基金即指独立风险投资基金。附属风险投资基金也有投资获利要求，但兼具其他投资目标。所谓独立，是指投资基金的投资目标不依附任何投资者，不服从任何投资者的个体目标。

（二）公司风险投资基金

　　公司风险投资基金是指由实业公司（非投资或资产管理公司）发起成立的风险投资基金，其明显特点是投资者为个别实业公司，投资目的与投资者业务相关。

1.资金来源

　　公司风险投资基金通常由单个实业公司出资设立，组织结构形式通常是实业公司的一个事业部，或者是一个分公司、子公司。成立风险投资机构的实业公司，被称为风险投资

---

　　①　李月平，张德勇，王增业. 基金投资管理 [M]. 北京：经济科学出版社，2002：277.

　　②　王勇. 风险投资新论 [M]. 北京：中国财政经济出版社，2000：81.

　　③　白钦先，薛誉华. 各国中小企业政策性金融体系比较——强位弱势群体·政府综合扶持·政策性金融支持体系 [M]. 北京：中国金融出版社，2001：174.

基金的母公司。公司风险投资基金的资金来源单一，通常仅仅使用实业公司资本进行投资，不从外部金融资金募集，即该类基金不存在明显的募集过程。

2. 投资目标

公司风险投资基金的投资目标，除了直接获得经济利益之外，还存在与母公司经营相关联的战略目标，甚至有时更重要的目标是战略目标。所谓战略目标，是指针对母公司在原有业务领域，或者以原有业务领域为依托所拓展的业务领域，提升母公司的市场竞争力，从而增强盈利能力。

（三）政府风险投资基金

政府风险投资基金是指由政府资金投入，或者通过其他方式支持，或者通过政府有关机构直接成立的风险投资基金，承担政府的某些特殊任务。

1. 资金来源

政府风险投资基金是政府直接参与风险投资的途径，具体参与方式有政府直接建立风险投资基金、政府与私人合资以及政府提供担保等。政府通过3种方式参与风险投资，相关的风险投资基金均被称为政府风险投资基金。3种政府风险投资基金的资金来源不同。

2. 投资目标

政府风险投资基金是在一定条件下对独立风险投资基金的替代。政府风险投资基金有双重投资目标：一为财务收益；二为社会收益。追求财务收益是风险投资机构生存的需要，也是资本属性的必然要求。

（四）银行风险投资基金

类似于公司风险投资基金，由银行等金融机构出资成立的风险投资基金被称为银行风险投资基金。此处银行既指商业银行，也指投资银行或者其他金融机构。这类风险投资机构附属于大的金融机构，可以是金融机构的子公司或者分公司、独立部门等。

银行风险投资基金的优势是母公司的资金和在上市承销和资产重组方面的能力。商业银行的显著优势是资金，投资银行的显著优势是承销，两者的优势都在金融市场，而不是产品市场和产品经营。

（五）风险投资母基金

母基金（fund of funds，FOF）又称基金的基金，其主要投资标的是风险投资基金。母基金的募集以及组织结构类型都与风险投资基金相似。母基金通常也采用合伙制组织形式，成立管理公司作为合伙基金的普通合伙人，向投资者即有限合伙人募集资金。

风险投资母基金的一项重要功能是进行投资标的企业的再组合。[1]风险投资母基金也经常作为政府促进风险投资发展的杠杆工具。

---

① 黄福广. 风险投资基金 [M]. 北京：中国经济出版社，2017：67.

第三节　国际风险投资发展

风险投资起源于美国，1946年波士顿成立了全球第一家风险投资公司——美国研究与发展公司。此时的风险投资主要应用在高新技术产业，集资本、管理、高新技术于一体，主要功能表现为国家部分高新技术产业的驱动器；风险投资行业的主要角色是高科技公司发展过程中的重要融资渠道。在这种模式之下，一大批高新技术企业蓬勃兴起，如IBM、英特尔、微软等世界级巨头公司。

一、国际风险投资发展的影响因素

（一）法律和法规

法律和法规的完整性、契约的有效性会制约国际风险投资的发展。其原因在于风险投资的极大不确定性以及信息不对称。在高风险环境下，国际风险投资的发展需要一整套相应的法律和法规对市场参与者的资格、行为以及相互关系等进行明确界定、严格规范。

（二）政府政策

各国的风险投资实践都证明：政府的政策在风险投资的发展中起到至关重要的作用，尽管风险投资在各国的实践均不相同，但是总结之后可以发现以下政策措施对风险投资的发展起积极作用：第一，增加风险资本的供给；第二，降低投资者风险；第三，增强流动性；第四，促进企业化。

（三）高新技术产业化基础与成熟的企业制度

市场的发展理论上依赖供求双方的增长，只有存在一定数量的投资机会，风险资本才有足够的选择空间，才有实现超额利润的可能性，形成对投资者的投资激励。

（四）文化的适应性

作为创新的市场形态，风险投资的发展在一定程度上受到投资目的地文化环境的影响，只有在适宜的文化环境中，国际风险投资才能够拥有更大的成长潜力。

（五）规范有效的中介服务体系

作为一个有明显特性的经济活动领域，风险投资是有组织、有中介的一种投资类型。在整个投资活动中，除了风险投资者本身是一个中介之外，还需要一系列的针对风险投资机构、高新技术企业，包括政府、投资者和公众等不同主体的中介服务机构。这些中介服务机构主要包括标准认证机构、知识产权增值机构、项目市场咨询机构、专业融资担保机构、行业协会等。随着风险投资的不断发展，市场分工越来越细，对中介服务机构的要求越来越高。

（六）资金供给的数量和价格

风险资本的供给是影响风险投资发展的重要因素之一。资金供给的数量和价格是紧密联系在一起的，主要受两方面因素的影响：一是政府的限制，即政府规定可以进入风险投资领域的资本类型和数量，包括国际资本和国内资本两部分，对国内资本的限制主要表现在机构投资者上。二是经济环境的影响。风险资本供给的数量和价格取决于所处经济环境提供的机会收益。

（七）风险投资的运营人才

在风险投资主客观诸多要素的组合中，最重要的是人才资源。那些开创高新技术产业的科技企业家和风险投资者，无一不是具有冒险精神和创业精神的社会精英。不管是英特尔的罗伯特·诺伊斯、DEC 的肯·奥尔森等科技企业家，还是"风险投资之父"乔治·多里奥特、阿瑟·洛克等风险投资者，都是敢于冒风险、勇于开拓，并兼具科学技术前瞻性和市场敏锐性的复合型人才。这些人才在市场上的聚集与竞争，是推动风险投资发展的最重要的力量。①

二、国际风险投资的发展状况

（一）美国的风险投资

1.美国风险投资的发展历程

美国是风险投资的起源国，在其几十年的发展演变历程中，始终占据全球第一风险投资大国的地位。美国风险投资的发展历程见表6-1。

表6-1　　　　　　　　　　　　美国风险投资的发展历程

时　期	美国风险投资的发展历程
萌芽阶段	20世纪20至40年代，富裕家庭和个人、大企业的零星投资
初创阶段	1946年，美国研究与发展公司成立
成长阶段	20世纪50年代，《小企业法案》通过，政府设立小企业管理局（SBA），吸引大量社会资本加入
萎缩阶段	20世纪70年代，资本收益税税率提高（由25%到35%，再到49.5%）
复苏阶段	20世纪70年代末80年代初，资本收益税税率降低；修改养老基金方面的法律和法规，允许养老基金进入风险投资领域；《中小企业技术革新促进法》出台
高速发展阶段	20世纪90年代，风险投资支持的高科技企业在纳斯达克上市，掀起新一轮高科技行业投资热潮

---

① 杜奇华，卢进勇. 中小企业海外投资操作实务 [M]. 北京：中国经济出版社，2003：99-105.

续表

时　期	美国风险投资的发展历程
衰退和调整阶段	21世纪初期，网络泡沫破灭
成熟阶段	2003年开始，风险投资进入新发展时期，并逐渐成熟
高速发展阶段	2014年开始，初创企业出现高估值、高融资，促进风险投资的火热发展
平稳发展阶段	2016—2019年，风险投资放缓，集中于少数企业
投资热潮阶段	2020—2022年，远程办公、在线教育、电商等领域的需求激增，风险投资对这些领域的投入也相应增加，使得全年的风险投资整体仍保持了一定的活力
调整与转型阶段	2023—2024年，美国风险投资市场进入调整期。经济不确定性增加、市场波动加剧以及投资者对风险的重新评估，导致风险投资的步伐有所放缓

资料来源：张陆洋. 风险投资发展国际经验研究［M］. 上海：复旦大学出版社，2011.

尽管美国风险投资在21世纪初期遭遇网络泡沫破灭的打击而急剧萎缩，刚复苏没多久又遇上全球金融危机爆发，导致在后续发展中投资额也没能达到2000年的顶峰，但美国风险投资发展更为成熟，政策、法律、市场环境更为健全，从2014年开始风险投资又重新步入繁荣昌盛时期。

虽然历史上风险投资公司偏爱微型基金，但近年来人们越来越关注大型基金。随着风险投资越来越多，投资者之间的竞争越来越激烈，一些风险投资基金经理已逐步调整策略，以瞄准更大的基金规模。在募集方面，2023年前3个季度，美国风险投资市场募集资金情况不容乐观，据美国风险投资协会（NVCA）数据，共筹集了427亿美元，新成立基金数量为344只。2023年，新成立基金数量创下2014年以来的新低。资金募集呈现向中型基金集中的趋势。数据显示，2023年前3个季度，1亿美元至10亿美元规模的中型基金募集金额占募集资金总额的2/3。2023年第三季度的融资金额为2018年第二季度以来的新低（如图6-1所示）。

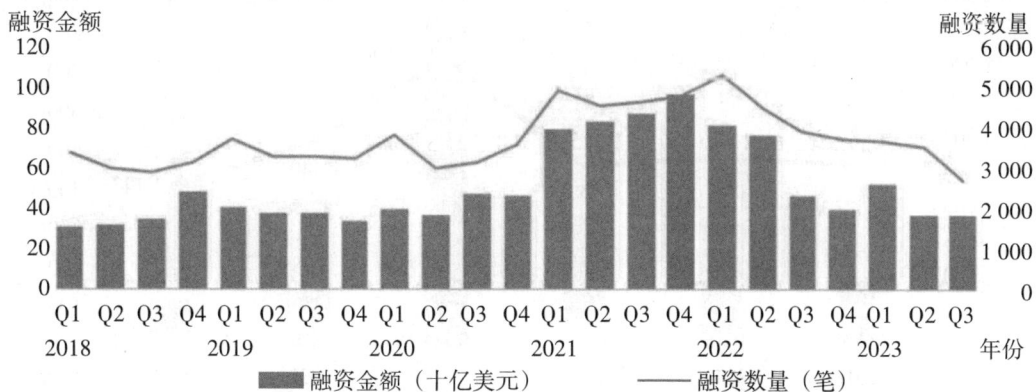

图6-1　美国2018—2023年第三季度的季度融资金额和数量走势情况

资料来源：NVCA. Yearbook 2024［R］. New York：Thomson Reuters，2024.

2018—2021年，美国风险投资呈现上升态势，投资额从1 464亿美元增至3 454亿美元，投资数量从12 410笔升至19 025笔。然而，2021—2023年形势逆转，投资额在2023年降至1 706亿美元，投资数量减至13 608笔。总体而言，美国近几年风险投资波动剧烈，反映出市场既有机遇，也充满不确定性。前期增长体现了资本对新兴领域潜力的挖掘和追逐，但后续下滑显示出外部因素对投资信心和资金流向的重大影响。图6-2是2018—2023年美国风险投资交易情况。

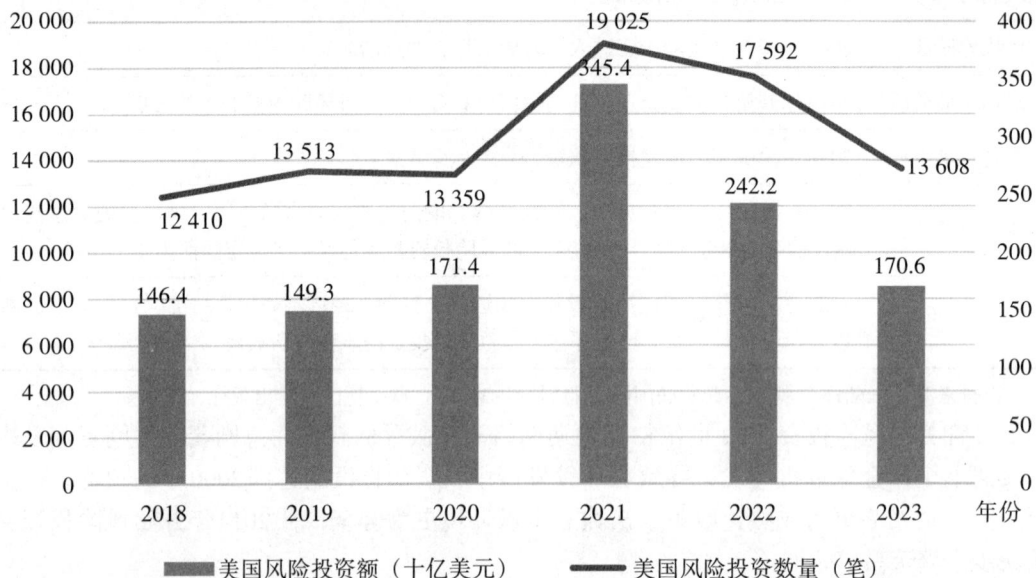

图6-2 2018—2023年美国风险投资交易情况

在退出方面，2023年年末，美国共有1 143家公司完成退出，退出总金额为1 200亿美元，这是风险投资整体健康积极发展的表现，因为近年来市场的流动性一直是投资者关注的问题。在退出方式中，IPO和收购占退出价值的比例较大，在60%左右，主要归因于一些大型退出案例，其中包括以约20亿美元收购AppNexus以及宣布与Git Hub达成75亿美元的交易（如图6-3所示）。

图6-3 美国2018—2023年风险投资市场退出情况

2.美国风险投资运作的机制

（1）独特的有限合伙制成为风险投资的最佳组织形式

有限合伙制是指管理合伙事务并对合伙债务承担无限责任的普通合伙人，以及不参与合伙事务的管理，但以其出资对合伙债务承担有限责任的有限合伙人组成的一种合伙形式。自从有限合伙制作为风险投资的组织形式于20世纪70年代在美国诞生以来，有限合伙制便始终占据风险投资组织形式的主导地位。21世纪初，在美国，有限合伙制的风险投资公司控制的资本额已经占了风险资本总额的80%左右。[①]

（2）发达的私人权益资本市场是美国风险资本不竭的源泉

与公开权益市场相比，私人权益资本市场发行的证券不需要经过注册登记，没有严格的发行标准，而是采用合同形式，不涉及任何公开业务，其投资并不一定需要企业具有良好的业绩或资产担保。私人权益资本市场成为众多小企业特别是高新技术创新型企业融资最适当的途径。美国政府在20世纪70年代末通过放松管制、较低税率等政策措施，有力地促进了私人权益资本市场的发展。

（3）畅通的退出渠道为风险投资者解除了后顾之忧

风险投资退出渠道是指风险投资机构在创业企业发展相对成熟之后，将其所投入的资金由公司股权形态转化为资金形态——变现的渠道以及相关的配套制度安排。[②]目前，美国已建立起健全的风险投资退出机制，风险投资者通过股票发行、大公司并购或其他风险投资基金收购、创办人赎回、破产清理等方式退出。

（4）高素质的风险投资家是美国风险投资业繁荣的创造者

美国是一个高度市场化的国家，其合理的激励机制、统一的社会保障体系、有效的商业秘密保护制度以及广大的人才群体是产生大批优秀风险投资家的最肥沃的土壤；具有技术背景，兼备管理、金融等专业知识的复合型人才群体成为美国风险投资业繁荣的推动力和创造者。[③]

（二）日本的风险投资

日本风险投资的运作机制如下：

1.依附大企业，采取子公司形式

日本风险资本的组织形式以附属于机构的风险投资公司和风险投资分支机构为主，向社会定向或公开募集的风险投资基金形式较少。日本的小企业风险投资公司——财团法人中小企业投资育成株式会社为半官方机构；私人风险投资公司则以附属于大企业的风险投资公司为主，多为某企业集团的子公司。据日本中小企业厅的调查，在20世纪90年代，日本的风险资本来源构成中最大的出资主体是以大企业为主的"事业法人"，其比率达45.8%；个人的出资比率最少，仅为1.1%。

2.以资金支持为主，疏于全方位辅导

日本的风险投资业主要是以银行业和证券业为主导，业务活动基本上属于金融投资业或准金融投资业，在一定意义上是证券和银行业的延伸，具有较强的上市辅导色彩。风险投资操作人员也大多来自银行证券行业，缺乏必要的技术背景知识和企业管理经验，从而对所投资企业的技术及管理等工作参与甚少，基本上不具有辅导企业成长的功能。

① 陈柳钦，韩力军，邵责萍. 美国风险投资业的发展特点及对我国的启示 [J]. 学术交流，2004（6）：47-52.

② 陶美珍，陆韬玉. 风险资本及其退出和进入 [J]. 湖北社会科学，2003（10）：89-90.

③ 许林，张海洋. 英美风险投资发展演进及对我国的启示 [J]. 甘肃金融，2019（9）：9-17.

3.长期持有股份，退出渠道不畅

首先，日本第二板股票市场不发达，限制了风险投资公司所拥有股份的变现增值。与美国的纳斯达克相比，日本的场外交易市场对企业上市要求较严，虽然增强了股票投资者的安全性，但增大了创新企业上市的难度。

其次，由于日本企业之间法人相互持股的资本结构，资本市场几乎不具备企业控制权转移的功能，企业并购活动稀少，这就堵死了风险投资退出的另一条重要渠道。

最后，日本风险投资公司甚至在所投资企业上市后仍然持有企业的股票。

4.文化环境保守，专业人才匮乏

日本人提倡集团主义，尊崇企业共同体的价值。日本风险投资的内部组织结构依据投资程序作智能性区分，由于各职能部门相互独立、各行其是，故难以培养出精通风险投资各个环节业务的优秀的风险投资家。[①]

（三）全球的风险投资

2023年，全球风险投资市场仍处于调整期。美国市场虽有波动，但在人工智能等前沿领域投资热度不减，如OpenAI相关的投资备受关注。不过整体投资规模较2021年高位大幅回落，投资者更为谨慎，对初创企业估值更为理性。欧洲在绿色转型、数字化领域持续发力，相关企业仍能吸引一定风险投资，但增长动力不足。在亚洲地区，中国加大对科技创新产业扶持，半导体、人工智能、新能源等赛道有大额融资事件，如部分芯片初创企业获巨额投资；印度则在消费科技、农业科技等方面有新突破，吸引国际资本进入。

从图6-4中可看出，全球风险投资交易在2021年达到峰值，风险投资交易流量达7 489亿美元，总计完成57 172笔交易，然而这种形势并未持续许久，在次年就开始下滑。

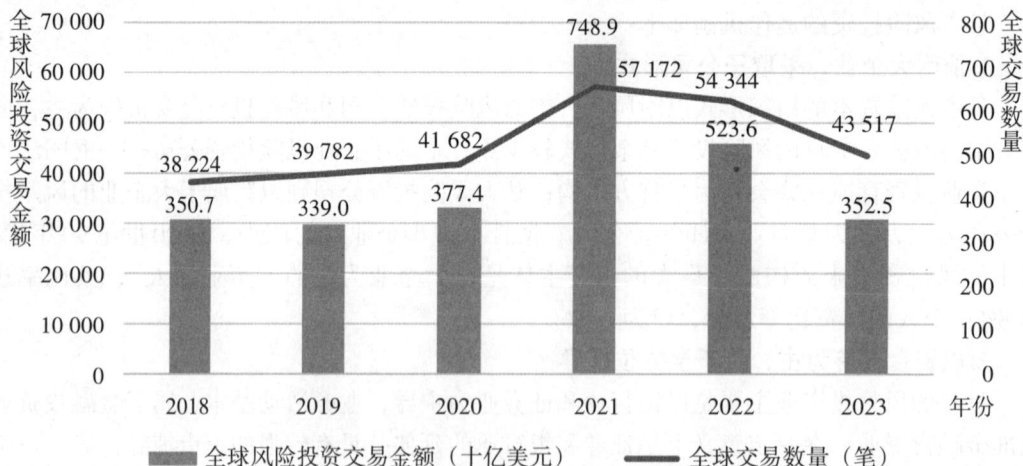

图6-4　2018—2023年全球风险投资变化情况

资料来源：NVCA. Yearbook 2024［R］. New York: Thomson Reuters, 2024.

2020年以后，在线业务蓬勃发展。多个地区的企业转为线上工作，其中交付、物流、网络安全等领域几乎成为所有企业关注的重点，于是很多企业也开始将更多的资源逐渐倾

---

① 和军. 美、日风险投资运作机制及其借鉴［J］. 商业研究，2003（15）：175-178.

向这些领域。云视频是5G重要商用场景之一，移动远程办公需求持续增大。

三、全球风险投资的发展趋势

未来，全球大部分地区的风险投资将保持强劲势头，非洲和中东地区等较不发达的风险投资市场有望获得风险投资者的更多关注。除了跨行业的B2B服务、医疗科技、网络安全和人工智能解决方案之外，金融科技可能仍是最热门的投资领域之一。随着公司和风险投资者越来越重视或瞄准更广泛的环境、社会和公司治理（ESG）基本面，与ESG一致的风险投资也有望增长。

未来全球并购活动可能保持强劲，尤其是金融科技和食品配送等高度成熟的行业的整合将显著增加。

（一）欧洲地区

近几年，欧洲的风险投资保持强劲。未来，金融科技、交付和健康科技将继续成为热门领域，而对保险科技和ESG的投资将继续获得动力。随着欧洲早期农业技术发展并吸引更大规模的融资，农业技术也将受到广泛关注。

（二）亚洲地区

未来，亚洲的风险投资可能保持强劲势头。中国政府关注绿色经济，新能源汽车产销总量连续10年全球第一（截至2025年1月），ESG处于有利地位，投资有所增加。2021年，印度诞生了创纪录的独角兽数量，之后各行各业迅速成熟的公司吸引更多投资，投资者高度期望印度的独角兽进一步增加，金融科技、教育科技和电子商务仍将是风险投资的热门领域。

（三）美国

未来几年，美国的风险投资将保持强劲势头，医疗技术、B2B服务和清洁技术等领域将获得更多动力，Proptech也将受到越来越多的关注。未来值得关注的一个行业是金融科技。鉴于一些美国金融科技公司的规模和成熟度不断增长，可能有更多的IPO退出。[①]

第四节　中国风险投资发展

一、中国风险投资的发展状况

我国风险投资业可追溯到20世纪80年代。1984年，国家科学技术委员会（简称国家

---

① 毕马威．2021年第四季度全球风投趋势分析报告［R/OL］．（2022-03-23）［2025-03-15］．http://www.199it.com/archives/1407086.html.

科委）①科技促进发展研究中心组织了"新的技术革命与我国的对策"的研究，提出"风险投资"的概念。1985年，中共中央发布《关于科学技术体制改革的决定》，指出："对于变化迅速、风险较大的高技术开发工作，可以设立创业投资给予支持。"中国第一家风险投资公司即中国新科技创业投资公司于1985年9月成立。

1998年，《关于加快发展我国风险投资事业的提案》为我国风险投资事业打下了坚实的政策基础，风险投资行业作为一个新兴行业发展起来。1999年8月，《中共中央 国务院关于加强技术创新，发展高科技，实现产业化的决定》指出"要培育有利于高新技术产业发展的资本市场，逐步建立风险投资机制"。1999年12月，《关于建立风险投资机制的若干意见》出台，要求研究制定有利于风险投资发展的财税、金融扶持政策和鼓励境外创业资本进入风险投资市场的政策，由此，风险投资业被正视并开始发展。

我国风险投资的发展离不开政府的支持。从西方国家的风险投资发展状况来看，政府的大力支持为风险投资创造了良好的投资环境。20世纪90年代，我国风险投资资金大部分来源于政府，增长迅猛。1998—2001年，我国的风险投资公司从53家迅速增加到240多家。

我国风险投资业的发展可大致分为萌芽期、初步发展期、成长期、成熟期。

（一）萌芽期（1985—1998年）

在萌芽期，我国的风险投资以政府直接投资为主。

1985年，我国新技术创业投资公司的主要发起股东为国家科委（持股40%）、财政部（持股23%），注册资金约为1 000万美元，主要职能是为高新技术开发进行投资或提供贷款。1986年，我国开始实施"863计划"，一些技术、知识相对密集的高技术园区先后成立了具有风险投资公司性质的创业中心。1989年，国家科委、国防科学技术工业委员会②和招商局共同出资组建中国科招高技术有限公司，对国内高新技术企业进行投资。③一些地方性的创业投资机构，如广州技术创业公司、江苏省高新技术创业投资公司等纷纷成立，个别境外投资基金也开始进入中国创投领域。1991年，《国务院关于批准国家高新技术产业开发区和有关政策规定的通知》指出："有关部门可在高新技术产业开发区建立风险投资基金……条件比较成熟的高新技术产业开发区，可创办风险投资公司。"1992年，国家科技风险开发事业中心成立。此后，各地方政府积极响应和效仿，以国家科委和财政部为主，成立了各类风险开发事业中心和风险投资公司。

（二）初步发展期（1999—2005年）

这一时期美国的互联网经济处于飞速发展期，其投资项目很多、资金额很大，极大地触动了中国市场。1999年，科学技术部、国家发展计划委员会④、国家经济贸易委员会⑤、

---

① 1998年改名为科学技术部。

② 2008年3月被撤销。

③ 成思危. 努力促进我国的风险投资事业［J］. 学术研究，1999（1）：26-28.

④ 2003年3月，国家发展计划委员会被改组为国家发展和改革委员会。

⑤ 2003年3月被撤销。

中国人民银行、财政部、国家税务总局、中国证监会七部委联合出台《关于建立风险投资机制的若干意见》，第九届全国人民代表大会常务委员会第十三次会议审议通过了《关于修改〈中华人民共和国公司法〉的决议》，"科技型中小企业技术创新基金"正式启动。2000 年 5 月，国务院讨论中国证监会关于设立创业板市场的请示。一系列利好政策的出台，极大地激发并活跃了国内风险投资市场，各地创投协会相继成立。2000 年下半年，互联网泡沫破灭，美国风投企业受到重创。受其影响，我国的风投市场也开始大幅萎缩。2000 年之前，中国创投业的投资机构迅速扩张，到 2000 年达到顶峰，此后 4 年间机构增长快速回落，2003 年、2004 年连续两年出现了负增长，2005 年创投机构重回增长态势，达到 319 家，管理资本为 631.6 亿元。[①]

经历了市场变动、政策变化之后，中国的风险投资市场开始出现多角化的发展趋势，基本格局已经形成，风险投资市场上的资金结构发生改变：政府参股、国有独资的风险投资企业资金占比已从 2002 年的 53% 下降为 2005 年的 36%，企业性质的资金占 33%，外资资金占 11%，银行资金占 8%。[②]

（三）成长期（2006—2011 年）

这一时期中国的风险投资市场上的主角是组织模式，风险投资组织模式的日益丰富使风险投资机构之间的复杂关系和关联程度明显加强，主要表现为以下几个发展趋势：

一是集团化。部分大型的风险投资主体通过设立母子基金等方式提高资金杠杆比率。2010 年，全国共有 61 家风险投资机构，总资产达到 987.6 亿元。[③]

二是风险投资机构之间的委托和外包管理方式开始盛行，机构向专业化发展。2011 年，全国共有 261 家创投基金委托了 236 家创投管理公司进行管理，委托管理资金规模达 1 417.8 亿元，管理机构平均规模为 6 亿元。[④]

（四）成熟期（2012 年至今）

2012 年以来，中国资本市场因受国内外宏观经济不景气的影响，一直呈现为低迷状态，前期行业发展过速的隐患开始显现，并导致行业发展速度、经济增速的放缓。从2014 年起，中国经济发展进入"新常态"，经济结构转型，政府实行供给侧结构性改革等系列政策对宏观经济进行理性调整，经济发展的动力转向新的增长点，更加注重科技进步与改革创新。

就投资规模而言，2015 年，全国风险投资的管理资本总额达到 6 653.3 亿元，增幅为27.2%，管理资本总额占全国 GDP 的 0.96%；平均管理资本规模为 4.66 亿元。相比而言，同期美国风险投资的管理资本总额达到 1 653 亿美元，占 GDP 的 0.96%；平均基金规模达到 1.949 亿

---

①　陈友忠，刘曼红，廖俊霞. 中国创投 20 年［M］. 北京：中国发展出版社，2011：15-18.

②　王元，梁桂. 中国创业风险投资发展报告 2006［M］. 北京：经济管理出版社，2006：1-4.

③　王元，张晓原，赵明鹏. 中国创业风险投资发展报告 2011［M］. 北京：经济管理出版社，2011：Ⅲ.

④　张俊芳，郭戎. 中国风险投资发展的演进、现状与未来展望［J］. 全球科技经济瞭望，2016，31（9）：34-43.

美元（约合12.48亿元人民币）；欧洲风险投资机构基金管理资本总额约为550亿欧元。①

2023年年末，中国境内投资者达到3.1万家，从其在中国市场监督管理部门登记注册的情况看，私营企业占34.7%，是中国对外投资占比最大、最为活跃的群体；有限责任公司占28.5%，位列次席；股份有限公司占13.2%；外商投资企业占5.6%；国有企业占5.4%；港、澳、台商投资企业占4%；个体经营占2.1%；股份合作企业占0.9%；集体企业占0.3%；联营企业占0.1%；其他占5.2%（如图6-5所示）。

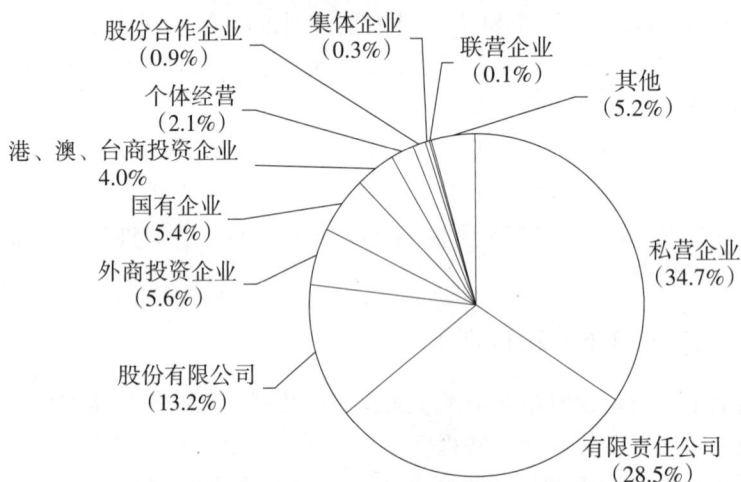

图6-5　2023年年末国内投资者按登记注册类型构成

在境内投资者中，中央企业及单位有168家，仅占0.5%；各省（自治区、直辖市）的地方企业投资者占99.5%。境内投资者数量排前10位的省（自治区、直辖市）依次为广东省、上海市、浙江省、北京市、江苏省、山东省、福建省、天津市、辽宁省和四川省，共占境内投资者总数的82.3%。广东省境内投资者数量最多，超7 400家，占24.1%；其次为上海市，超3 700家，占12.2%；浙江省位列第三，超3 500家，占11.6%。

从境内投资者的行业分布看，制造业是对外投资最为活跃的主体，占境内投资者的三成以上，主要分布在计算机通信和其他电子设备制造业、专用设备制造业、通用设备制造业、医药制造业、电气机械和器材制造业、化学原料和化学制品制造业、纺织服装/服饰业、金属制品业、纺织业、橡胶和塑料制品业以及汽车制造业等；批发和零售业紧随其后，占21.5%；租赁和商务服务业占14.0%；信息传输、软件和信息技术服务业占9.8%；科学研究和技术服务业占5.4%；农、林、牧、渔业占3.6%；建筑业占2.8%（见表6-2）。

表6-2　　　　　　　　　　2023年年末中国境内投资者行业构成情况

行业	数量（家）	比重（%）
制造业	9 856	32.1
批发和零售业	6 623	21.5
租赁和商务服务业	4 292	14.0
信息传输、软件和信息技术服务业	3 000	9.8
科学研究和技术服务业	1 667	5.4

① 中国科技金融生态年度观察课题组. 中国科技金融生态年度观察（2016）［R］. 2016.

续表

行　业	数量（家）	比重（%）
农、林、牧、渔业	1 100	3.6
建筑业	861	2.8
交通运输、仓储和邮政业	773	2.5
房地产业	523	1.7
采矿业	492	1.6
居民服务、修理和其他服务业	459	1.5
文化、体育和娱乐业	383	1.2
电力、热力、燃气及水的生产和供应业	214	0.7
住宿和餐饮业	190	0.6
其他	308	1.0
合计	30 741	100.0

资料来源：中华人民共和国商务部，国家统计局，国家外汇管理局. 2023年度中国对外直接投资统计公报［M］. 北京：中国商务出版社，2024.

中国创业风险投资项目主要集中在互联网、软件、新能源、医疗卫生等行业领域。近年来我国的风险投资发生了明显的转变：一是随着科技的进步，投资关注的重点逐渐从原来的传统产业转变成新兴的生物科技产业、互联网产业、新能源产业；二是热点在投资行业的变化，像金融保险业，农、林、牧、渔业以及娱乐业的投资变化较大，机构数量和募资金额呈现递增形式。

二、中国风险投资存在的问题

第一，资金来源单一，基金规模偏小，政府财政资金在我国风险投资领域仍占据重要地位。当前风险投资资金中，虽有民间资本、外资投资基金等多元化来源，但国资性质资金（含政府引导基金、国有独资机构出资等）仍是主要构成部分。近些年来，随着我国政府的财政收入不断下降，政府没有办法进行大规模的投资。同时，政府的财政资金不宜大批进入市场的原因有三：投资周期长、撤出资金困难、风险极高。这就需要社会其他渠道的资金进入风险投资市场。

第二，从世界各国的融资情况来看，政府只能提供政策支持，而政府投入不能作为风险投资基金的主要来源。

第三，商业银行和投资银行由于法律的限制和谨慎性原则，不可能将资金过多地投资于风险投资行业，社会保障体系以及民间资本提供的资金十分有限。

第四，风险投资主体错位。我国的风险投资主体很多是公有制的企业或者政府出资成立的风险投资公司，由此造成了风险投资公司缺乏活力、效率低下。我国风险投资机构应该是以合伙制企业为主的主流框架模式，充分地利用来自居民、非公有制企业、银行和非银行类金融机构的闲余资金，激发上述资本的投资积极性，形成风险投资的良性循环和持续发展。

第五，社会中介机构及风险投资体系缺失。虽然我国的风险投资行业发展迅速，但是真正意义上的风险投资中介服务机构至今仍未形成。西方健全的风险投资中介机构能够对风险投资的目标进行财务指标的评估，提供有效的中介信息及完善的服务。同时，我国至今为止仍未建立全国性的风险投资体系。风险投资机构各自为政，难以进行有效的信息交流和资源共享，这也制约了我国风险投资的稳定发展。

第六，专业的风险投资人才极度缺乏。风险投资行业区别于其他产业，需要同时拥有金融、会计、法律、管理、审计、评估、投资等专业性、综合性知识型人才，实践性较强，需要将理论与实践相结合。风险投资家和风险管理家更是需要相关专业知识和前瞻性眼光。但是，目前我国风险投资类人才比较缺乏，专业性评估和管理机构也较少，这在很大程度上阻碍了我国风险投资行业的壮大和发展，也导致了风险投资领域过于单一，不能发现真正具有投资价值的中小科技企业。

三、中国风险投资发展的对策

（一）培育市场主体，扩大融资渠道

我国应该创造一个开放的融资和投资环境，减少不必要的干预与规制，让资本更有效率地在市场运行。从美国的风险投资经验中可知，我国可以从机构投资者、养老保障基金、私人资金和国内大型银行中拓宽融资渠道，获取资金进行投资和发展。积极推动创新发展，增强企业的活力以及融资力度；同时，使高新技术企业不断地吸引国外投资者进行投资，以促进我国风险投资企业的迅速发展。

（二）优化风险投资结构

党的二十大报告强调："健全宏观经济治理体系，发挥国家发展规划的战略导向作用，加强财政政策和货币政策协调配合，着力扩大内需，增强消费对经济发展的基础性作用和投资对优化供给结构的关键作用。"政府资本应该减少扶持性和主导性风险投资，激发机构和个人资本的活力。其具体做法如下：

① 政府资本在高风险企业步入正轨后，退出风险投资市场，鼓励其他风险资本进入。
② 建立完善、先进的管理体系，实现资产所有权和生产经营权的真正分离。政府部门应该减少对风险投资公司实际运营的干涉，由管理者承担风险投资责任。

（三）建立健全社会中介机构和风险投资网络

我国风险投资可以借鉴欧美发达资本市场发展的路径，由政府出面建立完善的中介机构，提供真实、准确的企业评估报告来供风险投资机构参考。为了避免滋生腐败，应鼓励其他形式的中介机构竞争。政府可以出面联合各行业出资建立健全的风险投资网络平台，为风险投资行业提供准确、及时的信息服务。

（四）完善风险资本退出机制

第一，加快创业板的完善，消除众多风险投资无法安全退出的后顾之忧。2009年，

我国创业板在深圳证券交易所上市，为我国高新企业提供了新的融资渠道，同时为我国风险投资提供了新的出口。然而我国创业板起步晚，规则和制度极为不完善，导致风险投资公司无法正常、健康地发展。

第二，建立健全国内的产权交易所。在美国的风险投资市场中，产权交易是一种退出市场的主要途径。产权交易是指风险投资者通过转让资产所有权而退出风险投资市场的经济行为。产权交易是一种便捷、有效、低风险的资本退出渠道；但是，我国各地区产权交易因没有统一完善的产权交易所而受到极大的限制。

第五节　风险投资与供应链管理

一、风险投资供应链结构的含义及特征

（一）风险投资供应链结构的含义

风险投资是一种筹集各类机构和个人的资本，投入具有高度不确定性的高新技术企业，并以一定的方式参与企业管理，最终通过出售股份获得高额收益的投资体系。[①]风险投资过程本身是一个环环相扣的链条，将与这个链条相关联的各种业务链接起来，可以勾勒出风险投资静态和动态的供应链结构（如图6-6和图6-7所示）。

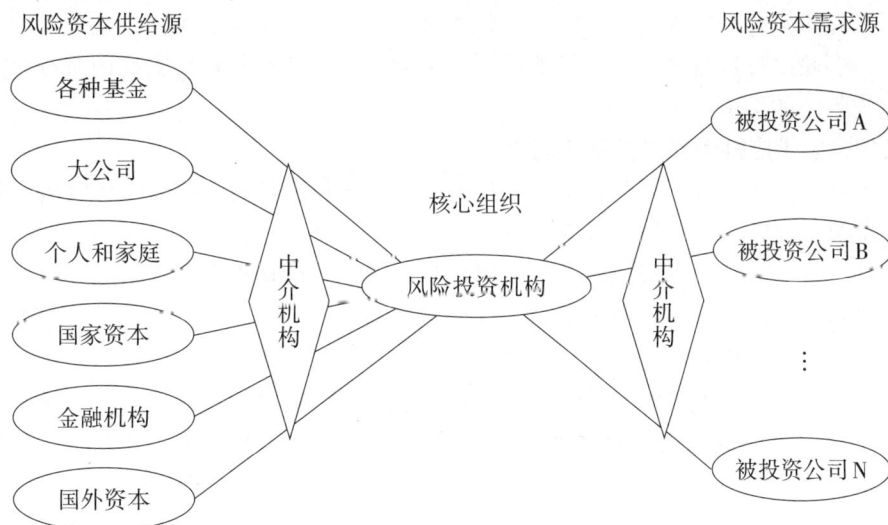

图6-6　静态的拓扑结构供应链

资料来源：邹辉霞. 风险投资供应链管理研究 [J]. 武汉理工大学学报（信息与管理工程版），2007，29（7）：130-133.

---

① 彭蟊. 企业经济活动的价值管理 [M]. 北京：中央广播电视大学出版社，2013.

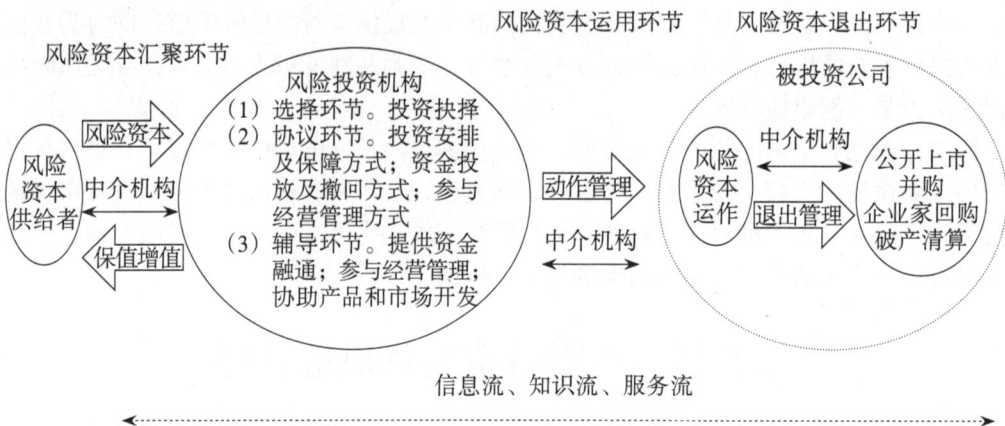

图6-7 动态的运行机制供应链

资料来源：邹辉霞. 风险投资供应链管理研究 [J]. 武汉理工大学学报（信息与管理工程版），2007，29（7）：130-133.

（二）风险投资供应链结构的特征

风险投资供应链具有一般供应链管理的复杂性特征，表现为网链式、多层次结构、开放系统、动态、行为等方面的复杂性。

此外，它还具有以下明显的个性特征：

1.投资项目决策的复杂性

由于风险投资的高投入、高风险性，投资项目的选择需要特别慎重，既要考虑单个项目多阶段、多轮次投资过程中各种可能的影响因素，又要考虑其在投资机构所有投资项目中的风险与收益的均衡性。

2.风险投资供应链运作的高度协同性

风险投资机构在完成了风险投资项目选择，并与被投资公司达成合作协议后，就要按照协议要求提供风险资金融通，参与被投资公司的经营管理。在这个过程中，任何一个环节出现问题，都会对风险投资成效造成不可低估的影响。风险投资供应链的高度协同性是实现风险资本和收益早日回收的关键。

3.资本退出风险的巨大性

风险资本退出对风险投资的最终成败有着举足轻重的作用，公开上市，投资项目获得几十倍乃至上百倍的增值，这是风险投资机构、被投资企业、风险资本供给者愿意看到的结果，而另一个极端破产清算标志着风险投资完全失败，其损失要由其他盈利来弥补。

二、风险投资项目决策需考虑的因素

（一）投资项目自身的内生变量

这是指常规的投资项目决策需要考虑的诸如项目的技术、市场和管理等因素。这些不确定性因素决定了投资项目现金流量的不确定性。进行投资项目决策最常用的方法是净现值（NPV）法。

（二）投资项目供应链视角的变量

这是指从风险资本运作和管理的全过程将参与者及其有关的因素考虑进来。它强调供应链合作者的协同行为，也包括文化、理念等的协同性，这些因素被统称为协同因素。

（三）供应链环境下风险投资项目的期权价值

这是指风险投资项目可以根据未来供应链运作中经济环境的各种变化，改变行为的权利及其所产生的高额回报。风险投资项目因内含对未来决策的灵活调整权而具有期权属性，其价值随不确定性因素的增加而提升

三、风险投资供应链管理理念及定性管理模型

（一）风险投资供应链管理理念

风险投资供应链管理的理念是：整个风险投资的管理过程立足于供应链视角，供应链系统的"共赢"决定风险投资的成败。由于风险投资不同于一般的项目投资，风险投资机构必须与被投资公司联合经营，来获取资本的最大盈利。为最大限度地减少经营过程中不可避免的一些双边冲突所带来的风险，风险投资机构在投资项目决策时就要嵌入被投资公司资本、技术、经济实力之外的各种协同合作信息。在风险投资运作过程中，风险投资机构需要把握供应链的动态运行机制，从供应链合作者（包括中介机构）"共赢"的视角来参与管理，保证风险资本的成功退出，而"共赢"是风险投资成功的基础。

（二）风险投资供应链管理定性模型

风险投资供应链管理定性模型如图6-8所示。协同管理对获取风险投资的成功极其重要。作为供应链上核心企业的风险投资机构，要从整个供应链"共赢"的视角组建管理机构，把"共赢"的经营文化理念向管理机构渗透，以达成管理机构的协同决策，实现对风险资本运作和退出的协同管理。

供应链管理为风险投资项目决策和风险资本运作管理带来了新思想和新视角，它是风险投资管理新的哲学理念。立足于供应链视角的风险投资决策更具科学性和合理性。风险投资供应链管理学科领域仍有许多专题需要研究探讨，这些对该学科理论体系的构建、业界实践等都具有重大意义。

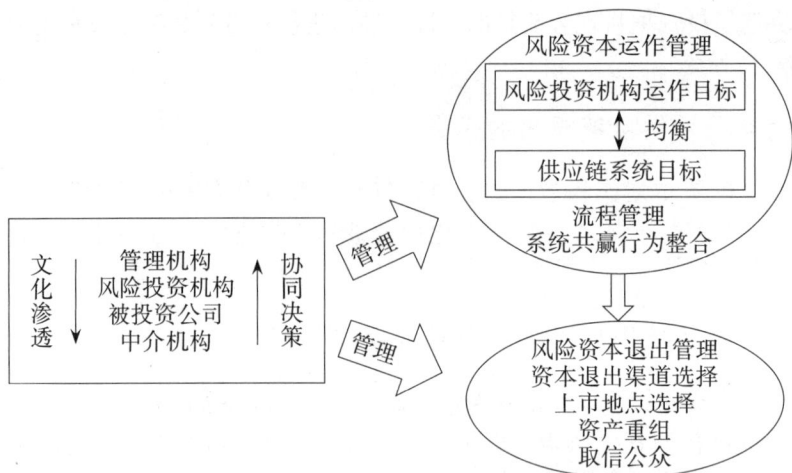

图6-8 风险投资供应链管理定性模型

资料来源：邹辉霞. 风险投资供应链管理研究［J］. 武汉理工大学学报（信息与管理工程版），2007，29（7）：130-133.

案例窗6-1

拓展阅读6-1

关键术语

风险投资　国际风险投资　风险资本　风险投资者　风险投资基金

复习与思考

1. 什么是国际风险投资？
2. 风险投资与国际风险投资之间的区别是什么？
3. 国际风险投资由哪些要素构成？
4. 风险投资基金的概念是什么？
5. 风险投资主要聚集于哪些行业？
6. 国际风险投资的主要影响因素有哪些？
7. 风险投资的供应链结构有哪些？

阅读分析

美图的成功投资

美图是中国的照片编辑应用程序，2016年在港交所上市，当时按每股8.50港元的发行价计算，发售5.74亿股，募资净额约为46.88亿港元，估值达52亿美元，这是继2004年腾讯上市后香港股市最大规模的科技IPO。2025年5月20日，美图与阿里巴巴达成深度战略合作，阿里巴巴通过其全资子公司阿里巴巴网络中国有限公司，以可转股债券形式向美图注资2.5亿美元（约合18亿元人民币）。该笔3年期可转债年利率为1%，初步换股价定为每股6港元，若未来全额转股，阿里巴巴将持有美图3.36亿股，占经配发及发行转换股份扩大后的已发行股份总数的6.85%。截至2025年5月，美图在港股的总市值为293.59亿港元，股价为6.43港元，较前一交易日上涨0.17港元，涨幅为2.72%。

美图之所以成为一个强大的投资标的，不仅因为它是一个"模仿者"，还在于投资者担心错过机会，往往会导致其他市场对"我也是"的想法过度投资。在错过了美国Groupon等成功案例后，投资者会前往境外寻找完美的复制品。这些境外投资者往往忽略了一个产品想要获得黏性和成功所需本地化的细微差别。

美图处于中国独一无二的两股巨大力量的潮流中：首先，移动设备的爆发。在美图移动应用程序推出后，中国的智能手机使用量开始呈指数增长。这给了应用程序一个增长引擎。其次，人们对美的渴望越来越强烈。在美图推出的时候，与其邻国相比，中国的人均整形手术率非常低。

投资者的资金有力推动了美图在照片编辑应用程序基础上的业务拓展。美图旗下拥有六大旗舰应用程序，分别为美图秀秀、美颜相机、美拍、Beauty Plus、Selfie City以及Makeup Plus，这些应用在各大应用商店中表现卓越，常常位居排行榜前列。截至2024年12月31日，美图的应用矩阵已在全球超23.4亿台独立移动设备上成功激活，全球月活跃用户总数攀升至2.66亿，实现了约6.7%的同比增长。每月平均产出影像数量极为可观，达约70.2亿。此外，在生产力场景方面，截至2024年12月31日，美图的月活跃用户数同比增长25.6%，达2 219万，展现出美图在不同业务场景下强大的用户吸引力与市场拓展能力。

无论是美图还是中芯国际，我们都看到了特定环境下的公司在中国宏观经济变化更大的情况下快速发展。无论是开放外国投资还是智能手机的发展，都给这些公司带来巨大的成功机会。

资料来源：CHIMING. VC本垒打：全球风投史上最成功的28笔投资案例（上）[EB/OL]．36氪编译组，译．（2018-04-16）[2025-03-15]．https://www.sohu.com/a/228466713_728123.

思考题：

1.美图为什么能够吸引大量的风险资金？

2.美图的成功给我国创业企业带来什么启示？

第七章　国际投资环境分析

内容提要

　　本章主要研究内容是国际投资的环境分析及其方法。分析方法包括多因素分析法、国别冷热比较法、道氏评估法、投资障碍分析法和综合评价法；主要分析的内容包括发达经济体投资环境、新兴经济体投资环境、全球供应链对我国投资环境的影响。

❖ 导读

非洲电商渗透率增长迅猛，电商巨头抢夺新蓝海

　　相比于欧美等发展较为成熟的电商市场，非洲似乎并不被大众看好。但随着全球互联网普及率的不断提高，这一市场慢慢进入大众的视野。根据Statista的研究，2023—2027年，非洲所有地区的电商渗透率将大幅增长。就2023年的电商渗透率来看，埃及以55.37%稳居第一，南非以49.36%排第二，随后是肯尼亚（46.66%）、尼日利亚（45.27%）以及摩洛哥（40.66%）。预计到2027年，埃及的电商渗透率将飙升至70.13%，仍占据第一的宝座；其次是肯尼亚，为63.86%；南非则跌至第三，为59.69%；尼日利亚（58.58%）和摩洛哥（46.32%）继续位列第四和第五。

　　电商渗透率的上升往往会伴随着当地消费者数量的增长。如果从整个非洲地区来看，该市场电商渗透率预计到2025年将达到40%，用户总数突破5亿大关，而在2017年电商渗透率仅为13%，用户总数为1.39亿。事实上，非洲地区人口众多且人口结构相对年轻化，再加上当地中产阶级快速增长以及人均可支配收入不断增加，这给电商发展带来了一定的基础。长期以来，非洲电商市场一直被誉为下一个高增长市场。

　　回顾非洲的电子商务之旅，可以发现这一市场的发展时间远超于大众想象。自1998年以来，南非平台Kalahari.com和Bidorbuy.com相继打开了当地的电商大门。随后，非洲电商市场呈指数级增长，不少电商平台都想从中分一杯羹。在2021年，非洲23个国家有200多个活跃的电商网站，仅南非就拥有100多个电商平台，而肯尼亚和尼日利亚分别拥有60个和58个，比如有尼日利亚电商Jumia、南非电商Takealot和肯尼亚电商Kilimall等本土平台，还有亚马逊、SHEIN、阿里巴巴等国外跨境平台。

　　值得一提的是，目前非洲最大的电商平台是Jumia，其也被称为"非洲亚马逊"。据统计，该网站平均每月吸引超过3 200万名访问者，以绝对优势占据排行榜首位。作为

非洲的"独角兽"，Jumia 已经在非洲 10 个国家开展业务，销售从电子产品到家居用品、时装等各种商品。

南非电商巨头 Takealot 自然也不甘落后，其母公司 Naspers 多次注入数亿美元的资金，投资仓库、库存和配送中心，并测试"TakealotNow"一小时送货上门服务。通过大力提升物流服务，Takealot 广受消费者好评。

总体来说，从增长的角度来看，非洲的电商故事引人注目。但从盈利的角度来看，其距离成熟还有很长的路要走。由于当地物流、支付等基础设施不完善，消费者购买力低，这给平台的利润率带来了压力，卖家还需谨慎考虑。

资料来源：千帆. 非洲电商渗透率增长迅猛，电商巨头抢夺新蓝海［EB/OL］.（2023-08-23）［2025-03-29］. https://mp.weixin.qq.com/s/xCTyDvSp7VXN68EunDYgyw.

思考题：非洲电商渗透率迅猛增长，物流、支付等基础设施却不完善，在进行投资环境分析时，我们该从哪些关键维度入手，才能全面把握这个市场的投资潜力与风险？

第一节　国际投资环境分析方法

对国际直接投资的具体项目进行分析，就是对项目投资环境的评价。评价投资环境的具体方法有很多，大都是将众多投资的环境因素分解为若干具体指标，然后综合评价。国际投资环境分析方法有很多，较为常用的有多因素分析法、国别冷热比较法、道氏评估法、投资障碍分析法和综合评价法。

一、多因素分析法

投资环境多因素分析法（Multiple Factor Analysis Method）（又称投资环境等级尺度法或投资环境等级评分法）是美国经济学家罗伯特·斯托伯（Robert B. Stobaugh）提出的。[1]多因素分析法的特点是，根据上述国际投资环境的 8 项关键项目所起的作用和影响程度的不同而确定其不同的等级分数，再按每一个因素中的有利或不利的程度给予不同的评分，最后把各因素的等级得分进行加总，作为对投资环境的总体评价。总分越高表示其投资环境越好，越低则其投资环境越差。[2]

从表 7-1 中可以看出，其所选取的因素都是对投资环境有直接影响的、投资决策者最关切的因素，同时都具有较为具体的内容，评价时所需的资料易于取得又易于比较。在对具体环境的评价方面，该方法采用了简单累加记分的方法，使定性分析具有了一定的数量化内容，又不需要高深的数理知识，简单易行，一般的投资者都可以采用。在各项因素的分值确定方面，采取了区别对待的原则，在一定程度上体现出了不同因素对投资环境作用

---

① STOBAUGH R B. How to analyze foreign investment climates［J］. Harvard Business Review，1969，47（5）：100-108.

② 葛亮，梁蓓. 国际投资学［M］. 北京：对外贸易教育出版社，1994：112.

的差异，反映了投资者对投资环境的一般看法。[①]

表7-1   多因素分析法计分表

投资环境因素	等级评分
1.资本外调	0~12
2.外商股权	0~12
3.歧视和管制	0~12
4.货币稳定性	4~20
5.政治稳定性	12
6.给予关税保护的意愿	2~8
7.当地资金的可供程度	0~10
8.近5年的通货膨胀率	2~14
总　计	8~100

资料来源：STOBAUGH R B. How to analyze foreign investment climates［J］. Harvard Business Review, 1969, 47（5）: 100-108.

多因素分析法由于具有定量分析和对不同因素的详细分析等优点，受投资决策者和学术研究界欢迎，是运用较普遍的一种投资环境评价方法。

二、国别冷热比较法

国别冷热比较法（Country-specific Cold and Hot Comparison Method）是美国学者伊塞亚·利特法克（Isiah A. Litvak）和彼得·班廷（Peter M. Banting）根据他们对20世纪60年代后半期美国、加拿大工商界人士的调查资料，提出通过7种因素对各国投资环境进行综合、统一尺度的比较分析，从而产生了投资环境的方法。[②]国别冷热比较法是以"冷""热"因素来表述环境优劣的一种评价方法，即把各个因素和资料加以分析，得出"冷""热"差别的评价。

（一）国别冷热比较法的七大因素

1.政治稳定性

这是指东道国有一个由社会各阶层代表所组成的、为广大群众所拥护的政府。该政府能够鼓励和促进企业发展，创造出良好的适宜企业长期经营的环境。当一国政治稳定性强时，这一因素为"热"因素；反之，为"冷因素"。

---

① 储祥银. 国际经济合作实务［M］. 北京：对外贸易教育出版社，1994：45.

② LITVAK I A, BANTING P M. A conceptual framework for international business arrangements［J］. Marketing and the New Science of Planning, 1968, 1（1）.

2.市场机会

这是指一国是否拥有广大的顾客群，对外国投资生产的产品或提供的劳务在东道国市场的有效需求尚未满足且具有切实的购买力。如果市场机会大，则为"热"因素；反之，则为"冷"因素。

3.经济发展和成就

这是指东道国经济发展速度以及经济运行状况。一国经济发展的效率和稳定性是外国投资企业必须考虑的因素。如果东道国经济发展稳定、发展速度快，则为"热"因素；反之，则为"冷"因素。

4.文化一体化

这是指东道国国内各阶层民众的相互关系、处世哲学、人生观和奋斗目标都受传统文化的影响。文化一体化将有利于外国企业的投资；反之，会带来很大的障碍。如果文化一体化程度高，则为"热"因素；反之，则为"冷"因素。

5.法令阻碍

东道国的法律繁杂，有意或无意地限制和阻碍外国企业的经营，影响今后企业的投资环境。若法令阻碍大，则为"冷"因素；反之，则为"热"因素。

6.实质性阻碍

这是指东道国的自然资源、地形和地理位置等对企业的经营活动产生阻碍。如果实质性阻碍大，则为"冷"因素；反之，则为"热"因素。

7.地理及文化差距

这是指投资国和东道国之间的距离遥远，文化迥异。人民的社会观念、风俗习惯和语言上的不同妨碍了思想交流，影响到投资环境。如果地理及文化差距大，则为"冷"因素；反之，则为"热"因素。

（二）国别冷热比较法的评价

在上述7种因素制约下，东道国的投资环境越好（即越"热"），外国投资者越倾向于在该国投资。在7种因素中，前4种因素的程度高，被称为"热"环境。而后3种因素相反，其程度高的被称为"冷"环境，中等程度的被称为"中等"环境。国别冷热比较法用7种因素来评价一国的投资环境，如果评价结果为"热"，就意味着那个国家的投资环境良好。国别冷热比较法对数据要求不太高，简便易行。如果对具体项目，就不能只使用该方法了，因为只考虑这些因素是不够的，还必须分析具体特征，需要参照其他理论。

三、道氏评估法

美国道氏公司根据本公司对外投资的经验研究出一种新的投资环境评价方法，即道氏评估法（Dow Evaluation Method）。由于其从动态的角度进行投资环境评价，亦被称为道氏动态评价法。

（一）道氏公司投资环境动态分析标准

道氏公司投资环境动态分析标准见表7-2。

表7-2　　　　　　　　　　　道氏公司投资环境动态分析标准

企业业务条件	引起变化的主要压力	有利因素和假设的汇总	预测方案
评估以下因素：	评估以下因素：	对前两项进行评价后，从中挑出8~10个在某个国家的某个项目能获得成功的关键因素（这些关键因素将成为不断查核的指数或继续作为国家评估的基础）	提出4套国家/项目预测方案：
1.实际经济增长率	1.国际收支结构及趋势		1.未来7年中关键因素造成的"最可能"方案
2.能否获得当地资产	2.被外界冲击时易受损害的程度		2.如果情况比预期的好，就会好多少
3.价格控制	3.经济增长相对预期		3.如果情况比预期的糟，就会糟多少
4.基础设施	4.舆论界领袖观点的变化		4.会使公司"遭难"的方案
5.利润汇出规定	5.领导层的稳定性		
6.再投资自由	6.与邻国的关系		
…	…		

资料来源：郑天伦. 中国经济特区投资环境［M］. 上海：同济大学出版社，1990：12.

（二）道氏评估法评价

美国道氏公司总结多年投资经验，认为企业在进行对外投资的过程中会面临源于企业自身的风险和投资地环境的风险。根据这两种风险，道氏公司确定了两大投资环境评价因素，即企业自身经营的基本条件和引起这些变动的外部条件，并在这两大因素下分设了40项微观因素，以期对投资环境进行综合评价；在进行综合评价后，对投资项目作出可靠预测，并由此决定投资项目的最终投资地。

该分析方法在指标确定上更为微观，也较为全面，将企业的过去、现在和未来投资环境综合起来评价，对未来各国投资决策有较强的指导作用。不过，此方法的研究主体为企业，因此在投资环境的评价方面不失投资主体的片面性。[1]

四、投资障碍分析法

投资障碍分析法（Investment Barrier Analysis Method）是指依据潜在的阻碍国际投资运行因素的数量与程度来评价投资环境优劣的一种方法。[2]其基本出发点是：如果在没有考虑优惠的情况下，一国的投资环境是可以接受的，再加上优惠的因素就更可以接受了。因此，判断一国的投资环境是否适合外国投资，只要考虑该国的投资阻碍因素，就可以得

---

[1]　郑天伦. 中国经济特区投资环境［M］. 上海：同济大学出版社，1990：12-13.

[2]　毛涌. 国际投资抉择［M］. 北京：对外贸易教育出版社，1993：37.

到一个基本的结论，这也是符合企业竞争的一般原则。[①]

投资障碍分析法需要先列出阻碍对外直接投资的影响因素框架，并对潜在的东道国进行比较，阻碍较少的就是投资环境较好的国家。阻碍投资的因素主要有以下方面：政治障碍、经济障碍、东道国资金融通困难、技术人员和熟练工人短缺、实施国有化政策与没收政策、对外国投资实行歧视政策、对企业干预过多、实行较多的进口限制、实行外汇管制和限制利润汇回、法律和行政体系不完善。[②]

投资障碍分析法比较简单，且以定性分析为主，其优点在于能够快速、便捷地判断投资环境，并减少工作量和费用；缺点在于仅根据个别关键因素进行判断，往往容易失去准确性，从而失去投资机会。

五、综合评价法

综合评价法（Comprehensive Evaluation Method）的基本步骤是由层次分析法确定各环境要素的权重系数；根据统计分析，确定各环境要素的得分；计算投资环境的综合评分；由灵敏度分析（敏感性分析）判断各环境要素发生变化对投资环境分析带来的影响。

（一）环境要素权重系数的确定

权重系数一般采用层次分析法进行综合确定；确定完权重系数后，便可由递推运算判定各层间因素的组合权重系数。组合权重系数描述的是综合考虑了上下两层各因素的权重系数后，得出的相对更上一层相应因素的权重系数，即优先函数。

（二）各投资环境要素的评分

组合权重系数仅仅描述了各环境要素在投资环境分析中的重要程度，对具体投资项目要素环境的单项评价，还需通过记分的方法来实现。通常的做法是，不论其为定性还是定量指标，均按优、良、中、差4个等级进行评价。为了使评价结果更符合客观实际，应综合考虑全部评价者对某项指标的评价。[③]

灰色关联度分析法是一种综合评价法，按照待分析系统的各特征参量序列（指标）构成的发展趋势接近程度来度量待分析系统与参照系统之间的相关程度的方法。[④]待分析系统与参照系统越贴近，关联度就越大。为此，把参选方案作为待分析系统，将一理想方案作为参照系统，则与理想方案最接近的方案，关联度最大，即最优方案。灰色关联度分析法是以各项指标对其最佳值的接近程度为基础，通过关联分析对各指标进行比较，从而得到最优方案，是方案评价中较为简单、实用的一种方法。[⑤]

① 李玫宇. 国际经济技术合作 [M]. 重庆：重庆大学出版社，2006：29.

② 叶春生. 国际企业管理 [M]. 广州：华南理工大学出版社，1991：122-123.

③ 邱东. 多指标综合评价方法的系统分析 [M]. 北京：中国统计出版社，1991.

④ 邓聚龙. 灰色系统理论与计量未来学 [J]. 未来与发展，1983（3）：20-23.

⑤ 王洪强，林知炎，张英婕. 基于灰色系统理论的房地产投资环境分析方法 [J]. 同济大学学报（自然科学版），2005（3）：422-426.

第二节　发达经济体投资环境

2023年，全球外国直接投资（FDI）流量估计为1.37万亿美元，与2022年相比略有增长（+3%）。这与预期相悖，因为年初对衰退的担忧消退，金融市场表现良好。然而，经济的不确定性和更高的利率确实影响了全球投资。总体增长主要是由于一些欧洲"管道"经济体的价值上升；排除这些渠道，全球外国直接投资流量下降了18%。在发达经济体，由于卢森堡和荷兰的大幅波动，欧盟的外国直接投资从2022年的-1 500亿美元跃升至2023年的1 410亿美元（如图7-1所示）。除这两个国家外，流入欧盟其他国家的资金下降了23%，几个大型受援国的资金也有所下降。其他发达经济体的流入也停滞不前，北美洲为零增长，其他地区则有所下降。

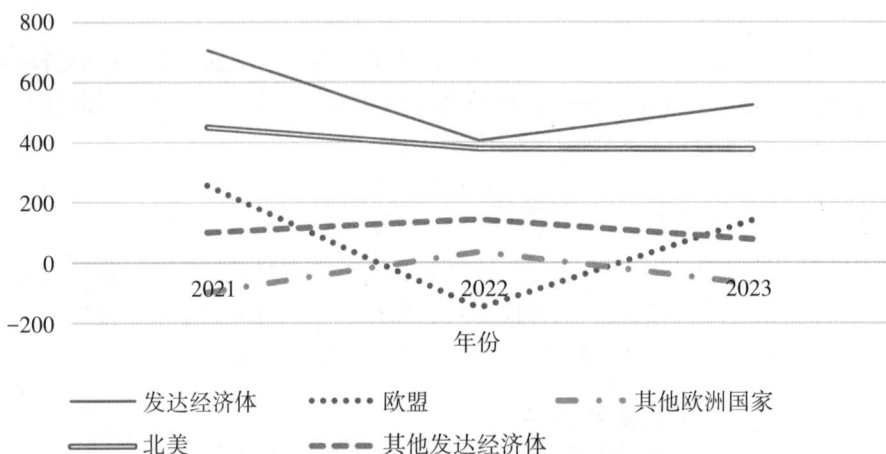

图7-1　2021—2023年发达经济体按区域划分外国直接投资流入量（单位：十亿美元）
资料来源：联合国贸易和发展会议发布的多期《全球投资趋势监测》报告。

一、发达经济体国际投资流入量

欧洲直接投资流入量在2021—2023年波动剧烈，原因复杂多样。2021年流入欧洲的直接投资达1 570亿美元，彼时全球经济逐步复苏，各国刺激政策带动市场信心回升，全球外国直接投资强劲反弹，增幅达77%，流入发达经济体的FDI更是增长了3倍，欧洲受益于此大环境。到2022年，流入量骤降至-1 150亿美元，欧盟在美压力下出台系列政策法规，限制中企等外资在人工智能、半导体等高科技领域投资，如多数欧盟成员加强对敏感行业收购及并购案监控，且处理方式不透明；同时，俄乌冲突爆发，地缘政治紧张局势加剧，欧洲面临能源危机，经济前景不确定性大增，投资者风险偏好降低，严重抑制了投资流入。2023年，投资流入量回升至700亿美元，一方面，欧洲经济在历经冲击后有缓慢修复迹象，部分投资者信心有所恢复；另一方面，在新能源等新兴领域，欧洲有强烈发展需求，吸引了如中国企业在该领域的绿地投资，一定程度上推动了投资流入量的增加。

2021—2022年，北美直接投资流入量及跨国并购规模呈现出显著变化。2021—2023

年发达经济体按区域划分跨国并购量如图7-2所示。2021年，全球经济逐步复苏，各国采取经济刺激政策，全球外国直接投资强劲反弹，增幅达77%，流入发达经济体的FDI更是增长了3倍。在此背景下，北美直接投资流入量达4 500亿美元，大量资金涌入，推动跨国并购规模飙升至3 090亿美元，低利率环境与充裕的可投资资金极大地激发了投资者的积极性。到2022年，流入量降至3 790亿美元，跨国并购规模锐减至1 550亿美元，全球经济增长放缓、贸易及地缘政治紧张局势加剧，严重冲击了投资者信心，致使投资趋于保守。同时，美联储持续加息，提升了融资成本，企业扩张意愿下降，许多并购计划被迫搁置或取消。进入2023年，北美直接投资流入量微降至3 770亿美元，跨国并购规模进一步滑落至1 230亿美元，全球经济增长依旧乏力，不确定性因素增多，监管政策也日益严苛，尤其是在科技等关键领域，大型并购交易面临更严格的反垄断审查，Adobe以200亿美元收购Figma的计划就因监管反对而流产。这使得企业在进行跨国并购决策时更加谨慎，交易规模持续收缩。

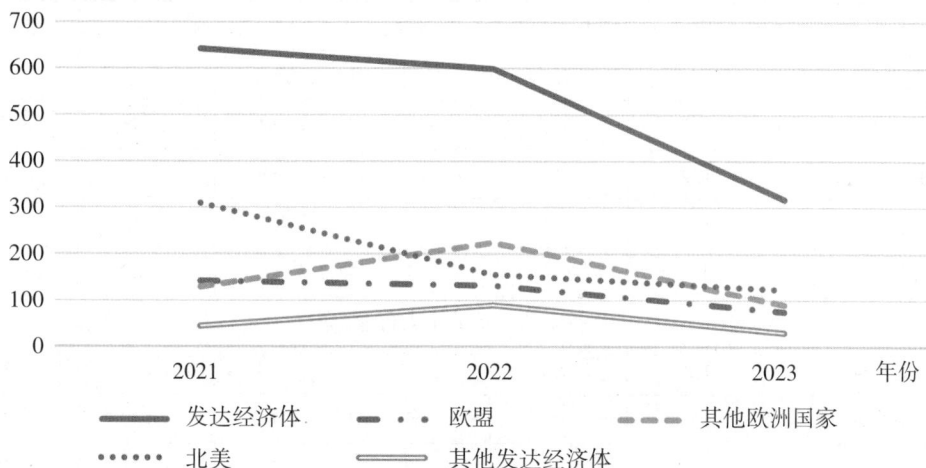

图7-2 2021—2023年发达经济体按区域划分跨国并购量（单位：十亿美元）

2021—2023年，其他发达经济体的FDI与跨国并购呈现出先升后降的态势。2021年，全球经济逐步复苏，各国纷纷出台经济刺激政策，全球FDI总额从2020年的9 290亿美元大幅增长77%，达到1.59万亿美元，超过了2020年之前的水平。在这一背景下，其他发达经济体凭借其稳定的经济环境、完善的基础设施和成熟的市场体系，吸引了大量外国直接投资，流入量达到1 000亿美元。到了2022年，流入量增至1 430亿美元，除了全球经济持续复苏的惯性作用外，部分其他发达经济体针对新兴产业如新能源、数字经济等出台了一系列优惠政策，像税收减免、补贴研发等，吸引相关企业加大投资布局。同时，全球供应链加速重构，一些其他发达经济体因具备区位优势和产业配套能力，成为企业供应链多元化布局的选择，拉动了FDI流入。然而到2023年，流入量锐减至770亿美元，全球经济增长乏力，融资成本因主要经济体持续加息而大幅上升，投资者资金获取难度加大，投资能力受限。地缘政治紧张局势不断加剧，贸易保护主义抬头，国际投资环境不确定性显著增加，投资者避险情绪浓厚，对风险较高的投资项目持谨慎态度。此外，部分其他发达经济体自身经济结构调整，一些传统优势产业发展遇阻，新兴产业发展未达预期，导致对外资吸引力下降。

二、发达经济体国际投资流出量

2023年，全球跨国并购为4 020亿美元，较2022年下降了43%。在发达经济体，跨国并购额在北美和欧洲急剧下降（分别下降了21%和51%）。

第一产业（主要是采矿、采石和石油业）的跨国并购销售额下降了82%，而服务业下降了47%，制造业增长了3%（见表7-3）。2023年，汽车制造业的资产销售额增长了2倍多。服务业的并购项目数量有所下降，但仍然是跨国销售数量最多的行业。信息和通信的并购项目价值骤降65%。在经历了2022年的跃升之后，采掘业的并购销售额下降了67%，其项目数量也下降了41%。

表7-3　　按部门或特定行业划分的2023年跨国并购（与2022年相比的百分比变动）

部门/行业	价值（十亿美元）		增长率（%）	数　　量		增长率（%）
	2022年	2023年		2022年	2023年	
总计	707	402	-43	7 763	6 488	-16
第一产业	122	22	-82	389	484	24
制造业	142	147	3	1 406	1 335	-5
服务业	442	232	-47	5 968	4 669	-22
按价值计算的十大行业						
信息和通信	166	58	-65	1 799	1 423	-21
采掘业	121	40	-67	216	127	-41
制药业	36	35	-2	169	71	-58
化学制品	15	34	122	147	577	293
汽车制造业	8	30	263	59	521	783
专业化服务	23	28	19	730	124	-83
金融与保险业	88	23	-73	602	516	-14
贸易	27	21	-23	592	229	-61
公共事业	18	18	-1	279	393	41
食品、饮料和烟草业	21	12	-42	157	281	79

三、发达经济体投资前景展望

未来，发达经济体的外国直接投资与跨国并购形势复杂多变。从FDI流向看，全球经济增长预期放缓，给发达经济体引资带来挑战。但部分发达经济体存在机遇，美国经济虽增速放缓，却在人工智能、半导体等前沿科技领域优势显著。随着美联储货币政策调整，若持续推进降息，企业融资成本降低，有望吸引更多海外投资，如海外科技企业为获取技术与市场资源，可能加大对美投资。欧洲经济受通胀、能源价格波动及劳动力市场不稳定等因素困扰，复苏缓慢，但在绿色能源、可持续发展领域的积极举措，如新能源项目开发、可再生能源技术研发以及碳排放交易市场构建等，将吸引相关FDI流入。

跨国并购方面，2024年全球并购市场已现复苏迹象，交易额超10亿美元的大宗交易量增长17%。进入2025年，虽然地缘政治局势、利率变化等不确定性因素依然存在，但企业为实现增长与转型，对并购需求强烈。普华永道调研显示，仅38%的CEO对企业未来12个月收入增长前景信心十足，而未来3年这一比例有望升至53%，这将推动企业通过并购获取新技术、拓展新市场。在发达经济体中，科技行业为整合技术资源、提升竞争力，可能频繁发起并购；金融行业也可能因业务拓展与转型需求，出现并购整合潮。不过，高估值与监管审查等问题仍会给跨国并购增添阻碍。

第三节 新兴经济体投资环境

新兴经济体是指某一国家或地区经济蓬勃发展，成为新兴的经济实体，但目前对其并没有一个准确的定义。英国《经济学人》将新兴经济体分为两个梯队：第一梯队为中国、巴西、印度、俄罗斯、南非，也称"金砖国家"；第二梯队包括墨西哥、韩国、菲律宾、土耳其、印度尼西亚、埃及、阿根廷、波兰、匈牙利、马来西亚、罗马尼亚等"新钻11国"。

基于新兴经济体的出色表现，越来越多的人认识到，在发达经济体受金融危机困扰之际，新兴经济体正成为"世界经济稳定的来源"。美、日、欧经济依然是世界经济的重要引擎，但新兴和发展中经济体对世界经济增长的贡献率不断上升，成为世界经济增长的主要动力。相关数据显示，2009年上半年，新兴市场国内生产总值已占全球的50%，贸易量占40%，外汇储备占70%。随着全球金融危机爆发，西方发达经济体纷纷进入衰退期，世界经济重心向新兴经济体转移。

一、新兴经济休国际投资流入量

（一）非洲

2023年，流向非洲的外国直接投资从2022年的480亿美元降至476亿美元，降幅为1%。公告的绿地投资项目作为外国直接投资未来走势的风向标，从2022年的775个项目上升至845个项目，涨幅为9%。2022年以后，源于能源领域投资需求攀升，制造业发展受推动，众多国家政策支持改善，且市场潜力释放、消费需求增长，吸引企业投资设厂。总体而言，在北非，外国直接投资流入量从2019年的2 610亿美元上升至2023年的2 720亿美元，涨幅为4%。流入北非的投资势头强劲，因为该地区的外国直接投资相对多样化，得益于几家制造业大型跨国公司的存在，包括汽车工业、航空航天和纺织业。

撒哈拉以南非洲的外国直接投资流入量从2022年的5 140亿美元升至5 740亿美元，涨幅为12%。绿地项目公告增加，主要是由于摩洛哥、肯尼亚和尼日利亚的强劲增长。然而，项目融资交易下降了1/3，超过了全球平均下降幅度，削弱了基础设施融资流动的前景。塞内加尔是撒哈拉以南非洲在2023年外国直接投资流入量增加的经济体之一，在能源投资增长的支撑下，该国外国直接投资增至15亿美元，增幅为39%。

（二）亚洲

亚洲发展中经济体的外国直接投资在2023年降至约5 840亿美元，降幅为12%，在所有地区中降幅最大。东亚的外国直接投资降至2 990亿美元，实际降幅为5%。这主要是因为全球经济增长放缓，投资者信心受挫，资金收紧；贸易及地缘政治紧张局势加剧，提升投资风险；部分东亚国家经济结构调整，影响投资吸引力。流入中国的外国直接投资量罕见下降（-6%），但新的绿地项目公告有所增长（+8%）。

2023年，流入东南亚的外国直接投资降至1 920亿美元，减少了16%，这是由于次区域中一些主要外资接受国的外资流入下降。然而，该地区对制造业投资的吸引力因绿地项目宣布激增37%而凸显越南、泰国、印度尼西亚、马来西亚、菲律宾和柬埔寨的增长强劲。东南亚仍是外国直接投资的重要目的地，其公告的绿地投资项目数量较其他发展中地区涨幅更大，东南亚新的绿地投资项目吸引了超过1 500笔项目，是绿地投资金额最大的发展中地区。此外，《区域全面经济伙伴关系协定》（Regional Comprehensive Economic Partnership，RCEP）的签署可能有助于恢复外国直接投资的增长。

（三）拉丁美洲

2023年，流入拉丁美洲的外国直接投资基本保持不变，维持在2 100亿美元的水平，然而公告的绿地项目的吸引量下降至12 510笔，降幅为12%。巴西的外国直接投资流入量下降了22%。虽然绿地项目数量保持稳定，但国际项目融资大幅下降，交易量比2022年减少了40%。墨西哥报告称，外国直接投资有所增加，新的绿地项目公告进一步增加，巩固了其全球最大受援国的地位。

二、新兴经济体国际投资流出量

2023年，发达经济体的跨国公司将其境外投资减少了14%，至11 000亿美元，由此导致它们在全球外国直接投资中所占的份额下降。

2023年，欧洲跨国公司的对外投资总额（包括大量的负流动）下降了23%，至1 410亿美元。这是近年来的一个较低水平。该下降情况是由于除卢森堡和荷兰外的欧盟国家资本流入减少。由于企业重组和控股公司清算，荷兰（通常是欧洲最大的来源国之一）的资本流出减少了2 460亿美元，降至1 610亿美元。尽管德国跨国公司在境外进行了几次规模可观的收购，但大量贷款（550亿美元）的撤回使外国直接投资流出减少了75%。在英国，资本流出从-60亿美元下降到-330亿美元，持续出现大量的负再投资收益。此外，来自英国的跨国公司将部分资产从国外剥离。例如，2020年，沃达丰（Vodafone）以58亿美元的价格剥离了意大利的铁塔资产。

2023年，从美国流出的资金略有减少，仍为930亿美元。流向欧洲的投资增加弥补了流向亚洲（主要是新加坡）的投资减少。日本跨国公司不再是最大的境外投资者，2023年其投资额未出现2019年和2020年的并购高峰，降至1 160亿美元，下降了一半。发展中经济体跨国公司的境外投资活动价值下降了7%，降至8 670亿美元。中国对外直接投资增长了8.7%，达到1 772.9亿美元，这使中国成为全球最大的对外投资国之一。来自东南亚的资本外流减少了16%，至610亿美元。来自新加坡的投资下降了36%，至320亿美元，大部分投资流向东盟的其他国家。

拉丁美洲跨国公司的对外投资在2023年略有下降，减少为113亿美元，较前一年下降约1%。主要原因是跨国公司通过其境外子公司筹集资金，造成巴西持续的负资本外流（-260亿美元），以及墨西哥对外直接投资减少了41%。相比之下，智利的资本外流增长了25%，达到120亿美元，因为智利跨国公司增加了对其境外子公司的贷款。2023年，从转型经济体流出的外国直接投资下降了76%，降至60亿美元，主要原因是再投资收益率降低（-83%）引发的俄罗斯跨国公司对采掘业的境外投资减少。

三、新兴经济体国际投资前景展望

近年来新兴经济体经济受到外部负面冲击的可能性降低，同时全球宽松的货币政策将会继续维持，这也有利于新兴经济体的经济增长，因此，新兴经济体仍将是全球经济增长的重要引擎。但是，国内宏观经济和金融脆弱性仍旧是影响新兴经济体经济增长的关键因素。其中，国内经济基本面弱势的新兴经济体，增长仍旧难以企稳；高负债且严重依赖国际市场的新兴经济体，增长仍面临一定的不确定性。对中国来说，影响经济增长的关键因素是国内结构性改革、高水平市场经济和开放体制的建设。

随着影响世界经济的风险因素逐步缓和，经济增长将经历筑底企稳的过程。以信息技术为代表的新技术革命将推动数字技术创新，新技术的深入发展将深刻改变国家的比较优势和竞争优势，从而对全球经济格局产生深刻影响。此外，为应对单边主义和保护主义带来的风险，各方应密切对话，加强政策协调，优化全球治理体系。新兴经济体之间跨区域和区域内往来，为新兴经济体挖掘出新的市场潜力和经济增长点。

第四节　全球供应链对我国投资环境的影响

全球供应链管理的出现和实施，以全球贸易投资的动向为大的经济背景。跨国公司在我国实施全球供应链管理成功与否，与我国投资环境的建设息息相关。我国企业战略地位的高低决定了跨国公司是否与我国企业开展供应链合作。而国际供应链合作是否开展，又将影响流入我国的外国直接投资能否进一步系统化。系统化的外国直接投资对改善我国的投资环境、提高外商的投资质量有举足轻重的作用。因此，研究全球供应链管理对我国投资环境的影响有积极意义。

本节从跨国公司对全球供应链合作伙伴的选择标准的角度出发，分别讨论全球供应链上下游涉及的合作企业的战略业绩评价指标，从而得出全球供应链管理对合作企业所在国家投资环境的影响结果。根据跨国公司全球供应链合作伙伴的选择原则、跨国公司国际直接投资的区位选择理论以及世界银行对投资环境的评估指标，跨国公司全球供应链管理所引起的我国投资环境变化的考核体系见表7-4。

表7-4   供应链管理与投资环境考核

供应链合作伙伴	竞争力	对应的投资环境指标
供应商	服务能力、盈利水平、商业信誉	市场竞争公平充分、产业密集度高
制造商	制造成本与制造能力、人力资源、技术资源、产品质量	原材料和工资成本低廉，劳动力素质高、流动性强，健全的知识产权保护和消费者保护法规，产品标准健全
第三方物流	运输能力、仓储水平、装配时间及质量	基础设施、交通网络完善和先进的信息平台
分销商	合作能力、发展潜力、融资能力	金融服务业发达
零售商	进货渠道、客户关系、售后服务	市场潜力大、竞争激烈

资料来源：巨丽丽. 跨国公司全球供应链管理对我国投资环境的影响 [D]. 成都：西南财经大学，2005.

跨国公司全球供应链管理对我国投资环境的影响主要表现在以下几个方面：

一、获得技术外溢效应

技术外溢效益与国外经济增长理论中的内生增长理论紧密相关。内生增长理论着重强调研发、人力资本积累及其他外部性作用对经济增长的关键影响。跨国公司的直接投资不仅带来了资金，还引入了先进的生产技术、设备以及管理经验等广义上的技术。

从我国吸收外国直接投资所获得的技术外溢效益现状来看，成果颇为显著，我国吸收外国直接投资所获得的技术外溢效应的现状如下：

在人力资本层面，跨国公司在华分支机构对当地员工展开多层次培训，涵盖从基础生产操作员到高级技术专家、管理专家等各个层次。员工在外资企业积累的技能和经验，随着他们的流动或自主创业，实现了技术的外溢。2020年投产的特斯拉上海超级工厂，在生产过程中为一线工人开展先进生产工艺与自动化设备操作培训。后续，部分工人跳槽至国内其他新能源车企，将特斯拉的先进生产经验广泛传播，推动国内新能源汽车制造工艺的整体进步。

在研发资本方面，跨国公司国外分支机构在国内开展的研发活动增强技术扩散效应，其参与国内市场竞争也促使本土企业增加研发投入。以半导体行业为例，三星、英特尔等跨国公司持续加大在华研发投入。2021—2022年，中芯国际积极布局，先是在2021年9月宣布与中国（上海）自由贸易试验区临港新片区管理委员会签署合作框架协议，规划建设产能为10万片/月的12英寸晶圆代工生产线项目，聚焦28纳米及以上技术节点，计划投资约88.7亿美元；而后在2022年1月，中芯国际临港12英寸晶圆代工生产线项目正式开始建设，总投资达1 000亿元。这一系列动作正是在跨国公司的竞争刺激下，中芯国际不断加大研发投入、努力提升芯片制造工艺水平、缩小与国际先进水平差距的体现。

在研发技术方面，利用外国直接投资发展我国高新技术产业，是获取先进技术的重要途径。微软于2019年在上海设立人工智能和物联网实验室，截至2024年6月，该实验室已累计赋能258个项目，其中近百家来自浦东和张江地区，50余家企业获得超94亿元社会资本投资，取得139项技术赋能成果，培育人才近1万人。该实验室与国内高校、科研机构及企业合作开展前沿研究，极大地推动了我国在人工智能和物联网领域的技术进步与应用。

二、强化产业集群

产业集群对跨国公司全球供应链合作伙伴的区位选择影响重大，而全球供应链在我国的拓展也极大地推动了我国产业集群的深化。一个地区优良的投资环境，关键在于产业集中及所营造的产业环境。产业集群如同具有强大吸引力的"磁场"，规模越大，越能吸引同行业企业和相关企业入驻。

以青岛经济技术开发区为例，随着产业发展，新能源汽车产业成为新的增长。2023—2025年，宁德时代积极在青岛布局：2023年4月，注册成立青岛润超新能源有限公司；2025年3月14日，成立时代电服（青岛）科技有限公司，聚焦新能源乘用车换电生态业务；2025年4月3日，注册成立时代骐骥新能源科技（青岛）有限公司。宁德时代的一系列布局，与青岛当地新能源汽车产业的发展规划相契合，吸引了众多相关配套企业集聚，进一步完善了当地新能源汽车产业链。在宁德时代的带动下，同行业的电池材料企业迅速跟进。多家电池材料企业也积极布局。例如，青岛金诺德科技有限公司专注于锂电池研发与回收，2023年被评为高新技术企业；力芯（青岛）新能源材料有限公司生产锂离子电池负极材料，年产能达1 600吨；央企背景的青岛力神新能源科技有限公司则聚焦锂离子动力电池生产，入选山东省绿色工厂名单。此外，鹏辉能源在青岛城阳区投资130亿元的储能电池项目已于2025年启动试产。这些企业的业务与宁德时代的供应链需求高度协同，共同推动了青岛新能源汽车产业链的完善与升级。

天津经济技术开发区近年来围绕智能科技产业得到大力发展。2021年，紫光云、360等企业相继入驻，软件开发、数据服务等相关企业也逐渐聚集。这些企业的集聚形成了智能科技产业集群，不断完善产业链生态，提升了区域产业竞争力。产业集群的"吸聚作用"不仅体现在吸引同行业企业，相关企业的集聚也进一步完善了产业链，增强了产业的整体竞争力。

三、提升产品标准和完善企业经营环境体系

在当今国际贸易中，产品标准已成为技术壁垒的重要组成部分，国际标准化是大势所

趋。跨国公司在采购时高度重视产品规格和质量的国际标准化，通常依赖国际公认的第三方质量认证机构进行包括质量、安全、环保、管理等在内的系统认证。若当地缺乏此类权威认证机构，跨国公司采购产品时需送往总部或其他国家认证，这将大幅增加采购时间和成本，影响供应链价值创造。因此，第三方质量认证机构的设立情况，成为跨国公司采购中心区位选择的考量因素之一。这也促使供应链上的合作企业将产品标准制定与新产品开发、生产技术改造、技术引进及市场营销等计划紧密结合。

近年来，国内服装企业为满足快时尚品牌的严苛环保、质量标准，持续加大投入。自2020年起，多家大型服装企业投资建设智能化环保生产线，引入先进的染色和整理技术，确保产品符合国际环保标准，并积极寻求国际权威认证机构的认证。通过这些努力，企业不仅稳固了在跨国公司供应链中的地位，部分企业还凭借优质产品拓展了业务范围，提升了自身在国际市场的竞争力。

四、推动基础设施建设

跨国公司与我国企业合作时，会在各地经济技术开发区设立业务机构。其进入推动了开发区硬、软件建设，并提出更高要求。在硬件方面，跨国公司促使开发区完善交通、通信、能源供应等基础设施，以满足企业高效运营的需求。天津经济技术开发区作为首批国家级经济技术开发区之一，也是我国建设得最成功的开发区之一，是我国开发区的一个缩影。在项目引进与建设上，该开发区2024年的成绩亮眼，新增项目达1 294个，投资总额高达851亿元，大乙烯等50个重点项目顺利完工或投产，诺和诺德无菌厂等90个重点项目也有序开工建设。在创新驱动方面，区内国家高新技术企业数量攀升至1 210家，国家科技型中小企业达1 395家，科技领军企业与瞪羚企业数量位居全市榜首，10家企业新入选国家级专精特新"小巨人"企业，占全市近1/3。在开放合作层面，截至2023年年底，该开发区已累计引入97个国家和地区的外资项目6 478个，实际使用外资累计达695.6亿美元，其中124家《财富》500强跨国公司在此投资了573个项目。[①]

案例窗7-1

拓展阅读7-1

关键术语

多因素分析法　国别冷热比较法　道氏评估法　投资障碍分析法　综合评价法　新兴经济体

---

① 巨丽丽. 跨国公司全球供应链管理对我国投资环境的影响 [D]. 成都：西南财经大学，2005.

复习与思考

1.如何对国际投资环境进行分析?

2.简述美国国际投资环境。

3.发达经济体投资环境与发展中经济体投资环境的区别是什么?

4.共建"一带一路"倡议对共建国家投资环境带来的改变是什么?

5.中国当前的投资环境适宜哪些行业的企业进行跨国投资?

6.你认为还有哪些策略能够优化中国的投资环境?

阅读分析

东盟数字经济投资不断增加

一、东南亚数字经济发展迅猛

电子商务和配送服务快速发展。东盟地区民众转向电子商务网站来满足他们的大部分生活消费需求。许多传统商家也选择使用这些网站来展示出售他们的产品。政府和大型电商平台还推出相应激励措施,鼓励小企业在线销售产品。东南亚国家消费者表现出在网上购买各种商品和服务的意愿。随着线上购物需求的快速增长,该服务对快递业的需求也激增。

二、东盟推动数字经济的系列努力

2021年1月,东盟通过在首届东盟数字部长会议上发布的《东盟数字总体规划2025》(ADM)来强调数字化的重要性。ADM将东盟设想为"领先的数字社区和经济集团,并由安全和变革性的数字服务、技术和生态系统提供支持"。总体规划强调了5个重点领域:可持续基础设施、数字创新、无缝物流、卓越监管和人员流动。在该规划通过之前,东盟已采取其他措施修改跨境贸易规则并加强数字连接。电子商务领域的一项重要协议是2019年签署并于2021年生效的《东盟电子商务协议》。该协议旨在促进跨境电子商务交易并提高东盟电子商务法规的透明度。此外,东盟成员数字部长还于2021年1月批准了《东盟数据管理框架》(DMF)和《东盟跨境数据流示范合同条款》(MCCs)。

三、东盟数字化面临的政策风险和商业担忧

在整个东盟,各国政府都认识到了对数字数据治理的重要性,但每个成员采取的方法不尽相同。采用"东盟跨境数据管理框架"的努力仍处于初级阶段,只有少数国家建立了促进跨境数据流动的系统,以促进创新和经济增长。另一个挑战是在更广泛的商业界缺乏确保数据标准的动力。亚太经合组织跨境隐私规则系统由政府支持,用于证明公司遵守国际公认的数据隐私保护措施。然而,这一认证的采用率很低。在东盟内部,一些国家实施了严格的个人数据本地化限制,这对具有跨境数字业务的企业产生了负面影响。

四、数字包容对中小微企业提出新要求

在2020年之前,由于在硬件和软件方面采用数字技术以及缩小数字技能差距所涉及的高成本,数字化并不是许多中小企业的优先事项。现在中小企业亟需数字转型,"跳跃

式"地采用数字工具，以便维持企业运作。

五、数字化-可持续发展的纽带

数字化的快速发展并不是影响东盟未来的唯一主要趋势。另一个跨领域的问题是对可持续发展的推动，政府和企业正在纳入更多考虑环境保护的政策和做法。数字化和可持续发展之间的关系在未来几年必然将获得更多关注，这是因为上述两种趋势都是社会变革的主要价值驱动力。对技术和数字服务的日益依赖伴随着更大的物理碳足迹。数字经济加速增长对环境影响的政策关注有所增加。数字化增长需要更多的数据中心来存储数据，而这些数据的运行需要大量的电力。在全球范围内，数据中心的温室气体排放量约占2%。同时，信息和通信技术部门确实提供了替代实物的服务，如在文件领域。数字化也有助于巩固这些原本就存在的可持续性问题，并为监测、核算和溯源碳排放提供解决方案。

资料来源：邵志成. 东盟数字经济转型的现状及推进措施［EB/OL］.（2023-06-05）［2025-03-15］. https://www.thepaper.cn/newsDetail_forward_23218038.

思考题： 分析东盟数字经济对国际投资环境的影响。

第八章　国际证券投资

内容提要

　　随着中国证券市场的对外开放和企业国际化趋势的加强，了解当代国际证券市场并广泛参与国际证券投资活动，对中国企业和公民来说是非常必要的。通过对本章的学习，读者可对证券投资的理论和方法以及证券市场的基本概况有较系统和全面的了解。

❖ 导读

国际证券投资人物

　　近年来随着我国证券市场的进一步开放，国外大师级投资高手的事迹已是众所周知，而对他们的著名"战役"，大家也几乎耳熟能详。当然，其中最受大家"景仰"的人物要数以下三位：彼得·林奇、沃伦·巴菲特以及相当有争议性的乔治·索罗斯。彼得·林奇已经退隐"江湖"，仅剩巴菲特及索罗斯仍然活跃于国际证券市场。

　　1997年的亚洲金融风暴除了造成许多投资者亏损之外，对投资风格各异的巴菲特、索罗斯也产生了相当深远的影响。索罗斯于1997年左右"战功"彪炳，旗下量子基金耀眼的管理绩效使得巴菲特所创造的惊人的24%的年均报酬率看起来十分寒酸。可是，1998年索罗斯领军的避险基金先后在炒作中国港币及卖空俄罗斯卢布两役中惨遭滑铁卢，以致元气大伤。事后清点损失，索罗斯的避险基金至少损失20亿美元。同时间以基本面分析为主、强调长期投资的巴菲特则依然神采奕奕，甚至当类似量子基金的长期资本管理公司在俄罗斯倒闭之后还考虑接收该公司。更妙的是，在2003年美国《财富》杂志所评选的全球最受尊敬的十大公司中，由巴菲特领军的伯克希尔投资公司赫然列名其中的第八位，与通用、微软及可口可乐等公司同榜。

　　资料来源：陈湛匀. 国际投资学 [M]. 上海：复旦大学出版社，2008：242-243.

　　思考题：

　　1.国际证券投资具体内容是什么？

　　2.国际证券投资的原理是什么？

第一节 国际证券投资理论

"不入虎穴，焉得虎子。"有过证券市场操作经验的人都应该知道，要想收获得多，就必须承担一定风险。那么，面对众多的证券种类和不同货币面值的证券，投资者应该如何选择？如何构建有效的投资组合？本章主要介绍国际证券投资的主要理论：证券组合选择理论、资本资产定价理论。

一、证券组合选择理论

"不要把鸡蛋放在同一个篮子里。"证券投资者都将这句话作为投资原则来分散风险，从而获取收益。然而，在实践中，该原则又显得过于简单和机械化，投资者很难以此为单一标准来进行实际操作。20世纪50年代，美国学者哈里·马科维茨（Harry M. Markowitz）将概率论和线性代数的数学方法巧妙地应用到证券组合选择的研究当中。马科维茨在1952年发表论文《证券组合选择》，首次采用风险资产的预期收益和方差（或标准差）表示风险，即著名的均方差法，来研究资产的组合和选择问题。[1]这被金融界看作现代证券组合选择理论的起点，也被认为是现代金融经济学领域的重要里程碑。

在这里，我们想强调一下马科维茨的证券组合选择理论的核心是：通过比较不同证券组合的风险和收益，来衡量不同证券组合的风险。马科维茨将证券投资的决策过程分为互相分离的单个证券分析、证券组合分析和证券组合选择阶段。[2]

（一）马科维茨证券组合选择理论的基本假设

和其他任何的经济模型一样，马科维茨证券组合选择理论也是建立在一系列假设条件之上的。这些假设如下：

第一，投资者都是反对风险和追求最大效用者。投资者是更趋向于回避风险的，如果要他们承担较高的风险，就必须有较高的收益作为补偿，存在风险-收益的替代关系。风险是以收益的变动程度，即前文提到过的收益的方差或者标准差来衡量的。

第二，投资者应是在期望收益和期望收益标准差的基础上来决定投资组合的。所以，各种投资组合的期望收益、收益方差、相互之间的协方差或者相关系数，这些指标必须是可以测量的。这就要求市场必须是有效的，市场上任何一种投资信息都是已知或者可以知道、获得的。

第三，投资者都应具有相同的单一持有期。也就是说，这里期望收益率及期望收益的方差的计算是根据一个给定的统一的时间段来计算的。

简单来说，根据马科维茨的证券组合选择理论将投资者对风险和收益的态度作了假

---

① MARKOWITZ H M. Portfolio selection [J]. The Journal of Finance, 1952, 7 (1): 77-91.

② MARKOWITZ H M. Portfolio selection: efficient diversification of investments [M]. New York: John Wiley & Sons, 1959.

设，这些假设总结起来归为以下两种性质：不满足性、厌恶风险。这可以理解成，人们在作投资决策时，总是希望期望收益越大越好，而风险越小越好。[①]

1.不满足性

现代的投资组合理论假设，在其他条件相同时，投资者在两个投资组合中进行选择时，总是会选择预期回报率较高的那个组合。也就是说，在同一时期投资的情况下，投资者用同样的期初财富来进行投资，总是会偏好获得期末财富。这是因为较多的期末财富可以为投资者的未来提供更多的消费，从而获得更多的满足。

2.厌恶风险

在其他经济条件相同的情况下，投资者将选择风险较小的组合，即标准差较小的组合。

厌恶风险的假设意味着风险给投资者带来的作用是负效用，因此如果没有收益来作为补偿，则投资者是不会冒无谓的风险的。比如，你在掷硬币，正面的话你赢100元，背面的话你输100元，而由于硬币正反面的概率都是50%，因此这种赌博的预期收益率为0，而风险又是很大的。显然，那些厌恶风险的投资者会拒绝这样的赌博，因为"输"带来的不愉快程度可能远大于"赢"带来的愉快程度。

除了厌恶风险的投资者，还有风险中性的投资者和爱好风险的投资者。前者对风险的高低不太在乎，其往往只关心预期收益率的高低。而对爱好风险的投资者来说，风险给其带来的可能是正效用，因此在其他条件不变的情况下，其可能偏向于选择那些标准差较大的投资组合。

在正常的情况下，理性的投资者大多是厌恶风险的。但是在某些极端的情况下，理性的投资者也有可能是爱好风险的。因此，我们有必要在这里强调一下马科维茨证券组合选择理论的假设是有意义的，且需要我们正确理解。

（二）分散理论

通常，投资者不只关心期望收益的多少，还会关心投资风险的高低。因此，投资者希望能有一个有效的资产投资组合，使他们的投资能在可接受的风险范围内收益最大化。但是实际中，并非任意组合都能降低风险，有时也会出现收益减少而风险上升的情况。这显然是投资者最不愿意看到的。这是因为投资组合的期望收益是组合当中各项资产的期望收益的加权平均数，但是组合的风险并不等于组合中单项资产的风险的加权平均数。也就是说，组合的整体风险很可能比单项资产的风险高、低或者相等，甚至组合的风险也有可能是零，即组合的形式可能完全消除风险。

（三）投资组合的收益率与风险衡量

金融学中经典的贴现模型可以表述如下：

$$P=A_1/(1+k)+A_2/(1+k)^2+A_3/(1+k)^3+\cdots+A_n/(1+k)^n$$

式中：P代表现值；A_1代表现金流和资产期末价格；k代表贴现率；n代表年份。

---

①　[1] 杨秀苕，刘星. 证券投资原理 [M]. 2版. 重庆：重庆大学出版社，1998：85-86. [2] 王沁怡. 跨境证券交易监管中的等效认定制度研究 [D]. 上海：华东政法大学，2019.

简单的估值模型（持有期为一年）则可以表述为：

$P=$（现金流$+P_1$）$/$（$1+k$）

由公式可知，当现金流和期望价格较高时，回报率的期望值也高；反之，当现金流和期末价格P_1的期望值低时，回报率的期望值也会低。当证券的现行价格低时，期望回报率就会高，而当证券的现行价格高时，期望的回报率就低，回报率和现行价格是呈反方向变化的。

（四）有效集与最优投资组合

1.无差异曲线

投资者的目标一定是投资效用的最大化，而投资效用取决于投资的预期收益率和风险。对一个不满足的、厌恶风险的投资者来说，预期收益率越高，投资效用就越大；反之，风险越高，投资效用就越小。

然而，由于在实际情况中，不同的投资者对风险的厌恶程度和预期收益的偏好程度是不同的。为了更好地反映风险和预期收益对投资者的影响程度，本书在这里引入"无差异曲线"这个概念。

无差异曲线的特征如下：

第一，无差异曲线的斜率是正的。因为风险给投资者带来的是负效用，而收益会带来正效用，因此，为了使投资者的满足程度相同，高风险的投资必须有较高的预期收益率，因此斜率为正。

第二，无差异曲线的图形是向下方凸的。这说明，所增加的风险越高，所要求得到的预期收益率就越高。在一般情况下，随着无差异曲线向右移动，风险是随之增大的，而为了补偿增大的风险，所需要额外增加的风险溢价将更大。这一特征是由预期收益率的边际效用递减规律决定的。

第三，无差异曲线图形中，同一投资者可以有无数条曲线，密布在整个平面上。这位投资者的所有无差异曲线会形成一个无差异曲线簇。由于不同投资者的偏好是不同的，他们也就会有不同的无差异曲线簇。同时，因为投资者对收益的不满足性以及对风险的厌恶程度不同，所以在无差异曲线上，图中越靠近左上方的曲线所代表的满意程度越大（如图8-1所示）。所以，投资者的目的就是要尽可能选择靠近左上方的曲线代表的投资组合，即越靠近左上方的效用越大。在图8-1中，3条曲线的效用关系为：$C>B>A$。

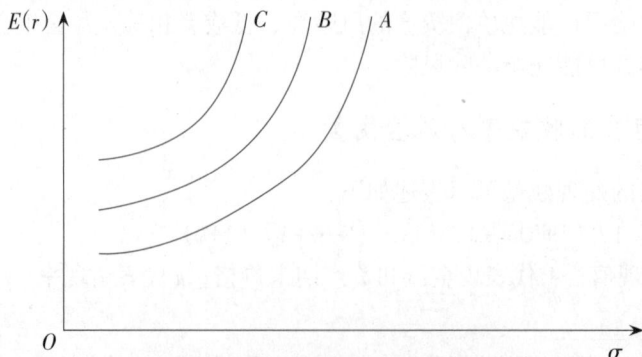

图8-1 风险规避者的无差异曲线

第四，无差异曲线不能相交。因为不同曲线上的点不可能产生事先沟通的效用，所以不会存在一点，既在A曲线上有A的效用，又在B曲线上有B的效用。

第五，无差异曲线可有不同的陡峭程度。同是风险规避者，不同投资者的无差异曲线可能有不同的陡峭程度。根据投资者对风险规避的态度和程度，投资者可分为高度风险规避者、中等风险规避者和轻微风险规避者。同时要明确，风险规避程度越高的投资者，其无差异曲线会越陡峭。

2.可行集和有效集

（1）可行集

一般来说，可行集是指由n种证券所形成的所有组合的集合。可行集一般呈伞形，如图8-2中由A、N、B、H所围成的区域。

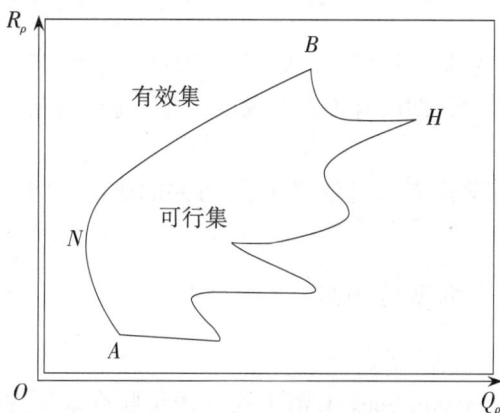

图8-2 可行集和有效集

（2）有效集

在确定了可行集之后，投资者可以根据有效集定理来找到有效集。根据马科维茨的观点，有以下原则：

① 在可接受的风险水平一定的情况下，选择最高的预期收益率；

② 在预期收益率水平一定的情况下，选择承担最低的风险。

在可行集中的证券组合往往只能满足上述原则之一，而当同时满足上述两个原则时，就称之为有效集（又称有效边界）。处于有效边界上的组合为有效组合。

根据上述原则分析可以看出，在图8-2中，N、B两点之间上方边界上的可行集就是有效集，故有效集具有以下特点：

① 有效集是一条向右上方倾斜的曲线，也反映出了高收益、高风险的特点；

② 有效集是一条向上凸的曲线；

③ 有效集曲线上不可能有凹陷的地方。

二、资本资产定价模型

资本资产定价模型（Capital Asset Pricing Model，CAPM）是由美国的经济学家威廉·夏普（William F. Sharpe）建立的，是一种阐述风险资产均衡价格决定的模型。资本资产定价模型将有效市场理论与马科维茨的均值-方差模型结合起来，尤其着重分析了投资组合的预期收益率和风险的关系。该模型被广泛应用于金融证券投资，也可指导实业资本投资，成为现代金融投资理论的核心。

（一）资本资产定价模型的假设条件

资本资产定价模型在严格的假设条件下研究某一时期金融市场中各种证券的定价。假设条件具体如下：

第一，证券交易在完全的竞争性市场中进行，即不存在税收、交易成本等；

第二，投资者只能被动接受价格，但他们可以自由买空、卖空；

第三，存在无风险利率，即所有投资者可以在这一利率水平上无限制地贷出或借入资金；

第四，没有零股交易限制，投资者可以买卖任意单位的证券；

第五，一致性预期假设，即所有投资者观点一致，他们对所有资产的期望收益和分析的预估相同；

第六，投资者是风险规避者，且依据均值-方差的最优（期望效用的最大化）来决定对每一资产的需求。

（二）资本资产定价模型的内容

1.资本市场线

资本市场线（capital market line，CML）是一条反映有效证券组合的预期收益率和风险之间关系的直线。根据资本市场线，投资者可以适当地衡量出有效证券组合的风险。资本市场线通过无风险资产组合点，并与马科维茨的曲线相切，即同时允许无风险资产的借入和贷出的有效边界。不同的是，资本市场线与马科维茨曲线的切点为 M，并称之为市场组合。

2.证券市场线

证券市场线（security market line，SML）是一条反映个别证券或证券组合的预期收益率和协方差之间线性关系的直线。证券组合的总风险由两部分组成：与市场组合的变动相联系的部分、与市场组合的变动无关的部分。

（三）资本资产定价模型的公式

资本资产定价模型主要探讨单只证券在市场到达均衡时所决定的价格水平。用公式表示如下：

$$R_i = R_f + \beta_i (R_m - R_f)$$

式中：R_i 为第 i 种股票或第 i 种证券组合的必要报酬率；R_f 为无风险收益率；β_i 为第 i 种股票或第 i 种证券组合的 β 系数；R_m 为所有股票（或证券）的平均收益率。

（四）资本资产定价模型简评

威廉·夏普在1990年获得了诺贝尔经济学奖。资本资产定价模型建立了第一个在不确定条件下关于资本资产定价的一般均衡模型，被认为是现代金融市场中价格理论的脊梁。资本资产定价模型阐明了在资本市场达到均衡时资产收益的决定机制，已被官方应用于测定投资组合绩效、证券估价、进行资本预算以及公共事业股票管理等领域。另外，该模型将风险划分为市场风险和非市场风险，为理论分析奠定了基础。

第二节　国际证券投资方法

一、基础分析法

马科维茨在其证券组合选择理论中创建了均值-方差法，建立了基本框架。但是证券组合选择理论更倾向于理论分析，而在实际操作中，往往涉及大量烦琐的计算过程。这里有必要介绍一种能在实际操作中起到指导作用的投资分析方法——基础分析法。该法是根据基本的经济变量确定证券的固有价值的分析方法，它分析因素的顺序是市场—行业—企业。

（一）市场因素分析

这是指分析市场因素和证券市场价格之间的关系。其主要有以下几种：

1.宏观经济走势

各个国家的经济运行都有其一定的周期，有市场景气、经济高速增长的年代，又有市场低迷的年代。这种经济运行的大环境受许多经济因素的影响，而它们反过来影响这些因素的变化和发展。如果当前市场极其繁荣，那么企业经营的利润会随之提高，从而股票价格会上涨；反之，则相反。

2.货币政策

一般来讲，股价随着货币政策的宽松与紧缩，会产生升高和下降的趋势。当货币供应量增加的时候，投资者所有的投资资金会增加，从而可以使股价上升。当利率下调时，企业的利息支出会相应减少，从而增加企业的每股盈余；同时，投资者所期望的收入水平下降，从而会降低股票投资的折现率，也会增加社会上的货币供应量。以上三点结合在一起，利率下调对股价的影响就会比较明显。

3.财政政策

政府的财政政策和货币政策一样，都会对股价产生影响。一般来说，扩张性的财政政策会刺激股价的增长，而紧缩性的财政政策会导致股价下跌。

4.通货膨胀

与货币政策和财政政策不同，通货膨胀对股价的影响会比较复杂，在不同的情况下会有不同的影响结果。一般来说，在通货膨胀初期，投资者会把资金从股票市场中抽出，转投到一些保值的商品市场中，导致股价下跌。但在物价温和上涨的时候，上市公司有可能因为其存货和产品价格上涨，所以利润增加，这时通货膨胀有利于股价上涨。

5.政治因素

政治因素是指在股票市场中，一些足以影响股票价格的国内外政治活动和政府的政策与措施。当今世界，政治和经济密不可分，有很多政治变化会影响经济，从而波及股市，如政府换届、国家首脑去世、爆发战争或内乱等较大的国际政治形势的变化。

6.心理因素

投资者的心理因素也会影响股价的变动。投资者乐观时会增持股票，悲观时会抛售股票。

（二）行业因素分析

行业因素是指只影响到某个行业或产业的上市公司的股价的因素。这些因素主要有：

1.行业生命周期

任何一个行业都有其生命周期，在该行业的企业都会在一定程度上受到行业生命周期的影响。一般而言，在行业的开创期，企业垄断利润比较高，但是经营面临的风险较大，股价会波动频繁；在行业的扩展期，大量企业涌入，企业利润一般较为平稳，此时股价可能大幅提高；在行业的成熟期，受到市场容量限制，企业的股价面临下跌的潜在压力；在行业的衰退期，股票开始下跌，投资者可适时退出。

2.行业景气变动

行业景气变动是指由该行业一些特殊因素的变动而导致的景气变化。

3.淡旺季

有些行业会存在明显的淡旺季趋势，有季节性，从而导致其股价也存在一定的季节性。

4.法令措施

政府的一些法令条例会对行业有一定的影响，尤其这些法令条例是针对某一行业时。

5.来自国外的影响

随着国际市场联系的日益紧密，来自国外的政治经济因素对本国股市的影响力也不断增大。

（三）企业因素分析

企业因素是指一些影响到一家上市公司的股价的因素，包括企业的财务状况、鼓励政策、领导层变动等。我们对此可以结合一些指标来分析企业的影响因素。

1.企业竞争地位分析

在市场竞争的大环境中，优胜劣汰就是规则。在一个行业中，只有存在竞争优势，企业才能长期发展并日益壮大。我们可以通过技术水平、管理水平、市场占有率、市场开拓能力、资本与规模效益、项目储备及新产品开发等来衡量一个企业的竞争地位。

2.企业盈利能力及增长性分析

该指标用于衡量企业现实的盈利能力，以及通过各种方法分析各种掌握的资料，从而对企业将来的盈利情况作出预测分析，这是投资者需要掌握的一种重要方法。我们可以通过资产利润率、销售利润率和每股收益等来衡量企业盈利能力指标。

3.企业经营管理能力分析

分析企业的经营管理能力，可以从各层级管理人员的素质和能力方面分析，具体包括决策层、高级管理层、部门负责层。决策层是企业最高的权力机构，应有明确的生产经营战略和良好的经济素质。高级管理层应具有与该企业相关的技术知识和管理经验，了解现代的管理理论，并有丰富的实际管理经验，同时富有组织协调能力。部门负责层一般指企业的职能部门的负责人，如人事部、生产部、策划部、销售部等的负责人。部门负责层应精通部门相关的知识技术，并有能力独立领导部门完成工作任务。

4.企业偿债能力分析

企业偿债能力是指企业用资产来偿还债务的能力。我们一般会选取不同的指标来衡量企业的偿债能力。其分为短期和长期两种。

5.企业资产运用效率分析

企业资产运用效率是指企业是否充分利用其现有的资产来创造利润。

6.企业生产力分析

企业生产力分析往往用于衡量企业经营效率。可以用于测试企业生产力的具体指标主要包括附加价值率、人均附加价值、经营资本投资效率。

二、技术分析法

技术分析法是一种根据之前的或者现在的股市行情的变化来分析股市走势的方法。技术分析法需要满足以下假设：决定股票价格的根本原因是供求关系，而不是其内在价值；假设股票的供求关系会直接导致股价的变化；股价的变动趋势会持续一段时间。

但在实际中，以上的假设可能受到限制，这就说明技术分析法也有它的不足之处，包括没有100%的准确率，有滞后性、欺骗性。所以，要提醒大众投资者注意联合运用多种指标方法。

（一）道氏理论

道氏理论的基本原理是由查尔斯·道（Charles H. Dow）于19世纪末所创立的，后经其继承人发扬光大，最终成为推测股市趋势的一种最常用和著名的技术分析理论工具。

1.道氏理论的基本观点

道氏理论认为证券市场上主要存在主要趋势、次要趋势、入场趋势。在任何市场中，这3种趋势必然同时存在。

2.多头市场与空头市场

多头市场又称主要上升趋势。它分为积累期、市场情况好转期、狂热期。

空头市场又称下跌趋势。它也可以分为卖出期、恐慌期、缺乏信心者卖出时期。

3.趋势判断

道氏理论认为，在分析股市的走势时只有一个股价平均数被另一个股价平均数确认，主要趋势和次要趋势才会产生；反之，如果两种股价平均数反向变化，就说明互不验证。

（二）移动平均线

移动平均（moving average，MA）线的定义是以道·琼斯的"平均成本概念"为基础的，并同时采用了统计学中的"移动平均"的原理，将一段时间内的股票价格的平均值连成线，以此来反映股价的波动情况。通过移动平均线，我们进而可以分析股价指数的发展趋势。这种方法可以理解为道氏理论的形象化的表述。

（三）累积能量线分析法

在股票市场中，成交量是人气盛衰的明显反映，也是股价的先行指标。股市要想有良好走势，必须伴有成交量的支持。通过分析成交量，投资者可以了解某一股票的供需情况，看出未来股价的走势，从而选择买股票的时机。最主要的衡量成交量的指标就是能量潮（on balance volume，OBV）。

能量潮指标的主要依据是：股价的变动基本上受市场上投资者的心态影响，并且认为股价变动与成交量或成交值有着密切的关系。也就是说，股价下跌时，成交量或成交值减少；反之，则相反。根据上述关系，可以应用能量潮指标与股价趋势线来判断买入或者卖出的时机。下面举例说明：

第一，当能量潮指标上升而股价下跌时，是买进信号。这时股价较低，买进者很多。

第二，当能量潮指标由跌势转为上升时，是买进信号。这时买方的相对优势逐渐加强，投资者如果不买进，则将来股价上升，会使购买成本上涨。

第三，当能量潮指标下降而股价上涨时，是卖出信号。这时购买力较强的买方购买力已经变弱，必须立即卖出。

该方法固然存在一定的合理性，且被人们广泛采用，但也存在一定缺陷，比如：适合短期操作，不适合长期操作；若成交量大且股价波动幅度巨大，但收盘价与前日相同，能量潮指标就失去了意义。

（四）K线图分析法

早期，K线图分析法被用于日本幕府时代的大阪米市交易，后来被广泛应用于股市的技术分析中，并且广泛流传到其他地区。它将每天股票的开盘价、收盘价、最高价、最低价的变动情况记录下来，然后按照一定的方法绘制成图表，可以使投资者从中看出股市的变迁。

K线又称阴阳线、红黑线，一般由三部分组成：上影线、下影线、中间实体部分。其可以准确反映出当天的股价涨跌幅度，适用于短线分析。

一般来说，股价的变动是有规律可循的，股价在买方的支撑和卖方的压力的相互影响之下，会顺着某种趋势而变动。这样形成的形态往往存在其确定的内涵，可以帮助投资者确定买卖时机。

第三节　国际证券市场

一、国际证券市场概述

在国际范围内，不同国家发行和交易有价证券，这个市场即被称为国际证券市场。国际证券市场由国际证券发行市场和国际证券流通市场所组成。

按照交易功能的差异，国际证券市场可分成两个组成部分：发行市场和流通市场。这两部分都是国际证券市场不可或缺的组成部分。一方面，只有国际证券的一级市场存在，其二级市场才有可用来交易的内容；另一方面，只有存在二级市场，才有利于证券投资者随时通过买卖的方式来调整其资产结构。国际证券市场的层次有利于增强资产的流动性，也有利于吸引更多的投资者来购买证券。

二、发达经济体证券市场

（一）美国证券市场

美国证券市场起步较晚，是在独立战争时期逐渐兴起和发展的。虽然它的起步晚于部分欧洲国家，但是发展迅速，并后来居上，逐渐确立了其在全球金融市场上的龙头地位，成为当今世界最发达的证券市场。

美国证券市场包括：

① 全国性证券交易所，如纽约证券交易所（NYSE）、美国证券交易所（AMEX）；

② 地区性证券交易所，如费城证券交易所、波士顿证券交易所以及中西部证券交易所；

③ 场外交易市场（OTC），又称柜台交易市场，如纳斯达克。[①]

（二）英国证券市场

英国是世界上最早开始股票交易的国家之一，全球最早的证券交易也是从西欧开始的。早在1773年，伦敦就出现了证券交易所的雏形。1890年，各地的证券交易所逐步合并，并成立了证券交易所联合会。19世纪初，正式的证券交易所在英国开业。30年后，伦敦就取代了阿姆斯特丹，成为世界证券交易的中心。直到现在，英国伦敦证券市场依然是世界三大证券市场之一。

英国证券市场是一个结构完整、功能完备的多层次的市场体系，有力地支撑了英国在国际金融市场上的地位。伦敦证券交易所是英国证券市场的核心，除了主板市场以外，还包括技术板市场和另类投资市场（alternative investment market，AIM）。在英国的资本市场

---

① 张彩萍. 中美跨境证券监管机制比较研究［D］. 北京：外交学院，2018.

中，除了另类投资市场外，还有为较为初级的中小企业提供融资服务的未上市公司股票交易市场（off-exchange，OFEX）。二者有相似之处，都是为中小型高成长企业提供股权融资服务的市场，但OFEX的准入门槛更低。

（三）日本证券市场

日本的证券活动萌芽于明治初年。1875年，日本参照英国的证券制度制定了证券交易条例，并正式建立了证券交易机构，直至第二次世界大战爆发而不得不宣告中止。日本现有8家证券交易所，其中，东京、大阪和名古屋3家接受全国各地的报价单，被称为"中央证券交易所"，其他5家则被称为"地方证券交易所"。东京证券交易所是日本最大的证券交易所，它的交易额占日本股市交易总额的80%。

20世纪80年代中后期，日本证券市场的规模曾经占到世界证券市场的1/3强，超过美国而居全球首位。进入90年代后，日本经济泡沫破灭，股价大幅下跌。东京证券交易所的交易量也大大减少，跌出世界前5名之外。[1]

三、发展中经济体证券市场

（一）泰国证券市场

泰国自1975年4月成立泰国证券交易所起就对外开放，外资拥有单一公司的股份不得超49%，特殊行业不得超过25%；1985年8月起允许建立国家基金；1991年放宽了外汇管制，使本金和盈利汇出更容易，并取消了25%的资本利得税。2000年之后，泰国证券市场历经诸多变革与发展阶段。在市场规模方面，截至2024年6月，据世界银行数据，泰国证券交易所市值达5590亿美元，在东南亚地区位列第三，全球排名第25位，其拥有636家上市公司，另类投资市场有222家小型资本公司。

（二）印度证券市场

印度证券市场涉外业务受1973年颁布的《外汇管理法》的管理。该法特别规定了对外国在印度证券交易所投资和居住在印度的人对外国证券的投资等事项的管理。印度裔非居民按1973年《外汇管理法》规定的方式投资于印度证券交易所上市的证券；1986年7月起允许建立国家基金，外国人通过印度国际基金投资于印度证券市场；1991年降低了资本利得和红利税；1993年放宽了外国直接投资的限制。2000年后，印度证券市场展现出强劲发展态势。投资者参与度方面成果显著，2022年8月31日，印度中央存管服务公司（CDSL）与国家证券存管公司（NSDL）投资者账户总数达1亿户，较2020年3月的4090万户增长近6000万户，增幅为144%；散户投资者在平均每日成交量中占比为52%。

① 冼国明. 国际投资概论［M］. 北京：首都经济贸易大学出版社，2004：258-265.

（三）中国证券市场

自改革开放以来，随着中国引入市场经济，证券市场已成为社会主义市场经济的重要组成部分。随着市场经济在中国的充分发展，中国证券市场从组织结构到法律规范都日趋成熟和完善。

1.中国证券市场的发展阶段

从1978年改革开放后，中国的证券市场大致经历了4个发展阶段：

（1）第一阶段（1978—1989年）

这一阶段中国的证券市场开始重新萌芽，主要表现在以下方面：

第一，农村开始实行家庭联产承包责任制，不仅农民的收入大幅度增加，而且大量的农村劳动力从土地中解放出来，中国农村从此广泛合股集资，并创办了一系列乡镇企业。这些合股集资而成的企业虽然只是在花名册上登记或开具股金收据，不上市发行股票，但它毕竟是中国股份制经济的萌芽。

第二，在农村股份制经济的带动下，城市的股份制企业应运而生。1984年，北京天桥股份有限公司成立，成为中国第一家股份制企业。同年11月，上海飞乐音响股份有限公司率先向社会公开募集股票，成为中国首家公开向市场发行股票的企业。此后，北京、上海、西安、沈阳、广州、重庆等地出现了通过发行股票进行筹资的活动。

第三，恢复发行债券。1981年，中国政府发行了中华人民共和国诞生以来的首批国库券，1985年以后又相继发行了金融和建设等债券。中国证券交易在20世纪90年代以前，大都属于场外交易，而且多属地区性的，还没有形成真正意义上的全国性证券交易中心。

（2）第二阶段（1990—2008年）

这是中国证券市场的起步和迅速发展阶段。1990年12月，上海证券交易所正式挂牌营业，它是中华人民共和国成立后第一家按国际标准运作的交易所。上海证券交易所的成立标志着中华人民共和国证券交易市场的诞生。此后，深圳证券交易所在1991年7月宣告成立。①中国证券市场从此进入迅速发展时期，主要表现在以下方面：

第一，证券市场从上海、深圳两地向全国各地延伸，通过计算机联网，全国各地的投资者均可参与沪深两个市场的证券交易，从而形成全国统一的现代化和规范化的证券交易市场。

第二，全国证券交易自动报价系统开通。该系统正式开通于1990年12月5日，它以计算机联网为纽带，通过远程通信手段为全国的会员公司进行证券买卖提供即时报价、辅助成交、统一清算和交割的现代化综合服务。

第三，初步形成了中国证券市场的管理体系。例如，1991年，中国100家证券公司组成了中国证券业协会，财政部成立了国债协会，中国人民银行、国家计委②、财政部等参

---

① 涂晟. 论国际证券监管中的相互认可制度［D］. 北京：对外经济贸易大学，2017.

② 2003年3月，国务院体改办和国家经贸委部分职能被并入国家计划委员会，改组为国家发展和改革委员会。

与组建的股票联合审批办公室。

第四，中国政府及企业走出国门，开始在国际资本市场上发行各种国际债券和股票，即在境内发行 B 股来吸引外国投资，在境外市场上发行以美元、日元等货币计价的全球债券进行筹资，通过在中国香港发行 H 股、在美国发行存托凭证来筹资。

第五，有关证券方面的法律和法规日趋完善。中国政府在 20 世纪 90 年代初期相继出台了有关规范证券市场方面的《中华人民共和国国库券条例》《股票发行和交易管理暂行条例》《中华人民共和国公司法》《国务院关于股份有限公司境外募集股份及上市的特别规定》《证券投资基金管理暂行办法》①《关于加强证券期货信息传播管理的若干规定》等。20 世纪 90 年代末期至 20 世纪初，我国进一步加大了改革力度。1997 年，国务院批转国务院证券委、中国人民银行、国家经贸委《关于严禁国有企业和上市公司炒作股票的规定》的通知。1999 年 7 月，中国证监会依据《中华人民共和国证券法》制定了《中国证券监督管理委员会股票发行审核委员会条例》《新股发行定价报告指引》《关于进一步完善股票发行方式的通知》《中国证监会股票发行核准程序》《股票发行上市辅导工作暂行办法》等，实行了对一般投资者上网发行和法人投资者配售相结合的发行方式，确立了股票发行核准制的框架，市场化的股票发行制度趋于明朗。证券法律和法规的健全和完善也标志着中国证券市场走向成熟。

（3）第三阶段（2009—2019 年）

后金融危机创新发展期（2009—2019 年）是中国证券市场在应对危机挑战中积极变革、创新发展的关键阶段，在市场建设、制度完善、业务创新等多方面取得显著进展。

第一，市场创新举措方面。2009 年 10 月，深圳证券交易所推出创业板，为创新型、成长型中小企业提供融资和发展平台。作为继中小企业板后的重大创新，其降低企业上市门槛，推动创业投资与新兴产业发展，如宁德时代等企业借助创业板发展为行业领军者。2010 年 3 月和 4 月，融资融券和股指期货业务陆续推出，前者增加市场交易方式、提供杠杆投资和做空机制；后者为投资者提供套期保值工具，增强市场稳定性和价格发现功能，以促进市场成熟。2012 年 8 月和 2013 年 2 月，转融资和转融券业务分别推出，完善融资融券业务链条，提高市场资金和证券使用效率，增强市场流动性。

第二，制度建设与完善层面。这一时期《中华人民共和国证券法》修订提上日程，进一步完善证券市场基本法律框架，其修订内容涉及证券发行、交易、监管等多方面，以适应市场变化与发展需求。多层次资本市场建设进展显著，新三板市场推向全国，为中小企业提供更广阔的融资和股份转让平台。证券公司场外交易市场稳步发展，通过个性化、差异化的业务模式拓宽服务范围。区域性股权交易市场规范发展，共同形成多层次资本市场体系，以满足不同企业融资和投资者投资需求。监管政策持续优化，证券监管机构进一步放松管制、加强监管，积极保护投资者尤其是中小投资者利益，通过简化行政审批流程、加强对违法违规行为的打击力度来维护市场秩序，为资本市场平稳运行提供有力保障。

第三，行业创新与发展领域。证券公司功能不断拓展与业务持续创新，五大基础功能得到扩展，业务范围进一步扩大。创新业务发展迅速，资产管理业务规模大幅增长使收入

---

① 2004 年废止。

结构优化，同时推出国债期货交易，促进信贷资产证券化产品发行流通，并开展协议回购式证券交易、股票质押式回购交易、股票收益互换等创新业务。互联网金融兴起，证券公司尝试搭建网络综合服务平台，通过网上开户、在线理财等信息技术手段拓展金融服务渠道，降低运营成本并提高服务效率，以满足投资者便捷化投资需求。行业新一轮并购重组启动，提升行业集中度与竞争力。国际化探索取得阶段性进展，部分券商通过并购、设立海外分支机构等方式拓展海外业务，提升国际影响力。

（4）第四阶段（2020年至今）

在这一阶段，注册制改革稳步推进，提高资本市场资源配置效率。监管持续加强，对上市公司质量、信息披露、中介机构责任等要求更严格。金融创新不断，绿色金融、科技金融相关证券产品和服务增多，资本市场服务实体经济和创新发展的能力提升。

第一，注册制改革稳步推进。2020年起，注册制改革从科创板试点逐步向创业板、北京证券交易所推广，并于2023年全面落地。这一改革将企业发行上市的选择权更多地交给市场，强化信息披露质量，压实发行人信息披露第一责任以及中介机构"看门人"责任。例如，审核过程中更注重企业真实情况的披露，监管部门不再对企业投资价值作判断，而是通过问询等方式确保信息准确性。2025年提出的深化科创板改革"1+6"政策措施，进一步支持优质未盈利创新企业上市，优化资本市场对科技创新企业的培育机制，提高资本市场资源配置效率，引导资金流向创新能力强、发展潜力大的企业，推动产业升级和经济结构调整。

第二，监管持续加强。对上市公司质量要求显著提高，构建资本市场防假打假综合惩防体系，严肃整治财务造假、资金占用等重点领域违法违规行为。同时，督促上市公司完善内控体系，切实发挥独立董事监督作用，并强化履职保障约束。在信息披露上，要求更加真实、准确、完整且及时，严厉打击信息披露违法违规行为。中介机构建立"黑名单"制度，进一步压实其"看门人"责任，对违规操作的中介机构及相关人员加大惩处力度，确保市场参与各方依法依规运行，维护市场"三公"秩序，为资本市场平稳健康运行提供坚实保障。

第三，金融创新不断。绿色金融相关证券产品日益丰富，如绿色债券发行规模持续增长，为环保、清洁能源等绿色产业项目提供大量资金支持，助力我国实现碳达峰、碳中和目标。科技金融方面，围绕科技创新企业的特点，开发出更多定制化金融产品和服务，像针对科技企业轻资产、高成长特性的知识产权证券化产品，帮助企业将无形资产转化为融资资本。证券公司也积极探索创新业务模式，利用金融科技提升服务效率和质量，通过搭建数字化平台，为投资者提供更加便捷、个性化的投资服务，进一步提升资本市场服务实体经济和创新发展的能力。

2. 中国证券市场国际化

中国特色社会主义进入新时代以来，通过发行国际债券、直接到境外上市、存托凭证上市、引进境外中国基金等方式，拓宽了国际融资渠道，改变了以前引进外资主要依靠国际信贷的局面。[①]中国通过推进证券市场的国际化，汲取了其他国家和地区发展过程中的

---

① 陈泉源. 国际投资协定中东道国环境规制权法律问题研究［D］. 重庆：西南政法大学，2015.

经验教训，获得了证券市场创新、监管的宝贵经验，帮助中国企业建立现代企业制度，优化了资本结构，提升了国际竞争力，也有力地促进了国内证券市场的规范和发展，使中国证券市场开始融入世界，逐步成为国际金融市场的重要组成部分。

3.QFII制度

QFII制度是指允许合格的境外机构投资者在一定条件和限制下汇入一定额度的外汇资金，并转换为当地货币，通过严格监管的专门账户投资当地证券市场，其资本利得、股息等经审核可转为外汇汇出的一种市场开放模式。QFII制度不是凭空产生的，是金融国际化演化到一定历史时期，为满足发展需要的特定产物，是我国证券市场国际化的具体要求。

自2002年12月1日《合格境外机构投资者境内证券投资管理暂行办法》[①]实施以来，QFII制度对我国资本市场的影响逐渐增强。自2003年5月26日，瑞士银行（中国）有限公司被批准为境内首家QFII以来，截至2024年10月底，共有858家机构获批合格境外投资者资格许可，而2020年以来获批机构的数量达397家，占比46.27%。

QFII制度的核心在于其有建设性的资本管制政策。它的创意在于利用设置筛选和管理机制的方式，建立国家资本市场与国际资本市场两者间的交流机制，打破证券市场如何开放的发展瓶颈。该制度属于过渡模式，目的是推动证券市场的健全、提高资本市场效率。根据该制度的规定，境外机构投资者买卖本国市场的证券，唯一的途径是经资格审查通过的合格机构代理交易，使政府在证券市场和外汇市场能实现有效监管，宏观调控的力度更稳健，降低投机资金对整体经济冲击的可能性。[②]

拓展阅读8-1

素养园地

中国金融市场对外开放"有风来"

1949年以前，中国的金融业由外国银行把持。正是在中国共产党领导下，国家独立，民族解放，金融业才随之发展壮大。中国共产党自诞生之日起，就坚持牢牢把握金融事业发展和前进的方向，不断探索金融支持革命战争和创立新政权、服务改革开放和社会主义现代化建设的道路，指引我国金融事业实现了一次又一次的跨越发展。我国金融事业从无到有、从弱到强，持续对外开放，不断发展壮大。

① 2006年9月1日，中国证监会、中国人民银行、国家外汇管理局联合公布的《合格境外机构投资者境内证券投资管理办法》开始实施，《合格境外机构投资者境内证券投资管理暂行办法》同时废止。

② ［1］王苏亚.我国机构投资者海外证券投资的风险评估研究［D］.北京：北京交通大学，2008.［2］金德环.证券市场规范化建设研究［M］.上海：上海财经大学出版社，1998：253.［3］梁蓓，杜奇华.国际投资［M］.北京：对外经济贸易大学出版社，2004：313；316-318.

随着中国金融市场持续对外开放，外商投资中国债券市场前景积极乐观的同时，跨境双向证券投资也变得更加活跃。

中国中长期经济发展前景良好，这是外资青睐境内债券市场的主要原因。在2022年，中国经济基本面率先实现了修复，货币政策保持了稳健，中国债券的收益率在全球主要国家中表现相对突出，人民币资产在全球范围内表现出一定的避险资产属性，是吸引外资进入境内债券市场的最主要因素。

证券市场的建立和发展是我国社会主义市场经济体制改革的重要成果之一，证券市场已经成为我国社会主义市场经济体系的一个重要的有机组成部分，对我国的经济体制、国有企业改革以及国民经济发展发挥了重要作用。近年来，境内资金对外证券投资显著增长，中国双向证券投资愈发活跃。因此，站在"两个一百年"的历史交汇点上，我们有理由相信，中国国际证券投资的明天一定会更加灿烂辉煌！

资料来源：晏澜菲. 跨境双向证券投资日趋活跃　中国金融市场对外开放"有风来"[EB/OL].（2021-02-03）[2025-03-15]. http://m.people.cn/n4/0/2021/0203/c125-14825058_3.html.

关键术语

证券组合选择理论　资本资产定价模型　基础分析法　道氏理论　QFII

复习与思考

1.国际证券投资的理论是什么？
2.国际证券投资方法包含哪几种？其具体内容分别是什么？
3.中国证券市场的发展历程是什么？
4.QFII制度是什么？

阅读分析

2024年，全球经济平缓增长，主要经济体通胀水平总体下降，国际金融市场波动加大，地缘政治紧张局势加剧。在以习近平同志为核心的党中央坚强领导下，我国不断优化宏观调控，推出一揽子增量政策措施，经济运行总体平稳、稳中有进，高质量发展扎实推进，新质生产力稳步发展。我国外汇市场保持较强韧性，市场预期和交易平稳有序。

2024年，我国国际收支保持基本平衡。经常账户顺差4 239亿美元，与国内生产总值（GDP）之比为2.2%，继续处于合理均衡区间。货物贸易保持较高顺差，出口商品结构优化，贸易伙伴更趋多元。服务贸易进出口表现良好，贸易逆差总体平稳。跨境旅行支出恢复至常态水平，跨境旅行收入和新兴生产性服务贸易收入较快增长。非储备性质金融账户呈现逆差，主要是企业等主体充分利用境内外市场和全球资源优化投资布局，对外直接投资和对外证券投资保持活跃。外商直接投资资本金新增909亿美元，来华债券投资净流入468亿美元。2024年年末，我国对外资产超过10万亿美元，对外负债接近7万亿美元，较

2023年年末分别增长6.1%和2.2%，对外净资产为3.3万亿美元，增长15.6%。

　　未来，外部环境更趋复杂严峻，世界经济增长动能不足，单边主义、保护主义加剧，地缘政治局势紧张因素较多，国际金融市场波动风险加大。我国加快构建新发展格局，实施更加积极有为的宏观政策，全方位扩大国内需求，推动经济持续回升向好，国际收支稳健运行的内在基础更加坚实。我国经常账户将延续合理规模顺差，外资投资境内股票和债券增多，持有人民币资产意愿增强。外汇管理部门将坚持以习近平新时代中国特色社会主义思想为指导，坚决贯彻落实党中央、国务院决策部署，积极支持稳外贸稳外资，稳步扩大外汇领域制度型开放，着力防范化解外部冲击风险，维护国际收支基本平衡。

　　资料来源：国家外汇管理局. 2024年中国国际收支报告［EB/OL］.（2025-03-28）［2025-04-28］. https://www.safe.gov.cn/safe/2025/0328/25914.html.

　　思考题：

　　1.从相关证券投资理论的角度分析我国的证券市场潜力。

　　2.从我国证券投资渠道中我们有什么启发？

第九章　国际股票投资

内容提要

　　股票已成为上市公司筹得廉价资本的主要途径，股票投资是相对富有阶层最为青睐的投资工具，股票交易已成为国际资本市场最活跃的因素。本章主要介绍国际股票市场的概念、国际股票指数、国际股票投资实践、中国企业境外上市融资和中国人民币离岸市场的发展等问题，以使投资者对股票以及股票投资有全面系统的了解。

❖ **导读**

巴菲特的投资"秘诀"

一、买股票时信什么比信小道消息更管用？

　　巴菲特：我希望资产是能够有产出的，能够不断地进行再投资，不断地让我进行更多投资。我们有一个理念：你其实在买股票这方面只需要坚持一个简单的理念，其实比你付投资顾问一大笔钱或是聆听小道消息都有用，还不用去知道太多如会计、股市等专业知识，也不用关注美联储要怎么做，你只需要对美国经济有信心。在你一生的投资行为中，你只需要有这样一个宗旨——长期地坚持，你知道你做的是什么。

二、为何开始投资需要大量资本和低回报的公司

　　巴菲特：伯克希尔一直青睐能带来亮眼资本回报的公司，比如See's。我们为什么买BNSF这家公司？因为我们能进行更好的资本部署，而且当时的价格是非常合理的，所以我们才进入了这个重资产的领域。

　　当然，如果它还是轻资产就好了。如果没有这些桥、火车、铁路，我们就没有铁路运输行业了，所以它必须是重资产的。在这个重资产行业中，我们拿到的回报还是非常可观的，我们购买它的价格是很合理的，我们也卖了很多让我们在资本方面有很大负担的项目。此外，我觉得我们需要去发展的企业需要轻资产，能在很长一段时间内给我们带来回报，所以我觉得"第二好的选择仍然是好选择"。

　　资料来源：陈惟杉. 巴菲特在今年股东大会上说了啥？[J]. 中国经济周刊，2018（19）：60-62.

　　思考题：巴菲特认为投资时应该选择哪类资产？

第一节 国际股票与国际股票市场

一、国际股票

（一）国际股票的概念

国际股票是在国际证券市场上发行与交易的股票的总称。股票及股票的发行和交易过程不只发生在一国内，通常是跨国进行的，即股票的发行者和交易者、发行地和交易地、发行币种和发行者所属本币等至少一种不属于同一国度内。这个概念揭示了国际股票的本质特征，即整个融资过程的跨国性。[①]

外国公司在某国股票市场上市有一个特殊的标识代码。例如，外国公司在美国纽约证券交易所发行的股票被称为 N 股，在英国伦敦证券交易所发行的股票被称为 L 股，在日本东京证券交易所发行的股票被称为 T 股，在新加坡交易所（简称新交所）发行的股票被称为 S 股，在中国香港交易所（简称港交所）发行的股票被称为 H 股等。

（二）发行国际股票的方式

发行国际股票大体可分为境外直接上市、以存托凭证发行上市和欧洲股权。

1.境外直接上市

境外直接上市是指在中国境内注册的股份有限公司向境外上市地证券主管部门直接提出登记注册、发行股票的申请，经核准或注册后由境外投资者以外币认购中国境内注册公司在境外新发行的股份，并向境外上市地的证券交易所申请上市流通交易（但境内股份不能在境外上市）。[②]我国上市公司发行上市的 B 股就是这类股票。

公司在境外直接上市时，在遵循当地证券管理结构的规章和制度的前提下，必须恰当地选择股票上市的形式，包括股票发行的预定规模、定价方法、时间长短、发行费用和市场情况等，以期达到首次公开发行成功的 3 个基本目标：公司股票达到足够高的价格、发行公司获得尽可能好的声誉以及股票发行范围尽可能广。表9-1罗列了一般公司在境外上市的情况。[③]

2.以存托凭证发行上市

存托凭证（depository receipt，DR）又称存券收据或存股证，是指在一国（地区）证券市场流通的代表外国（地区）公司有价证券的可转让凭证，属公司融资业务范畴的金融衍生工具。存托凭证一般代表公司股票，但有时也代表债券。[④]股票存托凭证是发行

[①] 李学峰，马君潞. 国际金融市场学 [M]. 北京：首都经济贸易大学出版社，2009：141.

[②] 马瑞清. 企业融资与投资 [M]. 北京：中国金融出版社，2017：146.

[③] 哈里温斯基，等. 最新国际金融技术指南 [M]. 唐旭，等译. 北京：中国金融出版社，1994：34.

[④] 任映国，徐洪才. 投资银行学 [M]. 北京：经济科学出版社，1998：106-107.

地银行开出的代表其保管的外国（地区）公司股票的凭证。[1]它既可以代表在发行人国（地区）内流通交易的已上市股票，也可以代表在发行人国（地区）内将上市的新股票。[2]

表9-1 一般公司在境外上市的情况

市场	中国香港交易及结算所有限公司（HKEx）	美国纽约证券交易所（NYSE）	同时在中国香港和美国纽约上市
信誉	好	很好	很好
流通性	强	很强	很强
投资者	大部分来自亚洲	全球	全球
信息披露要求	按HKEx要求	按美国证券交易委员会（SEC）要求	按HKEx和SEC要求
会计准则	国际会计准则（IAS）	美国通用会计准则（US GAAP）	IAS和US GAAP
定价方法	固定定价	公开定价	先在美国纽约市场上公开定价，然后在中国香港市场上固定定价
定价结果	对股票发行最大值打很大折扣	接近股票发行最大值	接近股票发行最大值
举例	京东和蔚来汽车	阿里巴巴	上海石化（拟退市）
时间	最快	另加6~10周	另加6~10周

资料来源：作者根据公开资料整理。

实践中最常见的存托凭证主要为美国存托凭证（American depository receipt，ADR）、欧洲存托凭证（European depository receipt，EDR）、全球存托凭证（global depository receipt，GDR）、中国存托凭证（Chinese depository receipt，CDR）。我国在境外上市的上海石化[3]、马鞍山钢铁等公司均采取ADR境外上市融资的方式。

美国存托凭证的发行程序主要是在发行者本国（地区）市场购买股票，存放于保管银行。该保管银行（一般为存托银行的分行或附属机构）为在美国的存托银行持有该股票账

---

① 中国社会科学院工业经济研究所. 中国工业发展报告（2001）——经济全球化背景下的中国工业［M］. 北京：经济管理出版社，2001：438.

② 夏杰长，马胜杰，朱恒鹏. 国际经济学［M］. 北京：中国城市出版社，2001：355.

③ 2000年10月，上海石油化工股份有限公司更名为中国石化上海石油化工股份有限公司。

户。存托银行据此便在美国股票市场上发行存托凭证。美国存托凭证可通过SEC注册而公开出售，或根据美国《1933年证券法》中的144A规则，私下配售给合格的机构投资者。美国存托凭证的交易方式与美国国内证券相同，用美元清算，其他支付给股东的金额均换算成美元，由存托银行派发。投资者投资于存托凭证，一方面可实现间接投资于外国（地区）股票的目的，从而分散投资风险；另一方面可以找熟悉的本国（地区）交易程序进行交易、清算和支付。这为投资者提供了巨大的便利条件。[1]图9-1为美国存托凭证发行和注销的程序。[2]

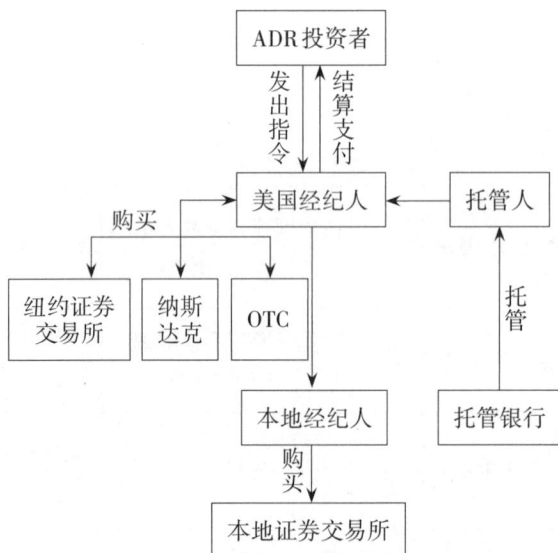

图9-1 美国存托凭证发行和注销的程序

资料来源：J. P. Morgan公司官网。

3.欧洲股权[3]

欧洲股权（European equity）是产生于20世纪80年代的一种特殊的国际股票形式。它是指在面值货币所属国（地区）以外的国家（地区）或金融市场上发行并流通的股票。"欧洲"并非地理上的欧洲，而是同欧洲货币、欧洲债券一样，具有国际金融学上的意义。最早的欧洲股权是英国于1983年在伦敦证券交易所发行的欧洲美元股权。

欧洲股权的产生与欧洲债券市场的发展密切相关。在20世纪80年代初，欧洲债券市场上出现了与股权相联系的债券，这种债券可按一定的条件转换为股票。这直接促进了欧洲股权的产生。另外，在20世纪80年代，以英国撒切尔政府为代表的西欧各国奉行自由化、私有化的经济政策，这需要大量的资金和分散的股权，也促进了欧洲股权的发展。欧洲股权市场随着全球股市的涨落经历了衰退和繁荣阶段。虽然欧洲股权由于欧洲一体化进程被许多投资者看好，但随着英国脱欧，未来欧洲股权的走向成为未知数。

---

① [1]邵学言. 国际金融 [M]. 广州：中山大学出版社，1997：189-190. [2]王薇薇，刁昳. 国际投资 [M]. 北京：知识产权出版社，2014：47-48.

② 孙智. 股份公司理论与实务 [M]. 太原：山西经济出版社，1998：284-285.

③ 王薇薇，刁昳. 国际投资 [M]. 北京：知识产权出版社，2014：48.

二、国际股票市场

（一）国际股票市场的概念

国际股票市场（international stock market）是国际通过发行股票来筹集资金的场所。它与国内股票市场的不同之处在于，国际股票的发行是跨国界的。国际股票市场的出现是在第二次世界大战以后，尤其在20世纪六七十年代获得快速发展，庞大的国际股票市场已对全球经济产生举足轻重的影响。传统上，国际股票市场的股票类型分为普通股和优先股，又出现了无表决权股票、优先普通股、参与优先股、可兑换优先股、可赎回优先股等多种形式。常见的国际股票交易方式有现金交易、证券信用交易、期货交易和期权交易。自1992年以来，中国已有多家公司在纽约、香港等地的证券交易所上市，发行国际股票已成为中国利用外资的重要方式。①

（二）国际股票市场的分类

根据职能的不同，国际股票市场可以被分为发行市场和流通市场。

国际股票发行市场是由股份公司发行股票而形成的市场。股票的发行一般有两种情况：一是新设立的股份公司发行股票集资；二是原有股份公司增资扩股发行，尤以后者为主。

国际股票流通市场又称二级市场，主要由证券交易所、证券交易自动报价系统、经纪人、证券商、投资者以及证券监管机构组成。其中，证券交易所是股票交易市场的中心，是股票集中并按一定规则进行交易的市场，因而被称为有组织的市场。②

（三）国际股票市场的主要交易品种

1.股票现货

股票现货（stock spot）是指股票的买卖双方在谈妥一笔交易后马上办理交割手续的交易方式，即卖出者交出股票，买入者付款，当场交割，钱货两清。

现货交易有以下显著的特点：

第一，成交和交割基本上同时进行。

第二，是实物交易，即卖方必须实实在在地向买方转移股票，没有对冲。

第三，在交割时，购买者必须支付现款。由于在早期的股票交易中大量使用现金，所以现货交易又被称为现金现货交易。

第四，交易技术简单，易于操作，便于管理。一般说来现货交易是投资，它反映了购入者有进行较长期投资的意愿，希望能在未来的时间内从股票上取得较稳定的利息或分红

---

① 戴相龙，黄达. 中华金融辞库［M］. 北京：中国金融出版社，1998：1167.
② 胡援成，吕江林，杨玉凤. 国际金融［M］. 北京：中国财政经济出版社，1999：291-293.

等收益，而不是为了获取股票买卖差价的利润而进行投机。[①]

2.股票期货

股票期货（stock future，SF 或 STF）是承诺在特定的期限内按固定的价格买或卖一定数量股票的合约。[②]股票期货是一种期货商品，而不是股票，属于金融衍生产品的一种，采用现金结算。

股票期货的特点是：

第一，交易费用低廉。每张股票期货合约相等于数千股股票的价值，而买卖合约的佣金根据合约价值的一定比例而定，所以交易费用相对合约价值而言很低。

第二，卖空股票便捷。由于投资者可以便捷地卖出股票期货，在市场行情下跌时，投资者可借卖空股票期货而获利。

第三，杠杆效应。投资者买卖股票期货合约只需缴付占合约面值一小部分的按金，使交易更合乎成本效益。

第四，降低境外投资者的外汇风险。股票期货合约为境外投资者提供投资本地业绩优良股票的途径，因为买卖股票期货只需要缴付按金，而非全部的合约价值，因而大大降低了境外投资者所要承受的外汇风险。[③]

3.股票指数期货

股票指数期货（equity index future）简称股指期货或期指，是以股价指数作为标的物的期货品种。[④]股指期货交易与普通的商品期货交易一样，具备相同的特征，属于金融衍生产品的一种。

股票指数期货的主要功能是：

（1）价格发现功能

股指期货具备良好的流动性，市场上如果有信息，就可以很快地反映到期货市场中，并快速传递到现货市场中。因此，相对现货市场来说，股指期货具有价格发现功能。[⑤]

（2）规避风险功能

期货的风险转移是通过套期保值来实现的，股指期货的引入为市场对冲风险提供了良好的工具。例如，投资者持有沪深300权重股票，担心未来价格下跌，就可以在期货市场上卖出股指期货合约来对冲现货市场价格下跌的风险。[⑥]

4.股票期权

股票期权（stock option）是指买方在交付了期权费后即取得在合约规定的到期日或到

① 王广谦. 股票债券经营指南 [M]. 北京：科学技术文献出版社，1991：158.

② 单质夫，凌游戈. 第二职业 第一出路——第二职业行为指南 [M]. 北京：海豚出版社，1992：142.

③ 王拴红. 股指期货与期货实战 [M]. 北京：中国计划出版社，2003：64.

④ 中国证券业年鉴编辑委员会. 中国证券业年鉴（1998）（下）[M]. 北京：中国经济出版社，1998：719.

⑤ 洪质彬. 国际市场营销学 [M]. 北京：中国经济出版社，1991：258.

⑥ 郑贞浚. 期货投资百科 [M]. 北京：教育科学出版社，1993：177-178.

期日以前按协议价买入或卖出一定数量相关股票的权利。[1]其是对员工进行激励的众多方法之一，属于长期激励的范畴。

一般股票期权具有如下显著特征：

第一，同普通的期权一样，股票期权也是一种权利，而不是义务，经营者可以根据情况决定购不购买公司的股票。

第二，股票期权是公司无偿赠送给它的经营者的。也就是说，经营者在受聘期内按协议获得这一权利，而权利本身也就意味着"内在价值"，期权的内在价值表现为它的"期权价"。

第三，与股票期权联系的公司股票不是公司无偿赠送的，即股票是要经营者用钱去购买的。[2]

5.存托凭证

存托凭证的介绍请参见本节前文。

第二节 国际股票指数

投资者投资股票需要获知确切的股票行情，由此股票行情指数（stock market index）应运而生，即股票价格指数，简称股票指数。它通过选取特定样本股票，采用标准化计算方法反映股市整体价格变动趋势，为投资者提供决策参考。

在股市中，股价变动受多重因素影响：

① 宏观经济情况（如通货膨胀、政府经济政策）引发的多数股票同向变动风险为系统性风险（systemic risk）。

② 上市公司个体运营差异导致的股价分化风险为非系统性风险。而股价指数的核心功能是"剥离非系统性风险，反映市场整体趋势"，为投资者分析系统性风险提供量化工具。[3]

从我国的角度来看，当前世界范围内的股票指数的分类为：

一、国内股价指数

国内股价指数编制所选用的股票均属于一国范围之内，但外国投资者也可以参与交易。

---

① 中国证监会证券从业人员资格考试委员会办公室. 证券市场基础知识 [M]. 上海：上海财经大学出版社，1999：162.

② 冯金华. 股票期权：西方企业激励经营者的一种方法 [J]. 外国经济与管理，1997（6）：22-24.

③ 博迪，凯恩，马库斯. 投资学 [M]. 汪昌云，张永骥，等译. 10版. 北京：机械工业出版社，2017.

（一）道琼斯指数

道琼斯指数（Dow Jones Index）由美国道琼斯公司编制。现在采用的道琼斯指数共分为4组：① 30家工业公司股价平均指数；② 20家运输公司股价平均指数；③ 15家公用事业公司股价平均指数；④ 前3组共65种的股价平均指数。其中工业平均指数最具代表性，采用价格加权平均法，基期为1928年10月1日（基数为100），遇非价格因素变动会调整，以保连续性。成分股在纽约证券交易所或纳斯达克上市，涵盖行业龙头企业。

当今采用的道琼斯指数是以1928年10月1日为基期，将选用的各种股票价格用简单算术平均法求得平均指数，作为100；然后以同样的方法计算出比较期的平均指数，再与基期相比较，计算出的百分数即比较期的股价平均指数。对由公司合并与兼并或对股票进行拆散等原因，而非股价的实际涨落引起的股价变动，则以数学方法加以折算，以反映价格变动的真正情况。道琼斯指数是美国各种股价指数中历史最悠久、最著名的一种，在国际上的影响也最大。

（二）标准普尔股价综合指数

标准普尔股价综合指数（Standard & Poor's Composite Stock Price Index）由美国标准普尔公司编制，从1928年开始发布，基期为1941—1943年（基数为10），包含500只成分股（覆盖工业、运输业、公用事业、金融业等）。与道琼斯指数不同，该指数采用市值加权法（股价×总股数），更能反映市场规模变化。因覆盖广泛、计算科学，该指数常被作为经济景气度指标，其期货合约在相关交易所交易。

（三）纽约证券交易所股价综合指数

纽约证券交易所股价综合指数（New York Stock Exchange Composite Index）由纽约证券交易所自己编制和公布，包括在该交易所上市的全部股票，采用市值加权平均法，基期为1965年12月31日（基数为50）。该指数按行业被分为工业、运输业、公用事业和金融业子指数，其期货合约在相关交易所交易。

（四）《金融时报》股价指数

《金融时报》股价指数的全称是伦敦《金融时报》工商业普通股股票价格指数，由英国著名的《金融时报》编制，基期为1935年（基数为100）。现行指数包括30种、100种和500种股票版本。常用的30种指数涵盖工业和商业企业股票，采用市值加权法，每小时更新，反映英国经济及欧洲市场动态，涵盖蓝筹股。

（五）日经道琼斯股价平均指数

日经道琼斯股价平均指数（Nikkei Dow Jones Stock Price Average）由日本东京证券交易所于1950年开始使用美国道琼斯股价平均指数的计算方法，以在该交易所上市的225种股票为依据来编制。1975年5月，日本经济新闻社向美国道琼斯公司买进商标，定为现名。该指数的期货在东京证券交易所交易，每份合同价格为指数乘以1 000日元。

（六）东京证券交易所股价指数

东京证券交易所股价指数（Tokyo Topix Stock Price Index）是根据在东京证券交易所上市的日本股票价格通过加权平均法计算编制的指数，基期为1968年1月4日，基期指数为100。该指数期货在东京证券交易所交易，每份合同价格为指数乘以10 000日元。

（七）恒生指数

恒生指数（Hang Seng Index）由中国香港恒生银行下属公司编制，于1969年推出，基期为1964年7月31日（基数为100）。其包含数十只成分股，分金融业、公共事业、房地产业、工商及运输业等类别，覆盖港股市值约70%。成分股定期调整，采用市值加权法计算，期货合约在中国香港交易所交易，是中国香港股市的重要指标。

（八）纳斯达克综合指数

纳斯达克综合指数（NASDAQC Composite Index）设立于1971年2月5日，基数为100。它包括所有在纳斯达克上市的国内和国外普通股的市值的变动，其广泛性超过任何一种其他股票指数。每种股票的市值均作为该市场总市值的一部分，其价格变动都会影响该指数的升降。市值等于最新的交易价格乘以总股数，这种计算在交易期间不间断地进行。

纳斯达克综合指数的历史走势可分为7个阶段，去除开始的1971年2月至1974年9月以及2002年11月至2024年6月两个可借鉴意义不大的阶段，本章盘点了中间5个阶段（即第二至第六阶段）的走势和特点（见表9-2）。

表9-2　　　　　　　　纳斯达克综合指数的5个重要阶段以及同期标普500指数

阶　段	纳斯达克综合指数				同期标普500指数	
	最低点	最高点	涨幅	年复合涨幅	涨幅	年复合涨幅
1974年10月—1989年10月	55	480	773%	15.5%	419%	11.6%
1990年10月—1996年5月	330	1 250	279%	26.9%	126%	15.7%
1996年7月—1998年7月	1 079	2 008	86%	36.4%	85%	36.3%
1998年10月—2000年3月	1 419	5 048	256%	144.9%	55.2%	36.4%
2000年3月—2002年10月	1 273	5 048	-74.5%	—	-47.6%	—

二、国际股价指数

国际股价指数是选用许多国家在其交易所上市的股票价格编制而成的，是供国际投资者和从事国际金融的经理人员进行资产配置决策和操作的参考指标。其影响有限，至今尚没有任何一种指数可作为证券市场的期货交易工具。表9-3展示了主要国家或地区的股票市场指数。

表9-3 主要国家或地区的股票市场指数

序号	代码	名　称	序号	代码	名　称
沪深指数			美国股指		
1	000001	上证指数	1	DJIA	道琼斯工业股价平均指数
2	399001	深证成指	2	SPX	标普500指数
3	399330	深证100	3	NDX	纳斯达克综合指数
4	399006	创业板指	4	YMWO	小型道指当月连续
5	000300	沪深300	5	MESWO	微型迷你标普500主连
6	000016	上证50	6	MNQWO	微型迷你纳指100主连
7	000905	中证500	欧洲市场		
A股期指			1	FTSE	英国富时100指数
1	IF0001	IF当月连续	2	GDAXI	德国DAX30指数
2	IH0001	IH当月连续	3	FCHI	法国CAC40指数
3	IC0001	IC当月连续	4	SX5E	欧洲斯托克50指数
4	CNYO	富时A50指数连续	5	AEX	荷兰阿姆斯特丹指数
亚太股指			6	S30	瑞典斯德哥尔摩30指数
1	HSI	恒生指数	其他市场		
2	N225	日经225指数	1	USDCNH	美元/离岸人民币
3	XIN9	富时中国A50指数	2	UDI	美元指数
4	KS11	韩国KOSPI指数	3	XAUUSD	黄金现货/美元
5	NIYWO	日经225（日元）主连			

资料来源：作者根据大智慧官网自行整理。

1.摩根士丹利资本国际指数

摩根士丹利资本国际指数（Morgan Stanley Capital International Index）是摩根士丹利资本国际咨询研究所从1970年开始公布的根据22个国家约150种股票的国内市值以加权平均法编制的指数。该指数涵盖全球多个发达经济体和新兴市场，包含大量大盘股，市值占各市场总市值比例较高。核心指数包括全球指数、发达市场指数、新兴市场指数等，采用自由流通市值加权法，被广泛作为基准指数。

2.《金融时报》股价登记世界指数

《金融时报》股价登记世界指数（FT-Actuaries World Index）由英国《金融时报》从1987年开始编制并公布。该指数涵盖全球数千只股票，市值占各市场总市值比例较高，覆盖范围较广。按区域分为欧洲、太平洋地区及全球综合指数，采用市值加权法，为跨市场投资者提供全球股市视角。[1]

---

① 任映国. 国际投资学 [M]. 北京：中国金融出版社，1996：74-77.

第三节　国际股票投资实践

一、股价指数

中美股指涨幅领跑全球资本市场。从股指涨跌来看，放眼全球，2023年全球重要股指涨多跌少，纳斯达克位居首位，日经225涨幅紧随其后，标普500、德国DAX30、印度孟买SENSEX、韩国综合指数也涨幅居前。

全球资本市场普遍逆势上扬的重要原因是，全球央行采取超宽松的货币政策，特别是美联储大规模扩表。全球各国央行普遍进行了资产购买和实施宽松信贷政策。美联储增持国债与抵押担保证券（MBS），并宣布资产购买规模不设上限；重启并创立了多项直接针对居民、企业和政府等实体部门的信贷支持工具。这些举措都极大地增强了市场流动性。

二、股票市值

（一）全球股票市场

1. 全球股票总市值创下历史新高

截至2024年年底，全球股票市场总市值（综合统计了包含中美在内14个国家或地区）达到106.7万亿美元（如图9-2所示），较2023年增长12.4%。在2023年年末，受全球经济复苏、主要央行降息、科技股上涨、新兴市场活跃、企业盈利改善及投资者信心增强等因素共同推动。

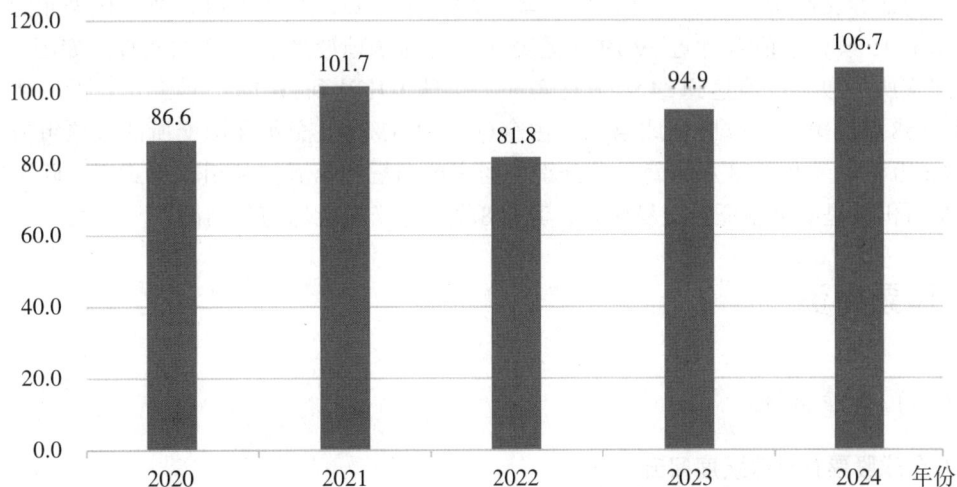

图9-2　2020—2024年全球资本市场市值规模变迁（单位：万亿美元）

2. 美洲市场股市规模居全球主导地位

从图9-3中可以看出，分地区来看，2020年，美洲地区、亚太地区和其他地区的股票市值占比分别为58.76%、25.43%和15.81%，分别同比增长20.3%、5.5%和-1.4%，结合图9-2，可以得出三地区的全球股票市场分别为62.7万亿美元、27.1万亿美元和16.9万亿美元。在全球经济复苏、主要央行降息、科技股上涨、新兴市场活跃的大环境下，美洲市场股市规模居全球主导地位。

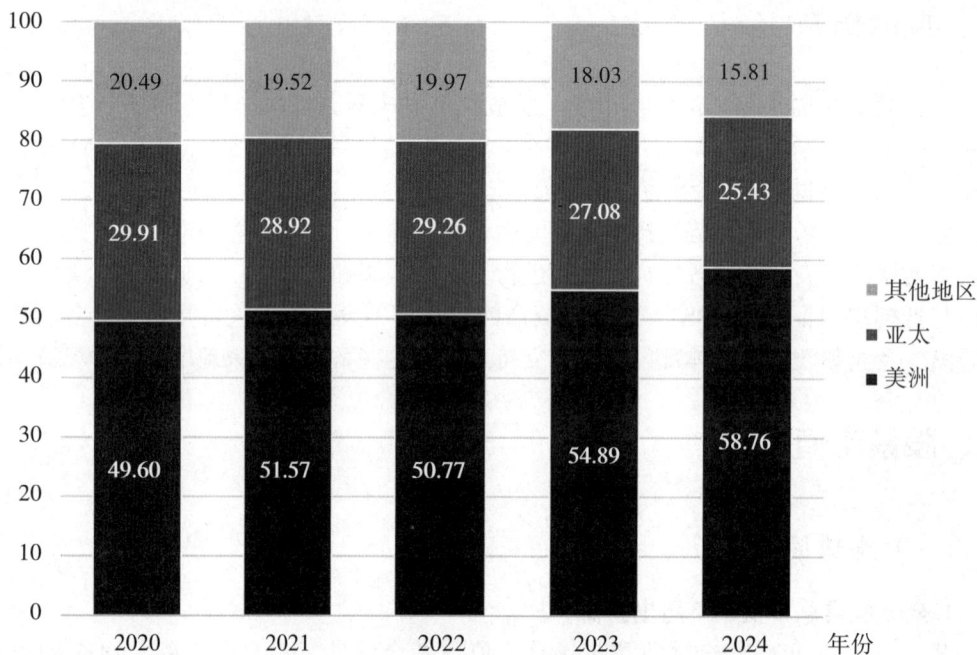

图9-3　2020—2024年全球不同地区股票市场总市值比重（%）

（二）主要证券交易所市值

纽约证券交易所市值居全球首位。截至2023年年底，股票市值超两万亿美元的证券交易所有15家，市值合计近79.19万亿美元，占到全球股票总市值的83%。如图9-4所示，纽交所的股票市值达到24.93万亿美元，全球占比达到26.2%；纳斯达克的股票市值达到20.58万亿美元，位居全球第二，占全球的21.6%。上交所和深交所的股票市值分别达到6.6万亿美元和4.38万亿美元，分别位居全球第三和第五。从组织形式看，除上交所和深交所仍然是会员制证券交易所外，其余8家证券交易所均为公司制。

三、股票筹资

（一）全球市场

1.全球股票IPO活跃度回升

截至2023年，全球IPO市场表现低迷，共有1 298家公司上市，筹资总额为1 232亿美元，较2022年分别下降8%和33%。尽管如此，美洲地区IPO活动有所回升，交易数量增长15%，筹资额增长155%，主要得益于几笔大型交易。然而，亚太地区受到经济和地

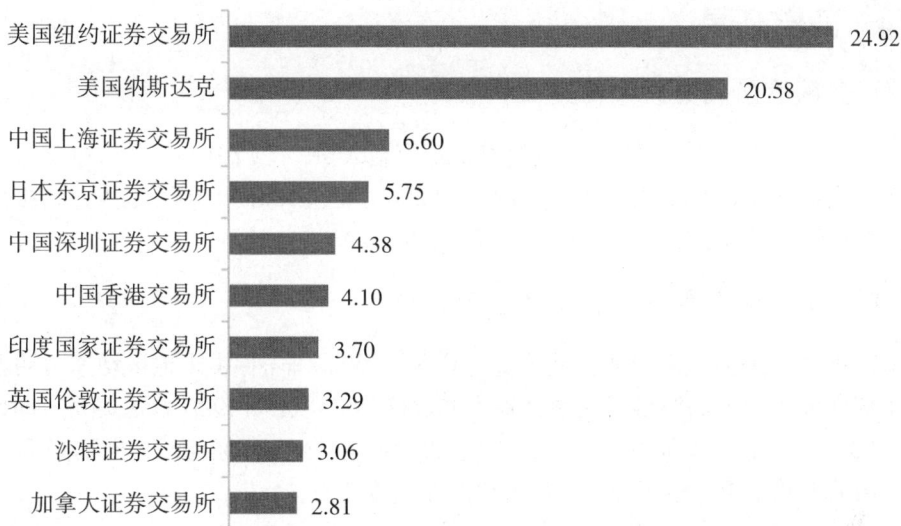

图9-4　2023年全球主要证券交易所股票市值（单位：万亿美元）

缘政治因素影响，IPO数量和筹资额分别下降18%和44%。总体而言，2023年全球IPO市场受到高利率、经济不确定性和投资者信心不足的多重影响，活动持续低迷。

2. 亚太市场IPO活动最为活跃

截至2023年，全球IPO市场区域分化明显。美洲地区IPO数量和筹资额较2019年分别增长25%和84.5%，占全球比重达19.2%和33.7%；亚太地区IPO数量和筹资额分别同比增长17%和50.5%，占全球比重达65.4%和54.7%，继续保持主导地位；欧洲-非洲-中东地区IPO数量增长32.3%，但筹资额同比下降41%，占比分别为15.4%和11.7%。除2013年和2014年外，亚太自2009年来始终在全球IPO筹资中占主导。

（二）主要交易所市场

1. 上交所IPO数量位居全球首位

截至2023年，沪深交易所继续保持全球领先地位，分别位列全球IPO融资额的第一和第二位，合计融资总额约为3 784亿港元。尽管较2022年有所下降，但A股市场的IPO活动仍然活跃，特别是在科创板和创业板的推动下，显示出中国资本市场的强劲韧性。与此同时，港交所的IPO市场表现不佳，全年融资额约为53亿美元，创下近20年来的新低。这主要受到流动性不足和估值低迷的影响。

2. 上交所IPO筹资额位居全球首位

2023年，全球IPO市场低迷，上交所和深交所合计筹资约483亿美元，仍居前列但低于2020年水平；港交所筹资额仅53亿美元，创20年新低；三大交易所不再占据近半全球份额，市场格局显著收缩。

3. 中国企业IPO公司情况

中国内地市场在2023年依然活跃，全年筹资总额达453亿美元，位居全球首位，其中有3宗IPO进入全球前十，主要集中在科技和能源领域。然而，中国港交所表现疲软，全年IPO筹资额仅约53亿美元，创下近20年来新低。

四、证券交易

（一）全球股票成交额大幅走高

2023 年，全球股票成交额合计达到 180.35 万亿美元，较 2019 年减少 8.63%。其中，电子订单成交额、协议交易成交额分别达到 128.96 万亿美元和 51.10 万亿美元，报告交易额为 0.302 万亿美元，同比下降 10.7%、2.77%、28.44%。

（二）美洲市场股票成交占比超全球六成

分地区来看，美洲地区与亚太地区高速增长，欧洲-非洲-中东地区增速也明显高于往年。美洲和亚太地区的股票成交额分别为 116.87 万亿美元和 49.51 万亿美元，同比降低 9.86% 和 5.94%；欧洲-非洲-中东地区的股票成交额为 13.97 万亿美元，同比降低 7.41%。从市场份额的变化来看，近年美洲市场占比均在六成左右。

（三）全球 ETF 成交额显著上升，亚太地区份额同比提升

2023 年，全球 ETF 挂牌 10 713 只，较 2019 年增加 626 只。除纽交所外，全球其他交易所 ETF 成交额合计 31.29 万亿美元，同比降低 14.06%。其中，美洲和亚太地区 ETF 成交额分别为 24.93 万亿美元和 5.52 万亿美元，同比降低 18.94% 和同比增长 14.92%，全球占比分别为 79.65% 和 17.64%；欧洲-中东-非洲地区的 ETF 成交额为 0.83 万亿美元，同比降低 1.19%，全球占比为 2.71%。[①]

第四节　中国企业境外上市融资

一、中国企业境外上市概述

（一）中国企业境外上市原因分析

中国企业境外上市自 20 世纪 90 年代开始变得火热，一批批优秀的中国企业开始在境外寻求上市，为自身发展带来利益。中国企业选择境外上市而非本国上市的原因有以下几方面：

1.为企业的发展筹集资金

对大多数企业而言，境外上市的动机即境外融资。企业要想有更好的发展，需要充足的资金，相对国内市场而言，境外市场更为广阔。企业在国内融资门槛高，多数中小企业很难在国内筹得资金，因此，在境外上市是企业融资的不二选择。

2.提升企业知名度

随着经济全球化的发展，企业要想在世界范围内立足，就必须打通世界市场的经脉。因此，在境外募股上市，不仅能够为企业资金的周转带来好处，而且能够为企业知名度的

① 上海证券交易所资本市场研究所. 全球证券交易所发展报告（2021）[R]. 上海：2021.

提升以及国际品牌形象的打造创造额外的收益。

3.增强股票的流动性，降低公司资本成本

股票的流动性对企业来讲意味着风险的高低。境外证券交易所较国内证券交易所而言流动性较强，原因在于市场结构和交易方式不同。选择境外交易所上市，投资者不必担心交易指令不能迅速执行，因为境外市场开放程度较高，不必为个人股票的买卖导致股票价格的升降而担心，降低了投资风险与公司资本成本。

4.自身条件不足，选择在境外上市

在国内上市，门槛较高，条件较为苛刻，上市程序复杂，退市机制不完善，风险较大。当然，在境外上市也存在弊端。该方式并不适用于所有企业，也有很多境外上市失败的例子。企业需要在认清自己的实际情况、认清境外上市的风险与成本的条件下合理地选择境外上市的方式，实现企业的战略目标。

在境外上市的不足之处如下：

第一，对境外市场的不熟悉会产生许多麻烦。例如，对境外法律的无知可能造成企业的经济利益损失等。

第二，通常来讲，中国企业在境外上市，价值会被低估；若操作不当，容易造成极大的亏损。例如，万达商业在中国香港上市后市值被低估。

第三，在境外上市需要企业有强大的金融和管理人才队伍，保障企业的正常运行；但就中小企业而言，人才需求的满足很困难。

结合企业上市动机、国内外环境、国外上市的综合难度，以及成本较国内上市低，多数企业喜欢选择在境外上市。①

（二）中国企业在境外金融市场上市的地点选择

中国企业在境外金融市场上市的证券交易所主要有中国香港交易所以及美国纳斯达克、新加坡交易所等。这些证券交易所的国际金融地位高、影响力大，能够汇聚大量的资金，且对资本管制不严，为资本转回国内创造了有利条件。

1.中国香港交易所

中国香港交易所拥有稳健的二级市场、透明的操作程序、完善的监管机制、健全的法律体系、可支持大型首次公开招股活动等优势，成为企业国际化的首选合作伙伴，因此选择在中国香港上市的公司较多。中国香港交易所上市规则见表9-4。

2.美国纳斯达克

美国纳斯达克是世界上第一个电子证券交易市场，能够使交易双方通过电话或互联网进行期票和股票的直接交易，即可以进行场外交易；同时，交易的内容一般与新兴技术有关。在纳斯达克上市的公司通常科技含量较高、规模较大。

---

① ［1］黄晓艳.民营企业赴美上市融资的思与辩——2010第四届中外跨国公司CEO圆桌会议暨"中国民营企业赴美上市融资论坛"［J］.高科技与产业化，2010（12）：121.［2］鹿馨方.中小企业国内外上市融资对比研究［J］.中国商贸，2010（26）：115-116.［3］王海燕.中国民营企业境外上市动机及效果研究［D］.沈阳：辽宁大学，2010.［4］刘涛.中小企业海外创业板上市市场选择研究［D］.济南：山东大学，2010.［5］张倩.中小企业海外融资研究［D］.成都：西南财经大学，2010.

表9-4　　　　　　　　　　　中国香港交易所上市规则

主　板			GEM
为根基稳健的公司而设的市场；上市公司包括综合企业、银行、房地产开发公司、互联网及健康医疗公司			为中小型企业而设的市场
财务要求（符合以下其中一项测试）：			财务要求：
盈利测试	市值/收入测试	市值/收入/现金流量测试	经营业务有现金流入，前两年营业现金流合计≥3 000万港元市值≥1.5亿港元
3年累计盈利≥5 000万港元市值≥5亿港元	最近1年收入≥5亿港元市值≥40亿港元	最近1年收入≥5亿港元市值≥20亿港元经营业务有现金流入，前3年营业现金流合计≥1亿港元	
最低公众持股量一般为25%（如上市时市值>100亿港元，可减至15%）至少300名股东管理层最近3年不变拥有权和控制权最近1年不变至少3名独立董事，并必须占董事会成员人数至少1/3要求每半年提交财务报告			最低公众持股量一般为25%（如上市时市值>100亿港元，可减至15%）至少100名股东管理层最近两年不变拥有权和控制权最近1年不变至少3名独立董事，并必须占董事会成员人数至少1/3要求每一季度提交财务报告

3.新加坡交易所

新加坡交易所在亚洲的地位极高，仅次于中国香港和日本东京，是亚洲第三大交易所。新交所颇受中国企业的偏爱，在新交所上市的外国公司中，有将近半数是中国企业。究其原因会发现，新交所的上市标准和费用都比较低。其为不同注册地的企业上市提供了不同的标准。因此，企业可以选择合适的地点注册公司，然后挑选成本最低的上市标准。新交所的灵活性与细致性为中小企业的发展提供了机遇，符合其设立之初的宗旨，即为具有发展潜力的中小公司提供筹资渠道。此外，新交所对创业板的要求更为宽松，因此有潜力的中小企业可以选择在创业板上市。[①]

（三）中国企业境外上市方式选择

从发行上市的角度分析，中国企业境外上市主要有以下方式：

1.IPO模式

IPO即首次公开募股，是指一家股份有限公司将自己的股份向社会公众公开发行，来吸收权益资金的融资方式。这种方式可以吸引投资者，股权流动性较强，能够提高企业知名度；但是审计成本高，公司必须符合SEC规定。此外，若募股上市成功，公司的控制权

---

① 　[1] 张雪双. 我国民营企业海外上市融资市场选择研究——以阿里巴巴于纽交所上市为例[D]. 石家庄：河北师范大学，2015.[2] 周志远，赵小康. 中国企业海外融资的方式与现状 [J]. 中国商界（下半月），2008（7）：22-23.

又较为松散，就容易受到债券商的炒作或者攻击。

2.买壳上市模式

买壳上市又称反向收购，是指非上市公司股东通过购买一家壳公司（上市公司）的一定股权来取得该壳公司的控制权，然后注入自己的有关业务及资产，实现间接上市的目的。这种方式对上市资产项目的要求较为灵活，可以节省筹备工作和时间，减少中介机构费用，较为方便。但是这种方式成本较高，且受到壳公司形象、口碑等影响，可能会为原非上市公司的发展带来不利因素。

3.造壳上市模式

造壳上市，即本国企业在境外证券交易所所在地或允许的国家与地区，独资或合资重新注册一家中资公司的控股公司，本国企业以该控股公司的名义申请上市。造壳上市按境内企业与境外公司关联方式的不同，又可分成4种形式：控股上市、附属上市、合资上市、分拆上市。

造壳上市的主要优点在于其风险和成本较低，投资者掌控权较大，同时可以获得较为广泛的股东基础，对壳公司的生产经营和市场开拓都有益处，且有利于提高壳公司的知名度。但是造壳上市需要大量的人力、物力、财力，尤其是需要大量的外汇来打造一个新的壳公司；同时，造壳上市的时间周期较长。因此，造壳上市不适合中小企业，适合拥有雄厚资金基础的大企业。[①]

二、上市公司私有化

（一）上市公司私有化的概念及方式

上市公司私有化是资本市场特殊的并购操作，其目标是令被收购的上市公司除牌，由公众公司变为私人公司。通俗来说，上市公司私有化就是控股股东把小股东手里的股份全部买回来，扩大已有份额，最终使这家公司退市。[②]

目前世界上通行的上市公司私有化方式主要有以下几种：

1.要约收购

要约收购是指控股股东或其一致行动人向目标公司的全体独立股东发出收购要约，使得上市公司的股权分布不能达到公开市场上市的要求，进而实现上市公司退市的目的。为保证退市目的的达成，收购要约需附一定的生效条件，即于要约到期日，未申报预受要约的股东所持公司股票量低于上市标准所要求的最低公众持股量。[③]

市场上通过要约收购实现私有化的案例有中石油对锦州石化的收购要约，中石化对扬子石化、齐鲁石化及中原油气的收购要约，中石化对石油大明流通股的收购要约，神华国能通过要约收购金马集团，东方电气集团换股要约收购东方锅炉。

① 战扬.中国企业海外IPO融资研究［D］.上海：上海交通大学，2012.

② 梁淑红，杨亦民.高级财务管理学［M］.北京：国防工业出版社，2009：61.

③ 贺泽.上市公司私有化的有关问题探讨［J］.法制博览，2017（23）：172；171.

2.吸收合并

吸收合并是指两家或两家以上的公司订立合并协议，合并为一家公司，主并公司存续、被并公司解散的法律行为。吸收合并的主要形式有：

① 母公司作为吸收合并的主体并成为存续公司，上市公司注销，从而实现上市公司的私有化；

② 上市公司作为吸收合并的主体并成为存续公司，集团公司注销（反向吸收合并），实现了集团整体上市及对上市公司资产的私有化；

③ 非上市公司之间的吸收合并。[①]

市场上通过吸收合并实现私有化的案例有：

① 中国铝业吸收合并山东铝业和兰州铝业，实现 A 股上市；

② 上海电气吸收合并上电股份，实现 A 股上市；

③ 美的集团吸收合并美的电器，实现整体上市。

3.资产收购+卖壳

"资产收购+卖壳"是指控股股东收购上市公司的主要经营资产后，转让对子公司的控制权。这种方式保持了经营资产的完整性，又维持了子公司的上市地位，并从出售子公司的控股权中获得一笔收入，实现了"壳"的价值。[②]

市场上通过"资产收购+卖壳"实现私有化的案例有：

① 中国石化以石炼化资产置换+卖壳的上市公司私有化；

② 武汉经开关于武汉塑料资产置换+卖壳的上市公司私有化。

4.股票合并

股票合并又称反分割（reverse stock split），是指公司发行新股换回旧股，从而引起股东所持股数的变化，即将小股合并成一个大股。分股只会引起公司股数及股票面值（par value）变化，不会引起公司资本总额变化。一般来说，股票合并是一种防止股价下跌的方式，在实践中很少使用；但是，也有不少公司仍然通过股票合并的方式完成私有化。实践中，股票合并私有化主要被一些小型上市公司使用，具体操作方式如下：当公司被几个股份较多的股东控制时，多数股东持有的股份数较少，这时公司可以发行一种新的面值较大的新股去换以前面值较小的旧股，持有旧股股份较少的股东被迫选择现金收购其股票，而不是接受新股票；股票合并后，当股票持有人数低于监管机构所规定的人数时，该公司就实现了私有化。[③]

（二）中国企业境外退市的原因分析

中国企业境外退市可以分为主动退市与被迫退市。

---

① 张朝元，于波，丁旭. 企业上市前改制重组 [M]. 北京：中国金融出版社，2009：81-82.

② 柯昌文. 壳价值、赎回期权、私有化战略与交易结构：我国上市公司私有化案例研究 [J]. 财会月刊，2011（36）：26-30.

③ 翟浩，关敬杨. 上市公司私有化退市中的中小股东权益保护问题研究——美国司法经验的借鉴 [M] // 顾功耘. 公司法律评论（2014年卷）. 上海：上海人民出版社，2014：145.

1.企业主动退市的原因

第一，优化资源配置。私有化不仅可以整合上下游产业链资源、提高整体经营效率，也能理清上市公司关联交易、化解非系统风险。例如，中石化集团对下属的4家上市公司私有化，是为了避免同业竞争而对下属上市公司进行资源整合，更是为了理顺各子公司间上、中、下游产业链关系，由此可以大幅减少资源浪费及关联交易行为，进而提升整个集团的核心竞争力。

第二，降低成本。私有化可以优化经营资源，降低管理成本，优化资本结构，减轻税负，也可以降低代理成本和上市维持成本。由于股权分散，公司的所有权和经营权在一定程度上发生了分离，经营者掌握了公司决策控制权。他们的目标可能偏离作为所有者的股东的目标，这就产生了代理成本。私有化可以在一定程度上使所有权和控制权再结合，从而有效地降低代理成本。随着证券相关法律和法规的不断出台和完善，上市公司调整、保证、执行成本以及股东起诉成本的飙升，上市公司的相关成本大幅度增加，使一些上市公司因不堪运行成本和审计开支的增加而选择私有化。

第三，通常来讲，由于境外市场缺乏对企业的了解，以及企业文化与境外文化之间存在很大的差距，所以境外上市企业市值被低估。根据估值理论，股价长期低迷，会给企业带来负面影响，甚至会导致企业被迫退市的结果。企业选择退市，一方面可以规避股价低迷带来的直接影响；另一方面可以通过承诺股东再上市有较高的溢价，从而诱发股价的上升。

第四，有利于资产保值，防止恶意收购。如果上市流通的股份股价大大低于净资产，则远不能体现公司的内在价值。在这种情况下，私有化不失为一种明智的资本运作手法。

第五，扫除少数股东阻力，使战略调整、资源重组等决策顺利推行。在资本市场上，尤其是一些在境外资本市场上市的企业，其股权分散不仅会导致企业的利润外流，而且在作出某些企业决策时还可能因为受到少数股东的反对而导致决策不能实行。公司私有化之后，扫除了少数股东的阻力，有利于保持公司统一立场和利益的一致性。

第六，国内A股上市环境优良，为了再次上市而养精蓄锐。通常我国企业在境外退市后，经过2~3年的调整期，会选择在国内A股重新上市。在业内人士看来，随着国内IPO市场活跃度攀升、注册制改革在即、VIE架构被纳入监管范围等有利条件出现，一些中国企业放弃境外架构回归A股，境外上市的热情随之减少。在国家A股环境持续好转的情形下，企业回归A股将成为大势所趋。

2.企业被动退市的原因

企业被动退市的原因主要是经营不善、破产或者账面作假被境外监管部门查处。这类企业通常在境外退市，之后想要回到境内重新上市也较为困难。此外，很多公司的业务涉及一国国家安全，其中包括政治安全、经济安全、文化安全、信息安全等多方面。境外上市企业若涉及上市所在地或本国的任何一项安全问题，都有可能受政府管制而被迫退市。

总而言之，无论是主动退市还是被动退市，境外退市成本都较高，包括时间成本与流动资金成本等众多成本，企业选择境外退市必定是出于某种原因而作出的重大决定。因此，我们在考虑企业退市的动机以及未来发展方向时，应重视境外退市的艰辛，从而客观评价企业的退市之举。[①]

案例窗9-1   拓展阅读9-1   拓展阅读9-2

关键术语

国际股票 存托凭证 欧洲股权 国际股票市场 系统性风险 标准普尔股价综合指数 纳斯达克综合指数 IPO 买壳上市 造壳上市

复习与思考

1.国际股票的含义和分类分别是什么？

2.国内股价指数包括哪几种？

3.国际股价指数包括哪几种？

4.什么是股票市场的流动性？主要的流动性指标是什么？

5.论述中国企业境外上市的原因、地点和方式。

6.简述中国企业境外退市的原因。

阅读分析

对在美国上市的中概股私有化的分析

2010年12月8日，当当网在美国纽约证券交易所成功上市，是中国首家基于线上业务实现在美上市的B2C网上商城。上市首日开盘价为24.5美元，较发行价溢价50%多，创下同时期中概股市盈率的最高纪录，前景一片光明，曾被称为"中国亚马逊"。然而，好景不长，当当网的股价开始下跌，并长时期处于10美元的较低水平。

2015年7月9日，当当网对外宣称，董事会收到由董事长等人组成的买家团提出的初步非约束性私有化要约，希望在前一日收盘价的基础上溢价20%，即以每美国存托股7.812美元收购流通的所有普通股。私有化决定是当当网管理层基于中美两国的资本市场的变化作出的决定。但是，此私有化价格引发了中小股东的强烈不满，因为7月8日的收盘价是全年中的最低点，相比于私有化价格，全年股价仅有3天低于此收购价。因此，买家团的行为被投资者解读为利用中美时间差导致的市场滞后所进行的投机行为。为了维护权益，中小股东呼吁广大投资者对私有化方案投反对票，并向美国证券交易委员会控诉这

---

① [1] 本刊编辑部. 上市公司私有化的背景及现状 [J]. 中国会计师，2016 (2)：34-35. [2] 岳琴，潘德男. 上市公司私有化原因探究 [J]. 经济研究导刊，2013，183 (1)：75-76. [3] 钟国斌. 今年首批退市公司确定 [N]. 深圳商报，2018-05-23 (B2).

种行为。

2016年3月9日，i美股资产管理有限公司发现当当网市值被低估的现状可带来巨大的套利空间，于是向当当网发出收购要约，打算以每美国存托股8.8美元的价格收购其所有公司股份，之后却没有深入的进展。2016年4月8日，i美股资产管理有限公司与江苏华西集团达成合作，促成买方联盟，但由于不具备运营当当网的能力，未能成功完成收购，不过i美股资产管理有限公司的收购意向在一定程度上影响了当当网的私有化退市。

2016年5月17日，当当网再次发出非约束性私有化要约。由于受电商行业竞争激烈、金融市场变化、股东收益及人民币汇率的影响，当当网调低了私有化价格，将收购价定为每美国存托股6.50美元。

2016年5月28日，当当网董事会签署了最终的合并协议，当当控股有限公司将通过现金的方式收购当当网全部流通的股份，收购价格为每美国存托股6.70美元，计划通过多种方式完成私有化。

2016年9月21日，股东大会通过私有化协议。私有化能获得股东批准的最主要原因是管理层所持有股权的巨大投票权。至此，当当网完成私有化退市，历时14个月，由一家在美上市的企业变成一家私人控股企业。

资料来源：魏蔚. 当当历时14个月完成私有化 从纽交所退市 [N]. 北京商报，2016-09-22.

思考题：

1. 该案例涉及的国际投资理论知识有哪些？

2. 当当网完成私有化退市的特点是什么？

第十章　国际债券投资

内容提要

　　债券是证券市场上一种发行较早又相对安全的投资工具。随着经济的发展，债券在目前的国际证券市场上成为最受投资者欢迎的投资品种，债券的品种也越来越多。通过本章的讲述，投资者将对债券的概念、特征、投资原理及国内外债券投资实践有系统的了解。

❖ 导读

　　在全球金融市场波动加剧、避险情绪升温的背景下，外资加码人民币债券步伐持续加快。2025 年 4 月 1 日至 18 日，外资净买入人民币债券规模显著提升，达 332 亿美元。中国宏观经济稳定、政策环境可预期、汇率保持平稳，以及自身低波动、高确定性的特征，使人民币债券成为全球投资者优化资产配置、实现风险对冲的重要选择。同时，汇率掉期带来套利空间与金融市场开放持续深化，也进一步增强了人民币债券对境外投资者的吸引力。

　　一、外资加速涌入人民币债市

　　国家外汇管理局数据显示，2025 年第一季度，外资配置人民币债券增多，2 月至 3 月外资净增持境内债券 269 亿美元，同比增长 84%。4 月 1 日至 18 日净买入 332 亿美元，保持较大规模。中国债券市场总规模达 183 万亿元人民币，位居世界第二。中国债券市场对外开放平稳有序，吸引境外机构积极参与。中国人民银行上海总部数据显示，截至 2025 年 3 月末，境外机构持有银行间市场债券 4.35 万亿元，其中 3 月新增 5 家境外机构主体进入银行间债券市场；共有 1 163 家境外机构主体入市，其中，603 家通过直接投资渠道入市，831 家通过"债券通"渠道入市，271 家同时通过两条渠道入市。2025 年 3 月，境外机构在银行间债券市场的现券交易量约为 1.76 万亿元，日均交易量约为 839 亿元，均较 2 月有所增长。

　　二、宏观稳定凸显人民币债券基本面优势

　　在全球经济格局深度调整、国际金融市场波动加剧的背景下，外资对人民币债券的持续增持引人注目。这不仅凸显了人民币资产在全球投资者资产组合中的重要地位，也反映了国际资本对中国金融市场长期发展前景的高度认可。从宏观经济层面看，外资持续增持人民币债券，体现其看好中国经济基本面、政策环境和人民币资产稳定性。2025

年以来，中国人工智能领域的发展成果推动境外投资者对中国资产的偏好升温，股市和债市吸引境外资金持续流入。同时，我国的政策具有高度的连续性、稳定性和可预期性，为市场提供了清晰的政策信号和良好的投资环境。我国经济基本面良好，经济增速显著高于欧美主要经济体，同时人民币币值稳定，具有较高的避险属性，因此人民币资产备受外资青睐。中国金融市场开放持续深化，也为外资加码人民币债券提供了坚实支撑。近年来，我国不断优化金融市场准入环境，拓展跨境投融资渠道，简化外资投资操作流程，有效提升了市场吸引力。特别是"债券通"等机制的落地实施，显著提升了境外机构投资者进入中国境内债券市场的便利性，使其能够更加高效、低成本地配置人民币债券。这些举措都受到了境外投资者的广泛欢迎，成为境外机构持续加码中国境内债券市场的驱动力。期待未来能够继续加大开放力度，进一步开放更多业务品种给更广泛的境外投资者，帮助他们更深入地参与中国债券市场发展。

三、低波动等特性凸显人民币债券投资价值

从投资价值角度看，近期人民币债券也展现出较强韧性与避险属性。2025年4月以来，中国债券市场整体呈现上涨走势，10年期国债收益率由4月1日的1.80%下行至4月23日的1.66%，波动温和，价格持续走强，为投资者带来了良好的资本利得体验。同时，人民币汇率保持基本稳定，增强了境外投资者持有人民币资产的信心。业内人士表示，在全球股票与大宗商品市场波动加剧的背景下，人民币债券凭借收益稳定、汇率可控等优势，为境外投资者提供了优质的配置选择和良好的投资体验。在"股债金"多资产的配置组合中，人民币债券大幅降低了整体组合的波动程度。近期美债波动加大，境外投资者普遍面临市场调整的压力，他们需要调整配置、分散投资。中国境内债券市场波动不大，吸引了境外投资者增持。美债利率维持在4%之上，中国国债利率在2%之下，但人民币汇率掉期价格的变化在为投资者开启新的套利空间。外资买入1年期中国国债并签订1年期远期结汇协议，所获综合收益率高于同期美国1年期国债收益率。2023年9月以来，人民币对美元掉期点贴水幅度较大，境外投资者锁汇后买入境内短期债券的收益不错，其中同业存单因期限较短、收益高于利率债而受到外资青睐，2025年第一季度外资增持同业存单2 387亿元，规模创单季历史新高。人民币融资成本具备优势，通过在境内衍生品市场对冲汇率风险，持有美元等货币的境外投资者能够实现较低的融资成本。因此，综合来看，人民币债券对境外投资者来说具备很好的投资价值。

资料来源：张欣然. 人民币债券缘何成外资投资"避风港"[N]. 上海证券报，2025-04-29（3）.

思考题：人民币债券发行背后对中国债券市场有什么影响？

第一节　国际债券投资概述

一、债券的含义

债券（bond）是一种表明债权和债务关系的凭证，证明持券人按约定的时间向发行人

取得利息和到期收回本金的权利。具体地说，持券人就是债权人，债券的发行者是债务人。从本质上说，债券是一张带有利息的借款凭证。它相当于甲方向乙方借款所开具的一张借条，或者说是有固定格式的可以转让的借条。[①]

债券概念包括三层含义：

第一，债券是一种有价证券，代表了持有者的权益。大部分债券可以在证券市场上自由买卖。

第二，借款人使用投资者的资金是要答应一定的条件的，即债券到期后要按照约定，向债券持有者还本付息。债券持有者有权按照规定，按期向发行单位取得利息，到期收回本金。

第三，债券作为一种表明债权、债务关系的书面凭证，是重要的法律凭证。债券要按照法律程序发行，其上市流通、付息和归本是受法律保护的。债券一定是债务凭证，但是债务凭证不一定都是债券。一张债务凭证要想成为债券，要具备几个关键点：① 必须按照同一票面和同一权益记载事项，与此同时向众多的投资者发行。② 要在一定的期限内归还本金，并且定期支付利息。③ 在大环境金融政策允许的条件下，这些债务凭证必须按照持有者的需要进行自由转让。[②]

二、债券的基本要素

债券尽管种类繁多，但内容上都包含一些基本要素，即债券必须载明的基本内容，这是明确债权人和债务人权利与义务的主要约定。债券的基本要素具体如下：

（一）债券的面值

债券的面值包括面值币种和面值大小两项基本内容。面值币种取决于发行者的需要和债券的种类，国内债券的面值币种为国内货币，外国债券的面值币种为债券发行地国家的货币，欧洲债券的面值币种为债券发行地国家以外的货币，主要为欧洲美元等。债券面值的大小从1个货币单位到上百万货币单位不等。

（二）债券的利率

债券的利率是债券的利息与债券面值之比。其有固定利率与浮动利率之分。前者是从发行时确定并延续到期满；后者则随某个参照利率（如优惠贷款利率）的变动而变动。我国1989年发行的保值公债就是浮动利率债券。

（三）债券的还本期限

债券的还本期限短的只有几个月，长的可达几十年。债券通常都有固定的期限，但个

① 杨奇志. 金融市场学［M］. 上海：上海科学技术文献出版社，1997：77.

② 罗兴. 证券投资学［M］. 合肥：安徽人民出版社，1994：58-59.

别债券没有固定的期限，如英国的统一公债。[①]

三、债券的特征

债券反映和代表了一定的价值，但是债券本身是虚拟资本。债券一般具有以下特征：

（一）安全性

债券的安全性指的是债券持有人的基本收益是固定的，和发行者的经营状况无关，在到期的时候可以收回本金。

（二）收益性

债券的收益性是指债券能够为债券持有者带来稳定的收益。这主要表现在两个方面：首先，债券投资者可以按照固定利率取得高于储蓄存款利率的利息收入；其次，投资者可以在证券市场上低价买进、高价卖出，从而赚取差价。

（三）流动性

债券的流动性是指债券持有人能够按照自己的需求，将债券迅速转化为货币的能力。债券在到期之前可以在证券市场上流通转让，用以取得抵押贷款，因此债券具有一定的流动性。

（四）偿还性

债券的偿还性是指债券在发行时就规定了偿还期限，债务人必须按期向债权人支付利息，到期后偿还本金。特殊的情况是无期公债或者永久性公债。这种公债不规定到期的时间，只按期支付利息，由发行人根据情况决定何时进行偿还。

（五）灵活性

债券的灵活性表现在两个方面：

首先，发行单位的灵活性。债券不代表发行单位的所有权，因而对债券发行单位的限制就不像股票等那么严格。债券的发行者既可以是以营利为目的的经济组织，也可以是不以营利为目的的经济组织；既可以是股份公司，也可以是非股份公司的企业。

其次，发行决策很灵活。由于发行债券不直接影响股东的权益，对股份制企业来讲，只需要董事会通过就可以了，不需要股东会议进行决定。债券发行在发行数量、票面金额、票面利率和发行价格等方面也有较大的灵活性。[②]

---

① 张亦春，郑振龙. 证券市场与投资技巧［M］. 北京：中国发展出版社，1992：1-2.

② ［1］王耀庭. 证券概论［M］. 大连：东北财经大学出版社，1993：2-3. ［2］中国中青年财务成本研究会. 中国现代实用理财手册［M］. 沈阳：辽宁人民出版社，1993：157.

四、债券的利率与收益率

（一）债券的利率

对发行者来说，利率决定了筹集资金所付出的代价；对投资者来说，利率决定了投资收益的多少。债券的利率既不能像银行存款利率一样低迷，也不能像股票利率一样飘忽不定，受多种因素决定。

1.债券期限

债券的利率通常是随期限的延长而增高的，因为可以将其看作对投资者承担的随时间而增加的风险的补偿。

2.债券的发行价格

如果债券溢价发行，则票面利率应相对高一点；如果债券折价发行，则票面利率可相对低一些。

3.流动性

有些债券可以上市，有些债券不能上市，因此流动性不同，也会导致债券的利率不同。不可流通债券的利率应该高于可上市的流通债券的利率。

4.金融市场状况

金融市场状况主要是受债券所得利率、未来的物价指数、同期银行储蓄存款利率、证券市场上债券的供求状况等因素的影响。

5.发行主体的信誉

发行主体的信誉越高，债券风险相应也就越小；反之，则风险越大。通常债券利率的梯度变化为：中小企业债券利率高于大企业债券利率；企业债券利率高于金融债券利率；金融债券利率高于政府公债利率。[①]

（二）债券的收益率

人们投资债券时，最关心的就是债券的收益有多少。为了精确衡量债券的收益，一般使用债券收益率这个指标。债券收益率（bond yield）是指债券投资者投资于债券上每年获得的收益总额和投资本金总量之间的比率，通常用年率表示。债券收益与债券利息有所不同。债券利息仅指债券票面利率与债券面值的乘积，它只是债券投资收益的一个组成部分。由于人们在债券持有期内还可以通过债券流通市场进行买卖，赚取价差，因此，债券收益除利息收入外，还包括买卖盈亏差价。决定债券收益率的主要因素有债券的票面利率、期限、面值、持有时间、购买价格和出售价格。[②]

对于债券收益率的衡量主要是通过当期收益率、到期收益率和持有期收益率进行的。

---

① 厉以宁. 市场经济大辞典 [M]. 北京：新华出版社，1993：826.

② 江子君. 家庭银行家 [M]. 北京：中国国际广播出版社，1999：196-197.

1.当期收益率

当期收益率（current yield，CY）是指利息收入所产生的收益。一般来讲，一年支付两次当期收益，它占了公司债券产生收益的一大部分。它通过债券年息除以债券当前的市场价格计算出收益率。当期收益率没有考虑债券投资获得的资本利得或者损失，它只是在衡量这个债券在某一期间获得的现金收入与债券价格的比率。

当期收益率通过债券年利息支付除以债券的市场价格（扣除累计利息）来得到。债券的市场价格也称净价。

$$当期收益率 = \frac{年利息支付}{债券市价}$$

2.到期收益率

到期收益率（yield to maturity，YTM）是指将债券持有到偿还期而获得的收益，包括到期时全部的利息。它是衡量投资者投资债券的实际全部收益的指标。到期收益率主要考虑两方面的收益，即债券的利息收益和债券面值与债券买卖价格直接差额的收益。

3.持有期收益率

如果债券的购买者只持有债券一段时间，并在到期日前将其出售，就出现了持有期收益率。持有期收益率的计算公式如下：

$$P = \frac{C_1}{1+h} + \frac{C_2}{(1+h)^2} + \cdots + \frac{C_m}{(1+h)^m} + \frac{P_m}{(1+h)^m}$$

式中：C 为票面利率；h 为持有期的收益率，它是使一种债券的市场价格（P）等于从该债券的购买日到卖出日全部的净现金流（包括卖出价 P_m），其中投资者的持有期涵盖 m 个阶段。[1]

五、债券的分类

按照发行主体来划分债券是最常用的分类方法。按照此法，债券可分为政府债券、公司债券、金融债券。

（一）政府债券

政府债券是指政府财政部门或其他代理机构为筹集资金，以政府名义发行的债券。其具体包括国库券和公债券。国库券一般由财政部发行，用以弥补财政收支不平衡；公债券是指为筹集建设资金而发行的一种债券，有时也将两者统称为公债。中央政府发行的债券被称为国家公债或国债，所筹资金主要用于国家经济建设或弥补国家财政预算收支差额。地方政府发行的债券被称为地方公债或地方债，所筹资金一般用于当地的市政建设。[2]

---

① 罗斯. 货币与资本市场：全球市场中的金融机构与工具 [M]. 肖慧娟，安静，等译. 6版. 北京：机械工业出版社，1999：180.

② 中国证监会证券从业人员资格考试委员会办公室. 证券市场基础知识 [M]. 上海：上海财经大学出版社，1999：4.

政府债券以政府的税收能力作为还本付息的保证，因而具有很高的安全性。尤其是国债，素有"金边债券"之称，因此其利率也比其他债券低。

（二）公司债券

公司债券（corporate bond）有广义和狭义之分。广义的公司债券泛指所有工商企业发行的债券；狭义的公司债券专指公司制企业发行的债券。与其他债券相比，公司债券的主要特点包括：

① 期限较长。公司债券是企业筹措长期资金的重要方式，其期限短则一两年，长则数年甚至更长时间。

② 风险较大。公司债券的还本付息来源是公司的经营利润，但是任何一家公司的未来经营都存在很大的不确定性，因而债券持有人承担损失利息甚至本金的风险。

③ 收益率较高。既然风险较高，就要求与风险相对称的收益，因此公司债券的利率一般高于其他债券。

（三）金融债券

金融债券（financial bond）是指由银行和非银行金融机构发行的债券。金融债券并非在所有国家都作为一个独立的债券品种。例如，美国、英国等欧美国家把金融机构发行的债券归入公司债券。金融机构发行债券主要是为了解决银行等金融机构的资金来源不足和期限不匹配的矛盾。金融债券的资信通常高于其他非金融机构债券，违约风险较小，具有较高的安全性，因此其利率通常低于一般的企业债券，但高于风险更小的国债和银行储蓄存款利率。[①]

六、债券的定价

（一）债券定价原理

根据货币的时间价值计算原理，任何一种金融工具的价格都等于其预期现金流量的现值。因此，债券价格的确定需要：

首先，估计未来的现金流。普通债券的未来现金流很容易确定，还有些债券的未来现金流难以计算。

其次，确定必要收益率。必要收益率反映了那些在风险方面具有可比性或者在投资方面具有可选择性的金融工具的收益率。

1.假设条件

① 下一次的付息都是在6个月以后；

② 未来的现金流已知；

③ 所有的现金流使用同一折现率进行折现。

---

① 刘少波. 证券投资学［M］. 广州：暨南大学出版社，2002：95-96.

2.估计未来现金流并且确定必要收益率

针对不可赎回的一般债券，现金流包括债券持有期间支付的利息和债券到期时的票面价值，因此：

债券价值=持有期利息的现值+票面价值的现值

必要收益率根据市场上可比债券的收益率来确定。可比债券是指将具有相同信用等级和相同到期日的不可赎回债券进行对比的债券。债券的必要收益率至少包括两个部分：名义无风险利率和风险溢价。风险溢价体现了债券的一些主要的特征，如违约风险、流动性风险、赎回风险以及税收特征等。通常我们假设只有一种利率，该利率适合任何到期日现金流的折现。事实上，不同时期的现金流会有不同的贴现率。当市场利率变化时，到期收益率也会随之变动。一般来讲，使用年利率的一半作为折现现金流的期间利率。

3.定价公式

已知债券的未来现金流和必要收益率，我们就具备了债券定价需要的全部条件，债券价格等于未来的各个现金流的现值的和。

当每年计息一次的时候，计算公式为：

$$P = \sum_{t}^{n} \frac{CF_t}{(1+y)^t}$$

式中：CF_t 为第 t 年的未来现金流量；y 是必要收益率；n 是债券到期年限；P 是债券价格。[①]

（二）债券定价特征

各个种类的债券都包含一些基本特征，除了必要收益率、息票利率以及到期期限外，还包括提前赎回条款、流动性、税收特性以及违约的可能性等。这些债券的特征在债券的定价中起着非常重要的作用。下面分析当其他的特征不变时，某一方面特征的差异所导致的定价的差异。

1.提前赎回条款

这是指允许发行人在到期日之前以略高于面值的价格提前收回已经发行的债券。发行人通常保留这项权利，以便在未来市场利率下降到低于息票利率时，能够按照比较低的市场利率进行再次融资。股东收益证券一般来讲都会有这种附加条款，赋予债券持有人或者发行人某种期权。

2.流动性

流动性是指债券价格不受损失迅速变现的程度。衡量债券流动性的基本指标是证券买卖的差价。买卖差价越大，流动性风险越高；买卖差价越小，流动性风险越低。正因为交易商在为冷门债做市时面临的风险较高，其风险来源是交易商所持有的债券存货和由市场利率变化所导致的这些存货的价值损失。为补偿流动性风险，在其他条件不变时，交投清淡的冷门债券的到期收益率一定是高于交投活跃的热门债券的收益率的。

---

① 于瑾，束景虹. 投资分析 [M]. 北京：对外经济贸易大学出版社，2009：80-81.

3. 税收特性

美国市政债券的重要特色是可免税。因为投资者所得的利息可以免除联邦税和地方税，所以免税市政债券的风险一般高于可比的联邦政府债券；但是由于其免税的特质，它的息票率会低于联邦政府债券的利率。对投资者来说，如果等价纳税收益率超过了应税债券的实际收益率，那么应持有免税市政债券。与此同时，等价的纳税收益率随着投资者税收等级的增加而增加，税收等级越高，市政债券的免税等级就越明显。

4. 违约的可能性

违约风险是指有关债券发行人信用的风险。违约风险是指借款人不能按时还本付息的可能性。为了对投资者所承担的违约风险进行补偿，固定收益证券与无违约风险的国债之间会有一定的收益率差，这种收益率差一般被称为违约溢价。显而易见的是，违约风险越大，其风险溢价越高。投资者一般都依赖外部信用评级机构给出的信用评级来判定债券信用风险的大小。①

（三）债券价格与必要收益率、息票率和期限之间的关系

1. 债券价格与必要收益率

必要收益率（required rate of return）是使债券的支付现值和债券价格相等的利率，也指对债券投资的内部报酬率，是被广泛接受的一般回报的代表值。②

债券价值的最基本特征是价格和必要收益率呈反向关系。因为债券价格是未来现金流的现值，当必要收益率上升时，债券持有人所得的现值支付就降低了，债券价格也随之下降；反之，当必要收益率下降时，未来现金流的现值增加，债券价格也随之上升。债券价格和必要收益率呈反向关系是债券价格中一条重要的反向规律。表 10-1 给出了当债券的票面价值为 1 000 美元、息票利率为 10% 时的 20 年期债券价格与收益率之间的关系。

表 10-1　　　　　　　　**20 年期债券价格与收益率之间的关系**

（债券的票面价值为 1 000 美元，息票利率为 10%）

预期收益率	价格（美元）	预期收益率	价格（美元）
4.5%	1 720.32	11.0%	919.77
5.0%	1 627.57	11.5%	883.50
5.5%	1 541.76	12.0%	849.54
6.0%	1 462.30	12.5%	817.70
6.5%	1 388.65	13.0%	787.75

---

① ［1］刘志新. 期权投资学［M］. 北京：航空工业出版社，2001：63-64.［2］于瑾，束景虹. 投资分析［M］. 北京：对外经济贸易大学出版社，2009：87-91.

② 博迪，凯恩，马库斯. 投资学［M］. 朱宝宪，吴洪，赵冬青，等译. 4 版. 北京：机械工业出版社，2000：354-355.

续表

预期收益率	价格（美元）	预期收益率	价格（美元）
7.0%	1 320.33	13.5%	759.75
7.5%	1 256.89	14.0%	733.37
8.0%	1 197.93	14.5%	708.53
8.5%	1 143.08	15.0%	685.14
9.0%	1 092.01	15.5%	663.08
9.5%	1 044.41	16.0%	642.26
10.0%	1 000.00	16.5%	622.59
10.5%	958.53	17.0%	603.99

资料来源：陈伟忠. 金融经济学教程［M］. 北京：中国金融出版社，2008：49.

2.债券价格与息票率

息票率（coupon rate）也称名义利率，是债券发行人同意在债券存续期内每年向债券持有人支付的利率，在数值上等于每一年支付的利息金额与债券本金的百分比。在市场必要收益率变动时，债券价格是投资者获得补偿的唯一可变的变量。

当市场必要收益率等于息票利率时，债券价格等于面值，即平价债券。因为在这种情况下，投资者通过收取利息的方式可以获得与市场利率水平相等的公平补偿。

当市场必要收益率高于息票利率时，债券价格低于面值，即折价债券。因为在这种情况下，债券需求下降导致债券价格下降，从而使得债券收益率上升。持有折价债券一直持有至到期日会导致资本增值，这表示由于息票利率低于必要收益率从而补偿给投资者的一笔利息。从债券价格的计算中可以发现，当必要收益率高于息票利率的时候，债券价格总是少于票面价值 1 000 美元。

当市场的必要收益率低于息票利率时，债券价格高于面值，即溢价债券。在这个时候有机会以票面价值购买债券的投资者能获取超过市场水平的收益率，会导致投资者竞相购买，抬高债券的价格，一直到债券收益率等于市场必要收益率时为止。

3.债券价格与期限

对按照票面价值出售的债券即平价债券而言，必要收益率与息票利率相等，当债券到期日逐渐接近的时候，债券将继续按票面价值出售，随着时间向到期日的推移，平价债券的价格将保持不变。

因为附息债券到期都按照面值偿还，在必要收益率不变的情况下，折价债券的价格随着到期日的临近而升高，溢价债券的价格伴随着到期日的临近而下降。在到期日的时候，两种债券的价格都等于其票面价格。

引人注意的是，由于零息债券是按照面值的一定折扣出售的，到期是按照面值偿还的，因此，在到期之前，它的价格随着时间的推移在逐渐接近面值。事实上，如果固定利率不变，零息债券的价格将完全与利率同步上升，因此提供了一个和利率相等的增值率。①

七、债券的利率风险度量

（一）利率风险

利率风险是指包括无违约风险的政府债券在内的所有债券面临的市场风险。债券价格与收益率之间存在反向变动关系。当债券的面值和息票率确定以后，债券的价格实际上是由市场利率决定的。因此，我们要分析债券价格的变化，衡量债券的资产组合的风险。②

长期债券价格比短期债券价格对利率的变动更敏感，即期限越长，债券的利率风险越大。随着到期期限的延长，价格对收益率变化的敏感度以一个下降的比率在增加，也就是说，债券价格对收益率变化的敏感性低于相应的债券期限的增加程度。

利率风险与债券的息票利率存在反向关系，即高息票利率的债券价格与低息票债券的债券价格相比，前者对利率变化的敏感性较低。

当市场利率以相同幅度变化时，利率风险与市场利率存在反向关系：收益率较低的债券对收益率变化更加敏感，利率风险更大。③

（二）麦考利久期

麦考利久期（Macaulay duration）是一个测度债券发生现金流的平均期限的概念，它是债券现金流各部分到期时间的加权平均，其中权重等于每次支付额的现值占债券总价值的比例。④

第二节　债券的信用评级

债券在公开发行之前，债券发行人必须做的一项重要工作就是进行债券评级。债券评级是评价债券的发行质量、投资者承担的投资风险和债券发行人的资信状况等。债券评级对投资者来说意义重大，因为债券评级可以帮助投资者进行理性的投资决策。债券的级别一般分为4种：A表示最高级别；B表示中等级别；C和D都属于投机性或赌博性的债券，表示最低级别。债券评级的依据有以下几点：

①债券发行人的负债比例、预期盈利以及能否按期还本息付息；
②债券发行人的资信情况，包括债券发行人的偿债情况、是否拖欠债券以及债券发行人的资信情况；

① 于瑾，束景虹. 投资分析 [M]. 北京：对外经济贸易大学出版社，2009：82-87.
② 于瑾，束景虹. 投资分析 [M]. 北京：对外经济贸易大学出版社，2009：98.
③ 中央国债登记结算公司. 债券投资基础 [M]. 北京：中国金融出版社，2008：132-133.
④ 博迪，凯恩，马库斯. 投资学 [M]. 朱宝宪，吴洪，赵冬青，等译. 4版. 北京：机械工业出版社，2000：390.

③ 投资者承担的风险水平。[1]

目前国际上公认的最具权威性的信用评级机构有两家：美国标准·普尔公司和穆迪投资者服务公司。这两家公司占有详尽的资料，采用先进科学的分析技术，又有丰富的实践经验和大量专门人才，对广泛的债券进行评级，因此它们所作出的信用评级具有很高的权威性。

穆迪投资者服务公司信用等级标准从高到低可划分为 Aaa 级、Aa 级、A 级、Baa 级、Ba 级、B 级、Caa 级、Ca 级、C 级。

标准·普尔公司信用等级标准从高到低可划分为 AAA 级、AA 级、A 级、BBB 级、BB 级、B 级、CCC 级、CC 级、C 级和 D 级。

两家机构信用等级划分大同小异。前4个级别债券信誉高、风险小，是"投资级债券"；第5级开始的债券信誉低，是"投机级债券"。一般而言，BB 级及以下是垃圾债券。[2]表 10-2 是债券信用等级及其具体含义。

表 10-2　　　　　　　　　　　　　　债券信用等级表

符号	符号含义	品质说明
AAA	最高级	最高级的品质，本息具有最大的保障
AA	高级	高级品质，本息保障逊于最高级
A	中高级	中高级品质，对本息保障适当
BBB	中级	中高级品质，对本息保障适当；但是当经济发生变化时，保障条件不如上述两种条件
BB	中低级	中下品质，具有一定的投机性
B	半投机级	具有投机性，缺乏投资性
CCC/CC	投机级	利息尚能支付，当经济情况不佳时，利息可能停付
C	充分投机级	信用不佳，本息可能违约停付
D	最低级	品质最差，不履行债务

资料来源：标准·普尔公司信用等级标准。

第三节　国际债券投资实践

国际债券（international bond）是借款人为筹集外币资本在国外资本市场上发行的以

---

① 中国证券业培训中心，中国社会科学院金融研究中心. 中国证券业理论与实务 [M]. 北京：知识出版社，1996：34-35.

② 高严. 财经与金融基础知识 [M]. 北京：新华出版社，1999：184-185.

外币为面值的债券。对借款人来说，通过发行国际债券筹集的资本期限长，资金来源多样，还可以扩大影响。国际债券的发行人多为国际机构、外国政府机构和银行与企业等私营部门。发行人的信誉比较高，一般情况下，债券发行人被美国评级机构评估的信誉等级必须高于BBB级。[①]

一、欧洲债券市场

欧洲债券的首次发行是在1963年。欧洲债券自产生以来，得到了迅速的发展，特别是20世纪80年代以后，欧洲债券市场的发展更是突飞猛进。欧洲债券市场融资总额1970年为29.08亿美元，1980年为237.24亿美元，1990年为1 801亿美元，1995年为3 713亿美元，占国际债券市场融资总额的比例分别为62%、58%、79%、80%。欧洲债券从发行币种上看包括欧洲美元债券、欧洲日元债券、欧洲英镑债券、欧洲德国马克债券、欧洲法国法郎债券、欧洲意大利里拉债券、欧洲加拿大元债券、欧洲荷兰盾债券以及欧洲埃居债券等。从1995年9月开始，用南非兰特标价的债券离岸发行和交易迅猛增长，1995—1996年的发行量为10亿美元。1999年欧元的诞生对欧洲债券市场的发展起到重大推动作用。在欧洲债券市场上，发债筹资的国家越来越多，债券发行的数量越来越大。

欧洲债券市场形成的根本原因是资本的流动没有限制，在政府的管制之下，债券市场本身通过创新形式发展出欧洲债券市场。欧洲债券市场有将全球债券市场统一为一个整体的作用。欧洲债券市场使各国都能更好地利用债券这一工具，或进行筹资，或进行投资。[②]

二、外国债券市场

外国债券市场是传统的国际债券市场。[③]1963年以前，国际债券融资通过发行"外国债券"实现，这类债券由发行人在外国以非居民的身份发行，以该国货币标价并按当地债券市场标准程序发行，受发行地国家法律管辖。下面介绍几个主要的外国债券市场。[④]

（一）美国外国债券市场

美国外国债券市场亦称扬基（Yankee）债券市场。它是世界上规模最大、资金实力最强、发展最成熟的外国债券市场。它以美元为面值货币，由美国的金融机构推销，并主要由美国人购买。它的发行额度大，流动性强，平均每笔扬基债券的发行额大体在7 500万~15 000万美元之间。美国外国债券市场成为外国借款人筹措资金的重要来源

---

① 陈湛匀. 国际金融——理论·实务·案例 [M]. 上海：立信会计出版社，2004：285.

② 郑长军. 国际金融 [M]. 武汉：华中科技大学出版社，2017：245，249.

③ 上官书砚. 现代金融词典 [M]. 长春：吉林人民出版社，1987：133.

④ 陈伯云，陶艳珍. 国际金融 [M]. 北京：现代教育出版社，2010：220.

之一。扬基债券存在的时间很长，但在20世纪80年代以前，其发行受到美国政府严格的控制，发行规模不大。20世纪80年代中期以来，美国顺应金融市场改革潮流，通过了《证券交易法》修正案，之后扬基债券市场有了长足的发展。[①]

美国债券期限以中长期为主，其中10~30年的占比最高，规模为1.39万亿元，占比超过31%。具体来看，1年以内的存量信用债占比不到0.08%，1~3年的占比3.7%，3~5年的占比接近10%，7~10年的占比14%，30年以上的占比9.48%，甚至50年以上的占比也有0.33%。

根据SIFMA的数据，美国债券市场规模全球最大，主要交易品种包含国债、市政债、联邦机构债、货币市场工具、MBS、ABS、公司债等。截至2023年年末，美国债券市场存量规模为56.9万亿美元，具体包括美国国债（26.4万亿美元，占比为45.4%）、MBS（12.2万亿美元，占比为21.0%）、公司债（10.7万亿美元，占比为18.5%）、市政债（4.1万亿美元，占比为7.0%）、联邦机构债（2.0万亿美元，占比为3.4%）、资产支持证券ABS（1.6万亿美元，占比为2.7%）。

（二）英国债券市场

英国债券市场开放程度较高的重要原因之一在于英国本土债券市场发展较早，比其他国家和地区更早地形成了繁荣与成熟的债市基础，加上其始终贯彻开放理念，实施开放政策，对外国发行人及投资者形成巨大的吸引力，造就了深度开放的发展局面。2008年全球金融危机爆发前，英国债券市场发展稳定。在欧元区外，英国投资者大量投资于非欧元区全体发行的欧元债券，通过参与一级市场的销售发行，有重大购买行为的发行比例从1999年的5%提高到2005年的20%以上。

2008年，全球金融危机全面爆发，由于金融市场资金压力大增，欧洲各国央行于9月24日在24小时内两度大规模注资。23日晚，英国银行联手欧洲央行向金融市场注资800亿美元，24日欧洲央行再次注资400亿美元资金。10月，英国央行宣布，英国经济步入衰退。

2016年，随着英国退出欧盟风险引发警告，英镑计价债券吸引力下降。在债券发行募集说明书和其他文件中，债券发行人纷纷提及了英国退出欧盟后因法律变化所引起的潜在风险。顶级评级的英镑计价债券较欧元计价债券的溢价有所上升。

总体而言，英国债券市场的开放是一个渐进式的平稳过程。虽然英国债券市场在形成之初就存在开放的取向，但是在市场经济的发展过程中仍然不断调整监管政策，并没有呈现出自始至终彻底开放的局面，在管制程度上呈现出从严格管制到逐渐放松的变化趋势。[②]

（三）日本债券市场

日本的债券品种很多，包括国债、地方政府债券、政府担保债券、财投机构债券、金

①　陈伯云，陶艳珍. 国际金融［M］. 北京：现代教育出版社，2010：220.

②　上海金融业联合会. 上海金融改革理论与实践：2016年上海金融业改革发展优秀研究成果汇编·证券期货类［M］. 上海：上海交通大学出版社，2017：274-275.

融债券、武士债券、公司债券、资产支持债券、可转换债券以及私募债券等，投资者涵盖所有参与拆借市场的金融机构以及投资信托、债券经纪商、互助协会、各类公司、国内外居民等。[①]

日本债券市场开放起步较早。在20世纪60年代前，日本已经出现武士债券，债券市场初现国际化端倪。至1979年，日本债券市场对非居民的投资交易限制基本上被废除。以1979年为界，日本债券市场的开放进程可分为前后两个阶段：

① 日本早期债券市场开放阶段（1949—1979年）：主要针对放开非居民的投资限制，并因日元汇率升贬压力的更替呈现出反复的特征。早期日本债券市场开放的不断反复，主要与日元汇率以及日本经常项目波动情况相关。

② 日本后期债券市场开放阶段（1980年至今）：主要针对更多细节问题，着力点包括减免预扣税、举办全球投资者推介会以及提高债市市场化程度等。

日本的国债规模于2013年首次超过1 000万亿日元，在2023年高达1 270万亿日元。

第四节　中国债券投资实践

一、人民币债券

人民币债券（yuan-denominated bond）简称人债，是以人民币作为结算单位的债券，定期获得利息、到期归还本金及利息皆以人民币支付。国家开发银行是以发债为主要手段筹资的债券银行。自2007年赴境外发行人民币债券以来，境外机构在中国债券市场的托管余额为4.20万亿元，占中国债券市场托管余额的比重为2.4%。其中，境外机构在银行间债券市场的托管余额为4.16万亿元。分券种看，截至2024年年末，境外机构持有国债2.06万亿元，占比为49.5%；同业存单1.04万亿元，占比为25.0%；政策性金融债0.88万亿元，占比为21.2%，为境外投资者提供高质量人民币投资产品，推动构建人民币资金国际大循环，助力人民币国际化。下一步，国家开发银行将持续赴境外发债，完善境外债券收益率曲线，为境外投资者提供更多高质量投资产品。

二、中国债券市场

在世界债券市场中，中国债券市场的地位越来越重要。截至2025年4月，我国债券市场总规模达到183万亿元人民币，位居世界第二。

我国债券市场主要分为利率债和信用债两类。其中，利率债是指背负国家或政府信用的债券品种，主要为国债、地方政府债、央票、政策性银行债，其余均为信用类债券，如金融债、企业债、公司债、中短融等。

---

① 上海金融业联合会. 上海金融改革理论与实践：2016年上海金融业改革发展优秀研究成果汇编·证券期货类 [M]. 上海：上海交通大学出版社，2017：210.

我国信用债期限分布以短期为主。从存量债券市场期限的分布来看，期限为1年以内的债券占比22%，1~3年的占比超过50%，而10年以上期限债券占比不到2%，中短期债券仍占存量债券的大部分。

短期的集中度高也有市场避险情绪的因素。在信用债领域，尤其是2020年以来，信用债发行期限有逐步缩短的趋势。从整体来看，信用债中短期的最多，是企业为筹集短期资金、增加流动性和借新还旧而发行的。短债发行的增多使得发债主体更易在周期波动中面临风险，并且不利于企业发展。因此，从存量信用债的期限分布来看，短债占比远大于其他种类债券。[①]

三、中国在国际债券市场上融资

近些年来，我国银行间债券市场对外开放程度不断加深，但与其他开放程度较高的国际市场相比，仍需要进一步全面深化开放。

1982年1月，中国国际信托投资公司在日本债券市场发行了100亿日元私募债券，这是中国国内机构首次在境外发行外币债券；1984年11月，中国银行在东京公开发行200亿日元债券，标志着中国正式进入国际债券市场；1993年9月，财政部首次在日本发行了300亿日元主权外债。[②]

中国主权债的发行通常是国际知名的投资银行担任主承销商和簿记管理人，负责债券的发行推销。债券定价一般首先确定与市场基准利率的收益点差，然后根据定价当天的市场基准利率水平确定债券到期收益率。因此，中国发行主权债的目的是：第一，让国际投资者了解中国严谨的外汇管理政策、审慎的外债政策、偿还外债的意愿和能力；第二，为国内企业及金融机构未来参与境外债券市场提供一个合理的参照标准，了解国际债券市场的发行成本，以及活跃周边国际债券市场。[③]尽管中国目前还没有成为国际债市的主要角色，但随着时间的推移，中国政府、银行和企业必然会在国际债市越来越活跃。因此，保持主权国际债券的连续发行是非常有必要的。

熊猫债券是指境外机构在中国发行的以人民币计价的债券。[④]它与日本的武士债券、美国的扬基债券都属于外国债券。自2016年起，熊猫债券的发行规模不断扩大，发行主体类型进一步丰富；同时，熊猫债券开始登陆交易债券市场。2016年8月，世界银行批准在中国银行间债券市场发行总规模为20亿特别提款权的计价债券，成为特别提款权金融工具在中国的首次尝试。

① 中信证券明明债券研究团队. 全球视角下中国债市发展与机遇［EB/OL］.（2021-12-31）［2025-03-15］. https://www.sohu.com/a/513462567_121123926.

② 张金杰. 经济全球化中的国际资本流动［M］. 北京：经济科学出版社，2000：14-22.

③ 向东. 中国政府债券法律制度研究［M］. 北京：中国言实出版社，2014：209；211.

④ 2005年9月28日，国际多边金融机构首次获准在中国发行人民币债券，财政部部长将首发债券命名为熊猫债券。

案例窗 10-1

拓展阅读 10-1

拓展阅读 10-2

素养园地

国际投资者看好中国债市

"纵览中国共产党的历史，绝对堪称人类历史上最伟大的故事。"这是美国国际投资银行家罗伯特·劳伦斯·库恩对中国共产党的评价。近年来，随着综合国力的稳步提升，中国日益走近世界舞台的中心。

党的十一届三中全会以来，我国确立了对外开放的基本国策，坚持打开国门搞建设，实现了从封闭半封闭到全方位开放的伟大历史转折，开放已经成为当代中国的鲜明标识。党的二十大报告强调："中国坚持对外开放的基本国策，坚定奉行互利共赢的开放战略，不断以中国新发展为世界提供新机遇，推动建设开放型世界经济，更好惠及各国人民。"积极响应党的号召，坚持对外开放的基本国策，我国国际债券投资规模日益增大，债券市场不断扩大开放。

中国外汇交易中心的数据显示，截至2025年4月，境外机构在我国持有债券总量为4.5万亿元，较上年末增加2 700多亿元。中国债券市场的对外开放前景广阔，中国人民银行提供的一组数据可以印证：目前，境外投资者持债量占比仅为2.4%，与发达经济体和部分新兴市场经济体相比仍处于较低水平；境外机构持有的中国国债约2万亿元，在国债总托管量中占比为5.9%。

诱人的利差、趋稳的人民币汇率、一系列开放举措、愈发畅通的进入渠道等多重因素，令中国债券市场成为投资热土。一系列开放举措，畅通了外资进入渠道。2019年7月，国务院金融稳定发展委员会办公室①发布金融业对外开放11条，进一步便利境外机构投资者投资银行间债券市场，允许外资机构获得银行间债券市场A类主承销牌照，允许外资机构在华开展信用评级业务时，对银行间债券市场和交易所债券市场的所有种类债券评级等。

2020年1月，为进一步扩大金融业对外开放，中国财政部宣布放开外商独资银行、中外合资银行、外国银行分行加入地方政府债券承销团的资格限制，按程序吸收外资银行加入承销团。外资银行加入地方政府债券承销团，有利于拓宽债券发行渠道，扩大政府债券市场对外开放，助推人民币国际化，增强中国债券市场的国际影响力。

随着中国经济规模扩大，金融对外开放格局日渐完善，中国债券市场已成为全球资本配置的重要场所。在今后一段时期内，中国债券市场成为全球投资热土的趋势不会

---

① 2023年，中共中央、国务院印发了《党和国家机构改革方案》，组建中央金融委员会，不再保留国务院金融稳定发展委员会及其办事机构，将国务院金融稳定发展委员会办公室职责划入中央金融委员会办公室。

改变。

历史证明，对外开放是中国的战略抉择，是中国实现"两个一百年"奋斗目标、实现中华民族伟大复兴的必由之路。站在新时代，立足对外开放新起点，中国对外开放的大门不但不会关闭，而且会越开越大。中国必将以更广的开放，促进更好的改革、更大的发展，给中国人民和世界人民带来更多的福利。

资料来源：徐佩玉. 国际投资者看好中国债市［N］. 人民日报海外版，2020-01-13（3）.

关键术语

债券 票面价值 债券收益率 当期收益率 到期收益率 政府债券 金融债券 国际债券 公司债券 必要收益率 麦考利久期 人民币债券

复习与思考

1.债券有哪些基本要素？
2.债券的利率和收益率如何确定？
3.简述债券的信用等级和具体含义。
4.简述外国债券与欧洲债券的区别和联系。

阅读分析

发行人民币离岸债券以推动其国际化进程

2015年以后，人民币面临阶段性贬值压力，离岸人民币市场发展放缓，债券发行相对稀少，市场观望情绪浓厚。中国银行"一带一路"主题债券多次纳入人民币债券品种，为市场提供人民币投资标的，推动人民币国际化战略落实。在第二期债券中，作为非洲首只离岸人民币债券，由中国银行约翰内斯堡分行于2017年4月11日发行的人民币债券"彩虹债"，继"大洋债""申根债""凯旋债"等离岸人民币债券首发之后，再次开创当地人民币债券市场的先河，成为人民币国际化深入非洲的里程碑。

为全方位打造"一带一路"金融大动脉，一方面，中行依托全球化网络、综合化平台以及专业化产品优势，为"一带一路"提供多元化金融产品及服务；另一方面，以中银香港为平台整合在东盟地区的机构，推进中银香港从城市银行向区域银行发展。整合后的中银香港和东盟地区机构将形成合力，增强服务能力，更好地助力东南亚地区"一带一路"建设。与此同时，中行不断完善跨境人民币清算体系，努力提高清算服务的质量和效率，推动当地人民币市场发展。另外，中行积极推动扩大人民币在"一带一路"贸易和投资领域的使用。未来，中行将以支持"一带一路"金融大动脉建设为契机，深耕国际市场，积极引导全球企业参与"一带一路"建设，以市场化原则支持沿线重点合作项目，不断提升全面金融服务能力，确保成为"一带一路"首选银行。

资料来源：李岚. 中行境外发行32亿美元"一带一路"主题债［N］. 金融时报，2018-04-12.

思考题：

1.该案例涉及的国际投资理论知识有哪些？

2.该案例解决或反映的实际问题是什么？

3.人民币离岸债券的未来趋势或启示是什么？

第十一章 国际投资基金

内容提要

投资基金是证券市场上受到广大中小投资者欢迎的一种投资工具，这不但因为它风险小，而且因为其收益高于债券，应该说它是一种对一般中小投资者在风险和收益方面均为适中的投资品种。本章将重点介绍投资基金的分类、基金运作方式、国际投资基金和中国投资基金，以使投资者能够更好地了解和把握被世界各国认为是世界证券市场上最具发展潜力的投资工具。

❖ **导读**

索罗斯与量子基金

说起乔治·索罗斯，人们就会想到他的量子基金。量子基金由双鹰基金演变而来。双鹰基金由索罗斯和吉姆·罗杰斯于1969年创立，资本额为400万美元；1973年改名为索罗斯基金，资本额约为1 200万美元；1979年，索罗斯将索罗斯基金更名为量子基金。

量子基金设立在纽约，其出资人皆为非美国国籍的境外投资者，从而避开美国证券交易委员会的监管。量子基金投资于商品、外汇、股票和债券，并大量运用金融衍生产品和杠杆融资，从事全方位的国际性金融操作。索罗斯凭借其过人的分析能力和胆识，引导量子基金在世界金融市场中逐渐成长壮大。他曾多次准确地预见到某个行业和公司的非同寻常的成长潜力，从而在这些股票的上升过程中获得超额收益。即使是在市场下滑的熊市中，索罗斯也以其精湛的卖空技巧而大赚其钱。经过不到30年的经营，至1997年年末，量子基金已增值为资产总值近60亿美元的巨型基金。1969年注入量子基金的1万美元在1996年年底已增值至1 500万美元，即增长了149倍。

让中国人知道索罗斯的是1992年狙击英镑的战役。索罗斯因为动用超过100亿美元和英格兰银行较量，并最终获得胜利，被媒体称为打垮了英格兰银行的人、对冲基金之王。据估计，索罗斯从英镑空头交易中获利接近10亿美元，当年量子基金增长了67.5%。

2000年，由于美国科网股和欧元汇率的下跌，量子基金遭到重创。最终，索罗斯宣布："宏观对冲基金的好日子已经一去不复返了。"同时，他宣布今后不再使用"量子基金"的名称，而成立了量子捐助基金，自己也不再直接管理。量子基金投资的挫败、投资量子基金的富豪们的亏损，使索罗斯退出了投资的舞台，宣布量子基金时代彻底结束。

资料来源：乔纳森·索罗斯，罗伯特·索罗斯．索罗斯致信股东 结束近 40 年基金经理人生涯 [EB/OL]．（2015-01-24）[2025-03-29]．http://news.cntv.cn/world/20110727/104346.shtml．

思考题： 量子基金投资失败的原因是什么？

第一节　投资基金的分类

投资基金（investment fund）是一种被大众接受的信托（trust）投资工具，它是金融发展与创新的产物。投资基金由基金发起人发起，通过向投资者发行收益凭证，将大众手中的零碎财务整合集中，然后委托有相当程度专业知识和投资经验的人员进行经营和管理，由信誉良好的金融机构充当资金托管人。职业基金管理人还可以通过各种多元化的投资组合，使用专业化的投资技术，将资金投资于多种股票、债权或者其他资产，来努力降低投资的风险，谋求资本长期、稳定地升值，而投资者按照各自的出资比例来分享投资的收益以及分担投资的风险。[1]换句话说，投资基金不仅是"钱"，而且是一种投资工具，用于帮助不精通证券行业（不单是证券行业）而又希望通过证券获得利润的资金所有人的具有较低风险的一种投资工具。[2]所以正是因为基金的这种特性，投资基金已经成为发达经济体普通投资者最为重要的投资工具之一。

投资基金的种类按照划分标准的不同，有很多不同的种类。按照投资基金投资对象的不同，投资基金可以划分为两个大的种类：证券投资基金和产业投资基金。[3]

一、证券投资基金

证券投资基金（securities investment fund）是指以各类证券为主要投资对象的投资基金。[4]其不仅品种多、数量多，而且能根据投资者偏好的不同进行多种组合来满足其需求。对基金有一个清晰、明确、科学的分类，既能帮助投资者作出真正合理的、适合自己的选择，还能规范整个行业的行为，维护金融业的稳定。总的来看，科学的基金分类不仅对投资者、基金管理公司，还对基金研究评级机构、市场监督管理部门有着重要的意义。

世界上大多数国家都是由政府部门或者有影响力的行业协会出面，制定一套统一的基金分类标准。2004 年 7 月 1 日开始实施的《证券投资基金运作管理办法》[5]第一次将我国的基金类别按照投资对象划分为股票基金、债券基金、混合基金、货币市场基金等基本类型。

---

① 徐国祥．指数理论及指数体系研究［M］．上海：上海财经大学出版社，1999：184.
② 徐德顺．投资基金概论［M］．北京：中国经济出版社，2010：3-4.
③ 施天涛．商法学［M］．2 版．北京：法律出版社，2004：95.
④ 何小锋，黄嵩，刘秦．资本市场运作教程［M］．北京：中国发展出版社，2003：83.
⑤ 2014 年 8 月 8 日，中国证监会公布的《公开募集证券投资基金运作管理办法》开始施行，《证券投资基金运作管理办法》（证监会令第 79 号）同时废止。

根据不同的分类标准，基金还可以有多种不同的分类（见表11-1）。

表11-1 证券投资基金的分类

分类依据	基金类型
基金是否可赎回或购买	封闭式基金和开放式基金
组织形式	契约型基金和公司型基金
投资风险和收益	成长型基金、收入型基金和平衡型基金
资金募集方式	私募基金和公募基金
投资对象	股票基金、债券基金、货币市场基金、期权基金、股票指数基金、认股权证基金和混合基金
资金来源和运用地区	国际基金、离岸基金、国内基金和国家基金等
投资货币种类	美元基金、日元基金和欧元基金等

资料来源：［1］韩复龄. 投资银行学［M］. 2版. 北京：对外经济贸易大学出版社，2014：172-173.［2］谭松涛. 中国机构投资者行为研究［M］. 西安：西北工业大学出版社，2014：12.

（一）按是否可以赎回或购买分类的基金

根据基金是否可以赎回或购买，证券投资基金可以分为封闭式基金和开放式基金。

封闭式基金（colsed-end fund）是相对开放式基金而言的，是指基金规模在发行前已确定，在发行完毕后和规定的期限内基金规模固定不变的投资基金。[①]封闭式基金的投资者在基金存续期间内不能向发行机构赎回基金份额，基金份额的变现必须通过证券交易所上市交易。[②]基金单位的流通采取在证券交易所上市的办法，投资者日后买卖基金单位，都必须通过证券经纪商在二级市场上进行竞价交易。封闭式基金属于信托基金，可在证券交易所上市或在场外交易市场交易。封闭式基金的资产是根据基金的投资目标和政策进行专业管理的，可投资于股票、债券和其他证券。封闭式基金份额的市场价格像其他公开交易的证券一样波动，并由市场的供求决定。

开放式基金（open-end fund）又称共同基金，是指基金发起人在设立基金时，基金单位或者股份总规模不固定，可视投资者的需求，随时向投资者出售基金单位或者股份，并可以应投资者的要求赎回发行在外的基金单位或者股份的一种基金运作方式。投资者既可以通过基金销售机构买基金，使得基金资产和规模由此相应地增加，也可以将所持有的基金份额卖给基金，并收回现金，使得基金资产和规模相应地减少。[③]

[①] 林义相，陈仕华，孙建冬，等. 证券投资基金投资分析和运作［M］. 上海：上海远东出版社，1998：10.

[②] 胡志民，施延亮，龚建荣. 经济法［M］. 上海：上海财经大学出版社，2006：206.

[③] ［1］中国证监会证券从业人员资格考试委员会办公室. 证券市场基础知识［M］. 上海：上海财经大学出版社，1999：132.［2］毛春华，王宛秋. 企业财务管理［M］. 2版. 北京：北京工业大学出版社，2006：209.

封闭式基金设立时，限定了基金单位的总发行量，筹集到规定数额则停止继续发售，进行"封闭"，在约定的一段时间内不会再接受新的投资。开放式基金在设立时基金份额不是固定的，可以根据投资者需求决定发放与否，投资者可以根据当前基金净现值要求发行者赎回或者继续购买，所以开放式基金资产中通常会保留一部分现金资产。根据二者特点，封闭式基金和开放式基金主要存在以下几点不同：基金期限、发行规模限制、交易方式、价格计算标准。①

（二）按组织形式分类的基金

基金按照组织形式不同可以划分为契约型基金和公司型基金。

1.契约型基金

契约型基金是基于一定的契约原理而组织起来的代理投资行为。它由委托者、受益者和受托者三方订立信托契约构成。委托者即基金管理人，一般为基金管理公司，负责设定、组织各种基金的类型、发行受益证券，并把所筹资金交由受托者管理，同时对所筹资金进行具体的投资运用。受益者即基金投资者，其购入受益证券，成为契约的当事人之一，享有投资收益的分配权。受托人即基金托管人，一般为信托公司或银行，负责根据信托契约规定，具体办理证券、现金管理及其他有关的代理业务和会计核算业务。②简单来说，在契约型基金中，基金资产是一种信托财产。受益人是基金财产的最终所有人，委托者是基金的经营者，而受托人是基金财产的名义所有者，负责保管基金财产。③

2.公司型基金

公司型基金是指通过发行基金股份，集中资金后投资于有价证券等特定对象以获得收益的基金。公司型基金本身就是一家公司，其组织形式与股份有限公司类似。投资者购买公司的股票后成为该公司的股东，凭所持股份享有领取股息或红利、参加股东大会等权利。股东大会选举出的董事会将基金资产委托给基金管理公司管理。

契约型基金发展水平较高的国家有英国、日本、韩国等。在基金业最为发达的美国，公司型基金占据主导地位。目前中国的基金管理公司发起的基金都属于契约型基金。④

契约型基金本身不成立公司，一般由基金管理公司（管理人）、基金托管人（通常是商业银行）和投资者三方当事人通过契约的形式设立并运作。⑤公司型基金在形式上和一般股份有限公司没有区别，但是它委托基金管理公司作为财务顾问经营和管理基金资产。⑥根据二者的特点，我们发现这两种基金有以下几点不同：法律依据、法人资格、投

① 中国证监会证券从业人员资格考试委员会办公室. 证券市场基础知识［M］. 上海：上海财经大学出版社，1999：133.

② 厉以宁，江平. 证券实务大全［M］. 北京：经济日报出版社，1992：802.

③ 何光辉. 货币银行学［M］. 上海：复旦大学出版社，2016：112.

④ 何光辉. 货币银行学［M］. 上海：复旦大学出版社，2016：112.

⑤ 王允平，关新红. 金融公司会计［M］. 上海：立信会计出版社，2004：118.

⑥ 中国证券业协会. 证券市场基础知识［M］. 上海：上海财经大学出版社，2002：100.

资者地位、融资渠道、经营财产的依据、基金运营、资金性质。[①]

（三）按投资风险和收益分类的基金

根据投资风险和收益的不同，基金可以分为成长型基金、收入型基金和平衡型基金。

成长型基金（growth fund）亦称长期成长型基金，是以资金长期成长为投资目标，一般投资于信誉好、长期有盈利的公司，或者有长期成长前景的公司，追求资产的稳定、持续的长期增值的投资基金。[②]投资于成长型股票的基金，期望其所投资公司的长期盈利潜力超过市场预期，这种超额收益可能来自产品创新、市场份额的扩大或者其他原因导致的公司收入及利润增长。总而言之，成长型基金被认为具有比市场平均水平更高的增长速度。[③]

收入型基金（income fund）是指主要投资于可带来现金收入的有价证券，以获取当期的最大收入为目的、以追求基金当期收入为投资目标的基金。其投资对象主要是那些绩优股、债券、可转让大额存单等收入比较稳定的有价证券。收入型基金一般把所得的利息、红利都分配给投资者。这类基金虽然成长性较低，但风险相应也较低，适合保守的投资者和退休人员。[④]

平衡型基金（balance fund）是将资金分别投资于几个部门和公司的债券、优先股、普通股及其他证券上，以达到证券组合中收益与增值相对平衡的投资基金。这种基金有些在事前就确定平衡安排证券品种的百分比，通常是保持50%的普通股、50%的债券和优先股。其主要投资目的是从债券、优先股等固定收入证券上获得债息和股息，同时获得普通股的资本增值，因此，受到追求资产增值和有稳定收益的投资者的欢迎。[⑤]

（四）按资金募集方式分类的基金

根据资金募集方式的不同，基金可以分为私募基金和公募基金。

广义的私募基金除指私募证券投资基金外，还包括私募股权基金。在中国金融市场中常说的"私募基金"或"地下基金"，往往是指相对受中国政府主管部门监管的、向不特定投资者公开发行受益凭证的证券投资基金而言，是非公开宣传的、私下向特定投资者募集资金进行的集合投资。其方式基本有两种：一是基于签订委托投资合同的契约型集合投资基金；二是基于共同出资入股成立股份公司的公司型集合投资基金。[⑥]

公募基金（public offering of fund）是指以公开方式向社会公众投资者募集资金并以证

---

① 李庚辰，张伟．党委学习中心组金融知识读本（上卷）[M]．北京：改革出版社，1999：555.

② 王喜义．投资基金概论 [M]．广州：中山大学出版社，1993：227.

③ 工银瑞信基金管理公司．工银瑞信：密切关注新股快速发行的不利影响 [EB/OL]．（2006-10-31）[2025-03-15]．http://futures.money.hexun.com/1890244.shtml.

④ 中国证监会证券从业人员资格考试委员会办公室．证券市场基础知识 [M]．上海：上海财经大学出版社，1999：135.

⑤ 戴相龙，黄达．中华金融辞库 [M]．北京：中国金融出版社，1998：1046.

⑥ [1] 夏斌．中国"私募基金"报告 [J]．金融研究，2001（8）：18-31. [2] 陆世敏，戴国强．2002中国金融发展报告 [M]．上海：上海财经大学出版社，2002：189.

券为主要投资对象的证券投资基金。[1]其在法律的严格监管下，有着信息披露、利润分配、运行限制等行业规范。[2]

（五）按投资对象分类的基金

根据投资对象的不同，基金分为股票基金、债券基金、货币市场基金、期权基金、股票指数基金、认证股权基金和混合基金。

股票基金（equity fund）又称股票型基金，是指投资于股票市场的基金。其股票仓位不能低于80%。

债券基金（bond fund）又称债券型基金，是指专门投资于债券的基金。它通过集中众多投资者的资金，对债券进行组合投资，寻求较为稳定的收益。[3]根据中国证监会对基金类别的分类标准，基金资产80%以上投资于债券的为债券基金。债券基金也可以有一小部分资金投资于股票市场，投资于可转债和打新股也是债券基金获得收益的重要渠道。在国内，债券基金的投资对象主要是国债、金融债和企业债。通常，债券为投资者提供固定的回报和到期还本，风险低于股票。因此，相比较股票基金，债券基金具有收益稳定、风险较低的特点。[4]

货币市场基金（money market fund，MMF）是指投资于货币市场上短期（1年以内，平均期限为120天）有价证券的一种投资基金。该基金资产主要投资于短期货币工具，如国库券、商业票据、银行定期存单、银行承兑汇票、政府短期债券、企业债券等。货币市场基金只有一种分红方式——红利转投资。货币市场基金每份基金单位始终保持在1元，超过1元后的收益会按时自动转化为基金份额，拥有多少基金份额即拥有多少资产。而其他开放式基金是份额固定不变、单位净值累加的，投资者只能依靠基金每年的分红来实现收益。[5]

期权基金（option fund）是以期权为主要投资对象的投资基金。其风险较低，比较适合追求稳定收益的投资者。[6]本部分将在第十二章第一节详细介绍。

股票指数基金（equity index fund）是指以成分股指数为投资对象的基金，即购买一部分或者全部的某指数所包含的股票来使投资组合的变动趋势与指数一致，以此获得与某指数大致相同的收益率。[7]本部分将在第十二章第一节详细介绍。

认证股权基金（warrant fund）主要投资于认股权证。该基金一般波动幅度比较大，风险比较高。[8]

混合基金（commingled fund）是指同时以股票、债券等为投资对象，通过在不同资产

①　李国义，庞海峰. 现代证券投资［M］. 北京：中国金融出版社，2003：21.

②　陈玉洁. 投资、金融、经济热门术语手册［M］. 北京：企业管理出版社，2008：48.

③　李庚辰，张伟. 党委学习中心组金融知识读本（上卷）［M］. 北京：改革出版社，1999：551.

④　钱明义. 世界上最有趣的经济学故事［M］. 北京：中国戏剧出版社，2011：169.

⑤　刘国光. 投资基金运作全书［M］. 北京：中国金融出版社，1996：21.

⑥　王益. 资本市场（下册）［M］. 北京：经济科学出版社，2000：137-138.

⑦　田新民，等. 金融工程方法及应用［M］. 北京：首都经济贸易大学出版社，2005：180.

⑧　戴相龙，黄达. 中华金融辞库［M］. 北京：中国金融出版社，1998：1043.

上的投资来实现风险和收益平衡的基金。根据中国证监会对基金类别的分类标准，投资于股票、债券和货币市场工具，但股票投资和债券投资的比例不符合股票基金、债券基金规定的为混合基金。

（六）国际基金、离岸基金、国内基金和国家基金

根据资金来源和运用地区的不同，基金可以分为以下几种：

第一，国际基金（global fund），是指资金来源于国内但是投资目标位于国外的基金。

第二，离岸基金（off-shore fund），是指资金来源于国外且投资国外市场的基金。

第三，国内基金（domestic fund）也称在岸基金，是指资金来源于国内且投资于国内市场的基金。

第四，国家基金（country fund），是指资本来源于国外并投资于国内的基金。[①]

二、产业投资基金

产业投资基金（industrial investment fund）是指以非上市股权为主要投资对象的投资基金。相对证券投资基金，产业投资基金又被称为直接投资或者私人股权投资基金（private equity investment fund），一般是向具有高增值潜力的、未上市的企业进行股权或者准股权投资，并且会参与企业的经营与管理。我国规定，产业投资基金的形式包括风险投资基金（创业投资基金）、基础设施基金、企业重组基金和其他新兴产业投资基金等。产业投资基金一般分为合伙制和公司制。

（一）合伙制

合伙制风险投资基金通常有两类合伙人——有限合伙人和普通合伙人。

有限合伙人（limited partner，LP）是真正的投资者，他们提供了几乎全部风投资金，但利润一般只有70%~80%，同时承担的责任以出资金额为限。

普通合伙人（general partner，GP）主要以专业知识、管理经验和风险投资专长为投资本钱，出资金额至少占1%。相对于有限合伙人来说，其是以富有的个人、银行、保险机构等为主。如果风险投资基金资不抵债，普通合伙人要负无限连带责任，所以普通合伙人的利润远远大于出资比例。

（二）公司制

风险投资基金也可以按照公司制的形式构造，但目前采用这种形式的公司已经不多了，因为虽然这种形式可以使合伙人免受无限连带责任困扰，但是税金非常高。[②]

---

① 徐德顺. 投资基金概论［M］. 北京：中国经济出版社，2010：32.

② 何小锋，等. 投资银行学［M］. 北京：中国发展出版社，2002：95-98.

第二节 基金运作

投资基金的运作具体包括基金的设立、基金的发行与交易、基金投资管理、信息披露和基金终止。[①]

基金的发起人是指设立基金的机构。成立一只新的基金，基金公司首先需要向中国证监会提出申请（申请期）。在申请通过后，基金公司需要通过销售渠道向投资者发售基金份额（募集期）。如果募集资金未达到中国证监会要求的最低标准，则基金不能成立，基金公司将资金退还投资者并支付利息。基金的发起需要得到中国证监会的核准，要向中国证监会上报一系列法律文件，包括申请报告、基金合同草案、基金托管协议草案、基金招募说明书草案及相关证明文件等。

基金投资管理是基金管理和运作中最重要的环节，决定基金的经营业绩。基金管理公司按照基金合同和基金招募说明书的规定，按一定的投资范围和投资比例，遵循其投资决策程序将资金投入股票、债券、货币市场工具等投资标的。

为了保证投资者能够按照基金合同约定的时间和方式查阅相关信息，基金要对相关信息公开披露，如托管协议、募集情况、基金净值、基金申购、赎回价格等，还要按期公布季度报告、半年度报告、年度报告。相关信息还有由会计师事务所和律师事务所出具的意见。[②]

一、基金的运作方式

基金的运作方式可以采用封闭式、开放式或者其他方式。采用其他运作方式的基金，其发售、交易、申购、赎回的办法，由国务院证券监督管理机构另行规定。

二、基金的公开募集

根据《中华人民共和国证券投资基金法》，公开募集基金，应当经国务院证券监督管理机构注册；未经注册，不得公开或者变相公开募集基金。公开募集基金包括向不特定对象募集资金、向特定对象募集资金累计超过200人，以及法律、行政法规规定的其他情形。国务院证券监督管理机构应当自受理公开募集基金的募集注册申请之日起6个月内依照法律、行政法规及国务院证券监督管理机构的规定进行审查，作出注册或者不予注册的决定，并通知申请人；不予注册的，应当说明理由。基金管理人应当自收到准予注册文件之日起6个月内进行基金募集。超过6个月开始募集，原注册的事项未发生实质性变化的，应当报国务院证券监督管理机构备案；发生实质性变化的，应当向国务院证券监督管理机构重新提交注册申请。

---

① 何小锋，黄嵩，刘秦. 资本市场运作教程 [M]. 北京：中国发展出版社，2003：87.
② 李宁，姚倩. 证券投资基础 [M]. 天津：天津大学出版社，2011：77.

申请基金份额上市交易，基金管理人应当向证券交易所提出申请，证券交易所依法审核同意的，双方应当签订上市协议。基金份额上市交易，应当符合下列条件：① 基金的募集符合法律规定。② 基金合同期限为 5 年以上。③ 基金募集金额不低于 2 亿元人民币。④ 基金份额持有人不少于 1 000 人。⑤ 基金份额上市交易规则规定的其他条件。基金份额上市交易规则由证券交易所制定，报国务院证券监督管理机构批准。开放式基金的基金份额的申购、赎回、登记，由基金管理人或者其委托的基金服务机构办理。基金管理人应当在每个工作日办理基金份额的申购、赎回业务；基金合同另有约定的，从其约定。

三、基金的管理与信息披露

基金管理人运用基金财产进行证券投资，除国务院证券监督管理机构另有规定外，应当采用资产组合的方式。资产组合的具体方式和投资比例，依照法律和国务院证券监督管理机构的规定在基金合同中约定。基金财产应当用于下列投资：上市交易的股票、债券；国务院证券监督管理机构规定的其他证券及其衍生品种。基金财产不得用于承销证券、违反规定向他人贷款或者提供担保、从事承担无限责任的投资、买卖其他基金份额，但是国务院证券监督管理机构另有规定的除外。

运用基金财产买卖基金管理人、基金托管人及其控股股东、实际控制人或者与其有其他重大利害关系的公司发行的证券或承销期内承销的证券，或者从事其他重大关联交易的，应当遵循基金份额持有人利益优先的原则，防范利益冲突，符合国务院证券监督管理机构的规定，并履行信息披露义务。基金管理人、基金托管人和其他基金信息披露义务人应当依法披露基金信息，并保证所披露信息的真实性、准确性和完整性。基金信息披露义务人应当确保应予披露的基金信息在国务院证券监督管理机构规定时间内披露，并保证投资者能够按照基金合同约定的时间和方式查阅或者复制公开披露的信息资料。

第三节　国际投资基金概况与组织

一、国际投资基金概况

经过 2022 年的下滑之后，2023 年全球基金规模迎来明显反弹。2023 年，全球基金数量达 139 982 只，存续规模达到 68.9 万亿美元，为历史次高（仅次于 2021 年）；年度基金规模增长速度为 14.6%。同期，我国公募基金规模为 3.7 万亿美元，占全球基金规模的 5.6%，规模增速为 6.2%。全球来看，高达 58% 的产品是股票型和混合型基金，19% 为债券型基金和货币基金，其他占比为 23%；对比我国同期，国内公募基金数量为 11 528 只，其中，股票型和混合型基金占比为 63%，债券型基金和货币基金合计占比为 23%，其他类型基金占比为 14%。从产品数量上看，我国公募行业发行了大量权益类基金，其数量占比更高。

在全球基金规模中，股票型基金规模为31.8万亿美元，占比为46%，而在2021年最高峰时，股票型基金规模为33.6万亿美元，占比高达47%。其次，全球债券型基金、货币基金、混合型基金规模分别达12.9万亿美元、10.4万亿美元、7.3万亿美元，占比依次为19%、15%、11%。反观我国，2023年年末，股票型基金占比为10.3%，债券型基金占比为19.3%，混合型基金占比为14.3%，货币基金占比为40.9%。从基金规模的结构化可以看出，海外基金规模以权益类为主，我国以低风险的固收类为主。

2023年，全球长期基金净流入金额高达7 810亿美元。最大的增量来自债券型基金，从净流出2 600亿美元到净流入6 310亿美元。股票型基金也获得明显回流，从净流出2亿美元到净流入2 180亿美元。亚太地区净流入量最大，为3 860亿美元，其次为欧美地区，美国净流入2 870亿美元，欧洲地区净流入1 500亿美元。我国2023年非货币型公募基金净流入417亿美元，贡献了亚太地区的11%、全球的5.3%，比例与我国公募基金的规模占比相当。

2023年，全球货币基金净流入1.5万亿美元。美国是第一大流入地区，货币净流入量达1.1万亿美元，而前一年，美国的货币基金就已经净流入1万亿美元。亚太地区2023年货币基金净流入量为1 360亿美元，已经连续两年提速净流入。

二、国际投资基金组织

（一）国际投资基金协会

国际投资基金协会（International Investment Funds Association，IIFA）致力于促进投资基金投资者的利益，促进投资基金部门在国际上的持续增长，促进公众对全球投资基金的了解，并鼓励投资基金行业的所有参与者遵守良好的做法和高标准。其是一个基于国家间、地区间的国际基金组织，2025年有40余名成员，包括北美洲、中美洲、南美洲、欧洲、非洲、亚洲和大洋洲。为促进这些目标，国际投资基金协会支持以下原则[①]：

第一，投资基金应始终为其投资者的利益而运作。投资基金业致力于与监管机构和国际证监会组织（IOSCO）合作，促进制定和实施保护投资者利益、维持和增强投资者对投资基金的信心的标准。其在促进各成员遵守良好做法和高道德标准方面发挥重要作用。

第二，应向投资基金的投资者提供了解投资所需的必要信息。投资基金行业致力于与监管机构合作，鼓励向基金投资者披露信息的适当标准。除此之外，这些标准应满足投资者对简单、清晰、简洁的信息形式的需求，允许他们对不同的投资进行比较，而且应该促进新技术的使用，如互联网。

第三，中介机构销售投资基金的过程应该是透明的，其目标应该是投资者购买到合适的产品和服务。与销售投资基金有关的问题可能会对投资者对投资基金行业的信心产生不利影响。投资基金行业应支持所有类型的监管机构和金融中介机构的努力，以确保给出的建议是高质量的，提供适当的信息。

---

① 2005年10月于美国召开的国际投资基金协会第19届年会。

第四，投资基金应该能够在市场上与其他储蓄和投资产品公平竞争。投资基金业鼓励监管机构和税务当局考虑对投资基金进行监管和征税的经济影响，目的是确保投资基金仍然是投资者进入证券市场的一个充满活力的机制。投资者从投资基金的披露和合规要求中获益。

（二）美国投资公司协会

美国投资公司协会（ICI）是美国机构投资领域覆盖面最广、影响力最大的行业协会。其总部设在美国华盛顿，除此之外还在英国的伦敦设办公室，用于负责从事全球投资业务基金公司（ICI Global）的事务。美国投资公司协会的成员包括美国的共同基金、交易所交易基金、封闭式基金和单位投资信托基金的发起人（向全球各司法管辖区的投资者提供类似基金）以及他们的投资顾问和主要承销商。美国投资公司协会的总裁和员工向协会理事会汇报，协会理事会负责监督协会的商业事务，并确定协会在公共政策事务上的立场。

美国投资公司协会的主要职能定位为：

1.参与法律、法规的制定、修改

美国投资公司协会代表基金行业和基金股东的利益，与美国国会、SEC及其他监管机构、各州政府和国外监管机构共同制定法律和法规，并在其中积极争取投资公司、投资公司股东、董事和投资咨询公司的利益。

2.开展资本市场研究

美国投资公司协会设有内部研究部门，人员包括首席经济学家、研究助理、政策分析师和数据分析师，主要对养老金市场、基金股东及其持股趋势、基金费用和本国基金行业在全球的地位进行研究，实时披露资本市场研究数据。美国投资公司协会每年推出基金业年鉴，对本年度资本市场研究进行回顾。

3.开展投资者教育活动

1989年，美国投资公司协会设立投资者教育基金会（ICIEF），与学校、政府、其他非营利组织合作开展投资者教育活动。例如，投资者教育基金会通过网站为投资者提供必要信息，包括投资者教育系列、资本市场研究。资本市场研究包括政策研究、投资者研究、养老金研究以及年度资本市场回顾。

4.行业宣传与公众沟通

美国投资公司协会定期举办资本市场高层研讨会和专家论坛，讨论行业监管、市场趋势，并通过参与各类网络研讨会和国际会议传递协会的声音。同时，美国投资公司协会组织专家通过网站ICI Viewpoints板块对经济、法律、基金交易和政策动态发布评论，帮助投资者了解共同基金和其他投资公司。

另外，美国投资公司协会定期制作投资公司服务指南（Investment Company Service Directory），方便投资者查阅，并通过电子邮件向投资者提供咨询服务。

🎚 第四节　中国投资基金 🎚

截至2024年4月中旬，我国境内共有基金管理公司146家，其中，外商投资基金管理公司有49家，内资基金管理公司有97家；取得公募基金管理资格的证券公司或证券公司资产管理子公司有 12 家，保险资产管理公司有 1 家。

一、公募基金

公开募集证券投资基金简称公募基金，其受政府主管部门监管，向不特定投资者发行受益凭证。其是宏观经济、金融和资本市场的重要组成部分。

国内的公募基金起步于 1991 年，在 1997 年 10 月颁布《证券投资基金管理暂行办法》后，证券投资基金进入规范发展阶段。1998 年 3 月，基金金泰、基金开元的设立，标志着规范的证券投资基金开始成为我国基金业的主导方向。2001 年，我国的第一只开放式基金——华安创新投资基金设立，这是中国基金业发展的又一次阶段性进步。2004 年 6 月 1 日起正式施行的《中华人民共和国证券投资基金法》将基金业推向一个新的阶段。2012 年以来，中国证监会允许基金公司设立基金子公司，基金子公司的业务得到了爆发式的增长，但也日益成为监管套利的"影子银行"。2016 年以来，中国证监会进一步加强了对公募基金和基金子公司的监管。随着资管新规相关配套措施落地，同时优化公募产品结构、做大权益类基金的监管声音不断发出，在权益类产品整体实现较高投资回报，政策引导个人投资者参与公募基金等多重因素助推下，权益类产品开始占据主导地位，规模快速提升。

截至 2025 年 3 月底，公募基金资产净值合计 32.22 万亿元，较 2024 年年末的 32.83 万亿元降低 0.61 万亿元，同比降低 1.8%。封闭式基金资产净值为 3.75 万亿元，开放式基金资产净值达 28.48 万亿元。在开放式基金中，债券基金的增幅最为明显，由 2024 年 12 月底的 59 760.93 亿元增至 63 542.86 亿元，环比增长 6.3%。股票基金、混合基金以及 QDII 基金的资产净值也呈增长趋势。

二、非公开募集证券投资基金

非公开募集证券投资基金简称私募基金。私募基金是指主要投资于资本市场的非公开募集投资基金，具体投向包括上市公司股票、债券、期货、期权、基金份额以及中国证监会规定的其他证券及其衍生品种。

国内首只私募基金可以追溯到 2004 年，由深国投发行的"深国投-赤子之星"面世，开创了银行、信托、私募合作的新模式，让私募基金走入大众视野。2012 年，非公开募集基金被纳入《中华人民共和国证券投资基金法》，私募得到法律上的认可。2014 年，私募备案制确立，通过基金业协会登记的私募基金管理人可自主发行产品。2016 年，监管层推动构建私募自律监管体系，从私募基金、管理人两个方面执行全流程、强监督，基金业协会注销的空壳私募超过 1 万家。此后，行业管控的细则在不断优化的监管体系之下得以完善，并逐渐与大资管行业的发展接轨。

截至 2025 年 3 月，存续私募基金管理人有 19 951 家，其中，私募证券投资基金管理人有 7 860 家，私募股权、创业投资基金管理人有 11 894 家，私募资产配置类基金管理人有 6 家，其他私募投资基金管理人有 191 家；管理基金数量为 142 278 只，管理基金规模为

19.97万亿元。[①]

案例窗11-1

拓展阅读11-1

关键术语

投资基金 封闭式基金 开放式基金 公募基金 私募基金 证券投资基金 产业投资基金

复习与思考

1.简述对投资基金概念的理解。

2.论述投资基金的产生与发展。

3.投资基金的分类有哪几种?

4.证券投资基金和产业投资基金的区别有哪些?

5.论述投资基金的运作方式。

6.国际投资基金组织包括哪些? 了解其主要职责和主要职能。

7.论述中国投资基金的概况。

阅读分析

BAI领投的数字银行Stori获得1 000万美元A+轮融资

2020年2月24日,墨西哥数字银行Stori宣布获得1 000万美元的A+轮融资,由BAI和源码资本领投,老股东元璟资本追投。Stori还宣布在墨西哥正式发行Stori数字信用卡,在全球信用卡网络可以使用的实体信用卡的基础上增加了市场领先的全线上申请和使用的产品体验。本轮融资主要用于加强大数据和人工智能平台,招募人才,服务更多的墨西哥客户。自2018年成立以来,Stori已经筹集了超过1 700万美元。在全球范围内,数字银行这一赛道可谓风起云涌,自2017年以来,全球共有12家数字银行累计融资超过1亿美元,超过40家创业公司融资超过3 000万美元;其中,代表企业Nubank和Chime更是累计募集近10亿美元。Stori的成功募资再次印证了资本市场对数字银行赛道以及该团队的看好。

Stori的这一切始于20多年前的一张信用卡的故事。当时Stori的联合创始人兼首席执行官谌斌在美国读研。他出生于中国最贫困的地区之一,完全依靠美国大学提供的奖学金来维持生计。不幸的是,奖学金还是不够,他眼看着最后几个月的生活费没有着落了。幸

---

① 本部分资料来自中国证券投资基金业协会。

好美国的一家信用卡公司批给了他一张信用卡，成为他当时唯一能够拿到的解决生活费的周转工具。毕业后谌斌加入了为全美低收入人群提供银行服务的Capital One，并在那里学会了很多管理信用卡和存款产品的经验。后来他在波士顿咨询和万事达卡任职，与中国、韩国和美国的许多银行和信用合作社合作，为消费者和小型企业开发合适的产品。这些新产品中有一些已经为数百万的客户所拥有。

Stori为勤奋努力的墨西哥人提供同样的机会。其开发了强大的大数据和人工智能平台，在全球人才和资源的支持下，打造出一支出色的墨西哥团队；加速平台、人员、品牌建设和客户量增长，推动普惠金融的发展。

墨西哥拥有1.3亿人口，人均国内生产总值超过9 600美元；但是，只有15%的消费者能获得银行贷款，不到40%的成年人拥有银行账户。Stori的使命就是在拉丁美洲建立一家领先的数字银行，以墨西哥为起点，用技术推动普惠金融。Stori的技术和产品致力于让墨西哥的普通大众享受到高质量的银行产品服务，并帮助他们书写自己的理财故事。

资料来源：黄希. 数字银行Stori宣布获得1000万美元A+轮融资［N］. 国际金融报，2020-02-19.

思考题：结合本章学习，讨论投资基金对墨西哥的重要性。

第十二章 国际投资创新

内容提要

　　国际投资是投资者为获取预期的效益而使资本或其他资产在国际流动。本章将详细说明目前国际市场中的创新投资工具以及最新国际投资方式。掌握这些新型投资方式有助于了解世界各国国际投资最新成果，更好理解国际投资。

❖ **导读**

比特币：小心变成伤人的"刀币"

　　比特币，这个诞生于2009年的加密货币，从一开始就备受争议，争议的焦点除了集中在"是否是一个骗局"外，还有针对其忽冷忽热的"暴脾气"和其与生俱来的"不安分"。它曾有过触及70 000美元的"高光时刻"，也有过1美元的"小白时代"。这种如"过山车"般的暴涨暴跌贯穿了整个发展过程，也彰显了其作为虚拟货币投机属性突出、投资风险巨大的特性。一直以来，比特币因价格波动幅度大而被投资者视为高风险资产。

　　"比特币柜台"网站公布的数据显示，在2013年，比特币冲高到1 000美元，之后大幅回撤到150美元。2017年，由于散户投资者的追捧，比特币价格一路飙升，到当年12月中旬曾触及接近20 000美元的高点。进入2024年，在投资者持续买入和支付机构支持的背景下，比特币现货价格2024年3月首次突破65 000美元，相较2023年3月的28 000美元价格上涨了约132%，之后持续上涨，直至2024年4月15日创下历史新高——约69 000美元。

　　比特币的高波动性与中介机构的推波助澜有很大关系，追捧虚拟货币的机构中介非常擅长用晦涩难懂的科技术语、夸张但看起来"很真实"的造富故事，来说服投资者入场，从而创造市场盲目投资的"羊群效应"。

　　比特币价格的高波动性主要是由市场不成熟造成的，交易商非常容易受情绪影响，导致市场出现极端反应。另外，受追求收益等情绪推动，很多普通投资者未仔细考量风险即开始投资比特币。

　　近年来，虚拟货币风生水起，引得不少人趋之若鹜。比特币等虚拟货币的野蛮生长给现有主权国家的金融秩序带来明显挑战，比特币等虚拟货币作为投资品该如何监管，成为近期各国监管表态的重点。

　　美国财政部将对加密货币市场和相关交易采取更严格的监管举措，以防止逃税等非法行为滋生。未来，加密货币和加密资产交易账户以及接受加密货币的支付服务账户将纳入政府监测范畴，市值1万美元以上的加密资产相关交易则需向美国国内收入署报备。

印度政府也表示，将提出加密货币和官方数字货币监管法案，希望禁止除少数私人币种外的所有加密货币。墨西哥中央银行、财政部、国家银行和证券委员会也联合声明，禁止在该国金融体系中使用比特币。墨西哥所有金融机构未经授权不得提供相关服务，违者将受到处罚。日本和韩国监管机构也已采取措施，对金融机构持有和从事比特币货币交易加强监管。

要坚决防控金融风险，打击比特币挖矿和交易行为，坚决防范个体风险向社会领域传递。

资料来源：徐强. 比特币：小心变成伤人的"刀币"[N]. 深圳特区报，2021-12-14（A11）.

思考题：中国禁止发售比特币的原因是什么？

第一节　国际金融产品创新投资

一、期货投资基金

期货投资基金（futures investment fund）或叫管理期货基金，是指由专业的资金管理人运用客户委托的资金自主决定投资于全球期货市场，以获取收益并收取相应的管理费和分红的一种基金组织形式。[①]随着我国期货市场的稳步健康发展，期货投资基金体系建设迫在眉睫，它不但使投资者享受到专业化管理和规模经营的服务，还可以有效防止期货市场风险波及社会，有利于期货市场及社会的稳定，为整个市场的发展繁荣创造良好的条件。期货投资基金是期货市场改革创新的一个重要产物，在推动期货市场稳步健康发展等方面有着积极作用。建设期货投资基金体系，能够有效激发广大期货投资者的热情，使其更加理性、科学地进行投资，维护期货市场的秩序；能够更有效地保障投资者利益，为我国金融业的健康发展注入活力和提供动力。同时，期货市场的发展会进一步助力期货投资基金体系的构建。[②]

二、期权基金

期权（option）也是一种合约，是指在一定时期内按约定的价格买入或卖出一定数量的某种投资标的的权利。如果市场价格变动对一方履约有利，其就会行使这种买入或卖出的权利，即行使期权；反之，其亦可放弃期权而听任合同过期作废。作为对这种权利占有的代价，期权购买者需要向期权出售者支付一笔期权费（期权的价格）。[③]期权基金是互

---

① 中国人民大学信托与基金研究所. 中国信托业发展报告2010 [M]. 北京：中国经济出版社，2010：239.

② 谢新. 探讨期货投资基金与期货市场发展 [J]. 现代营销（经营版），2018（9）：201-202.

③ 乔伟. 国际金融：理论·实务·管理 [M]. 北京：中国经济出版社，1996：269.

惠基金的一种，投资于期权交易合约，为同一基金管理公司所管理基金家族中的辅助品种，用来对其他基金风险进行对冲。[1]

期权基金（option fund）是指以能分配股利的股票期权作为投资对象的基金。其投资目的是获取最大的当期收入。当期收入主要来自股利分配、出售期权的收入、买卖组合证券的期权中净短期利得，以及从结束购买交易中所得的任何利润。期权基金的风险较低，适合谋求稳定收入的投资者。

由于期权交易事先将损失控制在一定限度内，所以，自1973年出现有组织的交易后，交易范围从早期的普通股票扩大到公债券、股票指数、外币以及其他债务凭证。这样，期权基金的投资范围也随之扩大。[2]

三、股票指数基金

简单来说，股票指数基金通常是指选用多个股票指数或产品组合的一种投资组合或投资策略，进而构建相应的指数基金。[3]其中，股票基金是以股票为投资对象的投资基金，是投资基金的主要种类。股票基金的主要功能是将大众投资者的小额投资集中为大额资金。[4]两者都可通过投资组合专业手段降低一定的风险。

证券市场产品创新，是当今资本市场发展的主要特点，尤其是最近十多年更是突飞猛进、层出不穷，这些产品创新很多都是围绕着股票价格指数进行的。股票指数基金、股指期货、股指期权等的涌现，正反映这种动向。[5]

股指期货（stock index future）是一种金融期货，是以股票市场的价格指数作为交易标的物的金融期货品种。股指期权（stock index option）也称指数期权，是以股票指数为行权品种的期权合约。它们都是把股票指数作为标的物，分为宽幅和窄幅两种。宽幅指数囊括数个行业多家公司，而窄幅指数仅涵盖一个行业数家公司。

股票基金与股票指数基金的区别是：

（一）投资方式

股票指数基金提供的投资方式较为方便、简单，因为不需要自行选股，所以投资者不需要担心基金经理是否会改变投资策略，谁当基金经理就显得不十分重要。而不同的基金经理管理的基金往往差别是非常大的。因此，选择股票基金的投资者需要谨慎挑选基金公司，并注意所投的基金是否由有实力、过往业绩优异的基金经理管理。

① 马惠明. 英汉证券投资词典［M］. 北京：商务印书馆，2007.
② 刘国光. 投资基金运作全书［M］. 北京：中国金融出版社，1996：20.
③ 黄济生. 资产组合分析与管理［M］. 上海：立信会计出版社，2009：145.
④ 中国证券业年鉴编辑委员会. 中国证券业年鉴（1998）（下）［M］. 北京：中国经济出版社，1998：720.
⑤ 王在全. 股票投资一本通［M］. 北京：科学技术文献出版社，2009：285.

（二）投资成本

低成本是股票指数基金最突出的优势。基金费用主要包括管理费用、交易成本和销售费用。由于股票指数基金采取持有策略，不用经常换股，因此，其费用一般要远低于股票基金等主动型基金，这方面的成本差异有时可达1%～3%。

（三）投资风险

股票指数基金和股票基金面临的主要风险是不同的。股票指数基金面临的主要是系统性风险，而系统性风险是不可以通过分散投资消除的。行情好的时候，股票指数基金涨得比其他基金相对要快；但行情差的时候，跌得也比其他基金要快，缺乏抗跌性。

股票基金除了面临市场波动风险外，其盈亏还在很大程度上取决于基金经理对市场和个股的选择和判断。如果股市暴涨，而此时基金经理没有作出正确的判断，没有加仓或来不及加仓，股票基金收益就会大幅缩水，相比之下股票指数基金收益就要大很多。同理，在单边下跌行情中（即股票只有下跌，没有上涨的），在正确判断下，股票基金往往可以通过及时减仓减少损失，将下跌损失控制在股票指数基金之下。

第二节　互联网金融

互联网发展到今天，已经开始与传统金融业融合，两者的融合将有效降低服务成本、提高服务效率，更有利于普通消费者。了解互联网金融的含义、特点和我国互联网金融的演进阶段，有助于我国完善金融体系，顺应时代发展潮流。

一、互联网金融的含义

从广义上来讲，金融的本义为资金的融通，与货币的发行、流通相关的就是金融；从狭义层面来理解，金融仅指货币的融通，即资金在各个市场主体之间融通转移的过程。这一转移过程可以分为两种形式：一是直接融资；二是间接融资。直接融资的主要表现形式是资金需求者直接向资金提供者融资，最典型的直接融资方式就是股票和债券。间接融资的主要表现形式是资金需求者通过中介机构获得资金，不直接与资金提供者对接。这种方式以商业银行为代表。由于广义金融和狭义金融的存在，互联网金融也存在相应界定，是"既不同于商业银行间接融资，也不同于资本市场直接融资的第三种金融融资模式"，其核心是利用互联网技术实现资金融通与信息中介服务。①

从广义金融的角度来看，互联网金融是互联网"开放、平等、协作、共享"的精神，与传统金融行业相互渗透形成的新领域。广义的互联网金融包括传统金融产品的线上营销、金融中介、第三方支付平台等，但并不仅限于此。从狭义金融的角度来看，互联网金融应该界定在与货币的信息化流通相关的层面，即资金的融通无论是通过直接还是间接的

---

① 谢平，邹传伟. 互联网金融模式研究［J］. 金融研究，2012（12）：11-22.

方式，只要依托互联网技术完成即属其范畴，其本质仍是"金融"，但技术重构了金融的实现路径。[①]

互联网金融是传统金融机构与互联网企业利用互联网技术和信息通信技术实现资金融通、支付、投资和信息中介服务的新型金融业务模式。根据宽泛的分类标准，其业态有第三方支付、众筹、互联网基金销售、互联网保险、互联网信托、互联网银行、互联网消费金融、在线供应链金融以及虚拟货币等。

在我国，从事互联网金融业务的企业需要获得相关审批部门颁发的金融牌照。互联网金融牌照是指用于互联网金融机构的经营许可证，是批准金融机构开展互联网金融相关业务的正式文件。任何一张互联网金融牌照都是依据一定的法律、法规和规章等发放的。获取牌照的方式主要有两种：一是申请获取；二是收购获取。由于申请获取速度较慢，且一些牌照的颁发处于暂停状态，收购获取这种更为便捷的方式越来越受到企业的青睐。我国相关部门已对部分从事互联网金融的企业实施金融牌照监管。

二、互联网金融的特点

（一）即时性与移动化

随着智能手机、平板电脑等移动端设备的推出，其便于携带、功能丰富、操作简单的特点，使用户可以使用互联网提供的金融服务。利用互联网，用户可以通过智能手机、平板电脑等客户端随时随地转账、支付、购买理财产品等。

（二）覆盖面广与发展速度快

互联网金融在我国的发展主要是以互联网的发展为基础，同时依靠电商平台的快速覆盖。网络将自身的特点赋予互联网金融，可以对全球进行有效的覆盖，打破传统地域的限制，并且突破时间上的约束。金融与互联网结合，业务覆盖范围将会扩大，将会有更多的客户。《中国互联网金融发展报告》显示，我国互联网金融用户规模从2013年的3.2亿增长至2023年的9.8亿，年均复合增长率达11.7%，农村与偏远地区用户占比逐年提升。

（三）互动强与透明化

互联网的发展逐渐从PC端向移动端渗透，越来越多的移动应用应运而生。移动应用具有很强的互动性，如微信、微博、小红书等，可以实现交流沟通、获取资讯等目的。信息在网络上快速传播的特点，使得用户能够在第一时间获取信息，信息更为透明和公开。

（四）低成本与高效率

互联网金融在降低交易成本的同时提高了效率。互联网金融业务操作流程趋于规范化、标准化，所有的业务都在计算机或智能手机上进行操作，客户不需要去银行网点排队

---

① 吴晓求. 互联网金融：逻辑与结构［M］. 北京：中国人民大学出版社，2015.

等候，降低了时间成本。除此之外，计算机在业务处理上效率更高，可以使客户体验得到改善，提升客户满意度。

（五）管理弱与风险大

虽然互联网金融平台可以通过大数据来进行客户的信用调查，但没有与中国人民银行征信系统对接，大量的数据信息不能够共享。与传统商业银行相比，互联网金融的风险控制能力还不足，加强这方面是今后工作的重点。此外，互联网金融在我国发展时间还不长，缺乏必要的行业规范和法律监管，面临法律风险和政策风险。

三、我国互联网金融的演进阶段

我国互联网金融的演进大致可分为传统金融机构网络化、金融的互联网居间平台、互联网与金融相互渗透阶段。这些阶段按时间顺序不断演进深化，在时间上存在重叠，以下划分不是非常严格。

（一）起步阶段（1997—2003年）：传统金融机构网络化

该阶段是我国互联网金融的起步阶段。传统金融机构网络化是一种广义的互联网金融，是传统金融机构借助互联网平台的快捷和广度，将自身金融业务进行延伸的一种模式，也可以理解为金融机构的信息化。在这一阶段，互联网金融的形式是我们最为熟悉的，如网上银行和手机银行，都是商业银行将传统金融服务向线上转移，从时间和空间两个角度对金融机构的服务进行扩展，为客户提供方便、快捷的金融服务。在外资银行进入我国电子银行领域后，中资银行电子银行业务在国际上也获得了很高的评价，并在发展中不断地进行完善。

（二）发展阶段（2004—2012年）：金融的互联网居间平台

该阶段是我国互联网金融的发展阶段。

1. 第三方支付

我国首家第三方支付公司成立于1998年，全面应用是从2005年开始的。2005年，马云首次提出电子商务需要一个具有安全保证的环境，交易环节的安全是保证支付安全的重要前提。支付宝在2005年年初出现。同年，第三方支付平台的全面应用成为电子商务发展的新趋势，开始大规模出现并快速发展（如图12-1所示）。从广义角度看，第三方支付是指非金融机构所提供的网络支付等其他支付服务。第三方支付在其中起到支付中介的作用。2017年1月13日下午，中国人民银行发布了一项支付领域的规定——《中国人民银行办公厅关于实施支付机构客户备付金集中存管有关事项的通知》，明确了第三方支付机构在交易过程中产生的客户备付金，今后将统一交存至指定账户，由央行监管，支付机构不得挪用、占用客户备付金。2018年3月，网联下发42号文督促第三方支付机构接入网联渠道，明确2018年6月30日前所有第三方支付机构与银行的直连都将被切断，之后银行不会再单独直接为第三方支付机构提供代扣通道。

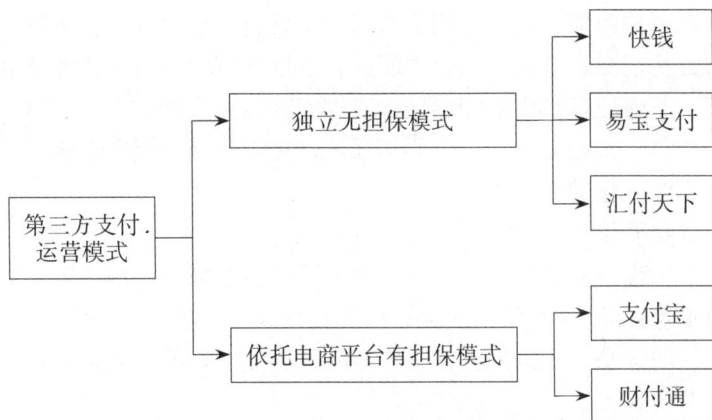

图12-1　第三方支付运营模式

第三方支付的兴起给传统商业银行造成了一定程度的冲击。第三方支付公司利用系统中累积的客户信息，与金融机构合作，为客户提供便捷且具有针对性的金融服务。同时，随着第三方支付平台的不断发展，逐步涉及保险、基金等个人理财金融业务，与商业银行的业务重叠范围不断扩大，与传统商业银行形成了一定的竞争关系。主流的第三方支付企业积极寻求业务多元化，一方面，沿营销和金融信贷等方向进行新型服务的拓展；另一方面，开始向移动支付布局。

2.众筹平台

"众筹"一词最早源于国外的crowd funding，意为大众筹资或群众投资。它作为一种商业模式，起源于美国。伴随着我国互联网金融的兴起，我国众筹平台也开始进入起步阶段。截至2024年4月底，我国处于运营状态的众筹平台共有59家。①

众筹平台的运营模式并不复杂，平台对资金需求者的项目方案进行审核，通过审核的项目可以在网站上创建自己的页面，对产品进行有吸引力的宣传，如对产品的一些细节进行详细、充分展示，从而获得对项目感兴趣的出资人的资金支持。这一筹资平台是募集资金和社交平台的有效结合，可以使资金完成在不同个体间的流动。这种模式有3个有机组成部分：项目发起人（筹资人）、公众（出资人）和中介机构（众筹平台）。

2018年，为实现网络众筹平台行业的规范化发展，"爱心筹""轻松筹""水滴筹"三大网络众筹平台联合发布了《个人大病求助互联网服务平台自律公约》《个人大病求助互联网服务平台自律倡议书》，希望通过行业自律的方式实现行业自治。

（三）创新阶段（2013年至今）：互联网与金融相互渗透

该阶段是我国互联网金融的创新阶段。

1.大数据金融

大数据首先意味着海量的数据。大数据金融将海量结构化和非结构化数据进行收集，通过分析这些海量结构化和非结构化数据，将尽可能多的用户信息提供给互联网金融企业。大数据金融能够帮助互联网企业挖掘并分析用户的交易和消费信息，从中找出相应规

---

① 前瞻产业研究院数据。

律，以掌握客户的消费习惯，从而对用户未来的消费行为进行预测。互联网金融的这一模式不仅需要数据分析能力，还需要保持来源的合法性和持续性等。近些年我国金融业加速转型、深化改革，不断地寻求创新和突破，以求完善我国金融体系。大数据时代的到来将带来金融业的大变革，各金融机构不仅要加强风险控制，还要具有创新意识，提升业务管理理念，来满足不断变化的市场需求。

2.商业银行电商平台

从经营模式上来说，商业银行通过自建电商平台，积极打破内部各部门的相对孤立状态，形成"网银+金融超市+电商"三位一体的互联网平台，为商业银行和中小微企业的合作搭建了平台，增强了商业银行服务实体经济的职能。目前，我国商业银行的电子平台分为以下几种经营模式：

（1）B2B和B2C相结合的模式

在这种模式中出现了第三方的身影，所针对的对象更加多元化，金融业务种类多样化成为其特点。例如，2012年，中国建设银行推出自建电商平台"善融商务"，选择了B2B和B2C相结合的模式。

（2）侧重B2B的模式

我国B2B电子商务金融服务受到社会广大金融主体以及中小企业的关注，在我国新形势下的金融市场当中B2B电子商务金融服务也具有广阔的市场生机。[①]B2B电子商务模式以中国农业银行为典型代表。2013年4月，中国农业银行推出"E商管家"电子商务平台，主要提供B2B交易金融服务。"E商管家"为传统企业提供了一系列商务金融综合服务，包括提供供应链管理、线上线下的一站式服务及云服务等项目，促进传统企业向电商转型，为企业实现电商梦提供金融支持。

（3）网上商城模式

这种模式侧重对本行客户的B2C服务。目前大多数商业银行都有自己的网上商城。网上商城为客户提供在线服务、信用卡分期付款等服务，为顾客提供购买物品上的方便。但在现有情况下，该模式还存在客户单一、业务范围窄等问题。[②]

第三节　普惠金融

一、普惠金融的概念

联合国把普惠金融（financial inclusion）定义为能有效、全方位地为社会所有阶层和群体提供服务的金融体系。这一概念最早被联合国用于"2005国际小额信贷年"的宣传中，后被联合国和世界银行大力推行。其主要包括四个方面的内容：一是家庭和企业以合理的成本获取较广泛的金融服务；二是金融机构稳健，要求内控严密、接受市场监督以及

---

① 丁心童. 关于B2B电子商务金融服务的探讨 [J]. 商场现代化，2019（9）：46-47.
② 白杰. 我国互联网金融的演进及问题研究 [D]. 保定：河北大学，2014.

健全的审慎监管；三是金融业实现可持续发展，确保长期提供金融服务；四是增强金融服务的竞争性，为消费者提供多样化的选择。

普惠金融最初的基本形态是小额信贷和微型金融，经过多年发展，已基本涵盖了储蓄、支付、保险、理财和信贷等金融产品和服务。其中，有的侧重交易的便利，有的侧重居民生活的改善，有的侧重对创业投资的支持。无论采取哪种方式，普惠金融最终都将着力于提高资源配置效率和增进社会福利。[①]

自我国引入普惠金融概念，决策层高度重视。2013年11月，党的十八届三中全会通过《中共中央关于全面深化改革若干重大问题的决定》，提出"发展普惠金融。鼓励金融创新，丰富金融市场层次和产品"。至2020年年底，国务院印发《推进普惠金融发展规划（2021—2025年）》，将普惠金融的实施纳入国家战略层面，并明确普惠金融的概念是指立足机会平等要求和商业可持续原则，以可负担的成本为有金融服务需求的社会各阶层和群体提供适当、有效的金融服务。[②]对于中国而言，普惠金融旨在解决现实中"三农"、中小企业等弱势领域的金融支持问题，通过提供优质、高效的金融服务，帮助弱势群体或企业充分利用金融资源，提升自身的经济能力和社会地位，促进经济和社会的协调发展。[③]

二、金融机构的普惠金融创新

（一）组织创新

好的组织结构可以依赖内部运营机制的设置提高效率、降低成本，实现规模化收益。商业银行要有效推进普惠金融业务发展，可以在原有体制框架外积极探索构建新的经营管理体系，将商业银行原有的部门资源和功能进行整合，在机构设置和功能方面与弱势群体实现对接，从而增加信息的透明度，增强信息生产功能。

（二）技术创新

商业银行可以通过引入"信贷工厂"模式，开展明显有别于传统小企业信贷操作的新型运作模式。在该模式中，标准化、模块化的流程操作并未忽视和放弃对贷款需求企业的"软信息"采集，重点强化了对企业商业信用和相关信息的采集、整理，并总结归纳出了企业客户八步评价法、小企业客户筛选模型法、小企业非财务因素分析法、小企业客户现金流量管理法、小企业客户风险因子归纳法五大核心技术，通过这些引入企业"软信息"后的创新技术，对小企业进行归类分层，在服务介入目标的前提下，对不同类型企业的差异化的商业信用、相关信息等各类商业基础信息进行分类采集并给予标准化，将其与银行

① 焦瑾璞，黄亭亭，汪天都，等. 中国普惠金融发展进程及实证研究 [J]. 上海金融，2015（4）：12-22.

② 陆岷峰，徐博欢. 普惠金融：发展现状、风险特征与管理研究 [J]. 当代经济管理，2019，41（3）：73-79.

③ 王婧，胡国晖. 中国普惠金融的发展评价及影响因素分析 [J]. 金融论坛，2013，18（6）：31-36.

信用条件进行比对耦合，融合形成更为贴近市场和客户实际的小企业信用信息体系，有效降低了实际业务中的信息不对称，打开了银行资金进入小企业的大门。[①]

第四节 虚拟货币

一、虚拟货币的概念与分类

（一）虚拟货币的概念

目前国内外对于虚拟货币尚未形成统一定义。2012年欧洲央行发布了第一份关于虚拟货币计划的报告，定义虚拟货币是一种不受监管的数字货币，由其开发者发行并控制，并在特定虚拟社区成员间使用和接受。美国财政部金融犯罪执法局（Fin CEN）将虚拟货币定义为在某些环境中像货币一样运行，但在任何司法管辖区均不具有法定地位的货币。2014年6月，反洗钱金融行动特别工作组（FATF）发布《虚拟货币：关键定义和潜在的反洗钱（AML）/反恐怖主义融资（CFT）风险》报告，将虚拟货币界定为一种衡量价值的数字表现形式，可通过数字方式进行交易，主要功能为交换媒介、计算单位和价值储存物，但不具有法定货币地位，不受任何司法管辖区的发行或担保，仅通过虚拟货币用户社区协议履行上述功能。[②]

图12-2展示了虚拟世界与物理世界货币及商品交易过程。表12-1展示了世界目前主要的虚拟货币情况。

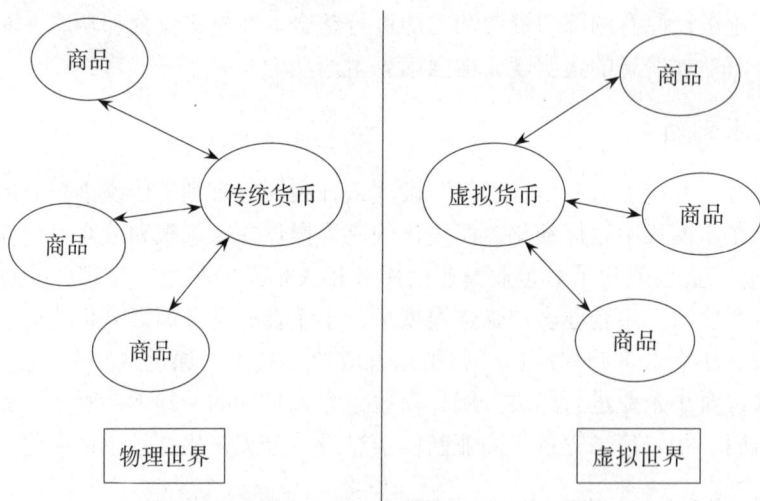

图12-2 虚拟世界与物理世界货币及商品交易过程

---

① 耿欣. 普惠制金融的创新路径探索 [J]. 南方金融，2012（11）：86-88；95.

② 盖宁. 反洗钱视角下的虚拟货币监管：国际标准与中国实践 [J]. 北方金融，2021（11）：38-41.

表12-1　　　　　世界主要虚拟货币情况（截至2024年12月31日）

序号	货币	符号	发行时间	创始人/公司	活跃	比特币基础	算法
1	比特币	BTC	2009年	中本聪	是	是	SHA-256
2	瑞波币	XRP	2011年	Ripple Labs（其前身是OpenCoin）	是	是	SHA-256
3	狗狗币	DOGE	2013年	比利·马库斯（Billy Markus）和杰克逊·帕尔默（Jackson Palmer）	是		
4	以太坊	ETH	2014年	维塔利克·布特林（Vitalik Buterin）	是	否	Ethash
5	泰达币	USDT	2014年	Tether公司	是	是	SHA-256
6	艾达币	ADA	2015年	查尔斯·霍斯金森（Charles Hoskinson）和杰里米·伍德（Jeremy Wood）	是	否	Ouroboros
7	币安币	BNB	2017年		是		
8	波场币	TRX	2017年	波场基金会（TRON Foundation）	是	是	DPoS
9	美元硬币	USDC	2018年	Centre Consortium	是		
10	索拉纳	SOL	2020年	阿纳托利·亚科文科（Anatoly Yakovenko）	是	索拉纳	SOL

资料来源：作者根据币界网的信息查询整理。

（二）虚拟货币的分类

1.可兑换和不可兑换的虚拟货币

（1）可兑换的虚拟货币

可兑换的虚拟货币具有真实货币的价值、可与法定货币、其他虚拟货币进行自由兑换，如比特币。

可兑换的虚拟货币又可分为中心化虚拟货币和去中心化虚拟货币。例如，Q币等有具体网络游戏运营商或平台作为发行方的货币，为中心化虚拟货币；比特币等无专门发行方，不依赖中央银行、政府机构以及网络运行平台担保，需要通过用户"挖矿"获得的货币，为去中心化虚拟货币。

（2）不可兑换的虚拟货币

不可兑换的虚拟货币仅在特定的虚拟世界使用，根据其使用规则兑换法定货币或其他虚拟货币，如Q币、魔兽世界金币。[①]

2.狭义和广义虚拟货币

根据发行主体和流通范围不同，虚拟货币主要可分为两类：

① 盖宁.反洗钱视角下的虚拟货币监管：国际标准与中国实践［J］.北方金融，2021（11）：38-41.

（1）狭义虚拟货币

狭义虚拟货币是指网络服务运营商发行的、能够在互联网上存在的、购买发行主体服务商或者签约服务商所提供的虚拟商品或服务的电子数据或者符号，即网络虚拟货币。

（2）广义虚拟货币

广义虚拟货币是指除包含狭义虚拟货币外，由一定的发行主体以公用信息网（如互联网等）为基础，以计算机技术和通信技术为手段，以数字化的形式存储在网络或有关电子设备中，并通过网络系统以数据传输方式实现流通和支付功能的网上等价物，即无实体的货币。我们经常提到的"电子货币"属于广义虚拟货币，是由中国人民银行发行的法定货币的电子信息形式，可以广泛地被除发行者之外的地方接受。①

二、虚拟货币的特征

（一）虚拟性

虚拟货币的虚拟性表现在两方面：一是虚拟货币没有特定的物质形态，本质上是一种数字化的信息，是看不见、摸不着的。二是虚拟货币是以网络为介质，存在于网络虚拟空间的。虚拟货币只能在网络虚拟空间中使用，充当一般等价物，作为虚拟商品的交易媒介及虚拟财富的储藏手段。虚拟货币不能直接购买现实世界中的产品，也不能作为现实世界的货币使用，因此从是否能够在现实世界使用的角度来看，虚拟货币具有虚拟性。

（二）非法定性

非法定性是指虚拟货币不是靠国家法律强制流通的，不具有法偿性和强制性，是脱离于银行货币体系的。它有两个内涵：

第一，虚拟货币的发行、流通与销毁是市场行为，不受或较少受政府的管制。虽然出于支付安全或某些特殊需要，政府会对虚拟货币的发行作一些限制，如我国规定不记名预付卡的单张最大面额不能超过 1 000 元，但就整体而言，虚拟货币的发行是由企业或市场主导的。这是由于虚拟货币不仅在特定环境下行使货币职能，而且通常是企业营销策略的一部分，如赠送的消费点券。由于虚拟货币流通依靠企业自建的虚拟货币支付结算体系，脱离于银行系统，政府也无法对其流向与回收进行有力的监管，因此可能引发一些金融风险，比如过度信用膨胀引发的兑付风险。

第二，虚拟货币具有价值或价值背书。绝大多数虚拟货币，包括互联网企业或线下企业发行的虚拟货币，被公众接受大多是依靠企业信用，即企业承诺会通过商品、服务形式对虚拟货币进行偿付，因此它们是企业负债，有价值背书，在其流通范围之内是一种信用货币，不同于无任何价值背书的法定货币。比特币是一种特殊的虚拟货币，它是由普通民众通过"挖矿"的特定劳动而产生的，其发行并没有任何企业或其他机构的价值背书。但不同于法定货币的是，它本身具有价值，这个价值来源于它的稀缺性，类似于贵金属货币。

---

① 吴晓光，董海刚，李良. 论加强对虚拟货币市场的监管 [J]. 南方金融，2012（1）：30–33.

（三）非真实性

非真实性是指虚拟货币并非真实货币。既然货币的充要条件是可接受性与货币职能，非真实性就体现在两点：一是局部的可接受性；二是有限的货币职能。前者表示虚拟货币具有有限的流通范围。大多数虚拟货币是在发行企业自身经营范围内流通。比如，网络游戏虚拟货币的使用范围仅限于兑换发行企业自身所提供的虚拟服务。有些虚拟货币可以购买发行机构的合作企业（特约商户）的服务和产品，典型的是多功能预付卡。有些信用较好的虚拟货币还可以在特定虚拟社区的用户间流通。比如在很多游戏交易平台上，Q币就被用于玩家之间的游戏装备、游戏账号等虚拟物品交易。

（四）货币性

虚拟货币作为一种货币必然具有货币的全部或者部分特征。虚拟货币是虚拟世界中充当一般等价物的特殊虚拟商品。其也具有虚拟世界中的价值尺度和流通手段的职能。作为一种货币，其也具有普遍的接受性。虚拟货币具有我们所探讨的货币所具有的基本属性，只是在存在的具体形式上与一般货币存在差别。①

三、虚拟货币产生的影响

（一）虚拟货币对现行货币体系的影响

1.虚拟货币对货币供给的影响

在互联网的虚拟市场中，虚拟货币作为流通的硬通货，取代了人民币的流通。当虚拟市场比较小时，这种影响是可以忽略的；但是，随着网络经济对实体经济的影响日益深化，虚拟经济的规模不断扩大，虚拟货币的流通将会影响到实体经济中的法定货币。

虚拟货币是由各个网络运营商发行的，具有明显的市场竞争的特征。虚拟货币被发行之后，尤其在虚拟经济广泛流通的时候，会使得货币供给量增加，货币乘数也会变大，中央银行对货币发行的垄断性就会受到冲击，货币政策的传导机制也会受到影响，面对危机时宏观政策的有效性就会受到冲击。

2.虚拟货币对货币需求的影响

费雪通过分析市场商品和服务的交易及其价值，得出了货币需求函数：

$MV=PT$

式中：M 为货币存量；V 为货币流通速度；T 为市场商品和服务的交易总量；P 为商品和服务价格。这个公式并没有涉及虚拟市场的交易及其所需要的货币量。

当考虑到虚拟市场的时候，扩展的费雪方程式变为：

$EV=PH$

① ［1］苏宁. 虚拟货币的理论分析［M］. 北京：社会科学文献出版社，2008：21.［2］李琪，李佩. 虚拟货币特征及其相关理论探析［J］. 湖北社会科学，2015（9）：86-91；125.

式中：E 为虚拟货币数量；V 为货币流通速度；H 为虚拟商品和服务的总量；P 为虚拟商品和服务价格的加权平均数。

当虚拟货币的发行量多于人们对虚拟商品和服务的需求时，虚拟商品的价格就会下降，人们用很少的钱就可以获得更多的虚拟货币和虚拟商品，甚至人们通过完成任务或者相互赠送就可以获得，便不会将传统货币流入其中，整个虚拟经济的货币和商品都具有低档物品的特点，几乎不会影响到传统货币的需求。

3.虚拟货币对货币政策的影响

（1）虚拟货币会冲击中央银行的货币发行权

如今虚拟货币的发行类似于自由经济主义者提出的货币非国有化，这种基于微观主体实际购买量而发行的货币，在一定程度上有利于实现资源的有效配置，虽然对国家货币发行权造成冲击，但是缓解了央行作为政府"出纳"部门的弊端。同时，由于纸币在印刷和管理过程中的费用要大于电子货币，因此，发行纸币所获得的铸币税要少于电子货币。相对整个社会而言，电子货币的发行导致铸币税增加，也使社会财富增加。

（2）虚拟货币影响以货币供应量为中间目标的货币政策

虚拟货币出现之后，货币供给量发生变化，央行的统计范围将发生变化，虚拟货币的流通量也应该计入统计范围内，以货币供应量为中间目标的货币政策的有效性将受到质疑。此外，互联网改变了原有的理论界限，其可以瞬间向世界各地流转，金融危机可以迅速在国际范围内流转。①

（二）虚拟货币对金融体系的影响

1.虚拟货币对货币乘数的影响

基础货币是货币供给的源泉，货币供给量之所以可以数倍于基础货币，是由于商业银行信用扩张或派生存款。我们称这个扩张的倍数为货币乘数。根据货币供给量的公式，货币乘数可以表示为：

$$m = \frac{M}{B} = \frac{1 + k + t}{r_d + r_t + e + k}$$

式中：r_d 为活期存款的法定准备金率；r_t 为定期存款的法定准备金率；e 为超额准备金率；k 为现金漏损率（也称现金与活期存款的比率）；t 为定期存款与活期存款的比率。其中，r_d 和 r_t 由央行决定，e 由商业银行决定，k 和 t 由社会公众（即货币的持有者）决定。由此可见，货币乘数是由中央银行、商业银行和社会公众共同决定的。

因为初级虚拟货币既不与传统货币绑定，又无需传统货币购买，所以该类货币缺乏从虚拟世界到现实世界的桥梁，不会影响现实世界中的金融体系。对高级虚拟货币而言，由于其与传统货币的绑定，在现实世界具备一定的购买力，因此会对金融体系的货币乘数造成一定的影响。

（1）虚拟货币的购买可能导致货币乘数的上升

若用户利用现金购买虚拟货币，而且此现金并非取自银行存款，还是其习惯性持有的

---

① 王瑞. 虚拟货币对货币供求体系的效应分析［J］. 时代金融，2016（8）：12；14.

日常现金，则体现为购买者现金数量减少，高级虚拟货币发行者银行存款增加实际上就是用户的现金漏损率降低；但是货币乘数中的其他参数并不受此购买过程的影响。

假设t、r_d、r_t、e不变，由货币乘数公式可知，现金漏损率k降低，货币乘数m会上升。

（2）虚拟货币的使用可能导致货币乘数的下降

虚拟货币的支付最终导致传统货币的支付与清算。而在虚拟货币发行者与商家之间的支付和清算过程通常是银行存款的划转过程，对影响m的各个参数并不造成影响。因此，整个支付过程并不会对m造成影响。

然而，如果虚拟货币发行者提供虚拟货币回兑到传统货币的服务，持有者将虚拟货币回兑为传统货币，导致银行存款减少，持有者现金增加。与此同时，如果持有者将换取的现金作为习惯性持有的日常现金，则整个过程导致现金漏损率上升。

实际情况是，持有者购买虚拟货币通常用于支付，回兑行为发生的概率较小。同时，由于各种因素的存在，虚拟货币发行者往往不提供任何的回兑服务；即使存在这样的回兑渠道，也只能是地下的，并没有得到虚拟货币发行方的官方认可，也可认为此渠道并不十分通畅。因此，虚拟货币在实际运作过程中的表现是货币乘数增大。

2.虚拟货币对铸币税收入的影响

铸币税最一般的定义是货币当局发行货币所得到的收益。因此，我们可以用一个式子来表示铸币税：

$$R=v \cdot B$$

式中：R表示铸币税；v表示铸币税收益率；B表示基础货币发行量。可以看出，铸币税收入与央行发行的基础货币成正比关系变动。

$$M=m \cdot B$$

$$B=\frac{M}{m}$$

式中：M表示总的货币供应量；m表示货币乘数；B表示基础货币发行量。之前讨论过，由于虚拟货币在实际运作过程中的表现是货币乘数增大，而央行的基本目标是保持货币供应量与市场需求量尽可能相一致，M为独立于央行公开市场业务操作之外的数据（即外部变量），因此可以得出结论：基础货币发行量B由于货币供应乘数m的增大而下降，即虚拟货币的存在导致基础货币发行量B下降。

由上式可以看出，基础货币发行量B下降，最终导致铸币税R降低。因此可以得到结论：虚拟货币的发行和流通导致政府铸币税收入的下降。[①]

四、虚拟货币的风险

（一）价值波动的不稳定性

虚拟货币价格高度不稳定，其波动幅度超出任何法定货币的正常波动范围，而且其波动与经济或金融似乎没有关联性，这就导致机构和个人都通过技术性分析对它的价值走势

① 朱玮宾. 虚拟货币对金融的影响 [J]. 经济师，2009（1）：193-195.

进行预估判断。其高收益的可能性吸引了一批投机者，其中许多人甚至连什么是比特币都不知道，他们囤积比特币，目的是以更高的价格在市场中出售牟利。

（二）洗钱风险

虚拟货币的交易具有匿名性，能够掩盖交易双方的真实信息，而且虚拟货币在全球范围内的高速流动使其监测和跟踪具有较大的技术难度，同时虚拟货币相关的法律、制度尚不健全，因此，虚拟货币这一系列特点正好满足了犯罪分子的需求。各种潜在的风险隐患亦开始出现，利用虚拟货币交易来掩盖犯罪目的的行为层出不穷。如2013年"自由储备银行"因涉嫌洗钱被关闭，5名员工在西班牙、哥斯达黎加和美国被捕。后又有一个名为"丝绸之路"（Silk Road）的网站因涉嫌使用虚拟货币进行毒品交易而被美国当局关闭。虚拟货币的交易行为需要受到法律规制与技术监管，针对虚拟货币的特点采取针对性强的反洗钱和反恐怖主义融资风险防控措施。

（三）潜在的骗局性

虚拟货币不同于受到国家法律监管的金融产品，其交易是在无第三人在场的情况下匿名完成的。由于虚拟货币尚未形成信息披露机制，用户在信息获取层面存在不对称、不完整的问题，各个虚拟货币交易平台也只能发挥服务的作用，而缺失了监管的职能，由此引起巨大的投资风险，各类虚拟货币骗局时有发生。例如国内的FC币，自称为中国版比特币，用十几倍甚至几十倍的投资回报吸引消费者，实际上是利用消费者的信息不对称、相关监管的缺失，打着互联网创新的幌子进行传销。

（四）国际逃税的风险

由于虚拟货币能够掩盖交易双方的真实信息，又可以在世界范围内交易，而且其在全球范围内的高速流动使其监测和跟踪具有较大的技术难度，所以虚拟货币有时候会成为国际逃税的渠道，这是现有税收制度面临的主要问题。

（五）虚拟货币的可创造性给市场带来通胀风险

虽然法律规定网络服务运营商不允许提供虚拟货币的逆向兑换服务，但网络用户之间可以自由交换网络虚拟货币，虚拟货币的私下交易已经在一定程度上实现了虚拟货币与人民币之间的双向流通。特别是一些投机商人和网站，借机专门从事虚拟货币的倒卖活动，以从中渔利。这些交易者的活动表现为低价收购各种虚拟货币、虚拟产品，再高价卖出，依靠这种价格差赢取利润。虚拟货币除了主营公司提供之外，还有一些专门从事"虚拟造币"的人，即为玩家提供虚拟角色升级服务的"代练公司"，以专业玩游戏或者增加在线时间等方式获取虚拟货币，再以资金交易的方式，转卖给其他玩家。这样不仅使虚拟货币本身的价格形成了一种泡沫，对发行公司的正常销售造成困扰，而且这些过程均涉及大量资金交易，又缺乏相关的记录，为各种网络犯罪提供了销赃和洗钱的平台。

（六）网络安全风险

虚拟财产不仅在网络游戏中成为级别的象征，更可以变现为现实世界的财富。正是由于这一点，网络游戏中黑客、行骗、欺诈、盗窃等盛行，这让虚拟产品交易活跃的同时，安全问题也越发凸显。由于虚拟财产交易一般发生在虚拟环境里，交易双方对彼此信息的了解非常有限，一旦交易出现纰漏，就很难给调查提供合法有效的证据。

（七）发行主体信用风险

货币从本质上说是一种信用，国家发行的货币被普遍接受是因为有国家信用作为担保。相应地，作为虚拟货币发行主体的网络运营商，其信用水平受到各种条件的限制，对风险的调控能力也很薄弱。若发行商破产，持有者手中剩下的虚拟货币将贬值。目前，我国网络虚拟货币的发行缺乏信用支持和法律保障，网络虚拟货币持有者要面临货币贬值和网络运营商倒闭的双重风险。[①]

五、虚拟货币的监管

（一）明确界定虚拟货币的法律性质

因为我国对比特币等虚拟货币法律性质认定得模糊，所以理论界争议颇多，实务界难以统一。有必要借鉴日本的经验，通过立法的形式对虚拟货币的性质及法律地位进行界定。

首先，可以从技术构造、具体用途以及使用对象等方面定义虚拟货币的概念，或者通过列举和概括的方式明确虚拟货币的种类范围。如在技术构造上可以突出虚拟货币所依托的区块链分布式账本技术以及其存储的网络空间载体；具体用途则主要是作为对价支付，以购买商品、服务或与法定货币相互兑换，而适用对象是任意不特定人。

其次，要严格区分虚拟货币与相关概念的界限，尤其是其与法定货币和平台代币（网络游戏币）的区别，从法律层面强调虚拟货币不是法定货币，不具有法偿性与强制性；其与特定主体之间发行、交易的网络游戏币也不等同，不能一概纳入法律规制范围内。

（二）对虚拟货币交易平台实施许可制

针对我国虚拟货币交易平台缺乏资质审核以致准入门槛低的问题，可以建立虚拟货币交易平台许可制，不仅虚拟货币交易平台的设立要获得许可，相关业务的开展也需获得许可。

一方面，设立虚拟货币交易平台的资格认定制度，由虚拟货币业务经营者向特定监管机构（如中国人民银行及其分支机构）提出业务运营申请，监管机构从申请者的资本规模、经营状况、组织机构设置、安全技术条件以及从业人员资格等方面综合考察，以决定是否准许申请者从事相关业务。

① ［1］崔池阳. 虚拟货币的现实风险与法律规制［J］. 北方经贸，2018（7）：46-48.［2］吴晓光，董海刚，李良. 论加强对虚拟货币市场的监管［J］. 南方金融，2012（1）：30-33.

另一方面，符合资格要求的虚拟货币交易平台从事交易业务也要经过许可，获得监管机构的授权。这样既可以使虚拟货币交易平台从事交易业务内容、流程规范化，也可以使监管机构以交易平台为有力抓手，降低由区块链"去中心化"属性而带来的监管难度。

（三）细化反洗钱监管规则

一是反洗钱主管部门应将虚拟货币交易平台纳入"特定非金融机构"反洗钱范围，对其开展反洗钱执法检查、监管走访，并通过日常的宣传、培训等活动强化反洗钱工作意识。

二是明确要求虚拟货币交易平台落实大额交易和可疑交易报告。更新现有信息收集技术，利用大数据系统对交易进行实时监控，一旦发现可疑交易情况，就立即向监管机构报告并配合相关的调查工作。

三是要求虚拟货币交易平台严格实施"KYC和AML（反洗钱）"规则，对用户进行身份验证，做好投资者账户设立的登记备案制度，以保障交易身份的真实性。

四是要秉持国际合作原则，在完善我国虚拟货币监管框架的同时，支持和推动反洗钱金融行动特别工作组关于虚拟货币反洗钱和反恐怖融资的建议，致力推动世界各国加强协调配合，与其他国家共同打击虚拟货币跨国洗钱活动。

（四）做好投资者保护工作

加强对投资者权益的保护是监管的目的和核心所在。为妥善解决我国现行监管政策对投资者缺乏事前、事中及事后保护的问题，虚拟货币交易平台可以从以下方面完善对投资者的保护义务：

1.对投资者进行教育与说明

虚拟货币交易平台应当配合监管部门的要求，做好虚拟货币投资者教育工作，引导投资者建立正确的投资观念。此外，可以建立向社会公众发布虚拟货币交易潜在风险提示的常态化机制，在投资者注册登记账户及交易前告知虚拟货币交易潜在的风险，并及时、完整、准确披露有关平台的人员信息、财务信息、风险信息等。

2.保障投资者信息安全和财产安全

虚拟货币交易平台除采取必要的技术措施，妥善保管各类数据信息外，还可以对信息采集、保存及运用进行规范，严格防范相关信息泄露、毁损或灭失。虚拟货币交易平台应当保障投资者的资金安全，将用户资产与自有资产分别管理，甚至对每一位用户的资产进行分别管理，并由外部独立第三方进行监督。

3.建立虚拟货币投资者投诉和纠纷处理机制

虚拟货币交易平台应当建立虚拟货币交易投诉处理机制，制定完整有效的投诉处理方案；建立或预先指定纠纷解决机构，以确保公正、高效处理争议；在诉讼中可以参照证券市场虚假陈述的举证责任分配规则，适当加重交易平台的举证责任，有效解决投资者举证难等问题，以保障诉讼公平。

（五）增加税收方面的规定

税收的基本要素是收益性，即通过交易获取收益。投资者进行虚拟货币交易，买入和卖出价格之间往往存在较大的差额，形成高额收益，为虚拟货币征税提供了基础。依据张守文教授的"可税性"理论，合法收入并不是判断可税性必须具备的要素。因此，虚拟货币虽未被明文确定合法，但因其具备收益性，应当将其纳入税收征管范围。

首先，增加税收实体法方面的规定，确定虚拟货币发行、持有以及交易各环节的税种。

其次，增加税收程序法方面的规定。虚拟货币的交易主要为网上交易或匿名交易，其去中心化和匿名性的特点给税务部门的监管带来了麻烦。要在税收程序上进行相应的完善，如建立虚拟货币交易监控系统，将各平台的交易情况准确记录上报，方便税务部门对虚拟货币的交易情况进行掌握，并以此为基础，满足虚拟货币征税的需要。

虚拟货币作为金融与科技相结合的产物，具有独特的优势。目前，虽然我国对以比特币为代表的虚拟货币采取了管制性政策措施，但暂时的管制并不代表永远的管制，况且技术的发展、社会经济生活的现实需要都说明将虚拟货币纳入有效监管体系的必要性。因此，应重新思考我国虚拟货币监管政策，在积极汲取他国有益经验的基础上，明确虚拟货币的定义及法律性质，同时在准入、投资者保护以及反洗钱等方面对虚拟货币交易平台进行严格的法律规制，并对虚拟货币进行税收征管，形成新时代有中国特色的虚拟货币监管框架。只有如此，才能充分预测和防范虚拟货币带来的金融风险，将其控制在金融、经济和社会可控制的范围之内，以适应金融科技创新和发展的需求，并进一步鼓励和促进健康、规范有序的金融科技和金融市场的发展。

（六）加强业务准入管理

2021年9月15日，中国人民银行等十部门发布《关于进一步防范和处置虚拟货币交易炒作风险的通知》，明确指出，虚拟货币兑换、作为中央对手方买卖虚拟货币、为虚拟货币交易提供撮合服务、代币发行融资以及虚拟货币衍生品交易等虚拟货币相关业务全部属于非法金融活动，一律严格禁止，坚决依法取缔；境外虚拟货币交易所通过互联网向我国境内居民提供服务同样属于非法金融活动。而对经营虚拟货币业务的机构予以审核，不仅要求其进行备案，还需进一步强化虚拟货币反洗钱监管义务机构的准入与履责。

首先，在行业准入与反洗钱内控制度方面：一是严格市场准入制度。交易平台只有取得虚拟货币经营许可证之后方可从事相关的交易业务。二是虚拟货币交易平台须设置完善的反洗钱内控制度，包括但不限于设立合规管理组织和首席合规官、推行反洗钱激励机制、建立动态的内部审查机制，以及加强反洗钱合规考核评价。

其次，在客户身份识别及交易记录保存方面，为保证虚拟货币交易的可追溯性，我国虚拟货币交易发行机构必须通过实名认证后发放账户，交易代理机构应负责客户身份真实性的初次识别和持续性识别。此外，应充分发挥大数据的作用，对用户在互联网上存储的所有数据与虚拟货币区块链数据的收支交易网络进行交叉匹配，找到大量的地址与用户钱包的对立关系，将同属于一个用户的地址参与的所有交易组成网络，通过对比随机地址组成的交易网络，发现同一个用户地址的分布规律，进而找到属于同一个用户的地址，达到去匿名化的目的。此外，鉴于电子数据保存成本较低，建议发行机构永久保留开户人身份数据记录；以交易可重现为原则，保留交易记录10年以上；记录应涉及虚拟货币的支付、接收、交易、转换、购买、销售、转移或传递的所有交易信息，如客户或账户持有人的交易方及其他任何交易方的身份和物理地址，公共密钥、交易的金额或价值，购买、销售或转移所用的面额，支付方式，发起和完成交易的日期，交易描述等。

最后，在大额交易和可疑交易报告制度方面，虚拟货币交易的代理机构有义务秉持善意原则向货币发行机关上报有关可能涉及犯罪活动收益的可疑交易报告；定期上报单次或一段时期内累计超过一定额度的交易；坚持对岗位人员进行反洗钱执业培训；设立必要的内控制度安排。对于大额交易，建议针对国内账户与国外账户、个人账户与对公账户以及它们相互之间交易的不同类别，设定不同的数额，要求交易平台在24小时之内以电子方式向中国反洗钱监测分析中心报送。对于可疑交易，应利用高级的统计建模进行分析，建立可疑交易资金流分析模型，根据提炼总结所得的资金分拆子模型，对资金流追踪溯源路线进行模型匹配，若发现交易资金流存在可疑情况，则立即上报。[1]

第五节　影子银行

一、影子银行概述

（一）影子银行的界定

"影子银行"（shadow bank）这一概念最初由太平洋投资管理公司董事保罗·麦考利（Paul McCulley）于2007年提出，用以形容游离在监管之外、缺乏存款保险和央行流动性支持的非银行机构的投融资活动。金融稳定委员会（FSB）将其进一步明确为"常规银行体系之外的信用中介体系，包括各类非银行金融机构及相关业务，通过复杂的金融工具实现信用转换、流动性转换和期限转换等类银行功能"。[2]

（二）影子银行的主要特点

1.非银行金融机构是主要载体
常规银行以外的金融机构从事了相关业务，都可以被纳入影子银行的范畴。
2.功能上具有金融资产风险因素转换的作用
金融资产的风险根源是信用与流动性状况劣变，金融中介往往充当风险因素转换的角色，并成为风险承担人。影子银行具有信用、流动性和期限转换功能，这是金融稳定委员会建立影子银行监测框架的基础。

---

① ［1］韩斐. 对我国虚拟货币监管政策的反思与重构——基于中日监管政策比较研究的视角［J］. 中国信用卡，2019（5）：67-72. ［2］马玲. 保持对虚拟货币交易炒作活动高压打击态势［N］. 金融时报，2021-09-27（2）. ［3］李敏. 虚拟货币的反洗钱监管探析及借鉴［J］. 上海政法学院学报（法治论丛），2022，37（2）：122-134.

② FINANCIAL STABILITY BOARD. Shadow banking: strengthening oversight and regulation［R］. 2011.

3.构成系统性风险的重大隐患

影子银行主要向常规银行覆盖范围以外的实体提供融资服务，这些实体信用水平较差，违约概率和违约损失率较高，而且大部分业务跨市场、跨行业，透明度较低，易成为系统性风险的源头。

4.游离于审慎监管、行为监管和救助体系之外

金融业具有高度负外部性，各国已经建立成熟的监管框架和采取特许牌照准入模式。金融体系普遍受到央行流动性支持等制度保障。影子银行通常不受任何监管或者只受到较低程度的监管，未被纳入外部救助体系，因资本金和准备金储备不足，自救能力有限。

（三）影子银行的作用

1.影子银行是金融中介体系的有机组成部分

借助便捷的直接融资体系，影子银行业务快速增长，满足了个性化金融需求。部分金融消费者风险偏好较高，商业银行以传统的存贷款业务为主，难以满足这些多元化需求。

2.影子银行是套利行为驱使的产物，具有两重性

影子银行在发展过程中追求短期收益和绝对利润，演变成"为套利而套利"，作为金融工具，需要加以科学管理。

二、中国影子银行的发展

（一）中国影子银行的分类

根据《中国影子银行报告》，我国影子银行可以分为广义和狭义两大类。

广义影子银行是基本符合四项界定标准的金融产品和活动；狭义影子银行则是其中影子银行特征更加显著、风险程度更为突出的产品和活动。广义影子银行主要包括同业理财及其他银行理财、银行同业特定日的载体（SPV）投资、委托贷款、资金信托、信托贷款、非股票公募基金、证券业资管、保险资管、资产证券化、非股权私募基金、网络贷款、融资租赁贷款、商业保理公司保理业务、融资担保公司在保业务、非持牌机构发放的消费贷款、地方交易所提供的债权融资计划和结构化融资产品等。

在广义影子银行中，同业特定目的载体投资、同业理财、投向非标债权及资管的银行理财、委托贷款、信托贷款、网络贷款和非股权私募基金的影子银行特征更为明显，风险程度更突出，属于高风险的狭义影子银行的范畴。

（二）中国影子银行的特点

受金融体系结构、金融深化程度以及监管政策取向等因素影响，我国影子银行经历快速发展的同时，也呈现出一些与其他经济体不同的特点：

第一，以银行为核心，表现为"银行的影子"。

第二，以监管套利为主要目的，违法违规现象较为普遍。

第三，存在刚性兑付或具有刚性兑付预期。

第四，收取通道费用的盈利模式较为普遍。

第五，以类贷款为主，信用风险突出。

（三）中国影子银行的问题

1.不断推高杠杆水平

2008年之后，中国债务水平持续升高。宏观杠杆率在2013年6月突破200%后，2016年年底达到239%，至2023年年底接近270%。影子银行加重了债息负担，降低了资金使用效率。

2.助长脱实向虚

各种完全空转、以套利为目的的影子银行经营模式不断涌现。2013年12月，中国首批同业存单发行后爆发式增长，一些银行通过多种方式虚增资产负债，资金在金融体系内"绕圈"，未流向实体经济；部分资金即使流向实体经济，也因链条拉长从而成本大幅提高。

3.严重掩饰资产质量的真实性

信贷资产非信贷化或表内资产表外化后，基础资产信用风险源头未变。经影子银行包装，商业银行将贷款转为投资或转移至表外，逃避风险分类和拨备计提要求，造成资产质量不实，资本和拨备水平虚高。

4.形成"劣币驱逐良币"的逆向激励

影子银行曾作为监管套利通道"盛极一时"，各金融机构竞相效仿，扭曲市场行为，导致合法合规业务增速缓慢甚至萎缩，高风险业务野蛮生长，形成"挤出效应"。

5.危及社会稳定

因监管不足，违法违规金融活动横行，部分金融风险外溢为社会风险，如银行理财等领域因产品无法兑付，引发投资者信访、聚集等事件，威胁社会稳定。

（四）中国影子银行的主要监管措施

1.严厉整治市场乱象

2017年起我国集中开展"三违反"等专项整治，重点整治乱加杠杆等行为，严禁虚假交易，治理销售不规范行为，区分各类业务并筑牢风险防火墙，清理取缔非法机构和业务，打击非法集资，整治互联网金融风险。2017年银行业乱象治理发现问题6万余个，涉及金额18.5万亿元，形成监管震慑。

2.规范对交叉金融的监管

推动"类信贷"表外业务回表，统一非信贷资产分类标准和授信管理，以穿透式监管压实风险实质，明确资本占用、拨备计提及统计监测要求，压降高风险业务；同时严查违法犯罪行为，规范产品销售与投资者适当性管理。

3.坚决拆解非法金融集团

加强非金融企业投资金融机构监管，处置违规形成的实质性金融集团，强化穿透监管，严格股东资质审核，严查违规行为，要求集团内部风险隔离。

4.严肃追责问责

坚持双线问责和"上追两级",将处罚结果与市场准入等挂钩,加大处罚力度,涉嫌犯罪的移送司法机关,公开信息发挥警示作用,加强职业操守教育,推动建立从业人员黑名单制度和行业禁入机制。近年来监管力度持续强化,行政执法强度远超以往。

5.全面弥补监管制度短板

发布《关于规范金融机构资产管理业务的指导意见》,明确业务属性并统一产品标准,遏制监管套利;细化委托贷款等业务规则,厘清机构职责;同时针对地方监管机构制定专项指引,强化跨部门协作。

(五)中国影子银行的发展数据

根据国家金融与发展实验室的数据,截至2023年上半年,中国广义影子银行规模为48.5万亿元,较2017年峰值下降38%,占GDP比重从2016年的120%降至39.2%。结构上,通道类业务占比从60%降至25%,资产证券化、标准化资管等合规业务占比提升至50%以上,表明影子银行"去杠杆、去嵌套"成效显著。

(六)中国影子银行的展望

过去几年压降效果显著,大部分存量风险已化解,但仍存在隐性担保等现象,通道类业务和存量规模问题依然存在,未来规模可能进一步压缩。

经济下行、资金面宽松背景下,影子银行风险将长期存在。资金面宽松可能助长杠杆交易和投机,催生资产泡沫;信用较差的借款人可能恶意逃废债务,高风险业务可能卷土重来。未来监管将突出简单透明原则,规范交叉金融产品,明确各类业务边界,实现各市场分工有序,同时持续整治互联网金融风险,打击非法集资等活动。[1]

拓展阅读12-1

拓展阅读12-2

关键术语

期货投资基金　期权基金　股指期权　虚拟货币　电子货币　影子银行

复习与思考

1.虚拟货币的概念和特点分别是什么?

2.互联网金融的特点是什么?

---

[1]　中国银保监会政策研究局课题组,中国银保监会统计信息与风险监测部课题组.中国影子银行报告[J].金融监管研究,2020(11):1-23.

3.虚拟货币对货币体系、金融体系分别会产生什么影响？

4.虚拟货币可能带来的风险是什么？

阅读分析

构建互联网+金融合作发展新生态，深度赋能普惠金融

2020年8月24日，中国银行、阿里巴巴、蚂蚁集团三方签订全面深化战略合作协议，在巩固现有业务合作的基础上，根据新的形势，加快构建互联网+金融的合作发展新生态。基于"对等开放、互利共赢"的合作原则，各方发挥各自优势，整合平台、用户、市场、渠道、数据和技术等资源，努力为合作各方创造更大的商业价值，致力于成为数字经济时代下互联网公司与金融机构深度合作的典范。

随着移动支付的全面普及，支付宝、金融科技跟银行业相互合作、相互影响，银行业经历了成长与蜕变。今天，我们足不出户就可以办理原来需要提前排队、耗时费力的业务。通过银行App，客户能享有更个性化、匹配度更高的服务。金融科技可以大幅提升用户的服务体验。打开银行App，在你选择业务前，金融机构可能就计算出你的需求，你所接收的都是与你息息相关的信息推送。如果你要进行理财，它就可以根据你自身情况，提供更全方位的理财保障和更加专业的资产规划，更科学、智能地帮助你配置资产。

经历了互联网金融与金融科技浪潮的洗礼，银行等金融机构不再盲目地敌视或者惶恐支付宝等互联网公司，而是寻求转变，积极推出创新的产品和服务，提升客户体验。

资料来源：盘和林. 构建互联网+金融合作发展新生态，深度赋能普惠金融［EB/OL］. （2020-08-26）［2025-04-17］. http://views.ce.cn/view/ent/202008/28/t20200828_35624014.shtml.

思考题：

1.简谈普惠金融对当今社会的影响。

2.中国银行和阿里巴巴的合作将为中小企业提供怎样的金融支持？

第十三章　国际投资协定

```
内容提要
```

　　本章主要内容为介绍国际投资协定相关内容。首先，对国际投资协定的概念进行阐述；其次，对中国签订的区域性投资协定现状与"一带一路"背景下的投资协定情况进行介绍；最后，介绍中国目前的自贸区情况，并对其建设进行分析。

❖ 导读

RCEP框架下中企越南光伏投资的保障与机遇

　　2022年1月1日，《区域全面经济伙伴关系协定》正式生效，标志着全球最大自由贸易区形成。该协定包含的高标准投资规则章节为区域内跨国投资构建了更加透明、稳定与可预期的法律环境。

　　在此背景下，中国领先的光伏组件制造商"阳光能源"加速了其越南海防市太阳能电池板工厂的投资布局，项目总投资额逾5亿美元。此项重大投资的决策与RCEP提供的多重关键保障密不可分。

　　RCEP确保了越南政府给予中国投资者及其投资不低于其本国投资者（国民待遇）或其他第三国投资者（最惠国待遇）的待遇，有效消除了阳光能源在准入、运营环节可能面临的歧视性壁垒。协定严格禁止东道国施加诸如强制本地采购比例、出口配额或技术转让等"业绩要求"，保障了企业在供应链管理、市场策略和技术自主方面的决策自由。同时，RCEP要求越南政府依据国际法提供公平公正的待遇及充分保护，为投资安全提供了制度基础。对于潜在的征收风险，协定确立了基于非歧视原则、正当法律程序，以及及时、充分、有效补偿（通常按市场价值）的严格标准，为投资者资产提供了有力保护。在程序便利方面，RCEP推动了投资审批流程的简化和透明化，提升了阳光能源设厂效率。尤为关键的是，协定引入了投资者-国家争端解决机制（ISDS），为阳光能源在遭遇政府措施损害且本地救济无效时，提供了直接诉诸国际仲裁寻求赔偿的法律救济途径。

　　正是RCEP所构筑的这一系列具有法律约束力的保障体系，显著降低了阳光能源在越南投资的政治与法律不确定性，增强了投资信心，最终促成了该重大项目的落地。该工厂不仅服务越南本土，更充分利用RCEP的原产地累积规则，将其产品以优惠关税条件辐射至日本、韩国、澳大利亚等其他成员市场，充分体现了国际投资协定在促进区域产业链整合与市场拓展中的核心作用。

资料来源：中华人民共和国商务部.《区域全面经济伙伴关系协定》（RCEP）正式生效［EB/OL］.（2022-01-01）［2025-03-29］. https://www.mofcom.gov.cn/sqfb/art/2022/art_c49c4176a6504a709c6a003eb90543fa.html.

思考题：

1.结合案例分析，国际投资协定通过哪些核心机制降低了企业的跨国投资风险并促进了投资决策？

2.这些机制如何具体影响企业的投资行为和战略布局？

第一节　国际投资协定概述

一、国际投资协定的概念

国际投资协定（international investment agreement，IIA）是指对诸多分散或差异化国际直接投资活动的一个规则、制度安排或决策程序，具有较强的连贯性、规范性与一致性，涵盖范围、内容较为广泛，包括国际投资规范框架、国际投资协定、国际投资争端协调机构和国际投资协议制度等。[①]

二、国际投资协定的发展趋势和特点

自20世纪90年代以来，国际投资协定数量剧增。根据《2024年世界投资报告：投资便利化和数字政务》，2023年有29项新的国际投资协定签署，传统的双边投资条约占新条约的不到一半；大多数是带有投资条款的广泛经济协定。近年来，发展中经济体签署的双边投资协定（bilateral investment treaty，BIT）数量不断攀升。这一趋势反映出，南南合作发展战略的重点已开始集中在投资问题上，也表明部分发展中经济体的公司在崛起，并且开始在全球经济中发挥作用。

有关双边投资协定的另一个显著趋势是，由于现有的双边投资协定到期或者其产生条件发生了变化，越来越多的国家开始重新就它们现有的协定展开谈判。在这种情况下，新的双边投资协定要么取代原有的协定，要么对原有的协定作出重大修订。从20世纪90年代末期开始，重修协定的趋势发展得越来越快，而且在之后的若干年内将继续保持加速发展势头，几乎所有的新协定都包含许多符合联合国贸易和发展会议国际投资制度改革一揽子计划的诸多要素。然而老一代的协定的存量是以改革为导向的现代协定数量的10倍，投资者还在使用老一代协定。《2021年世界投资报告：投资可持续复苏》指出，投资者与

---

① 孙玉红，陈相香，于美月. 国际投资协定对价值链贸易的影响研究［J］. 世界经济研究，2020（8）：71-85；136.

国家间争端案件总数已超过 1 100 件，2020 年至少新增 68 件仲裁。大多数投资仲裁都是根据 20 世纪 90 年代或更早签署的国际投资协定进行的。

新一代双边投资协定所涵盖的内容和范围不断扩大，以美国、加拿大及日本近年来签署的双边投资协定为代表。部分拉丁美洲国家在与其他国家谈判双边投资协定时也开始朝该新方向发展。这一演进过程在很大程度上是《北美自由贸易协定》（NAFTA）①投资章节在适用和执行中所积累的经验的产物，我们从该过程中可看出以下主要发展趋势和特点：

第一，部分新一代双边投资协定及双边投资协定范本已经摆脱了传统的以资产为基础的开放式投资定义，它们寻求平衡，一方面要保持投资定义的全面性，另一方面要确保投资定义的严谨性。例如，在加拿大签订的双边投资协定范本中，以资产为基础的开放式投资定义已经为一种既涵盖广泛内容又有所限定的投资定义所取代。2006 年，美国与乌拉圭签订的双边投资协定采取可以涵盖投资者拥有并控制的所有资产的原则，但又为之添加了资产选择标准，即这种资产必须具有"投资的特点"，如"资本承诺或相当于资本或其他资源的承诺、获得收益或利润的预期，或者对风险的假定"。②在明确排除某些类别的资产（如某些债务工具）的同时，投资的定义得以更加严谨。③

第二，各种国际投资协定的义务的界定逐步完善。《北美自由贸易协定》的投资章节在执行过程中出现了错综复杂的技术性难题，鉴于此，加拿大和美国在新的双边投资协定范本中精心措辞，明确解释了关于不受保护的条款的含义，尤其解释了依照国际法最低待遇标准和间接征收的概念。新的定义明确指出，这两种义务均有意反映习惯性国际法所赋予的保护程度。此外，该双边投资协定范本包含附件，明确了在特殊环境下判断间接征收是否真实发生的指导原则和标准。在这方面其明确指出，仅凭对投资的经济价值所产生的负面影响无法判定间接征收已经发生。随后，其又进一步指出，除特殊情况外，某一方为保护合法的公共福利目标，如公共健康、安全和环境，而采取的非歧视性管理措施并不构成间接征收。

第三，新一代双边投资协定解决了许多问题，不仅包括具体的经济问题，如金融服务业投资，还包括一些可以让东道国的法规、制度获得更大发展空间的问题。新一代双边投资协定用特定的语言解释了对健康、安全和环境的保护，以及对国际认可的劳工权利的改善。它旨在明确，在追求投资协定所规定的投资保护和投资自由化目标时，不能以牺牲重要的公共政策目标为代价。

第四，新一代双边投资协定在投资者与东道国的争端解决程序上有了较大创新。例如，争端仲裁过程的透明度有了显著提高，而且这种改善是可以预见的，其中包括公开听证、出版有关法律文件，以及普通民众代表向仲裁法庭提供临时法律意见的可能性。此

① NAFTA 于 2020 年 7 月 1 日正式被《美国–墨西哥–加拿大协定》（USMCA，又称"美墨加协定"）取代。USMCA 是 NAFTA 的更新版本，保留了 NAFTA 的核心框架，但修改了关键条款（如汽车原产地规则、劳工标准、数字贸易等）。

② 2006 年《美国–乌拉圭双边投资协定》第 1 条。

③ 余劲松，詹晓宁. 国际投资协定的近期发展及其对中国的影响［J］. 法学家，2006（3）：154–160.

外，新协定中包含了其他解决投资者与国家的争端的具体条款，目的是在争端解决过程的不同阶段以更加合法、规范和有序的原则进行。①

三、典型的区域投资协定

（一）欧盟的相关规范

欧盟的前身——欧洲共同体在1957年签订的《罗马条约》中已要求在欧洲共同体内逐步废止成员间的资本流动限制。1993年生效的《马斯特里赫特条约》规定，原则上禁止对欧盟成员之间及成员和第三方之间的资本跨国流动和支付加以限制，从而将资本跨国流动自由化原则规定扩大到适用于非成员和欧盟之间的资本流动，但如果出于税收和公共安全等方面的考虑，则可允许成员另行规定。②

（二）《北美自由贸易协定》

1992年8月，美国、加拿大和墨西哥三国达成《北美自由贸易协定》，于1994年1月1日正式生效。该协定的宗旨是：取消贸易壁垒；创造公平条件，增加投资机会；保护知识产权；建立执行协定和解决贸易争端的有效机制，促进三边和多边合作。2018年，美国、墨西哥与加拿大领导人签署了《美国-墨西哥-加拿大协定》，取代了《北美自由贸易协定》。

（三）《洛美协定》

1975年2月28日，非洲、加勒比海和太平洋地区46个发展中经济体和欧洲经济共同体9国在多哥首都洛美签订了《欧洲经济共同体——非洲、加勒比和太平洋地区（国家）洛美协定》，简称《洛美协定》或《洛美公约》，于1976年4月1日起生效。

（四）中国-东盟自由贸易区《投资协议》

2009年8月15日，中国商务部部长与东盟10国经贸部长在泰国曼谷共同签署了中国-东盟自由贸易区《投资协议》，这标志着双方成功完成了中国-东盟自由贸易区协议的主要谈判，中国-东盟自由贸易区将如期全面建成，成为由发展中经济体组成的世界最大自贸区。该协议的签署为双方搭建一个新的投资合作平台，在中国-东盟自由贸易区下营造更加稳定、开放的投资环境，减少相互投资中的不合理限制和管制，并为双方企业创造更多投资和贸易机会，实现互利共赢。它为中国与东盟各国的相互投资提供制度性保障，有利于深化和加强双方的投资合作，实现优势互补，增强竞争力，推动双方相关产业的发展。

---

① 联合国贸易和发展会议. 国际投资规则的制定：评估、挑战与前景展望［R］. 纽约，日内瓦：2008.

② 杨大楷. 国际投资学［M］. 上海：上海财经大学出版社，1998：292-293.

四、国际投资协定的作用

（一）为东道国创设了良好的投资环境

"约定必须信守"已成为各国普遍接受的国际法原则，因而双边投资协定在国际上对缔约方具有强有力的法律拘束力。若当事国一方不遵守条约义务，则会产生国家责任，所以较之国内法对外国投资者及其投资所提供的保护要强有力得多。

（二）可加强或保证国内法的效力

现今许多国家，特别是发达经济体都建立本国的境外投资保险或保证制度，将其作为实施其国内境外投资保险或保证制度的法定前提、加强国内境外投资保险或保证制度的重要国际法手段。

（三）保证投资关系稳定

双边投资协定为缔约方双方的私人境外投资者预先规定了建立投资关系所应遵循的法律规范结构和框架，可以避免或减少法律障碍，保证投资关系的稳定性，促进国际私人投资活动的发展。

（四）保证投资争议有效解决

双边投资协定不仅规定了缔约方之间因条约的解释、履行而产生争议的解决途径与程序，而且规定了外国投资者与东道国政府间因投资而产生争议的解决途径与程序，特别是大多数协定上约定通过"解决投资争议国际中心"来解决这类争议，这就为投资争议的妥善解决提供了有力的保障。双边投资协定因缔约方只有两个，较之谋求多国间利益平衡的多边投资条约，它易于在平等互利的基础上顾及双方国家的利益而达成一致，所以双边投资协定已为许多国家广泛采用，成为保护投资的最为重要的国际法制度。[①]

第二节　中国区域性投资协定

一、中国区域性投资协定的签订情况

中国已签订的国际投资协定由双边层面、区域层面、多边层面构成。

（一）双边层面

20世纪90年代末，经济全球化步伐加快，对外直接投资展现出强劲的增长势头。

---

① 冼国明. 国际投资概论［M］. 北京：首都经济贸易大学出版社，2004：193-194.

同时，国际环境的不确定性在一定程度上阻碍了对外直接投资的进程。此时，亟需一种投资保护制度来保障对外直接投资进程的顺利进行，双边投资协定的出现正好满足了人们的诉求。截至2023年年底，国际投资协定已经超过3 000项，其中超过2/3是双边投资协定。在国际上，双边投资协定数量持续大幅增加，已成为当今国际投资法的最主要法律形式。

改革开放以来，我国对外签署的双边投资协定数量从无到有，数量迅速上升。2016年，在世界范围内我国签署的双边投资协定数量仅次于德国，成为世界第二大双边投资协定签署国。截至2023年年底，我国已签署的双边投资协定数量超过140份，生效的数量超过110份。近些年我国签署的双边投资协定数量较少，增长速度较为缓慢。目前我国签署的双边投资协定主要分布在亚洲和欧洲，还有部分分布在非洲，与我国对外直接投资的区域分布呈现高度的相似性。双边投资协定已经成为我国对外直接投资发展过程中不可缺少的一部分。①

2021年6月，中美启动了双边投资协定的谈判。

2022年3月，针对"中欧投资协定批准生效进程"问题，中国商务部在例行发布会上表示：中欧投资协定是一份平衡、高水平、互利共赢的协定，早日签署生效，符合双方的共同利益。2023年，中欧投资协定因欧盟对中国制裁及反制措施影响，欧洲议会暂停批准进程，协定推进受阻。2024年，欧盟解除部分制裁意图修复关系，但议会尚未恢复批准，双方仍期待推动协定生效，以促进双边投资和经济合作。

2023年，中国在国际投资协定领域持续推进多边与区域合作。中国与东盟成员在《区域全面经济伙伴关系协定》框架下完成投资规则实施细则的技术磋商，明确了服务业开放、数字经济等领域的市场准入标准及投资者保护条款。同期，中国与海湾阿拉伯国家合作委员会（GCC）启动自由贸易协定首轮谈判，重点围绕投资便利化、能源技术合作等议题展开讨论。针对《中欧投资协定》，中欧双方继续推进法律审核与文本修订，在绿色投资、可持续发展等章节形成阶段性共识。

2024年，中国在国际投资协定领域参与全球治理的实践进一步深化。中国完成加入《全面与进步跨太平洋伙伴关系协定》（CPTPP）的国内程序审议，并就国有企业规则、知识产权等条款与成员展开多轮磋商。同年，中国与非洲联盟签署《中非投资便利化合作框架》，将基础设施投资、技术转移纳入合作范围，并设立中非投资争议协商机制。

（二）区域层面

近年来，双边投资协定的数量在减少，区域和次区域层面的国际投资协定的领域持续扩大，如"国际投资共同原则"、《全面与进步跨太平洋伙伴关系协定》、《跨大西洋贸易和投资伙伴关系协定》、《区域全面经济伙伴关系协定》等。②

CPTPP的定位是21世纪的综合性自由贸易协定，除减免关税和推动服务与贸易自由

① 黄雅琪. 双边投资协定、东道国制度环境对中国OFDI的影响研究 [D]. 武汉：华中师范大学，2021.
② 段小梅，李晓春. 中国对外投资：发展历程、制约因素与升级策略 [J]. 西部论坛，2020，30（2）：119.

化外，还覆盖了世界贸易组织关注的大量议题，如竞争、环境和劳工标准、知识产权、投资、公共采购、卫生和植物卫生措施、贸易技术壁垒等。

在市场准入方面，CPTPP原则上要求缔约方取消全部关税，实质性减少非关税壁垒，实施国内监管改革，确保国内市场的开放和透明。CPTPP具有进步意义，因为它不仅降低了商业成本，还有许多其他方面的规定，如要求缔约方在亚太地区确保维持较高的劳工和环境标准；覆盖了其他自由贸易协定未曾包含的多项议题，包括劳工、环境、国有企业、监管一致性、透明度和反腐败等。这些议题被公认为不利于自由和公平的商业活动，但是由于主要来自发展中经济体的反对，CPTPP一直难以对这些议题进行处理。

（三）多边层面

多边层面的国际投资协定签署难度大。我国正努力在国际组织中扮演更重要的角色，以推动多边层面投资协定的发展。

WTO成员签署的与投资相关的协议包括《与贸易有关的投资措施协议》（Agreement on Trade-Related Investment Measures，TRIMs）、《与贸易有关的知识产权协定》（Agreement on Trade-Related Aspects of Intellectual Property Rights，TRIPs）、《服务贸易总协定》（General Agreement on Trade in Services，GATS）以及《补贴与反补贴措施协议》（Agreement on Subsidies and Countervailing Measures）。

随着时间的推移，中国与WTO的关系处在不断调整的过程中，中国逐渐由被影响的一方朝着输出影响力的一方转变，中国角色的变化为多边投资协定带来了积极的推动力量。2020年11月15日，中国签署RCEP，这是全世界最大的自贸协议。RCEP由东盟于2012年发起，历经8年、31轮正式谈判。RCEP通过采用区域累积的原产地规则，深化了域内产业链、价值链；利用新技术推动海关便利化，促进了新型跨境物流发展；采用负面清单推进投资自由化，提升了投资政策的透明度。这些都将促进区域内经贸规则的优化和整合。

二、中国与共建"一带一路"国家投资协定的情况

自共建"一带一路"倡议提出以来，我国企业对共建"一带一路"国家非金融类直接投资累计超过1 400亿美元，并且已与140多个共建国家签署了双边投资协定。但与我国签订的双边投资协定年代比较久远，内容比较陈旧，更新双边投资协定内容的只有罗马尼亚、斯洛伐克和乌兹别克斯坦3个国家。未生效和未签订双边投资协定国家的投资存量占共建国家总投资存量的比重较低，从2003年的34%下降到2006年的9.6%，一直到2018年都在2%以下；但是，其投资存量近些年逐步上升，从2003年的不到5亿美元，上升到2018年的近30亿美元，2024年已增至约50亿美元，投资潜力不容忽视。

双边投资协定通过弥补东道国制度环境的不足，可以更好地保护投资者，因此，应积极推进我国和共建"一带一路"国家特别是发展中经济体双边投资协定的签订和生效，以此弥补发展中经济体内部制度环境的不足与缺陷，进一步促进我国对这些经济体的对外直

接投资。我国也应该在国际投资协定改革的背景下，更新与共建"一带一路"国家签订的双边投资协定，特别是在涉及投资者保护和利益的主要条款方面：逐步完善并推行"准入前国民待遇+负面清单"模式，注重对投资者准入前的投资保护，以及对后续的投资者收益再投资以及间接投资的保护。

在共建"一带一路"国家中，发展中经济体占大多数，其制度环境存在一定缺陷，特别是在政治稳定性、国家安全性、法治建设等方面与发达经济体相比有一定距离。所以我国在对这些经济体进行对外直接投资之前，更应该对共建国家特别是发展中经济体的制度环境和投资风险进行评估，并建立相应的风险防范机制，在签订和生效双边投资协定的基础上，加大风险防范力度，保护我国企业在东道国的利益。[①]

第三节　自由贸易区与中国国际投资

一、自由贸易区的定义

1947年的《关税及贸易总协定》（GATT）第24条第8款（b）对自由贸易区的概念作了专门的解释："自由贸易区应理解为在两个或两个以上独立关税主体之间，就贸易自由化取消关税和其他限制性贸易法规。"由此，广义的自由贸易区（free trade area，FTA）是指两个或者两个以上的国家或行政上独立的经济体之间通过协议，相互取消进口关税和与关税同等效力的其他措施而形成的区域经济一体化组织，如欧盟、北美自由贸易区、中国–东盟自由贸易区等。

自由贸易园区（free trade zone，FTZ）[②]的定义来源于世界海关组织（World Customs Organization，WCO）的《京都公约》："自由贸易园区是缔约方境内的一部分，进入这部分的任何货物，就进口关税而言，通常视为关境之外。"由此，自由贸易园区是指一国的部分领土，在这部分领土内运入的任何货物就进口关税而言，被认为在关境以外，并免于实施惯常的海关监管制度。[③]目前在许多国家境内单独建立的自由港、自由贸易区都属于这种类型，如德国汉堡自由港、巴拿马科隆自由贸易区等。

自由贸易区属于国际经济一体化协定范畴，涉及多国间权利与义务约定；自由贸易园区属于一国国内制度安排，不涉及国际协定属性。表13-1为自由贸易区和自由贸易园区的区别。

---

① 卢敏涵．"一带一路"背景下双边投资协定对中国OFDI的影响研究［J］．老字号品牌营销，2021（2）：71-74.

② 自由贸易园区是一国国内制度安排，不属于"国际投资协定"范畴，本章仅为区分概念提及，核心聚焦于多国间自由贸易区的国际投资规则。

③ 陈玥．论国际投资协议中的税收条款例外［J］．山东商业职业技术学院学报，2020，20（3）：81-84.

表13-1 自由贸易区和自由贸易园区的区别

	项 目	自由贸易区	自由贸易园区
相异	设立主体	多个主权国家（或地区）	单个主权国家（或地区）
	区域范围	两个或多个关税地区	一个关税区内的小范围区域
	国际惯例依据	世界贸易组织	世界海关组织
	核心政策	贸易区成员之间贸易开放、取消关税壁垒，同时保留各自独立的对外贸易政策	以海关保税、免税政策为主，辅以所得税税费的优惠等投资政策
	法律依据	双边或多边协议	国内立法
相同		两者都是为降低国际贸易成本，促进对外贸易和国际商务的发展而设立的	

二、自由贸易区中的负面清单

负面清单管理模式是指一个国家在引进外资的过程中，对某些与国民待遇不符的管理措施，以清单形式公开列明，在一些实行对外资最惠国待遇的国家，有关这方面的要求也以清单形式公开列明。这种模式的好处是让外资企业可以对照这个清单实行自检，对其中不符合要求的部分事先进行整改，从而提高外资进入的效率。但是在我国，对外资进入目前依然实行政府审批制，这使外资企业很不适应，常常在审批过程中扯皮，降低了外资进入的效率。

自由贸易协定采用负面清单已经有相当长一段的时间。1994年生效的《北美自由贸易协定》被认为是最早采用负面清单的自由贸易协定之一，在美国和新加坡达成自由贸易协定之后，这种制度也被亚洲多国所仿效，但各国的做法不一样。

例如，在金融服务业领域，《美国-新加坡自由贸易协定》在跨境金融服务贸易的子领域采取了正面清单的形式，《美韩自由贸易协定》则进一步将正面清单拓展至金融服务的投资领域，并以一个混合清单的模式允许双方金融投资领域子项目的开放程度；但《日本-墨西哥自由贸易协定》将金融服务领域排除在投资之外。

一般在自由贸易协定中，各方会利用负面清单在服务贸易、投资和金融领域作出不同程度的安排。在服务贸易领域，负面清单往往会引入对本地市场份额的要求；在投资领域，则会对业绩有要求，并对高管和董事会成员的国籍作出限制，这事实上来源于双边投资协定。[①]

三、自由贸易区下的投资规则

在区域自由贸易协定框架下制定的投资规则一般是和贸易、服务以及其他经济问题联系起来处理的，因此，从一般意义上说，区域贸易协定投资规则是指区域性国际经济组织

① 是冬冬，胡苏敏. 何为负面清单？［N］. 东方早报，2013-09-28.

旨在协调成员之间的投资活动而签订的区域性多边协定。

从内容上来说，投资规则可分为狭义与广义之说。狭义说认为，投资规则是指资本输入国及其政府为贯彻本国的外资政策，针对外国直接投资的项目或企业所采取的各种法律和行政措施。广义的投资规则还包括资本输出国为保护本国境外私人投资者的利益和安全所采取的各种法律和行政措施（主要为境外投资保险措施）。[①]

一般来说，区域投资协定的缔约方既是资本输入国，又是资本输出国，区域投资协定既包括外资政策的透明度、外资准入与运营条件的规定、外资待遇等有关投资促进的规则，又包括风险规避、争端解决等有关投资保护的规则。

区域投资规则的功能体现在对国际直接投资流动的影响上，即投资创造效应和投资转移效应。

跨国公司是投资创造效应的体现者，也是国际直接投资的主要承担者。区域内国家之间贸易与投资壁垒的拆除可以使跨国公司更加合理地安排其国际一体化生产网络，把各个增值环节放在区域内最有效率的国家进行，从而增强企业的差异性优势和规模经济优势。同时，区域投资协定大多提供了投资自由化和便利化的措施，这样就有效地降低了投资成本，从而使跨国公司内部化的能力大大增强。这样必然促进区域内相互投资及区域外国家对区域内投资的增加，即产生投资创造效应。

所谓的投资转移效应是基于区域投资协定必然对区域外国家产生歧视性影响，由此导致一体化区域内国家之间直接投资的增加。此外，区域内生产要素的流动性增强，也会引起区域内投资布局的调整或资源的重新配置，即产生了投资转移效应。[②]

四、自由贸易区内供应链金融的发展

（一）总部效应带动自由贸易区内供应链金融的发展

随着自由贸易区的深化以及中国在国际贸易中地位的提高，大量跨国公司将其亚太区总部和营运中心转移到自由贸易区，这将为金融机构带来更多贸易融资领域创新的动力与机遇。银行会面对更多在整个供应链中占主导地位的核心企业，因此银行需要依托整个供应链设计、开发供应链融资产品，着眼于核心企业与其上下游企业的实际需求来配置资源，在企业规定的时效内给予充分的融资支持。随着融资规模的发展，银行也应考虑协同作战，通过风险参与或者资产证券化等手段引入更多参与者，发动全球的智慧与资源为诸多不同形式的供应链提供充足的融资渠道。

（二）发展全球统筹的供应链金融服务

除了提供融资支持以外，贸易金融也应当有所创新，即关注随贸易而产生的跨国资金

① 杨树明，杨联明. 论《与贸易有关的投资措施协定》的适用范围 [J]. 现代法学，2003（3）：119-121.

② 刘辉群，卢进勇. 国际投资规则的演变与中国企业"走出去"战略 [M]. 厦门：厦门大学出版社，2016：141-142.

管理服务等。银行应结合自由贸易区鼓励企业统筹开展国际、国内贸易，实现内外贸一体化发展。贸易金融也应当结合贸易流，统筹国内外不同市场的资金，提供全球统筹的金融服务。要积极利用境外离岸市场的外币及人民币，为企业提供更多样化、更便宜且更迅捷的金融服务。

（三）跨境供应链金融服务体系

全球产业内分工持续深化，资金、货物、服务等要素跨境流动更加频繁，服务外包与服务贸易迅猛发展；同时，信息技术发展助推经销环节扁平化，直接面向终端消费者的跨境电子商务发展迅速。在这种大趋势下，自由贸易区都大力推动跨境资金融通便利化，促进服务业开放与服务贸易自由化，以及培育跨境电子商务等新型贸易形态。银行也纷纷跻身其中布局跨境金融业务。各大银行利用自由贸易区的政策和便利的投融资平台优势，建立综合金融服务中心，包含离岸业务中心、保理业务中心、跨境结算中心三大业务中心，以此共同推动由跨国公司供应链贸易带动的供应链融资业务发展。

（四）电商供应链金融服务体系

商业银行一方面要推动全球供应链金融、全球现金管理等交易银行业务创新，完善服务贸易、科技创新项下金融服务产品体系；另一方面要适应互联网跨境金融服务发展，完善在线跨境服务渠道，丰富网络跨境金融产品，加强跨境交易数据挖掘，深化与第三方跨境支付机构合作，构建互联网跨境金融服务体系。由于电子商务这一新型业态在多方面缺乏监管，金融机构很难对其资质作出判断，因此必须抓紧配套措施与平台建设，如建设金融业统一的征信平台，完善企业和个人信用信息系统，建立境外采购商信用档案、企业交易数据库等。这些有助于提高商业银行对大型企业集团的服务质量，也有利于商业银行参与中小型涉外企业市场的竞争。

（五）航运中心的供应链金融发展

航运中心的金融业发展将解决港航企业的资金困境，充分发挥金融业在航运投资、融资、结算和海上保险中的作用，而运输生产本身也就是国际范围内资金流转的过程。所以，自由贸易区在金融领域的开放必然惠及航运业。金融机构可以为航运企业提供相应的金融服务，如金融衍生产品、信用保险融资等；同时，关注航运业产业链上的各个环节，提供相应的融资服务和金融市场信息咨询服务。[①]

案例窗 13-1　　拓展阅读 13-1　　拓展阅读 13-2　　拓展阅读 13-3

① 裴奕根在2013年11月中国企业竞争力年会金融论坛上的主题演讲。

素养园地

平衡、高水平、互利共赢的投资协定

2020年12月30日，中欧领导人共同宣布如期完成中欧投资协定谈判。全球最主要发达经济体和全球最大发展中经济体之间达成一份平衡、高水平、互利共赢的投资协定，展现了中方推进高水平对外开放的决心和信心，将为中欧相互投资提供更多的市场准入、更高水平的营商环境、更有力的制度保障、更光明的合作前景，也将有力拉动世界经济复苏，增强国际社会对经济全球化和自由贸易的信心，为构建开放型世界经济作出中欧两大市场的重要贡献。党的二十大报告提出："必须完整、准确、全面贯彻新发展理念，坚持社会主义市场经济改革方向，坚持高水平对外开放，加快构建以国内大循环为主体、国内国际双循环相互促进的新发展格局。"

中欧投资协定谈判于2013年年底启动，共举行35轮正式谈判。中方一贯高度重视中欧投资协定谈判，国家主席习近平在中国国际进口博览会开幕式、二十国集团领导人峰会等重要场合多次强调要加快中欧投资协定谈判，并就谈判多次与欧盟及其成员领导人深入交流意见。中欧领导人始终着眼中欧关系的长远发展，持续对谈判给予高度关注，为谈判取得成果提供了根本保证。

中欧投资协定对中国有利。加快推进中欧谈判是中方在维护好自身安全发展利益的前提下，按照自身节奏，主动推进高水平对外开放的重大举措之一。谈判对标国际高水平经贸规则，主要着眼于制度开放，双方在谈判中都作出高水平的市场准入承诺，制定了平衡、全面的公平竞争规则，并首次纳入可持续发展章节。已取得的高水平谈判成果将有利于中国加快建设更高水平开放型经济新体制，推动构建以国内大循环为主体、国内国际双循环相互促进的新发展格局，营造法治化、国际化、便利化营商环境，实现高质量引进来和高水平走出去。

中欧投资协定对中欧双方有利。中国是欧盟第一大贸易伙伴，欧盟是中国第二大贸易伙伴、第三大投资来源地和第三大投资目的地。双方相互投资规模基本相当，累计存量超过2 000亿美元。多年来，双方都从投资合作中持续获益，进一步扩大投资，合作潜力巨大。中欧投资协定将在中欧间进一步扩大市场准入，双方企业都将从协定提供的更好投资保障、更多投资机会中收获丰硕成果。中欧之间的商品流动、技术流动、服务流动、资本流动、人员流动等贸易投资联系也将更加便利、巩固，有利于中欧关系长期稳定、健康发展。

中欧投资协定对世界也有利。在经济全球化遭遇逆流、单边主义和保护主义回潮、世界经济受到严重冲击的严峻形势下，作为世界两大稳定力量和主要经济体，中欧双方完成投资协定谈判，释放了共同维护多边主义、捍卫以规则为基础的开放型世界经济的积极信号，有利于更好发挥世界经济"双引擎"的作用，为世界经济注入更多确定性和发展动能。

资料来源：罗珊珊. 平衡高水平互利共赢的投资协定［N］. 人民日报，2020-12-31（6）.

关键术语

国际投资协定　自由贸易区　自由贸易园区　负面清单

复习与思考

1.国际投资协定的发展趋势是什么?

2.典型的区域投资协定有哪些?

3.自由贸易区与自由贸易园区的区别是什么?

4.负面清单的内容是什么?

阅读分析

共建高水平最大自由贸易区

在全球经济格局深刻调整的背景下,自由贸易区已成为重塑国际经贸秩序的核心载体。中国(海南)改革发展研究院发布的《共建高水平最大自由贸易区——2025RCEP发展报告》指出,以《区域全面经济伙伴关系协定》(RCEP)为代表的自由贸易区正经历从规模扩张向质量提升的关键转型,其发展趋势与挑战呈现出鲜明的时代特征。

RCEP自2022年生效以来,已成为稳定区域经济的"压舱石"。数据显示,2024年RCEP区域内贸易流量达5.7万亿美元,占全球贸易总额的29%,其中东盟成员增长尤为突出,老挝、柬埔寨等新兴市场区域内贸易增幅超过20%。作为全球人口最多、经贸规模最大的自贸区,RCEP通过统一原产地规则、降低关税壁垒,推动区域内中间品贸易占比从2021年的64.5%提升至2023年的66%,显著增强了产业链韧性。IMF预测,到2030年,RCEP对全球经济增长贡献率将超过32%,成为全球经济增长的主要引擎。

当前自贸区发展面临"规则天花板"与"执行地板"的双重困境。一方面,CPTPP等高标准协定要求纳入数字贸易、劳工标准等"21世纪议题",而RCEP成员发展水平差异显著,东盟新成员规则利用率普遍低于3%,凸显能力建设不足。另一方面,区域内规则碎片化问题突出:RCEP与CPTPP在原产地规则、知识产权保护等领域存在显著差异,企业需应对多重合规标准。例如,纺织品原产地规则中,RCEP采用"区域价值成分40%"标准,而CPTPP要求"从纱开始"的全流程区域化,导致供应链布局成本增加。

地缘因素深刻影响自贸区发展进程。美国通过"印太经济框架"(IPEF)推动"去中国化"供应链,要求成员在半导体、关键矿产等领域排除中国参与,直接冲击RCEP产业链整合。与此同时,东盟国家采取"对冲策略",既依托RCEP扩大市场准入,又通过参与CPTPP获取技术标准话语权,反映出区域经济合作的复杂性。在此背景下,中国-东盟自贸区3.0版谈判全面完成,新增数字经济、绿色经济等章节,为应对地缘风险提供了制度范本。

报告提出,RCEP需通过三大路径实现质的提升:一是规则提质,对标CPTPP、

DEPA等协定，推动服务贸易负面清单、数据跨境流动等条款升级，探索"模块化"规则设计，允许成员根据发展水平选择加入特定条款；二是机制创新，设立独立的RCEP秘书处，建立跨部门联合工作机制，提升规则执行效率，同时推动原产地规则从"部分累积"向"完全累积"演进；三是扩容增效，支持中国香港、智利等经济体加入，实现从区域到跨区域自贸安排的转型，构建覆盖亚太的高标准自由贸易网络。

作为RCEP最大经济体，中国通过单边开放为区域合作注入动力。2024年，中国服务贸易首次突破1万亿美元，预计到2030年服务型消费占比将达60%，为成员提供广阔市场空间。海南自由贸易港作为对接RCEP的前沿，依托"境内关外"特殊监管制度，在数据跨境流动、绿色金融等领域先行先试，为规则对接积累经验。未来，中国需进一步推动RCEP与CPTPP规则对接，在数字经济、绿色标准等领域提出"中国方案"，助力构建包容普惠的全球经济治理体系。

在百年变局下，自由贸易区已成为大国竞争与合作的关键场域。RCEP的发展实践表明，唯有坚持发展导向、平衡效率与公平，才能在规则博弈中实现共赢。中国应依托RCEP、"一带一路"等平台，推动形成"发展导向、规则兼容、多元共治"的新型合作模式，为破解全球经济治理困境提供中国智慧。

资料来源：中国（海南）改革发展研究院课题组.共建高水平最大自由贸易区——2025RCEP发展报告［N］.中国改革论坛，2025-05-26.

思考题：

1.结合我国面临百年未有之大变局的大环境，谈一下国际投资协定的发展趋势。

2.自由贸易区的发展面临什么困境？

第十四章　国际投资与金融危机

内容提要

2008 年以来，全球金融危机影响不断深化，世界经济整体进入衰退状态，国际投资环境发生巨大变化。全球金融危机导致世界经济增速下降，从而影响收入的增长。这导致全球的需求量受到抑制，从而各个国家之间的投资量下降，资本流动减缓，国际投资减少。

❖ **导读**

风暴聚集　全球资金逃离风险进行时

做多美股/日股、做空日元等交易策略发生显著逆转，尤其是套息交易（carry trade）加速平仓，引发市场规避风险。诸如，2024 年年初至 2024 年 7 月，大类资产当中表现较好的有美股、日股、黄金、铜等，表现较弱的有日元、人民币等。但自 2024 年 7 月 22 日至 8 月 2 日，除黄金外，表现较好的大类资产几乎全都迎来较大幅度调整——日经 225 指数下跌 20.6%，标普 500 下跌 3.9%，铜下跌 1.6%；表现较弱的资产表现反而较好，其中日元汇率上涨 4.3%，人民币汇率上涨 0.81%。

2024 年 7 月 31 日，日本央行意外加息 15 个基点，标志着其货币政策向正常化迈出重要一步。这项决策导致日元迅速升值，并引发了全球套利交易的逆转，大量资金从高风险资产中撤出，流向避险资产如美债、黄金、日元，包括人民币，但黄金价格也有所波动。这一变化引发了全球市场的连锁反应，尤其在高风险资产中的资金迅速流出，导致全球股市普遍下跌。

三重压制因素使日股成为全球最弱的一环。一是分母端的压力。日本央行在 2024 年 4 月和 7 月两次加息，同时开启 Taper（缩减购债），货币政策紧缩周期，本身就制约股票等风险资产的表现。二是分子端的担忧。全球制造业 PMI（采购经理指数）见顶回落，美国经济走弱，作为典型的外向型经济体，且指数大权重的公司海外营收占比较高，分子端未来也有隐忧。三是避险情绪蔓延。一方面，市场对美国经济硬着陆的悲观预期仍在全球市场蔓延；另一方面，中东地区的冲突有进一步扩大的迹象，一旦油价受地缘等因素影响大幅上涨，输入型通胀对日本经济造成的压力就较大，投资者选择离场的可能性较大。

日经指数再次崩盘，跌幅近 13%，并触发熔断机制，在 2024 年 8 月 6 日之前的 20 多天累计下跌27%，进入股灾状态。韩国和澳大利亚等股市也大幅下跌，分别进入技术性熊市。

从美国因素来看，2024年7月，美国失业率暴涨至4.3%，触发萨姆法则（Sahm Rule）。萨姆法则由美国经济学家克劳迪娅·萨姆（Claudia Sahm）提出，用于预测经济衰退。该法则指出，当失业率的3个月平均值相对于过去12个月的最低点上升0.5个百分点或更多时，经济进入衰退期。该指标在历史上具有较高的准确性，每次触发时美国经济均出现衰退迹象。由此，市场预计美联储降息，芝加哥商品交易所FedWatch工具显示增加了90%的降息概率。巴菲特等投资者大幅抛售苹果股票，现金储备达到2 769亿美元，被视为股市见顶的信号。

在市场动荡过程中，日元和人民币成为避险货币，汇率大涨，美元兑日元汇率从161升至142，美元兑人民币汇率从7.3升至7.13。同时，套利交易发生逆转，如此前的日元贬值促成了套利交易，包括巴菲特也借入低息日元投资日本商社股票，获取高收益。在某种程度上，日本加息迅速逆转了套利交易，资金流出日本股市导致抛售潮。

不过，民生证券分析认为对美国经济衰退的担忧是触发逆转的关键。2024年8月初，美国7月ISM PMI、非农就业数据均不及市场预期，已经引发市场对美国经济衰退的担忧。无论是以大蓝筹为主的标普500指数，还是以中小市值为主的罗素2000指数，在数据公布后都出现了不同程度的下跌状况。在没有基本面数据支撑的情况下，CME期货定价9月美联储降息50个基点的预期由8月2日的22%上升至95%，显示出当下市场参与者对美联储快速降息以避免经济硬着陆风险的迫切。

资料来源：欧阳晓红. 风暴聚集 全球资金逃离风险进行时 [N]. 经济观察报，2024-08-06.

思考题：中国应如何应对世界经济趋势？

第一节　金融危机

一、金融危机的概念与类别

根据《新帕尔格雷夫经济学大辞典》中的定义，金融危机（financial crisis）是指一个或几个国家和地区的全部或大部分金融指标（如短期利率、资产价格（包括证券、房地产、土地）、商业破产数和金融机构倒闭数）急剧、短暂和超周期地恶化。

金融危机的特征是人们基于对经济发展的悲观预期，区域内出现整体性的货币大幅度贬值，经济总量与经济规模出现较大损失，经济增长受到打击，并且企业大量倒闭，失业率提高，社会出现普遍的经济萧条，有时甚至伴随着社会动荡或国家政治局面动荡。[1]

---

① 张汉夫. 申论 [M]. 北京：西苑出版社，2005：119.

通常所说的金融危机分为货币危机、银行危机、系统性金融危机以及债务危机。

货币危机是指当一国货币的交换价值受到攻击时，该国货币大幅度贬值，迫使该国当局为捍卫本币，动用大量国际储备或迅速提高利率，从而引发的危机。

银行危机是指真实的或潜在的银行挤兑或者破产引发银行纷纷中止国内债务的清偿，或迫使政府提供大规模援助以及干预，以阻止上述情况的发展。银行危机极易扩散到整个金融体系。

系统性金融危机是指通过削弱市场功能的有效性对金融市场造成潜在的严重破坏，对真实经济体产生严重的不良后果。系统性金融危机必然包含货币危机，但是货币危机不一定对国内支付系统造成严重危害，因此不一定会发展成系统性的金融危机。

债务危机是指国家无力偿还国外债务（主权债务或私人债务）而导致的危机。

二、资本流动引发金融危机的过程

金融危机总是和国际资本流动紧密联系在一起的。国际资本流动与金融危机的关系通常可以分为以下三个阶段：

（一）初始阶段：国际资本大规模流入

金融危机爆发前，许多国家都有巨额外资流入的过程，打破了原来的资本平衡。在一些国家，由于外债管理不严，外债的总量和结构没有得到很好的控制，债务水平过高，短期资本比例过大，并且短期资本用于长期放款。一旦内部经济基本因素恶化，外来冲击加剧，来自国内部门短期债务的偿付需求就会打破外汇市场供求均衡的局面。

（二）发展阶段：巨额资本流入导致内外经济失衡

巨额资本流入一国市场后，刺激了经济的增长，资本随之大幅增值，示范效应吸引更多的资本流入。而相对资本流入的规模，一些国家市场容量显得狭小，巨额外资流入后，只能大量流向房地产等非生产和贸易部门，形成泡沫经济。

（三）爆发阶段：资本流动倒转导致货币危机的爆发

历史证明，如果不能有效地使用大量流入的资本，就会导致整个借贷活动的崩溃。没有有效地利用外债，是20世纪80年代债务危机的重要原因，也是亚洲金融危机的导火索。另外，有时在借款人的投资回报无法支付债务利息的情况下，贷款人仍旧不断地予以贷款，这对危机的发生具有一定的促进作用。在市场恐慌情绪逐渐积累并达到危机爆发点以后，投资资本对该货币汇率发动攻击，投资者开始抛售货币，资本流动出现倒转，本币急剧贬值，货币危机爆发。①

---

① 刘锡良，等. 中国经济转轨时期金融安全问题研究 ［M］. 北京：中国金融出版社，2004：242.

第二节 亚洲金融危机

一、亚洲金融危机概况

1997年6月，一场金融危机在亚洲爆发。该危机的发展过程十分复杂，到1998年年底大体可分为3个阶段：1997年7月至12月、1998年1月至1998年7月、1998年7月到年底。亚洲金融危机重要事件见表14-1。

表14-1 亚洲金融危机重要事件

时 间	重要事件
1997年7月	泰国放弃固定汇率制
1997年7月	菲律宾放弃固定汇率制
1997年8月	印尼放弃固定汇率制
1997年8月	马来西亚放弃保卫林吉特
1997年10月	国际炒家发动对中国香港的进攻
1997年10月	中国台湾主动将货币贬值
1997年11月	金融危机传导到韩国、日本
1998年8月	国际炒家发动对中国香港的新一轮进攻

资料来源：作者自行整理。

（一）第一阶段

图14-1为做空泰铢的过程。1997年7月2日，泰国宣布放弃固定汇率制，实行浮动汇率制，引发了一场遍及东南亚的金融风暴。当天，泰铢兑换美元的汇率下降了17%。在泰铢波动的影响下，菲律宾比索、印尼盾、马来西亚林吉特相继成为国际炒家的攻击对象。8月，马来西亚放弃保卫林吉特的努力，新加坡元也受到冲击。印度尼西亚虽是受"传染"最晚的国家，但受到的冲击最严重。10月下旬，国际炒家移师国际金融中心——中国香港，矛头直指香港联系汇率制。中国台湾突然弃守新台币汇率，一天贬值3.46%，加大了对中国港币和中国香港股市的压力。10月23日，中国香港恒生指数大跌1 211.47点；28日，跌破9 000点大关。面对国际金融炒家的猛烈进攻，中国香港特区政府重申不会改变现行汇率制度，恒生指数上扬，再上万点大关。11月中旬，韩国也爆发金融风暴；17日，韩元对美元的汇率跌至创纪录的1 008∶1。21日，韩国政府不得不向国际货币基金组织求援，暂时控制了危机。但到了12月13

日，韩元对美元的汇率又降至 1 737.60∶1。韩元危机也冲击了在韩国有大量投资的日本金融业。东南亚金融风暴演变为亚洲金融危机。

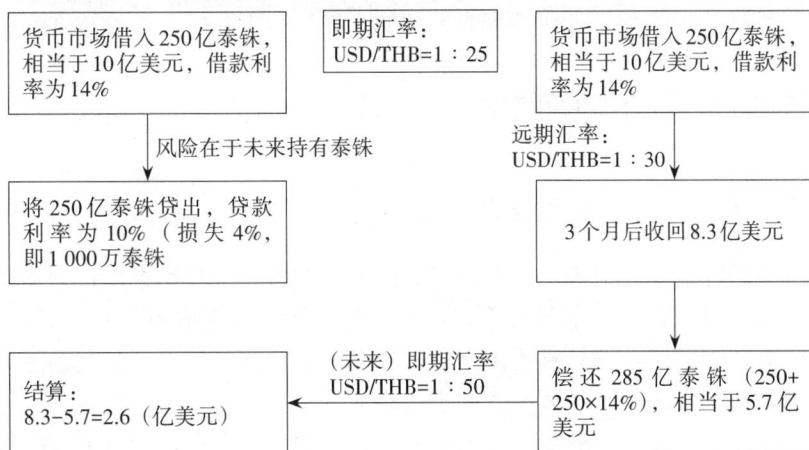

货币市场借入 250 亿泰铢，相当于 10 亿美元，借款利率为 14%

即期汇率：USD/THB=1∶25

货币市场借入 250 亿泰铢，相当于 10 亿美元，借款利率为 14%

风险在于未来持有泰铢

远期汇率：USD/THB=1∶30

将 250 亿泰铢贷出，贷款利率为 10%（损失 4%，即 1 000 万泰铢

3 个月后收回 8.3 亿美元

结算：8.3-5.7=2.6（亿美元）

（未来）即期汇率 USD/THB=1∶50

偿还 285 亿泰铢（250+250×14%），相当于 5.7 亿美元

图14-1　做空泰铢的过程

资料来源：作者自行整理。

（二）第二阶段

1998年年初，印度尼西亚金融风暴再起，国际货币基金组织为其开出的药方未能取得预期效果。2月11日，印度尼西亚政府宣布将实行印尼盾与美元保持固定汇率的联系汇率制，以稳定印尼盾。此举遭到国际货币基金组织及美国、西欧国家的一致反对。国际货币基金组织扬言将撤回对印度尼西亚的援助。印度尼西亚陷入政治和经济大危机。2月16日，印尼盾同美元的比价跌破 10 000∶1。新加坡元、马来西亚元、泰铢、菲律宾比索等纷纷下跌。直到4月8日印度尼西亚同国际货币基金组织就一份新的经济改革方案达成协议，东南亚汇市才暂告平静。

亚洲金融危机使日本经济陷入困境。日元汇率从1997年6月底的115日元兑1美元跌至1998年4月初的133日元兑1美元；五六月间，日元汇率一路下跌，一度接近150日元兑1美元的关口。至此，国际金融形势更加不明朗，亚洲金融危机继续深化。[①]

（三）第三阶段

1998年8月初，在美国股市动荡、日元汇率下跌之际，国际炒家对中国香港发动新一轮进攻。中国香港特区政府予以回击，中国香港金融管理局动用外汇基金进入股市和期货市场，吸纳国际炒家抛售的港币，将汇市稳定在7.75港元兑换1美元的水平上。经过近1个月的苦斗，国际炒家无法再次实现把中国香港作为"超级提款机"的企图。国际炒家在中国香港失利的同时，在俄罗斯更遭惨败。俄罗斯中央银行于1998年8月17日宣布年内将卢布兑换美元汇率的浮动幅度扩大到1∶6.0至1∶9.5，并推迟偿还外债及暂停国债交易；9月2日，卢布贬值70%。这些都使俄罗斯股市、汇市急剧下跌，引发金融危机乃至经济、政治危机。俄罗斯政策的突变，使得在俄罗斯股市投下巨额资金的国际炒家大伤元

① 黎晋. 1997年亚洲金融危机概况［J］. 现代审计与经济，2009（2）：45.

气，并带动了美欧国家股市和汇市的波动。如果说在此之前亚洲金融危机是区域性的，那么俄罗斯金融危机的爆发，说明亚洲金融危机已超出区域范围。到1998年年底，俄罗斯经济仍没摆脱困境。1999年，亚洲金融危机结束。[①]

二、亚洲金融危机爆发的原因

（一）经济奇迹下的行业发展不平衡

东南亚各国的经济高速增长是以不断增加的外国投资和不断扩大出口为支撑的。为了保持增长速度，这些国家转向靠借外债来维持。但由于经济发展不顺利，到20世纪90年代中期，亚洲有些国家已经不具备还债能力。在东南亚国家，房地产吹起的泡沫换来的只是银行贷款的坏账和呆账；至于韩国，由于大企业从银行获得资金过于容易，造成一旦企业状况不佳，不良资产就立即膨胀的状况；不良资产的大量存在，反过来影响了投资者的信心。[②]

（二）监管不力的过度金融自由化

在坚持经济和金融自由化的基础上，东南亚发生了经济奇迹。而借鉴西方经验，东南亚各国直接建立起并不健全的金融体系，但并未建立起相应的金融监管体系。西方国家完整的金融体系历经了几个世纪建立起来，并随着金融实践的发展，不断完善金融监管体系。而东南亚这些新兴市场国家，在不具备相应监管能力的情况下，就全面开放了金融市场，这种盲目的、过度的自由化是亚洲金融危机发生的根本原因。[③]

（三）巨额的经常账户赤字

东南亚国家外债高筑和外债结构不合理。东南亚国家属于发展中经济体，经济增长需要大量资金作为第一推动力和持续推动力。资金的供给规模取决于储蓄规模，储蓄分为国内储蓄和国外储蓄。东南亚国家国内储蓄不足，资金的供给主要来源于国外储蓄，经济发展对外依存度较高，为了发展经济采取高利率、高汇率的"双高"政策。东南亚各国由于自身经济规模及实力较弱，基本采取盯住美元的固定汇率制度。克林顿执政期间，美国经济增长速度快，美元汇率高升，因此东南亚各国货币汇率背离本国经济实际情况，随美元汇率上升，货币对外价值上升，使本国商品和服务价格上扬，失去了价格竞争能力，出口商品及服务的数量减少。主要贸易国货币贬值，而东南亚国家货币相对升值，导致进口激增；加上东南亚各国的出口商品过分依赖和集中于电子商品等，随着俄罗斯等国家大量出口电子商品和国际电子商品市场需求疲软，出口市场受压，引起东南亚国家经常账户的巨额赤字。表14-2和表14-3分别展示了亚洲金

---

① 黎晋. 1997年亚洲金融危机概况［J］. 现代审计与经济，2009（2）：45.

② 谷红. 从亚洲金融危机和08年金融危机的比较看对中国的启示［J］. 中国外资，2013（22）：35-36.

③ 黎晋. 1997年亚洲金融危机概况［J］. 现代审计与经济，2009（2）：45.

融危机前东南亚5国经常账户差额占国内生产总值的百分比以及东南亚4国外债总额和
偿债率。

表14-2　　　　1991—1996年东南亚5国经常账户差额占国内生产总值的百分比（%）

年　份	印度尼西亚	马来西亚	菲律宾	泰国	新加坡
1991	-3.5	-9.2	-2.2	-7.8	11.2
1992	-2.1	-3.9	-5.8	-5.8	11.1
1993	-1.4	-4.6	-5.2	-5.2	7.2
1994	-1.6	-6.0	-5.8	-5.8	15.9
1995	-3.6	-9.0	-8.3	-8.3	17.6
1996	-4.1	-6.3	-8.1	-8.1	15.3

资料来源　亚洲开发银行. 1997年与1998年亚洲经济发展展望报告书［R］. 马尼拉：1996.

表14-3　　　　　　　1991—1996年东南亚4国外债总额和偿债率　　　　　金额单位：亿美元

年份	印度尼西亚		马来西亚		菲律宾		泰国	
	外债总额	偿债率	外债总额	偿债率	外债总额	偿债率	外债总额	偿债率
1991	795	34.3%	178	7.7%	300	19.6%	333	10.1%
1992	880	32.6%	200	6.5%	309	17.0%	374	10.6%
1993	891	33.6%	233	7.8%	343	17.1%	468	10.7%
1994	965	30.7%	225	4.9%	371	17.4%	550	11.3%
1995	1 078	30.9%	274	6.2%	378	16.0%	681	11.0%
1996	1 202	33.7%	287	5.9%	383	12.5%	785	11.1%

注：国际公认的偿债率警戒线为20%。

资料来源：亚洲开发银行. 1997年与1998年亚洲经济发展展望报告书［R］. 马尼拉：1996.

根据表14-3折算1997年东南亚各国外债余额占GDP的比例分别为泰国52%、印度
尼西亚48%、马来西亚36%、菲律宾33%，普遍高于国际标准线30%~35%的水平，更
高于中国18%的水平。外债占GDP的比例过高，导致国民经济发展对外依存度更高，
本国经济受外国经济发展及经济政策的负面影响较大，不利于本国经济独立、有效地

发展；国民收入的国内积累少，大量国民收入因偿债被外国所得。国民经济发展和社会再生产缺乏足够的追加投资，国民经济发展后劲不足。社会再生产不能顺利进行，割断了"投资-经济增长"的链条；一国总体的债务风险系数大，容易出现偿债困难的状况。[①]

三、亚洲金融危机的影响

（一）亚洲金融危机对中国的影响

1.对中国对外贸易的影响

亚洲金融危机对中国对外贸易带来一定负面影响，是因为：

第一，随着经济全球化的发展和中国对外开放，中国经济已纳入国际经济体系之中；

第二，中国与东亚各国的相互依存关系特别是贸易关系日益加深；

第三，中国与东亚各国在出口商品结构和目标市场方面仍存在竞争性贸易关系。

从表面上看，1997年中国与东盟的进出口总额是增加的，与日本、韩国的双边贸易也比上年有所增加，但实际上已产生了一定的负面影响。其表现是：

第一，1997年中国的出口增长是在1996年中国对东亚地区的出口增长速度低于GDP增长速度的基础上发生的，带有恢复的性质。

第二，从1997年8月起，中国对东南亚地区成交额就有所下降，有些已签订的合同未能执行，停止生产；有的合同要求降低出口价格。因此，亚洲金融危机对双边出口贸易的负面影响有一定的滞后期。

2.对中国使用外资的影响

1997年中国新批准设立对外投资企业21 028家，比上年同期下降14.3%；合同外资金额为517.65亿美元，比上年同期下降29.36%；实际使用外资金额为452.60亿美元，比上年同期增加8.47%。纵观全年，中国使用外资的轨迹呈现了平稳发展的良好态势。然而，也不可忽视亚洲金融危机对中国使用外资带来的负面影响：

第一，中国使用外资来源的总体经济受损，外资来源减少；

第二，资金到位率降低，投资来源减少；

第三，危机国家为恢复经济与中国吸引外资投资的竞争加剧；

第四，国有企业境外上市集资全面受挫。

3.对中国国际经济合作的影响

亚洲金融危机对中国的国际经济合作带来了一定的负面影响。

直接影响主要有：

第一，东亚国家货币贬值带来汇率损失，特别是韩国劳务工资损失较大；

---

① 徐玲. 亚洲金融危机的成因及其对中国的影响［J］. 湖南大学学报（自然科学版），1999（S1）：6.

第二，承包工程损失较大，其中以泰国最为严重；

第三，中国香港建筑市场损失很大；

第四，房地产受到一定损失。

间接影响主要有：

第一，新的工程项目减少；

第二，在建项目和已签约项目停建或缓建；

第三，劳务市场萎缩；

第四，与第三国的合作项目减少。①

（二）亚洲金融危机对世界的影响

1.对亚洲经济、社会及政治等方面产生了严重的影响

首先，亚洲国家出现严重的经济衰退。货币大幅度贬值和股市暴跌，造成这些国家账面财富瞬间遭受巨大的损失。据估计，一年多的时间里，亚洲出现危机的国家的货币贬值幅度平均超过40%，股价跌幅超过50%。那些发生金融危机的国家陷入严重的衰退之中。

其次，亚洲国家的贫困现象加剧。经济衰退使大量企业倒闭，失业率上升，工人收入大幅度减少，之前20多年来已有所缓和的贫困问题重新恶化。据世界银行估计，亚洲金融危机使亚洲1亿多人由中产阶层沦为贫困阶层。

最后，危机国家付出了社会动乱甚至政治危机的沉重代价。1997年年底泰国和韩国发生政府更迭事件，1998年5月和8月印度尼西亚总统苏哈托和日本首相桥本龙太郎分别被迫辞职。

2.影响面大，全球经济增长速度放慢

除日本、韩国、东南亚国家和俄罗斯等陷入严重的经济衰退外，其他国家的经济增长率大多低于前一两年。亚洲金融危机影响了整个世界经济的增长。1998年下半年，拉美国家受亚洲金融危机的影响日益明显。巴西货币受到严重冲击，财政赤字占GDP的70%，加上债务负担沉重，巴西经济增长率从1997年的3.5%降到1998年的1%。值得注意的是，前些年一直保持强劲增长势头的美国和欧洲经济也难以独善其身。亚洲金融危机对美国和欧洲的影响日益增大，主要是通过贸易和金融等渠道影响美国和西欧的经济增长。

其一，亚洲地区经济增长停滞或衰退，对外需求疲弱，必然导致其他国家，特别是与该地区贸易关系较密切的美国的出口减少。1998年上半年，美国出口贸易出现20世纪90年代以来第一次负增长，其中对亚洲地区出口减少14%。

其二，亚洲金融危机旷日持久，使本已出现泡沫的西方股市更加脆弱。美欧股市在8月和9月间的持续暴跌，导致西方国家内需减弱，最终使美欧经济增长速度放慢。②

---

① 曹新.亚洲金融危机对中国经济的影响及其对策 [J].燧石，1998（5）：20-23.

② 甄炳禧.亚洲金融危机对世界经济影响及其趋势 [J].国际问题研究，1999（1）：44-49；63.

四、亚洲金融危机的启示

（一）加强国际经济政策协调[①]

各国经济政策的非同步性产生负面外溢效应，进而加剧国际金融市场的动荡。因而，为了维护金融稳定，各国应推动宏观经济政策协调，放大正面联动效应。

从协调形式上看，机构协调与政府协调应相互交融。前者是由特定的机构出面安排和组织的国际经济政策协调；后者是由有关国家政府经常性或临时性召开的国际经济会议所进行的协调。前者为后者确定原则和方向，而后者是前者的具体化。

由于国际经济政策协调的手段主要是磋商、合作和共同行动，不乏倡议性，但缺少权威性与强制性，因而最终的结果未必符合协调者的初衷，协调效果有可能大打折扣。因此，加强国际经济政策协调不仅需要相关机构与组织的各种合作与交流，而且需要完善监督机制。

（二）亚洲新兴经济体要努力实现更具可持续性的经济增长[②]

亚洲金融危机证明了亚洲新兴经济体的脆弱性。危机发生后，亚洲新兴经济体针对问题，大刀阔斧地推行改革。不少经济体实施了更加灵活的汇率制度，努力增强金融部门监管的有效性，大力发展国内资本市场。这些改革增强了亚洲新兴经济体的经济韧性，但仍面临部分国家企业和家庭杠杆率过高、人口老龄化日益严重等种种风险。

针对部分亚洲新兴经济体过高的企业与家庭杠杆率，除了对贷款实行更严格的收入与负债比率管控、更果断地抑制投机性需求，去除资产泡沫外，还应从系统性、逆周期的视角防范金融风险的积累和传播，建立和完善有效的宏观审慎政策框架。从时间维度看，金融机构在积累系统性风险时进行风险缓冲，在面临冲击时释放缓冲；从结构维度看，要增强系统重要性金融机构（SIFI）的抗风险能力，降低金融体系的相互关联度。

亚洲新兴经济体仍需通过改革增强防范与对抗风险的能力，促进经济持续增长。

（三）我国应在维护本国金融安全的基础上参与全球金融治理[③]

一是促进金融监管体制改革，使之更好地适应发展需要。树立将金融业视为统一整体的综合监管理念，重点关注宏观经济对金融体系的冲击、金融行业之间的关联性、金融风险跨市场传染机制等可能引发系统性金融风险的领域，补足监管短板。

二是规范金融创新。金融监管需在创新与安全之间寻求平衡，传统的金融监管方式很

---

① 陈彪如，等. 国际经济学 [M]. 上海：华东师范大学出版社，1993：371-372.

② 连飞. 新兴市场国家金融危机预警研究——基于 Logit 模型的实证检验 [J]. 技术经济与管理研究，2021（7）：67-71.

③ 唐珏岚. 亚洲新兴经济体防范金融风险的新进展与新挑战——亚洲金融危机 20 年后的审视 [J]. 广西社会科学，2017（12）：75-79.

难适应金融创新的需要。

在维护本国金融安全的基础上，扩大金融开放，参与全球金融治理。构建开放型经济新体制、扩大金融业对外开放是重要内容。

（四）危机中可以适时采用合适的资本管制工具

在亚洲金融危机中，各国进行危机救助的目标主要是防范资本外流，避免本币进一步贬值。马来西亚被认为受危机影响最小，归功于其在危机前后采取了必要的资本管制措施。在特定或极端情况出现时，各国应利用资本管制措施进行应急管理，让不稳定因素尽可能缓和地释放，为日后的宏观审慎管理工具发挥效用留出空间和时间，增强宏观调控的有效性。

（五）内外均衡的经济发展模式是防范金融危机的根本途径

亚洲金融危机结束后，危机各国都在总结反思，探索修复本国经济金融体系的途径。普遍采用的措施包括提高银行资产质量、加强对金融机构的监管、削减对外债务、改善国际收支状况以及构建健康的金融体系。除此之外，各国还致力于发展符合本国国情的产业，而不是一味地依赖出口加工业等廉价劳动力产业，巩固实体经济基础，这才使得各国能够真正脱离危机。由此可见，夯实实体经济基础，一方面，要改善出口产品结构，提高出口产品的技术含量，增强我国关键产业的国际竞争力；另一方面，要有效拉动内需，改善国民收入分配机制，增强居民消费能力。[1]

第三节　美国次贷危机

一、美国次贷危机发生的原因

次贷危机（subprime lending crisis）是指一场发生在美国，由次级抵押贷款的机构破产、投资基金被迫关闭、股市剧烈震荡引起的风暴。美国次贷危机从2006年春季开始逐步显现，2007年8月席卷美国、欧盟和日本等世界主要金融市场。[2]

次贷危机发生的原因主要是：

（一）美联储的货币政策不合时宜

2001年，受到互联网泡沫破裂和"9·11"事件的冲击，美联储担心经济下滑，连续大幅度地降息，短期利率长期保持在3%以下。低利率货币政策导致流动性泛滥，充裕的银行信贷导致房地产和其他资产价格大幅上涨。为了抑制日益形成的通货膨胀，从2004年4月开始到2006年6月，美联储连续加息17次之多，利率由原来的1%增加到5.25%，

---

①　陈嘉丽. 亚洲金融危机对我国资本项目可兑换的启示［J］. 区域金融研究，2019（10）：55-61.

②　本刊编辑部. 美国次贷危机综述［J］. 财经界，2008（20）：1-9.

购房者的负债压力迅速上涨，直接导致房地产价格下跌，交易量急剧萎缩。6 年间利率出现如此大起大落，显然美联储的货币政策犯了不合时宜的毛病。2004—2006 年，美国联邦基金利率的不断上升带动了美国住房抵押贷款公司贷款利率的不断上升。贷款利息的上升，尤其是短期贷款利率的上升，使本来信用条件就欠佳的贷款人还款压力骤然增加，提高了次级住房抵押贷款市场上的违约率。

（二）美国住房价格大幅下降

从 2006 年年底开始，美国房价上涨势头停滞，房市开始大幅降温。房价下跌使购房者也难以将房屋出售或者通过抵押获得融资。与此同时，美联储为抑制通货膨胀持续加息，加重了购房者的还贷负担，导致房价进一步走低。美国住房价格的下降降低了抵押物的价值，伴随着不断上升的还款公司的坏账开始积累，次级住房抵押贷款市场开始萎缩，以次级住房抵押贷款为基础资产的各类金融衍生产品的质量开始下降，评级开始下调，各类金融衍生产品逐渐失去了其原来所具有的投资价值。而当持有这些金融衍生产品的个人和机构开始大量抛售这些金融衍生产品，其他相关金融市场开始受到负面影响时，次贷危机便产生了，美国全面的金融危机也就不远了。

（三）金融创新缺乏合理有效的监管

美国次级住房抵押贷款以多样化、灵活化的付息方式，为信用条件欠佳的美国中低收入阶层购买住房提供便利。紧随金融创新的步伐，美国次级住房抵押贷款市场的规模越来越大。仅在 2007 年年初，次级住房抵押贷款的规模便占当时美国抵押贷款市场总量的 12%。而规模很大的金融衍生产品市场，一旦遭遇金融衍生产品价值大幅度降低，便会产生极大的危机。美国次贷危机的发生，是和金融创新产品在房地产领域无节制开发、缺乏有效金融监管而畸形扩张有密切联系的。创新的住房抵押贷款一味追求风险转移，忽视了金融风险正在扩大，而相关机构并没有及时对这种创新产品的有效性和合理性进行监督，使得次级住房抵押贷款的风险不断地转移给抵押贷款银行、投资银行、世界各地的投资者，影响其他相关金融市场，从而最终造成国家范围乃至世界范围的金融危机。

（四）金融机构内部缺乏风险意识

因为次级贷款的利率很高，利润相当可观，而且贷款的时候规定了相当严格的触发条件，所以贷款机构认为次级贷款不仅有利可图，而且承担的风险很小，于是纷纷降低贷款的门槛，放松审核条件，这实际上为次贷危机的发生埋下了最初的根源。美国的金融机构在追求经济利润的同时，忽视了金融风险的存在和扩大，使得这场源于美国的次贷危机演变成美国金融危机和波及全球的金融海啸。①

---

① 韩骏. 美国金融危机经验教训的深入反思 [J]. 中国房地产金融，2010 (8)：21-24.

二、美国次贷危机的影响

(一) 美国次贷危机对世界经济的影响

美国次贷危机以超出所有人预料的速度和广度向全球金融市场扩展：澳大利亚麦格理银行宣布旗下两只高收益基金出现巨亏；法国巴黎银行、英国汇丰控股有限公司和德国法兰克福信托基金公司均宣布暂停旗下证券投资基金的申购和赎回；全球股市相继创下了近年来最大跌幅。美国次贷危机中风险的承担者是全球化的，所造成的损失是不确定的（如图14-2所示）。[①]

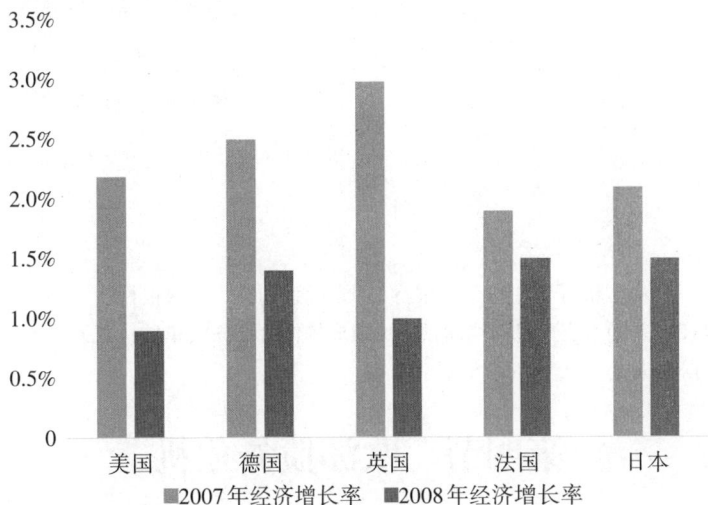

图14-2　美国次贷危机对世界经济的影响

资料来源：根据CEIC数据公司资料整理。

(二) 美国次贷危机对中国经济的影响

全球金融危机向实体经济蔓延，全球经济下行。中国总体经济形势运行比较平稳，外部环境对中国的冲击在加大，国内的经济不稳定因素在增多，宏观调控的难度在加大。[②]

第一，对吸引外资的影响。2008年前3个季度我国吸引外商直接投资744亿美元，比上年同期增长39.85%。但由于全球金融危机的影响，世界流动性降低，对我国外商直接投资产生一定影响。[③]

第二，对出口增长的影响。世界经济增速明显减缓对我国出口产生较大的影响。2008

---

① 郑杨. 美次贷危机对中国经济影响到底多大 [N]. 国际金融报，2008-03-20.

② 于世卿. 通胀转向通缩可能性增大？[N]. 南京日报，2008-10-21（A9）.

③ 樊鑫. 试论金融危机下当前我国的金融创新 [J]. 中国外资，2011（10）：36.

年前3个季度，我国出口增速为22.3%，比上年同期的27.1%回落了4.8个百分点。[1]

第三，对投资者和消费者信心的影响。全球金融危机严重打击了世界各国投资者和消费者的信心，我国也受到影响。[2]

美国次贷危机对我国银行业造成的估计损失如图14-3所示。

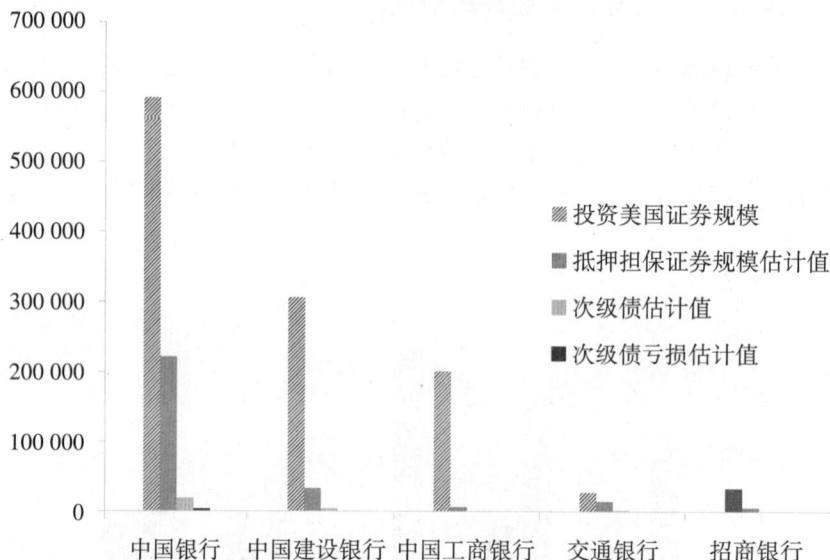

图14-3　美国次贷危机对我国银行业造成的估计损失（单位：百万元人民币）

资料来源：根据CEIC数据公司资料整理。

第四节　欧洲债务危机

一、欧洲债务危机爆发

2008年，美国次贷危机迅速升级为全球金融危机，不仅重创了美国经济，也给其他国家的经济带来了极大危害。2009年10月20日，希腊政府宣布2009年政府财政赤字占GDP的比例将超过12%，远高于欧盟规定的3%的上限。[3]2009年12月，全球三大评级公司下调希腊主权评级，希腊债务危机愈演愈烈，并成为欧洲债务危机（简称欧债危机）的导火索。2010年2月4日，葡萄牙政府称可能削弱缩减赤字的努力以及西班牙披露未来3年预算赤字将高于预测，更是导致市场焦虑感急剧上升，欧元被大肆抛售，欧洲股市暴跌，整个欧元区面临成立11年以来最严峻的考验。[4]葡萄牙、意大利、爱尔兰及西班牙等

---

[1]　李锋. 全球金融海啸的成因及对中国经济的影响与启示 [J]. 商场现代化，2009（14）：375-376.

[2]　杜伟. 试论金融危机对中国经济发展的影响 [J]. 商情，2009（18）：65.

[3]　郑长军. 国际金融 [M]. 武汉：华中科技大学出版社，2017：280.

[4]　蓝庆新. 当代世界经济 [M]. 大连：东北财经大学出版社，2014：225.

国的债务问题逐渐显现，欧债危机全面爆发。欧元区政治局势动荡，紧缩政策导致经济疲软。由图14-4可以看出欧债危机发生时的大致脉络。

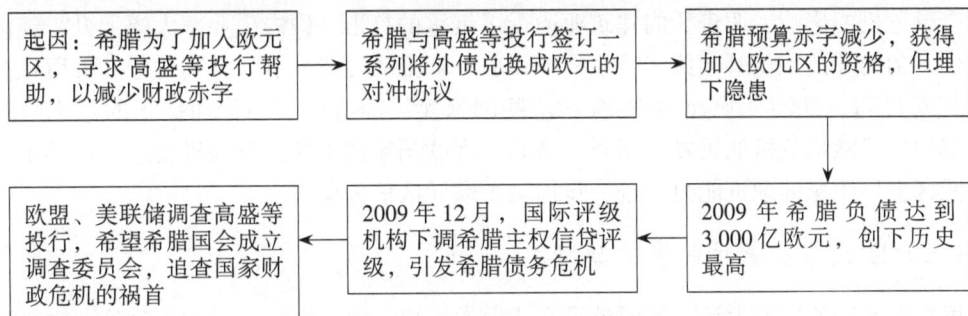

图14-4 欧债危机的流程图

资料来源：作者根据相关资料整理得出。

二、欧洲债务危机爆发的原因

政府部门与私人部门的长期过度负债行为无疑是造成欧债危机的直接原因。欧盟成立之初，各成员签订了欧元区稳定和增长协议，规定欧元区内各国都必须将财政赤字占GDP的比例保持在3%以下，同时将国债占GDP的比例保持在60%以下。但在欧债危机发生之前，欧盟一些成员的财政赤字和债务问题已经比较严重，长期的负债投资导致了巨额的政府财政赤字和政府债务，最终造成欧债危机的全面爆发。

（一）全球金融危机的影响

由美国次贷危机引发的全球金融危机的影响是欧元区各国出现主权债务问题的主要外部原因。全球金融危机发生以后，全球经济增长速度下滑，加上欧洲长期生产率较低，经济发展动力不足，有关国家的政府财政收入明显减少。根据IMF数据，2009年，欧元区经济下滑4%之多，经济衰退幅度甚至超过了发生次贷危机的美国（GDP增长率下降2.5%）。欧洲一些金融行业比较发达的经济体的金融资产在其资产负债表中的比重较大，在危机的冲击下，资产严重缩水。为应对全球金融危机带来的影响，欧元区各国普遍实施了扩大政府投资、刺激经济增长的财政政策和释放流动性的宽松货币政策，使其财政赤字规模不断扩大，公共债务占GDP的比重不断扩大，为主权债务危机的爆发埋下了隐患。

（二）区域经济和产业结构发展不平衡

欧元区各国的经济发展水平存在较大差异，区域内部两极分化的趋势日益明显。同时，各国产业结构发展也很不平衡。法国、德国、意大利等欧元区的核心国，本身具备良好的制度、资金和技术优势，同时享受地区整合和单一货币政策的好处，经济较为发达。例如，德国以汽车、机械为支柱产业。与之相反的是，希腊、西班牙、爱尔兰、葡萄牙等国处于欧元区核心圈的外围，既没有特殊的地域优势，在科学技术方面也没有明显的优势，实体经济的支撑作用很低。旅游业和航运业为希腊的主要支柱产业，对周期性产业的过度依赖是希腊主权债务危机爆发的原因之一。西班牙的经济结构过于偏重房地产业。受全球金融危机的影响，西班牙的建筑业遭受了沉重的打击，国内失业率大幅上升，经济遭受重创。葡萄牙的工业基础薄弱，主要依靠服务业推动经济发展，且葡萄牙的外贸依存度一直相对过高，2008年已超过400%。这些国家实体经济的空心化和扩张的赤字财政政策，都加速了欧债危机的爆发。同时，希腊等南欧国家的主权债务危机反过来制约了德国等欧元区主导国家的融资能力，进一步加剧了欧元区债务危机。

（三）欧元单一货币制度的缺陷

根据欧元区的制度设计，各成员没有货币发行权，也没有独立的货币政策，由欧洲央行负责整个区域的货币发行与货币政策的实施。在欧洲经济一体化的进程中，统一的货币使欧元区各国降低了交易成本，促进了欧洲区域经济一体化。但这种制度安排有其自身的缺陷，各国政府调控经济几乎只能依赖财政政策。在危机来临时，陷入危机的国家无法因地制宜地制定和执行货币政策，不能通过发行纸币来解决流动性短缺问题，不能通过本币贬值来缩小本国的债务规模，而只能通过增加税收、紧缩财政支出等办法来增加资金来源，或者等待欧洲央行作出统一安排，这往往会错失弥补的最佳时机。此外，作为单一货币区，欧元区内一个成员出现问题，势必影响其他成员甚至整个欧元区的经济稳定。同时，单一货币制度与各国政府各自为政的财政政策不协调，政治协商成本高，各国为保证本国利益，在救助时会产生分歧，也使得对危机救援不力。

（四）工资和福利支出过高

长期以来，欧洲各国纷纷建立了高福利的收入分配制度和社会保障制度。这种制度会使政府承担更多保障公民权利的义务，也意味着政府财政经常处于超支状态。

第一，欧元区各国普遍采取高工资政策，并且强大的工会组织可通过谈判或组织罢工来向政府施压，以保持工资的高增长状态。希腊在欧洲是较为贫穷的国家，工资水平却一直在高速增长，其5%的实际工资增速远远高于1%~2%的GDP增速。

第二，欧元区各国建立了涵盖社会生活方方面面的各类福利制度，包括医疗、教育、住房、失业救济、儿童津贴、养老保险等。这种"从摇篮到坟墓"的高福利制度大大加重了政府的财政负担。依靠举债维持的高福利模式为危机的产生留下了隐患，深陷主权债务危机的欧洲各国不仅难以摆脱困境，而且造成了严重的社会问题。

（五）政府部门的失职

在欧债危机中，政府失职是重要的助推因素。长期以来，欧洲尤其是希腊等南欧国家的政客为了拉拢选民、追逐短期利益，不顾本国实际情况，不断向选民作出高福利承诺。一些政府部门自我监管不严，在政治上更多地为某些利益集团服务，甚至试图通过各种途径逃避欧盟委员会和欧洲央行的监管处罚。德、法等国曾是这方面的典型。另外，一些政府对本国GDP数据盲目乐观，放任国内经济泡沫肆意膨胀，形成经济势头良好的幻觉；泡沫一旦破灭，就不得不举债救助银行业，进而出现债务危机。还有些政府在危机发生的关键时刻不作为，一味拖延，导致危机升级。

此外，国际三大评级机构对欧盟国家持续降低主权信用评级，进一步恶化了欧洲的债务危机。在信息不对称的金融市场上，国际三大评级机构承担着"中介"的角色，它们的负面展望加剧金融市场的悲观预期，给欧洲大部分央行和机构投资者的决策带来重大影响。从2009年年底开始，希腊、葡萄牙、西班牙、爱尔兰、意大利等国接连曝出财政问题，标普、穆迪和惠誉三大国际评级机构频繁发布降级警告，使市场恐慌情绪不断升温。2012年1月，标普正式宣布下调9个欧元区国家的长期信用评级，更加深了欧债危机。[①]

三、欧债危机救助的经验

（一）资产负债表至关重要

欧债危机让各国政策制定者认识到修复资产负债表、加强监管防范系统性风险和保持汇率灵活性的重要性，也采取了针对性措施（见表14-4）。

表14-4　　　　　　　　　　　　各方应对措施

国际各方	应对措施
中国	支持国际组织救助欧元
欧盟	欧盟委员会出资600亿欧元；欧元区成员出资4 400亿欧元
IMF	出资2 500亿欧元
欧洲央行	收购政府债券
美联储	向欧洲市场注入美元
日本央行	向市场注资2万亿日元

资料来源：作者根据各方资料整理。

欧债危机给欧元区经济甚至全球经济都带来了较大的风险和冲击。一方面，欧债危机必将深刻影响欧元区和欧盟的经济发展。自启动以来，欧元凭借其雄厚的经济实力，迅速成为第二大国际货币。欧债危机使欧元疲软，这影响了欧元国际储备货币的地位，并且在经济全球化和金融市场一体化的背景下，危机必将导致连锁效应。一国出现问题，势必影响其他成员甚至整个欧元区，使欧洲各国及其银行业受到严重打击。欧洲各国通过大量发行债券，在短时间内筹集大额资金应对危机，这将冲击日益饱和的债券市场，使欧洲银行陷入再融资困境。经济上的困境将蔓延到政治层面，若不能有效地解决，将对欧元区的稳定和长远发展造成严重影响。

另一方面，欧债危机影响全球经济的复苏。

首先，危机爆发后，欧元区一些国家的主权信用评级不断下降，偿债能力变弱。这对美国等大量持有其主权债务的国家的债务结构和银行信用都有不利影响，使得国际金融市

---

① 井琪. 欧债危机的成因及对中国的启示［J］. 理论视野，2015（9）：65-68.

场出现动荡。

其次，欧洲经济的放缓会使美元相对升值，进而影响美国的出口和经济复苏。

再次，欧债危机发生后，欧洲国家的进口需求下降，这也给其贸易伙伴国的出口贸易带来冲击。

最后，大规模量化宽松的救市政策还带来了全球范围内的通胀压力（见表14-5）。①

表14-5   欧洲银行业压力测试中假定的国家主权债损失比例

国 家	损失比例	国 家	损失比例
奥地利	5.6%	意大利	7.4%
比利时	6.9%	荷兰	5.2%
芬兰	6.1%	葡萄牙	14.1%
卢森堡	6.9%	西班牙	12.0%
法国	6.0%	英国	10.2%
德国	4.7%	捷克	11.4%
希腊	23.1%	波兰	12.3%
爱尔兰	12.8%	非欧元区欧盟国家	11.8%
欧盟平均	8.5%		

资料来源：作者根据相关材料整理得出。

（二）欧债危机救助的经验教训

1.监管整张资产负债表

美国发生次贷危机前，金融机构通过设立特殊目的载体将风险资产转移至表外，风险长期被忽视。危机后修订的《巴塞尔协议Ⅲ》将监管从表内扩展到全面监管表内和表外。危机后欧洲复苏速度远慢于美国，重要的原因在于欧洲依赖银行间接融资，企业破产难，导致银行和企业资产负债表修复速度较慢。②

2.建立事前规则，加强监管

系统重要性金融机构出现问题时，政府往往面临救与不救的两难。救会加剧道德风险，不救则会有系统性风险。雷曼破产所带来的灾难性后果让政策制定者们认识到在真正的系统性风险面前，对道德风险的担忧往往不堪一击。结果就是，机构越大越安全，只有做到一定规模，政府或者中央银行才会不得不救。解决道德风险和"大而不能倒"的出路在于建立事前规则，加强监管。对此有两项主要变革：一是事前议定好程序，保证再大的机构在出现问题时也能按事前议定的程序实现有序清偿，而不会把整个系统拖下水；二是设立自救规则，先用股东和债权人的资金，不浪费纳税人的钱。比如，欧盟《银行复苏和

---

① 井琪. 欧债危机的成因及对中国的启示 [J]. 理论视野, 2015 (9)：65-68.
② 缪延亮. 欧债危机救助的经验与反思 [J]. 金融研究, 2018 (6)：40-46.

《清算指令》规定自救金额至少要占总负债的8%。

3.保持汇率灵活性

政策制定者在汇率问题上常常重复两个错误：先是在危机之初不敢贬值，并怀疑汇率贬值是否有用；贬值之后又高估其作用，把全部希望寄托在汇率上，而不进行结构性改革。如果说2014年之前对汇率贬值的看法仍有分歧[①]，欧洲央行2015年量化宽松后的汇率和经济表现则再一次统一了认识。名义汇率不能调整，真实汇率就只能依靠对内贬值来调整，即压低商品价格和工资。降价和削减工资都是通缩性的，处理不当还会引发"债务-通缩"螺旋。当然，把贬值作为"药方"也需要一定的前提条件，就是不能有债务上的货币错配；否则，会加剧债务负担，如亚洲金融危机中的东南亚诸国。此外，汇率贬值还有先行者优势，等所有国家都加入，形成竞争性贬值时，其效果自然大打折扣。[②]

四、欧债危机对中国的启示

（一）优化实体经济发展的制度环境与经济结构

区域经济和产业结构发展不平衡是欧债危机发生和深化的重要原因之一。在这次危机中，中国之所以受到的总体影响有限，很大程度上取决于我国发展态势良好的实体经济。信用制度的发展要以实体经济的发展为基础，美国的次贷危机和欧洲的主权债务危机均证实了这一点。近年来全国金融工作会议多次强调要"确保资金投向实体经济"，"防止虚拟经济过度自我循环和膨胀，防止出现产业空心化现象"。我们要大力发展实体经济，扩大内需，降低经济发展对投资和出口的依赖。具体说来，我们应加大服务行业的投资，鼓励科技创新，推动高新技术产业和绿色环保产业的发展。在出口产品结构方面，我们应采取多元化的市场战略，不仅要关注美国、欧盟等大型国际市场，更应该关注拉美、非洲、东南亚等市场，发掘其市场潜力，分散我国对外出口的风险。[③]

（二）注重政府债务管理，加强风险控制

政府公共债务占GDP的比重，是衡量一国是否存在宏观经济风险的重要因素。[④]欧债危机的直接原因就是政府部门与私人部门的长期过度负债行为。[⑤]根据我国财政部官网的内容，2023年年末，我国国债余额总量约为30.03万亿元，占GDP的比重不足25%，远低于国际公认的60%的安全标准；但是全国地方政府债务余额为40.74万亿元，如果

---

① 世行和IMF曾同时发布报告，前者认为贬值无用，IMF则指出贬值仍然有效。

② 缪延亮. 次贷危机十年反思［J］. 商业观察，2019（Z1）：88-92.

③ 本社. 十一届全国人大三次会议《政府工作报告》学习问答［M］. 北京：中国言实出版社，2010：203.

④ 华民. 世界经济研究报告2011［M］. 上海：复旦大学出版社，2012：133.

⑤ 唐海燕，贾德奎，等. 中国经济运行风险指数：2011年第三季度［M］. 上海：上海人民出版社，2011：81.

将国债余额和地方政府债务余额加在一起，数目非常可观，甚至接近警戒线水平。此外，地方政府债务中有80%是银行贷款，若投融资平台无法偿付债务，出现违约风险，将对银行业产生巨大冲击，进而对实体经济的发展和经济社会协调发展产生巨大影响。因此，中国不仅要控制主权债务的规模，更要重视和化解地方债务风险，避免债务危机的发生。

首先，我国应加快建立主权债务危机风险预警机制，时刻评估金融市场存在的主权债务风险，并尽可能地降低。

其次，政府应进一步加强对公共债务的管理，建立健全信息披露制度。针对地方债务存在的问题，应建立财政信息公开制度，提高地方政府债务的透明度。

（三）积极稳妥地完善社会保障制度

第二次世界大战后，欧洲各国纷纷建立了高福利的社会保障制度，这对欧元区实现社会公平、促进社会平稳发展起到了积极作用。但是，这种高福利的社会保障制度也产生了许多负面影响，不仅政府背上了沉重的财政负担，还滋生了经济增长乏力、较高的自然失业率、工作积极性低下等"福利病"。当前，中国正面临日益严峻的老龄化问题，经过一系列社会保障制度改革，社会保障方面的法律和法规不断健全，社会保障水平有了很大的提高。与此相适应，财政收入中用于社会保障的支出也快速增加。我们应从欧债危机中得到警示：

首先，要从我国人口众多、社会生产力水平低下、经济还不发达的国情出发，建立健全与我国国情和经济发展水平相适应的社会保障体系和保障水平。

其次，社会保障制度的改革要采取循序渐进的方式，不可急于求成。

再次，采取多样化、多层次的社会保障形式，既要发挥政府的主导作用，也要发挥市场的作用，积极发展商业养老保险，并鼓励有条件的企业建立企业年金等补充保险形式。

最后，在完善社会保障制度的过程中，既要着力扩大社会保障的覆盖面，尽量实现社会公平，又要考虑到社会保障制度对劳动力市场可能产生的影响，保持劳动力市场的弹性，实现经济社会协调、健康发展。

（四）高度重视房地产泡沫，保障金融安全

2003年，我国发布了《国务院关于促进房地产市场持续健康发展的通知》，自此，房地产价格一路上涨，住宅租售比和房价收入比均超过正常水平。尤其自2009年4月以来，地价和房价连续上涨，房屋空置率不断上升，超过了国际警戒线。同时，房价的急速上升使得房地产市场出现了大量非理性的投机行为，房价进一步攀升。由于商业银行承担了房地产业的大部分资金需求，房地产行业的融资风险过度集中于商业银行系统。因此，必须对中国的房地产泡沫保持清醒的认识，引导我国的房地产市场健康、有序、稳健发展，保障金融安全。[1]

---

[1] 金融安全协同创新中心，西南财经大学中国金融研究中心. 2018中国金融安全问题研究 [M]. 北京：中国金融出版社，2018：15.

拓展阅读 14-1

拓展阅读 14-2

素养园地

5G时代，美国降息难挡国际投资看好中国经济

当前，中国所展示出来的面向未来的数字化治理模式的韧性和经济新动能的后劲，说明中国具备了直面不确定风险的能力和将危机转换为增长动能的制度基础。5G时代，让数字化更上一层楼，就是能够直接把各类新动能贯穿起来的"金线"。中国的经济新动能已经成为全球投资的新热点，市场用脚投票，西方唱衰论不攻自破。

一、数字中国的基础设施投资增长潜力强劲

数字中国的基础设施主要有三方面：一是大数据产业集群网络，其中5G是基础骨干，在5G基础之上的人工智能、工业互联网、大数据中心的建设也在急速发展；二是城市高速交通网络，依托高铁、城际快速铁路打破了城市群、城乡之间的物理隔阂，构建数字时代的低成本、快速物流体系；三是特高压、智能电网、新能源充电桩等数字化电能网络将为全面数字化提供广覆盖的支撑端口。以上三点的支柱性作用与我国全球最大的数字市场相结合，构建了全球首个真真切切的看得见、摸得着的数字经济发展蓝图。以5G为例，截至2024年年底，我国5G基站达到425万个，千兆用户突破2亿，实现"县县通千兆，乡乡通5G"。巨大的数字基础设施市场需求对国际资本形成强大的吸引力，这是结构性的红利。

二、5G与人工智能产业融合创新力爆发

目前我国有关领域的科技含量显著增加，这从侧面反映出了我国近年来高科技新动能的发展成就。特别是在5G的支持下，原有的数字交互带宽得到了质的提升，5G与人工智能的融合迎来了创新爆发高峰：一是AI测温、智能巡逻机器人、无人机喊话、机器人炒锅、3D应急建筑打印、无人物流系统等新设备不断推出，并在运行中取得良好效果，引起了全世界的关注，相关的人工智能设备已经引起了国际市场的变化。二是智能医疗和防疫系统展现出了高效率。人工智能辅助研判CT阅片能极大提高影像分析的诊断效率和精准度，减轻医生负担。

三、5G驱动下的数字乡村建设或将成为全球脱贫新样板

"精准扶贫"的显著进展，让联合国《2030年可持续发展议程》参与方看到了全球消除贫富差距的有效解决方案，极大地提振了全球脱贫的信心。在5G快速发展的背景下，与中国有着密切往来的发展中经济体对"要想富先修路"的理解也更加深入：致富之路，不仅是公路、铁路，更是"数字化信息高速公路"。5G的普惠进一步消除了城乡之间的信息鸿沟，整合了以往零散的乡村物流网络，打破了传统较为封闭的县域经济互动，我国的乡村治理由县逐步向乡镇和自然村深入，疏通了未来精准治理的毛细血管。未来乡村产业

集群化的雏形已现，反映了数字化5G时代农村未来的高度可塑性。

资料来源：刘玉书. 5G时代，美降息难挡国际投资看好中国经济［EB/OL］.（2020-03-05）［2025-03-15］. http://opinion.people.com.cn/n1/2020/0305/c427456-31619097.html.

关键术语

金融危机　次贷危机　债务危机

复习与思考

1.简述2023年及以后的全球化发展趋势。
2.简述2020年以后中国对外直接投资的发展情况。
3.亚洲金融危机爆发的原因是什么？
4.亚洲金融危机对我国金融体系发展的启示是什么？

阅读分析

亚洲金融危机对中国的冲击和中国的应对举措

亚洲金融危机是中国改革开放后第一次直接面对国际金融危机的冲击。危机对中国的出口和制造业造成冲击，并导致投资下降和失业增加，经济增速放缓。1998年，中国经济增速降至7.8%，1999年再下降到7.7%，直到2003年，经济增速才回升到10%以上。由于企业盈利下降，资产负债表恶化，银行放贷更加谨慎，企业投资增速明显下降；同时，失业增加，农民工返乡，社会消费疲软，出现了较为严重的通货紧缩情况。为应对亚洲金融危机，中国采取了一系列应对举措。

采取积极的财政政策，增加基础设施投资，刺激消费，扩大内需。1998年，中央政府向国有商业银行发行1 000亿元长期建设国债，主要用于农林水利、交通通信、城市基础设施、城乡电网改造和建设、国家直属储备粮库、经济适用房等投资。1998—2004年，我国累计发行长期建设国债9 100亿元，推动国内基础设施建设迈上大台阶，为下一阶段高速增长奠定了基础。

实施稳健货币政策，促进经济恢复。我国连续下调各项基准利率，大幅降低法定存款准备金率，1998年3月一次性将维持10年的法定存款准备金率由13%下调至8%，1999年再次下调至6%。

推进一系列改革开放举措。推进国有企业改革，加快对石油、通信、电力等行业进行战略重组，推进这些企业进行公司制改制，建立现代企业制度。推动地方中小国有企业转制，并给予减税和信贷支持。到2020年年底，大多数国有亏损企业摆脱困境，民营中小企业快速成长。推进金融体制改革，对国有商业银行进行财务重组，将1.4万亿元银行不良资产剥离，成立4家资产管理公司，并向国有商业银行注入资本金；取消贷款规模管理，实行资产负债比例管理，改革呆坏账准备金提取和核销制度。推进住房制度改革，推行商品房制度，引入住房按揭制度，发展房地产市场。加快加入世贸组织谈判进程，推进外汇管理和外贸体制改革，通过汇率并轨改革和实施有管理的浮动汇率，推进外贸快速增长。

在有效应对亚洲金融危机对我国内地冲击的同时，我国政府还坚定支持我国香港渡过难关，同时向国际社会承诺人民币不贬值，并通过多种渠道向东南亚国家提供外汇支援，增强了东亚各国战胜危机的决心和力量，为稳定东亚经济和金融市场作出重要贡献。

资料来源：王一鸣. 亚洲金融危机留给今天的启示［N］. 北京日报，2023-02-13（11）.

思考题：

1. 亚洲金融危机是如何在1997年爆发的？其主要触发因素是什么？

2. 亚洲金融危机对全球金融市场和经济体有何影响？

第十五章　全球供应链与供应链金融*

内容提要

　　本章主要针对全球供应链进行相关知识的介绍，包括全球供应链的概念、特点、分类以及产生的客观条件，并且针对全球供应链对发展中经济体的影响进行了简要分析。学习本章，有助于学习和理解全球供应链。

❖ **导读**

中国国际供应链促进博览会

　　作为全球第一个以供应链为主题的国家级展会，中国国际供应链促进博览会（以下简称链博会）发出维护全球产业链和供应链韧性和稳定、打造产业链和供应链"稳定锚"、推动世界经济发展的强音。

　　500多家中外企业机构展示新技术、新产品、新服务，更展现出上、中、下游关键环节你中有我、我中有你的合作。智能汽车链、绿色能源链和数字科技链等链接从南美"锂三角"到东南亚镍矿、从触手可及的充电桩到无所不在的物联网、从北斗系统到遥感雷达、从"地上"到"云上"、从硬件供应到软件研发的生产活动全周期，展示了万物互联互通。

　　首届链博会在专业供需展示、交易外也有科普性展览，对普通观众张开双臂。从绿色农业链到健康生活链，人们可以体验从一日三餐到从生老病养的全生命周期服务。试吃、试喝、品尝活动，将让观众感受"舌尖上的供应链"，感受从西欧菜园到美洲农田的全球耕作者的收获与喜悦，分享全球供应链与全球需求链合作的民生成果。

　　维护全球产业链和供应链韧性和稳定是推动世界经济发展的重要保障，符合世界各国人民的共同利益。全球产业链和供应链帮助企业优化资源配置，助推全球贸易投资恢复增长，加速世界经济再全球化，推动节能减排低碳发展，创造就业，提升劳动者收入，改善各国人民福祉。作为140多个国家和地区的主要贸易伙伴、连续10多年稳居世界第二大进口国、吸收外资连续5年居全球第二位的国家，中国坚持改革开放，为全球提供市场机遇、合作机遇、政策机遇和创新机遇，以"链"之名，体现了打造全球产业链和供应链"稳定锚"的责任担当。

　　资料来源：王立彬. 新华时评：共同打造全球产业链供应链"稳定锚"［EB/OL］. （2023-11-29）［2025-04-30］. https://www.gov.cn/yaowen/liebiao/202311/content_6917715.htm.

　　思考题：如何通过供应链博览会促进中国在国际供应链中的地位提升？

第一节 全球供应链概述

20世纪80年代以来，新技术革命推动生产效率提升，产品结构更复杂，市场竞争加剧，同时消费者需求愈发个性化，不确定性增加。在此背景下，供应链管理模式被众多国际化企业采用，进而形成全球供应链这一国际经济合作新模式。随着经济全球化深入，全球供应链日益普遍，企业经营无国界化趋势明显，全球供应链成为跨国资源配置的主流形态。[①]本节从供应链基本概念入手，分析全球供应链及供应链管理的产生背景与发展趋势，为后续研究奠定基础。

一、供应链

（一）供应链的概念

供应链是围绕核心企业，通过控制信息流、物流、资金流，从采购原材料到制成最终产品，再经销售网络送达消费者手中，将供应商、制造商、分销商、零售商和顾客连接成整体的功能网链结构，旨在低成本、高效率满足用户需求。现代供应链的本质是"通过价值流整合实现客户价值的动态网络"，其核心在于跨组织的协同效率。[②]

（二）供应链的类型

按照不同的划分标准，供应链一般可以划分为以下几种类型：

1.稳定的供应链和动态的供应链

根据稳定性划分，基于稳定、单一市场需求的供应链稳定性强，基于频繁变化、复杂需求的供应链动态性强。实际运作中需根据需求变化调整供应链组成。

2.平衡的供应链和倾斜的供应链

这是根据容量与用户需求关系划分的。供应链具备相对稳定的设备容量和生产能力（含各节点企业能力），当容量满足需求时处于平衡状态；当市场变化导致成本、库存、浪费增加，企业非最优运作时，供应链处于倾斜状态。平衡的供应链能实现低采购成本、规模经济等主要职能的均衡。

3.有效型供应链和反应型供应链

这是根据功能模式（物理功能和市场中介功能）划分的。有效型供应链侧重物理功能，以最低成本完成原材料到产品的转化及运输。反应型供应链侧重市场中介功能，负责将产品分配到目标市场并快速响应未预知需求。两者比较见表15-1。

[①] 马士华. 供应链管理［M］. 5版. 北京：高等教育出版社，2021.

[②] CHRISTOPHER M. Logistics and supply chain management：creating value-adding networks［M］. 5th ed. Harlow：Pearson Education Limited，2016.

表15-1   有效型和反应型供应链的比较

项　目	有效型供应链	反应型供应链
主要目标	低成本满足需求	快速对需求作出反应
产品设计战略	以最低生产成本获取最大业绩	实行模块化调节，产品差异化可延迟发生
定价战略	价格是吸引顾客的主要驱动因素，边际收益较低	价格不是吸引顾客的主要驱动因素，边际收益较高
生产战略	提高利用率，降低成本	保持灵活的生产能力，满足非预期需求
库存战略	最小库存，降低成本	建立缓冲库存，满足非预期需求
供货周期战略	不增加成本而缩短供货周期	即使成本增幅巨大，也要大幅缩短
供应链战略	在成本和质量的基础上选择	在速度、灵活性和质量的基础上选择
运输战略	较多依赖低成本运输方式	较多考虑与快速反应相适应的运输方式

资料来源：CHOPRA S，MEINDL P. Supply chain management：strategy，planning and operation ［M］. Upper Saddle River，N. J.：Prentice Hall Press，2001：36.

二、全球供应链

（一）全球供应链的概念

国内供应链的所有节点企业均在一国境内；跨国或全球供应链则越过国界，节点企业分属不同国家和地区。全球供应链并非要求节点企业遍布全球，而是核心企业从全球范围考虑供应链的设计与构建。其在结构、功能上与一般供应链相同，差异仅在于节点企业处于不同国家和地区，涉及跨国分工与合作。除非特别说明，本书一般也以"供应链"指代全球供应链。

（二）全球供应链的特点

1.国际性

供应链网络覆盖多个国家和地区，物流属国际物流，运输距离长、时间久、方式多样，需合理选择路线和方式以缩短距离、加速周转、降低成本。

2.复杂性

全球供应链涉及国际经济活动，生产、流通、分配、消费环节联系紧密。由于各国社会制度、自然环境、管理方法等不同，组织产品从生产到消费的流动难度大，仅物流就面临通信系统、法规环境、商业现状等方面的复杂性。

3.风险性

风险主要包括政治风险（如节点企业所在国或运输途经国的政局动荡）、经济风险（如汇率和利率变动影响资金）、自然风险（如地震、海啸等自然因素引发的风险）。

4.技术含量高，标准化要求较高

供应链因覆盖范围广、需适应多元法律与人文环境，且信息交换高频复杂，因此必须依托国际化信息系统和标准化物流设施，以实现高效流通，这对供应链设计与管理提出了更高的标准化与协同性要求。[①]

第二节　全球供应链与发展中经济体

党的二十大报告明确要求"提升产业链供应链韧性"，本节据此分析其经济影响。

一、全球供应链对发展中经济体经济的积极效应

（一）对国家的积极效应

1.增加就业，提高劳动力素质与资源利用率

UNCTAD 等的《全球价值链发展报告2020》显示，发展中经济体通过参与全球供应链，制造业就业岗位年均增长12%~18%，尤其在劳动密集型行业（如纺织、电子组装）效果显著。发达经济体企业基于比较优势转移生产环节，扩大了发展中经济体的生产规模，缓解就业压力；同时，加工过程中的技能培训提升了劳动力素质，将简单劳动力转化为人力资本。此外，生产扩张增加了对土地、资本等要素的需求，降低闲置率。

2.促进产业集群形成，带动本国制造业发展

马歇尔、克鲁格曼、波特等的理论均强调产业集聚的重要性。全球供应链能推动发展中经济体形成产业集群，对其经济发展影响显著。

3.促进发展中经济体商业环境改善

全球供应链在发展中经济体设节点后，要求改善基础设施，如运输、通信、邮政快递系统等，也推动海关、商检、银行等配套设施建设。基础设施改善能吸引更多供应链环节转移，促进制造业和经济发展。

同时，随着企业参与全球供应链分工，发展中经济体积累经验、提高认识，会调整不利产业政策或制定新政策，降低贸易保护程度，促进产业和工业发展。

（二）对企业的积极效应

1.提供参与国际分工的渠道

发展中经济体企业在全球竞争中处于劣势，多走工业化道路，导致劳动密集型产品竞争激烈。全球供应链依托发达经济体核心企业的技术、销售优势及市场渠道，为发展中经济体企业提供了稳定的全球市场，使其能凭借现有技术和能力参与国际分工、进入国际市场。同时，市场规模扩大使企业能扩大生产，获得规模经济利益。

---

① 寇亚明. 全球供应链：国际经济合作新格局［D］. 成都：西南财经大学，2005.

2.帮助企业增强产品创新能力

在供应链中，核心企业或领先节点企业提供的核心技术、设计较先进。发展中经济体企业虽可能仅参与部分生产，但长期加工中能体会其先进性，发现自身不足，提升创新理念。为满足消费者多样化需求，供应链产品在设计、功能、外观上不断变化，对加工提出新要求，这也促使发展中经济体企业提升创新意识和能力。

3.帮助企业提高技术水平和学习先进的管理知识

首先，发展中经济体企业加入供应链成为节点企业后，可利用与核心企业的产业关联，专业化生产，吸收创新信息，提升技术和开发能力。

其次，全球供应链为提高竞争力，需采用系统化的供应链管理，强调整体效益最佳。发展中经济体节点企业在统一战略指导下，资源配置与协调能力得到提升；供应链内部合作紧密、信息共享，知识外溢效应强于一般产业集群，企业在与上下游配合中能学习先进管理方法，提高经营管理水平。

二、全球供应链对发展中经济体经济的消极效应

（一）发展中经济体的企业在供应链中增值获利的地位低

发展中经济体企业加入供应链虽有收益，但因实力弱、地位低，获利甚少。从价值链角度看，供应链价值与盈利相关，盈利越多越成功，每个环节都为价值增值作贡献，而技术与销售、售后服务环节起决定性作用，增值大的环节在利润分配中更具主导权。

发展中经济体技术落后、缺乏市场品牌，仅从事低附加值的加工组装，在价值链中地位最低，因此在利润分配中占比极小，绝大部分由发达经济体核心企业及上下游节点企业获得。按公平原则，贡献大、创造利润多者应多分，否则全球供应链将失去存在基础。

（二）发展中经济体的企业不能创立品牌，缺乏市场

发展中经济体企业通常仅负责加工组装，销售和售后服务由发达经济体企业掌控。最终产品的市场认可源于核心技术和品牌，与制造国企业无关。因此，发展中经济体企业未直接接触消费者和市场，无法获得市场或扩大市场。

（三）技术差距扩大，加剧发展中经济体技术依赖

1.专业分工拉大技术差距

新产品研发设计由发达经济体核心企业负责，发展中经济体企业仅从事劳动密集型加工组装，未掌握产品核心技术和产业核心技术，产品开发创新能力未提升，导致与发达经济体的技术差距扩大，依赖性增强。

2.不利的利益分配影响技术开发投入

发展中经济体企业在供应链中获利少，而当代先进技术复杂，研发需大量资金，这些企业难以承担，影响技术进步。

3.市场缺乏制约技术的研发活动

克鲁格曼认为，研发投资与边际成本负相关，与产出水平正相关。发展中经济体企业仅从事加工组装，缺乏市场，无法自主开发市场和开展全球经营，制约了技术研发与进步。

综上，全球供应链对发展中经济体企业的不利影响是动态的，关乎企业核心竞争力、长期发展，进而影响国家竞争力和可持续发展，因为国家间的竞争通过企业体现。[①]

第三节　供应链金融

一、供应链金融的概念

由于企业降低成本的压力与全球原材料、能源和人力资源成本不断提高之间的矛盾，核心企业仅仅关注外包和外采的区域选择，已不足以应对竞争的挑战。降低成本的需求引发了核心企业对上游企业延长账期、对下游企业压货的冲动，这些策略的有效实施必须以不提高上下游成本为基础，因此有计划的供应链金融策略成为一种选择。

供应链金融（supply chain finance）是指在对供应链内部的交易结构进行分析的基础上，运用自偿性贸易融资的信贷模型，并引入核心企业、物流监管公司、资金流导引工具等新的风险控制变量，对供应链的不同节点提供封闭的授信支持及其他结算、理财等综合金融服务。需要说明的是，这里的"供应链"概念是广义的，既包括企业上游的原材料零部件供应网络和链条，即传统意义上的供应链，也包括下游的分销商、代理商，即渠道链。

从银行的角度看，供应链金融与传统银行融资的区别主要在于三个方面（如图15-1所示）：

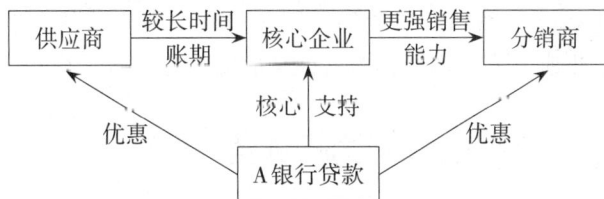

图15-1　供应链融资模式中银行与供应链成员的关系

资料来源：庄春光. 供应链融资另辟蹊径还是新瓶旧酒［J］. 当代金融家，2007（4）：85-88.

首先，对供应链成员的信贷准入评估不是孤立的。银行将首先评估核心企业的财务实力、行业地位以及它对整个供应链的管理效率。如果条件满足，而且能证明整条供应链联系足够紧密，则银行将为成员提供融资安排，并且不会对成员的财务作特别的评估。对成员融资准入评价的重点在于它对整个供应链的重要性、地位，以及与核心企业既往的交易历史。

其次，对成员的融资严格限定于其与核心企业之间的贸易背景，严格控制资金的挪用，并且以针对性的技术措施引入核心企业的资信，作为控制授信风险的辅助手段。

① 寇亚明. 全球供应链：国际经济合作新格局［M］. 北京：中国经济出版社，2006：152-161.

最后，供应链融资强调授信还款来源的自偿性，即引导销售收入直接用于偿还授信。[①]

二、供应链金融的特点

首先，供应链金融服务并不是指某种单一的金融业务或产品，它改变了过去银行等金融机构针对单一企业主体的授信模式，从核心企业入手研究整个供应链。银行在开展授信业务时，不是只针对某个企业本身来进行，而是要在其所在的供应链中寻找出一个大的核心企业，并以之为出发点，从原料供应到产品生产、销售，为整个供应链提供各种金融服务和金融支持。银行一方面将资金有效注入了处于相对弱势地位的上下游配套中小企业，解决了中小企业融资难和供应链资金失衡的问题；另一方面将银行信用融入上下游企业的购销行为，保证了原料供应、产品生产和销售全部环节的顺利完成，避免了风险，促进中小企业与核心企业建立起长期的战略协同关系，提升了供应链的竞争能力。

其次，供应链金融从新的视角评估中小企业的信用风险，打破了原来银行孤立考察单一企业静态信用的思维模式，使银行从专注于对中小企业本身信用风险的评估，转变为对整个供应链及其交易的信用风险评估；从关注静态财务数据转向对企业经营的动态跟踪；在考察授信企业资信的同时，更强调整条供应链的稳定性、贸易背景的真实性以及授信企业交易对手的资信和实力，从而有利于商业银行更好地发现中小企业的核心价值，真正评估业务的真实风险，使更多的中小企业能够进入银行的服务范围。

最后，该模式以贸易融资产品为主线，以供应链企业之间真实的商品或服务为基础，强调贸易的连续性和完整性，强调贷后的实时监控和贸易流程的操作管理。同时，这些贸易融资产品都具有突出的自偿性特点，均以授信合同项下商品的销售收入作为直接还款来源，在融资授信金额、期限上注重与真实交易相匹配。供应链金融主要基于对供应链结构特点和交易细节的把握，借助核心企业的信用实力或单笔交易的自偿程度与货物流通价值，为供应链单个企业或上下游多个企业提供全面的金融服务。[②]

三、供应链金融与传统金融相比的优势

（一）促进资金供求的良性循环

供应链金融的核心优势是通过投资运营产业园，锁定产业链上的核心企业，再找到有资金需求的中小微企业为其服务。而核心企业能对供应链条的信息流、物流、资金流的稳定和发展起决定性作用；同时，核心企业对供应链组成有决定权，对供应商、经销商、下

---

① 深圳发展银行-中欧国际工商学院"供应链金融"课题组. 供应链金融：新经济下的新金融 [M]. 上海：上海远东出版社，2009：25-27.

② [1] 陈小五. 外汇理财 [M]. 上海：上海人民出版社，2007：144-145. [2] 王光石，马宁，李学伟. 供应链金融服务模式的探讨 [C] //2005全国博士生学术论坛组委会. 可持续发展的中国交通：2005全国博士生学术论坛（交通运输工程学科）论文集. 北京：中国铁道出版社，2005：588-592.

游制造企业有严格的选择标准和较强的控制力。

供应链金融的设计往往需要核心企业的配合，如对接财务、确定历史经营结算情况、测算合理额度、对资金受托支付等，也就能起到风控闭环的作用；同时，借助供应链金融成本低、效率高、覆盖面广的特点，解决中小企业的融资难、融资贵的问题。[①]

（二）解决信息非对称问题

中小企业贷款难以增加的原因之一在于金融市场的信息非对称性问题严重。解决信息非对称问题，除了采取公开财务报表和有关企业性质的数据、提高会计的精准性等传统方法之外，引进活用供应链金融被视为一种有效手段。如果提高会计数据的准确性，以财务分析为基础的传统金融手段的有效性也会有所提高；但由于融资判断基于"过去的业绩"，所以有其局限性。相反，供应链金融可以说是一种具有前瞻性的融资方法，它不仅要把握企业的健全性和最近的收益，还要把握正在运行的业务本身，并根据业务进行融资。长期投资基金和损益分歧点分析等传统分析方法是基于过去的项目业绩能持续这一假设；项目贷款则是着眼于新实施的依据其风险系数（预测现金流和现金流变化的主要原因）的方法来说明财务分析和供应链金融方式之间也存在与此相同的关系。[②]

拓展阅读 15-1

拓展阅读 15-2

拓展阅读 15-3

关键术语

供应链 全球供应链 供应链金融

复习与思考

1. 简述对全球供应链概念的理解。
2. 简述全球供应链的特点。
3. 全球供应链的分类有哪几种？
4. 论述全球供应链对发展中经济体经济的积极影响。
5. 供应链金融与传统金融相比有哪些优势？

---

① 周启清，孟玉龙，胡昌昊，等. 供应链金融理论与操作技术 [M]. 北京：中国商务出版社，2018：17-18.

② 林晓慧，刘宝茹. 外贸供应链金融创新模式的探究——以一达通外贸综合服务平台为例 [J]. 金融科技时代，2018（12）：22-28.

阅读分析

RCEP框架下区域汽车产业链重构的制度动力

《区域全面经济伙伴关系协定》（RCEP）的生效标志着亚太区域经济治理进入新阶段，其创新的原产地累积规则与投资便利化机制深度重塑产业空间布局。广西汽车集团依托协定制度红利实施的跨国战略转型，为观察国际投资协定对企业价值链配置的驱动效应提供了典型范本。

在RCEP"区域价值成分累积"规则赋能下，广西汽车集团将新能源汽车生产体系解构为三级模块：高附加值的电池管理系统研发固守中国柳州总部，中等技术层级的电机制造分流至马来西亚槟城基地，劳动密集型的整车组装则前移至印度尼西亚卡拉旺产业新城。这种模块化布局不仅规避了传统技术本地化强制要求导致的知识产权外溢风险，更通过要素成本优化使总装环节支出压缩30%。

协定创造的制度红利在贸易环节尤为显著。印度尼西亚基地组装的电动汽车因满足区域价值成分标准，获得RCEP原产地认证后，对日出口关税从10%降至8.2%，澳大利亚清关时效缩短至72小时。企业年报显示，2023年面向RCEP成员出口额增长23%，其中高端车型在泰国市场份额跃升至12%。更具深意的是，协定创设的"一站式投资服务平台"将跨国运营制度成本大幅压缩——印度尼西亚工厂审批周期从152天锐减至89天，中-印-马三方跨境结算效率提升40%，使生产基地建设周期缩短4个月，加速抢滩东南亚新能源市场窗口期。

此案例揭示了现代国际投资协定的双重制度效能：一方面通过法律化规则降低跨国交易成本，另一方面激励企业将比较优势转化为产业链空间配置优势。其展现的"规则引导型区域生产网络"不仅印证了零散化生产理论在数字时代的新实践，更为新兴经济体参与高水平制度型开放提供了战略启示。

资料来源：王悦阳，吴茂辉，谢希瑶，等. RCEP生效逾百日，对亚太区域合作影响几何？——聆听博鳌亚洲论坛2022年年会的声音［EB/OL］.（2022-04-22）［2025-06-05］. https://www.yidaiyilu.gov.cn/p/237604.html.

思考题：

1.结合本章内容思考，RCEP对企业跨国资源配置决策产生哪些结构性影响？

2.在技术安全与产业升级的双重目标下，国际投资协定中的知识产权保护条款应如何平衡创新激励与技术扩散的关系？

主要参考文献

[1] 今枝昌宏. 商业模式教科书 [M]. 王晗, 译. 北京: 华夏出版社, 2019.

[2] 金融安全协同创新中心, 西南财经大学中国金融研究中心. 2018中国金融安全问题研究 [M]. 北京: 中国金融出版社, 2018.

[3] 周启清, 孟玉龙, 胡昌昊, 等. 供应链金融理论与操作技术 [M]. 北京: 中国商务出版社, 2018.

[4] 韩玉军. 国际商务 [M]. 2版. 北京: 中国人民大学出版社, 2017.

[5] 刘志伟, 等. 国际投资学 [M]. 北京: 对外经济贸易大学出版社, 2017.

[6] 上海金融业联合会. 上海金融改革理论与实践: 2016年上海金融业改革发展优秀研究成果汇编·证券期货类 [M]. 上海: 上海交通大学出版社, 2017.

[7] 郑长军. 国际金融 [M]. 武汉: 华中科技大学出版社, 2017.

[8] 全国注册会计师统一考试教辅编写组. 审计 [M]. 北京: 现代教育出版社, 2017.

[9] 何光辉. 货币银行学 [M]. 上海: 复旦大学出版社, 2016.

[10] 刘瑶. 赢在全球价值链: 新兴经济体的机遇与挑战 [M]. 北京: 对外经济贸易大学出版社, 2016.

[11] 任永菊. 跨国公司经营与管理 [M]. 2版. 大连: 东北财经大学出版社, 2015.

[12] 王国刚, 曾刚, 宣晓影. 中外供应链金融比较研究 [M]. 北京: 人民出版社, 2015.

[13] 恽晓方. 国际投资理论与实务 [M]. 沈阳: 东北大学出版社, 2015.

[14] 张璐, 李秀芹. 国际投资学: 理论·政策·案例 [M]. 北京: 北京交通大学出版社, 清华大学出版社, 2015.

[15] 翟浩, 关敬杨. 上市公司私有化退市中的中小股东权益保护问题研究——美国司法经验的借鉴 [M] //顾功耘. 公司法律评论 (2014年卷). 上海: 上海人民出版社, 2014.

[16] 韩复龄. 投资银行学 [M]. 2版. 北京: 对外经济贸易大学出版社, 2014.

[17] 蓝庆新. 当代世界经济 [M]. 大连: 东北财经大学出版社, 2014.

[18] 谭松涛. 中国机构投资者行为研究 [M]. 西安: 西北工业大学出版社, 2014.

[19] 王薇薇, 刁昳. 国际投资 [M]. 北京: 知识产权出版社, 2014.

[20] 向东. 中国政府债券法律制度研究 [M]. 北京: 中国言实出版社, 2014.

[21] 段秀芳. 中国对上海合作组织成员国直接投资研究 [M]. 北京: 社会科学文献

出版社，2013.

[22] 彭鋆. 企业经济活动的价值管理 [M]. 北京：中央广播电视大学出版社，2013.

[23] 华民. 世界经济研究报告2011 [M]. 上海：复旦大学出版社，2012.

[24] 王常华，焦利勤，陈卫红. 国际市场营销 [M]. 长沙：湖南师范大学出版社，2012.

[25] 周树然. 企业家：创造卓越世界 [M]. 北京：企业管理出版社，2012.

[26] 陈友忠，刘曼红，廖俊霞. 中国创投20年 [M]. 北京：中国发展出版社，2011.

[27] 李宁，姚倩. 证券投资基础 [M]. 天津：天津大学出版社，2011.

[28] 唐海燕，贾德奎，等. 中国经济运行风险指数：2011年第三季度 [M]. 上海：上海人民出版社，2011.

[29] 钱明义. 世界上最有趣的经济学故事 [M]. 北京：中国戏剧出版社，2011.

[30] 王元，张晓原，赵明鹏. 中国创业风险投资发展报告2011 [M]. 北京：经济管理出版社，2011.

[31] 张陆洋. 风险投资发展国际经验研究 [M]. 上海：复旦大学出版社，2011.

[32] 本社. 十一届全国人大三次会议《政府工作报告》学习问答 [M]. 北京：中国言实出版社，2010.

[33] 陈伯云，陶艳珍. 国际金融 [M]. 北京：现代教育出版社，2010.

[34] 丁丽. 国际金融学 [M]. 成都：西南财经大学出版社，2010.

[35] 杜玉兰. 国际金融 [M]. 北京：科学出版社，2010.

[36] 辛乔利. 影子银行：揭秘一个鲜为人知的金融黑洞 [M]. 北京：中国经济出版社，2010.

[37] 徐德顺. 投资基金概论 [M]. 北京：中国经济出版社，2010.

[38] 中国人民大学信托与基金研究所. 中国信托业发展报告2010 [M]. 北京：中国经济出版社，2010

[39] 朱翊照，王德萍. 资本运营管理 [M]. 上海：复旦大学出版社，2010.

[40] 黄济生. 资产组合分析与管理 [M]. 上海：立信会计出版社，2009.

[41] 李学峰，马君潞. 国际金融市场学 [M]. 北京：首都经济贸易大学出版社，2009.

[42] 梁淑红，杨亦民. 高级财务管理学 [M]. 北京：国防工业出版社，2009.

[43] 深圳发展银行-中欧国际工商学院"供应链金融"课题组. 供应链金融：新经济下的新金融 [M]. 上海：上海远东出版社，2009.

[44] 王在全. 股票投资一本通 [M]. 北京：科学技术文献出版社，2009.

[45] 于瑾，束景虹. 投资分析 [M]. 北京：对外经济贸易大学出版社，2009.

[46] 章昌裕. 国际投资学 [M]. 大连：东北财经大学出版社，2009.

[47] 张朝元，于波，丁旭. 企业上市前改制重组 [M]. 北京：中国金融出版社，2009.

［48］陈伟忠．金融经济学教程［M］．北京：中国金融出版社，2008.

［49］陈玉洁．投资、金融、经济热门术语手册［M］．北京：企业管理出版社，2008.

［50］苏宁．虚拟货币的理论分析［M］．北京：社会科学文献出版社，2008.

［51］中央国债登记结算公司．债券投资基础［M］．北京：中国金融出版社，2008.

［52］陈小五．外汇理财［M］．上海：上海人民出版社，2007.

［53］马惠明．英汉证券投资词典［M］．北京：商务印书馆，2007.

［54］胡志民，施延亮，龚建荣．经济法［M］．上海：上海财经大学出版社，2006.

［55］李玫宇．国际经济技术合作［M］．重庆：重庆大学出版社，2006.

［56］毛春华，王宛秋．企业财务管理［M］．2版．北京：北京工业大学出版社，2006.

［57］王元，梁桂．中国创业风险投资发展报告2006［M］．北京：经济管理出版社，2006.

［58］田新民，等．金融工程方法及应用［M］．北京：首都经济贸易大学出版社，2005.

［59］王光石，马宁，李学伟．供应链金融服务模式的探讨［C］//2005全国博士生学术论坛组委会．可持续发展的中国交通：2005全国博士生学术论坛（交通运输工程学科）论文集．北京：中国铁道出版社，2005.

［60］张汉夫．申论［M］．北京：西苑出版社，2005.

［61］陈文君．民商法律事务代理［M］．上海：上海财经大学出版社，2004.

［62］陈湛匀．国际金融——理论·实务·案例［M］．上海：立信会计出版社，2004.

［63］梁蓓，杜奇华．国际投资［M］．北京：对外经济贸易大学出版社，2004.

［64］刘锡良，等．中国经济转轨时期金融安全问题研究［M］．北京：中国金融出版社，2004.

［65］施天涛．商法学［M］．2版．北京：法律出版社，2004.

［66］王允平，关新红．金融公司会计［M］．上海：立信会计出版社，2004.

［67］冼国明．国际投资概论［M］．北京：首都经济贸易大学出版社，2004.

［68］萨尔瓦多．国际经济学［M］．朱宝宪，吴洪，俞露，译．8版．北京：清华大学出版社，2004.

［69］陈解生．全国会计专业技术资格统一考试中级财务管理复习全书［M］．北京：朝华出版社，2003.

［70］杜奇华，卢进勇．中小企业海外投资操作实务［M］．北京：中国经济出版社，2003.

［71］何小锋，黄嵩，刘秦．资本市场运作教程［M］．北京：中国发展出版社，2003.

［72］李国义，庞海峰．现代证券投资［M］．北京：中国金融出版社，2003.

［73］桑百川，郑建明，等．国际资本流动：新趋势与对策［M］．北京：对外经济贸

易大学出版社，2003.

[74] 王拴红. 股指期货与期货实战 [M]. 北京：中国计划出版社，2003.

[75] 袁东安. 国际投资学 [M]. 上海：立信会计出版社，2003.

[76] 章昌裕，梁蓓. 国际投资学 [M]. 北京：中国对外经济贸易出版社，2003.

[77] 何小锋，等. 投资银行学 [M]. 北京：中国发展出版社，2002.

[78] 李月平，张德勇，王增业. 基金投资管理 [M]. 北京：经济科学出版社，2002.

[79] 刘少波. 证券投资学 [M]. 广州：暨南大学出版社，2002.

[80] 陆世敏，戴国强. 2002中国金融发展报告 [M]. 上海：上海财经大学出版社，2002.

[81] 吴长煜. 风险环境下的企业财务战略 [M]. 沈阳：辽宁大学出版社，2002.

[82] 中国证券业协会. 证券市场基础知识 [M]. 上海：上海财经大学出版社，2002.

[83] 白钦先，薛誉华. 各国中小企业政策性金融体系比较——强位弱势群体·政府综合扶持·政策性金融支持体系 [M]. 北京：中国金融出版社，2001.

[84] 刘志新. 期权投资学 [M]. 北京：航空工业出版社，2001.

[85] 夏杰长，马胜杰，朱恒鹏. 国际经济学 [M]. 北京：中国城市出版社，2001.

[86] 中国社会科学院工业经济研究所. 中国工业发展报告（2001）——经济全球化背景下的中国工业 [M]. 北京：经济管理出版社，2001.

[87] 博迪，凯恩，马库斯. 投资学 [M]. 朱宝宪，吴洪，赵冬青，等译. 4版. 北京：机械工业出版社，2000.

[88] 弗兰克. 白银资本：重视经济全球化中的东方 [M]. 刘北成，译. 北京：中央编译出版社，2000.

[89] 黄汉江，蒋同初. 涉外投资学 [M]. 上海：百家出版社，2000.

[90] 刘正山. 房地产投资分析 [M]. 大连：东北财经大学出版社，2000.

[91] 王洪谟. 农业会计学 [M]. 4版. 北京：中国农业出版社，2000.

[92] 王勇. 风险投资新论 [M]. 北京：中国财政经济出版社，2000.

[93] 王益. 资本市场（下册）[M]. 北京：经济科学出版社，2000.

[94] 王益，许小松. 风险资本市场的理论与实践 [M]. 北京：中国经济出版社，2000.

[95] 叶守礼. 国际投资 [M]. 上海：华东师范大学出版社，2000.

[96] 叶永刚，宋晓燕，黄卓立. 股票期权 [M]. 武汉：武汉大学出版社，2000.

[97] 张金杰. 经济全球化中的国际资本流动 [M]. 北京：经济科学出版社，2000.

[98] 冯文伟. 国际金融管理教程 [M]. 上海：华东理工大学出版社，1999.

[99] 高严. 财经与金融基础知识 [M]. 北京：新华出版社，1999.

[100] 胡援成，吕江林，杨玉凤. 国际金融 [M]. 北京：中国财政经济出版社，1999.

[101] 江子君. 家庭银行家 [M]. 北京：中国国际广播出版社，1999.

[102] 李庚辰，张伟．党委学习中心组金融知识读本（上卷）[M]．北京：改革出版社，1999．

[103] 李明义．金融业务与管理制度典范全书 [M]．北京：中国物价出版社，1999．

[104] 徐国祥．指数理论及指数体系研究 [M]．上海：上海财经大学出版社，1999．

[105] 余秉坚．中国会计百科全书 [M]．沈阳：辽宁人民出版社，1999．

[106] 张永谦，郭强．技术创新的理论与政策 [M]．广州：中山大学出版社，1999．

[107] 中国证监会证券从业人员资格考试委员会办公室．证券市场基础知识 [M]．上海：上海财经大学出版社，1999．

[108] 陈伟利，陈坚．跨国公司财务管理 [M]．北京：中国对外经济贸易出版社，1998．

[109] 戴相龙，黄达．中华金融辞库 [M]．北京：中国金融出版社，1998．

[110] 金德环．证券市场规范化建设研究 [M]．上海：上海财经大学出版社，1998．

[111] 林义相，陈仕华，孙建冬，等．证券投资基金投资分析和运作 [M]．上海：上海远东出版社，1998．

[112] 卢汉林．国际投融资 [M]．武汉：武汉大学出版社，1998．

[113] 任映国，徐洪才．投资银行学 [M]．北京：经济科学出版社，1998．

[114] 杨大楷．国际投资学 [M]．上海：上海财经大学出版社，1998．

[115] 杨秀苔，刘星．证券投资原理 [M]．2版．重庆：重庆大学出版社，1998．

[116] 中国证券业年鉴编辑委员会．中国证券业年鉴（1998）（下）[M]．北京：中国经济出版社，1998．

[117] 丁庭选，李连华．企业会计学 [M]．修订本．北京：中国商业出版社，1997．

[118] 何璋．国际金融 [M]．北京：中国金融出版社，1997．

[119] 钱money理财研究室．债券投资 [M]．北京：中国青年出版社，1997．

[120] 邵学言．国际金融 [M]．广州：中山大学出版社，1997．

[121] 杨奇志．金融市场学 [M]．上海：上海科学技术文献出版社，1997．

[122] 桂咏评，聂永有．投资风险 [M]．上海：立信会计出版社，1996．

[123] 林康．当代跨国公司论 [M]．北京：中国青年出版社，1996．

[124] 刘国光．投资基金运作全书 [M]．北京：中国金融出版社，1996．

[125] 乔伟．国际金融：理论·实务·管理 [M]．北京：中国经济出版社，1996

[126] 王庆成．财务管理学自学指导 [M]．北京：经济科学出版社，1996．

[127] 张平，崔升波，赵铁男．现代市场营销学 [M]．沈阳：东北大学出版社，1996．

[128] 中国证券业培训中心，中国社会科学院金融研究中心．中国证券业理论与实务 [M]．北京：知识出版社，1996．

[129] 胡金焱．金融投资学 [M]．济南：山东大学出版社，1995．

[130] 邵建功．国有资产管理全书 [M]．北京：经济日报出版社，1995．

[131] 王廷科．现代金融制度与中国金融转轨 [M]．北京：中国经济出版社，1995．

[132] 许毅．新编财政税收财务会计实用全书 [M]．北京：经济科学出版社，1995．

[133] 储祥银. 国际经济合作实务 [M]. 北京：对外贸易教育出版社，1994.

[134] 邓盛辉. 会计学基础 [M]. 3版. 北京：中国农业出版社，1994.

[135] 葛亮，梁蓓. 国际投资学 [M]. 北京：对外贸易教育出版社，1994.

[136] 哈里温斯基，等. 最新国际金融技术指南 [M]. 唐旭，等译. 北京：中国金融出版社，1994.

[137] 裴平. 国际金融学 [M]. 南京：南京大学出版社，1994.

[138] 陈彪如，等. 国际经济学 [M]. 上海：华东师范大学出版社，1993.

[139] 厉以宁. 市场经济大辞典 [M]. 北京：新华出版社，1993.

[140] 刘舒年，刘园.《国际金融》学习问答 [M]. 北京：对外贸易教育出版社，1993.

[141] 毛涌. 国际投资抉择 [M]. 北京：对外贸易教育出版社，1993.

[142] 王喜义. 投资基金概论 [M]. 广州：中山大学出版社，1993.

[143] 王耀庭. 证券概论 [M]. 大连：东北财经大学出版社，1993.

[144] 郑贞浚. 期货投资百科 [M]. 北京：教育科学出版社，1993.

[145] 中国中青年财务成本研究会. 中国现代实用理财手册 [M]. 沈阳：辽宁人民出版社，1993.

[146] 黄有土，朱孟楠. 国际金融新论 [M]. 厦门：厦门大学出版社，1992.

[147] 厉以宁，江平. 证券实务大全 [M]. 北京：经济日报出版社，1992.

[148] 单质夫，凌游戈. 第二职业　第一出路——第二职业行为指南 [M]. 北京：海豚出版社，1992.

[149] 晓洪，玉明，晓吕，等. 证券交易指南 [M]. 天津：天津科技翻译出版公司，1992.

[150] 张亦春，郑振龙. 证券市场与投资技巧 [M]. 北京：中国发展出版社，1992.

[151] 崔援民. 现代国际投资学 [M]. 北京：中国经济出版社，1991.

[152] 洪质彬. 国际市场营销学 [M]. 北京：中国经济出版社，1991.

[153] 叶春生. 国际企业管理 [M]. 广州：华南理工大学出版社，1991.

[154] 王广谦. 股票债券经营指南 [M]. 北京：科学技术文献出版社，1991.

[155] 多恩布什，赫尔姆斯. 开放经济——发展中国家政策制订者的工具 [M]. 章晟曼，等译. 北京：中国财政经济出版社，1990.

[156] 舒尔茨. 论人力资本投资 [M]. 吴珠华，等译. 北京：北京经济学院出版社，1990.

[157] 吴亚卿，等. 国际经济合作 [M]. 北京：中国经济出版社，1990.

[158] 郑天伦. 中国经济特区投资环境 [M]. 上海：同济大学出版社，1990.

[159] 谢士鑫，等. 乡镇企业财务管理 [M]. 北京：学术期刊出版社，1989.

[160] 王烈望. 国际资本概论 [M]. 北京：中国对外经济贸易出版社，1988.

[161] 刘鸿儒. 经济大辞典·金融卷 [M]. 上海：上海辞书出版社，1987

[162] 上官书砚. 现代金融词典 [M]. 长春：吉林人民出版社，1987.

[163] 吴开祺. 国际金融教材 [M]. 上海：知识出版社，1983.

[164] 李敏. 虚拟货币的反洗钱监管探析及借鉴 [J]. 上海政法学院学报（法治论丛），2022，37（2）：122-134.

[165] 卢敏涵. "一带一路"背景下双边投资协定对中国 OFDI 的影响研究 [J]. 老字号品牌营销，2021（2）：71-74.

[166] 连飞. 新兴市场国家金融危机预警研究——基于 Logit 模型的实证检验 [J]. 技术经济与管理研究，2021（7）：67-71.

[167] 盖宁. 反洗钱视角下的虚拟货币监管：国际标准与中国实践 [J]. 北方金融，2021（11）：38-41.

[168] 段小梅，李晓春. 中国对外投资：发展历程、制约因素与升级策略 [J]. 西部论坛，2020，30（2）：119.

[169] 陈玥. 论国际投资协议中的税收条款例外 [J]. 山东商业职业技术学院学报，2020，20（3）：81-84.

[170] 佟家栋，盛斌，蒋殿春，等. 新冠肺炎疫情冲击下的全球经济与对中国的挑战 [J]. 国际经济评论，2020（3）：9-28.

[171] 中国进出口银行战略规划部课题组. 疫情冲击下中国与世界经济金融形势分析 [J]. 海外投资与出口信贷，2020（3）：1-6.

[172] 葛顺奇，陈江滢. 中国企业对外直接投资面对疫情危机新挑战 [J]. 国际经济合作，2020（4）：22-36.

[173] 买木提明·热西提，沈伟. 间接征收语境下公共利益的多重维度及比例原则的解释路径 [J]. 中南大学学报（社会科学版），2020，26（4）：82-99.

[174] 齐静，王立君. 国际农业投资中农民土地权的国际法保护 [J]. 北方工业大学学报，2020，32（4）：71-77.

[175] 田素华，李筱妍. 新冠疫情全球扩散对中国开放经济和世界经济的影响 [J]. 上海经济研究，2020，379（4）：111-119.

[176] 谢海砾. 大数据时代下的财务管理转型探讨 [J]. 中国外资，2020（4）：24-25.

[177] 钟山. 积极应对疫情冲击 稳住外贸外资基本盘 [J]. 服务外包，2020，7（4）：30-34.

[178] 王曼怡，郭珺妍. "一带一路"沿线直接投资格局优化及对策研究 [J]. 国际贸易，2020（5）：43-51.

[179] 姚枝仲. 新冠疫情与经济全球化 [J]. 当代世界，2020（7）：11-16.

[180] 郑崇伟，裴顺强，李伟. "21世纪海上丝绸之路"：未来40年波浪能长期预估 [J]. 哈尔滨工程大学学报，2020（7）：1-8.

[181] 罗建兵，杨丽华. "逆全球化"风险下的"一带一路"倡议发展展望与合作范式 [J]. 河南社会科学，2020，28（8）：43-52.

[182] 杨翠红，田开兰，高翔，等. 全球价值链研究综述及前景展望 [J]. 系统工程理论与实践，2020，40（8）：1961-1976.

[183] 郭一恒. "一带一路"背景下中国——中亚区域性国际投资争端解决机制的构

建策略 [J]. 对外经贸实务，2020（8）：45-48.

[184] 马一宁，马文秀. 中国对"一带一路"沿线国家直接投资的实证研究 [J]. 经济问题探索，2020（8）：114-122.

[185] 孙玉红，陈相香，于美月. 国际投资协定对价值链贸易的影响研究 [J]. 世界经济研究，2020（8）：71-85；136.

[186] 郭树清. 坚定不移打好防范化解金融风险攻坚战 [J]. 求是，2020（16）：53-60.

[187] 唐啸，张爽. 中国国际收支变动趋势研究 [J]. 商业文化，2020（32）：46-47.

[188] 缪延亮. 次贷危机十年反思 [J]. 商业观察，2019（Z1）：88-92.

[189] 陆岷峰，徐博欢. 普惠金融：发展现状、风险特征与管理研究 [J]. 当代经济管理，2019，41（3）：73-79.

[190] 钱志清. 全球外国直接投资新趋势及经济特区发展的挑战——《2019年世界投资报告》综述 [J]. 国际经济合作，2019（4）：4-19.

[191] 崔凡，苗翠芬. 中国外资管理体制的变革与国际投资体制的未来 [J]. 国际经济评论，2019（5）：20-33；4.

[192] 高鹏飞，胡瑞法，熊艳. 中国对外直接投资70年：历史逻辑、当前问题与未来展望 [J]. 亚太经济，2019（5）：96-97.

[193] 谢亚轩，林澍. 日本债券市场开放的经验 [J]. 中国金融，2019（9）：40-42.

[194] 许林，张海洋. 英美风险投资发展演进及对我国的启示 [J]. 甘肃金融，2019，498（9）：11-19.

[195] 陈嘉丽. 亚洲金融危机对我国资本项目可兑换的启示 [J]. 区域金融研究，2019（10）：55-61.

[196] 邹熙. 我国影子银行发展趋势及其风险研究 [J]. 金融经济，2019（16）：138-139.

[197] 欣蕾，史明涛. 风险投资国际模式比较及其启示 [J]. 学理论，2019（30）：48-49.

[198] 徐乾宇. 中国国际投资头寸结构特点及变化趋势 [J]. 世界经济研究，2018（3）：127-134；137.

[199] 缪延亮. 欧债危机救助的经验与反思 [J]. 金融研究，2018（6）：40-46.

[200] 崔池阳. 虚拟货币的现实风险与法律规制 [J]. 北方经贸，2018（7）：46-48.

[201] 谢新. 探讨期货投资基金与期货市场发展 [J]. 现代营销（经营版），2018（9）：201-202.

[202] 赵春艳，程璐. 发达国家与发展中国家对外直接投资效率比较研究 [J]. 河南社会科学，2017，25（5）：30-37；56.

[203] 林祥友，胡双，彭滟茹，等. 沪港通对沪深港股市竞争关系的影响研究 [J]. 软科学，2017，31（5）：140-144.

[204] 叶亚飞，石建勋. 香港离岸市场发展对我国宏观经济的影响研究：兼论上海自

贸区人民币离岸市场的构建［J］．世界经济研究，2017（9）：38-51；135-136.

［205］唐珏岚．亚洲新兴经济体防范金融风险的新进展与新挑战——亚洲金融危机20年后的审视［J］．广西社会科学，2017（12）：75-79.

［206］刘娜．互联网金融的运作模式与发展策略研究［J］．时代金融，2017（17）：50.

［207］贺泽．上市公司私有化的有关问题探讨［J］．法制博览，2017（23）：172；171.

［208］蒋冠宏，蒋殿春．绿地投资还是跨国并购：中国企业对外直接投资方式的选择［J］．世界经济，2017（7）：126-146.

［209］本刊编辑部．上市公司私有化的背景及现状［J］．中国总会计师，2016（2）：34-35.

［210］刘华，朱佳青，李广众．香港离岸人民币市场的发展［J］．国际金融研究，2016（4）：84-96.

［211］洪永淼．经济统计学与计量经济学等相关学科的关系及发展前景［J］．统计研究，2016，33（5）：3-12.

［212］王瑞．虚拟货币对货币供求体系的效应分析［J］．时代金融，2016（8）：12；14.

［213］张俊芳，郭戎．中国风险投资发展的演进、现状与未来展望［J］．全球科技经济瞭望，2016，31（9）：34-43.

［214］段怡冰．互联网金融的运作模式与发展策略研究［J］．现代经济信息，2016（21）：298.

［215］佚名．退市，当当网为何走这一步？［J］．中国经济周刊，2016（43）：13.

［216］李未无．实际汇率与经济增长［J］．管理世界，2015（2）：17-25.

［217］焦瑾璞，黄亭亭，汪天都，等．中国普惠金融发展进程及实证研究［J］．上海金融，2015（4）：12-22.

［218］徐敏，张小林．普惠制金融发展与产业结构调整［J］．商业研究，2015（4）：79-85.

［219］白光裕，庄芮．全球价值链与国际投资关系研究——中国的视角［J］．国际贸易，2015（6）：16-20.

［220］井琪．欧债危机的成因及对中国的启示［J］．理论视野，2015（9）：65-68.

［221］李琪，李佩．虚拟货币特征及其相关理论探析［J］．湖北社会科学，2015（9）：86-91；125.

［222］吴学安，林华．防微杜渐，影子银行监管加码［J］．检察风云，2014（4）：14-16.

［223］余官胜．发达国家和发展中国家企业对外直接投资动机——基于文献综述的比较研究［J］．湖北经济学院学报，2014，12（6）：40-46.

［224］岳琴，潘德男．上市公司私有化原因探究［J］．经济研究导刊，2013，183（1）：75-76.

[225] 王婧，胡国晖. 中国普惠金融的发展评价及影响因素分析 [J]. 金融论坛，2013，18 (6)：31-36.

[226] 燕淑敏，陈斌彬. 危机后影子银行的国际监管改革及对我国的启示 [J]. 金融发展研究，2013 (10)：23-27.

[227] 谷红. 从亚洲金融危机和08年金融危机的比较看对中国的启示 [J]. 中国外资，2013 (22)：35-36.

[228] 吴晓光，董海刚，李良. 论加强对虚拟货币市场的监管 [J]. 南方金融，2012 (1)：30-33.

[229] 程棵，魏先华，杨海珍，等. 金融危机对金融机构的冲击及政府救助分析 [J]. 管理科学学报，2012，15 (3)：1-15.

[230] 耿欣. 普惠制金融的创新路径探索 [J]. 南方金融，2012 (11)：86-88；95.

[231] 杨盼盼，徐建炜. 实际汇率的概念、测度及影响因素研究：文献综述 [J]. 世界经济，2011 (9)：66-94.

[232] 樊鑫. 试论金融危机下当前我国的金融创新 [J]. 中国外资，2011 (10)：36.

[233] 裴长洪，郑文. 国家特定优势：国际投资理论的补充解释 [J]. 经济研究，2011，46 (11)：21-35.

[234] 柯昌文：壳价值、赎回期权、私有化战略与交易结构：我国上市公司私有化案例研究 [J]. 财会月刊，2011 (36)：26-30.

[235] 韩骏. 美国金融危机经验教训的深入反思 [J]. 中国房地产金融，2010 (8)：21-24.

[236] 黄晓艳. 民营企业赴美上市融资的思与辩——2010第四届中外跨国公司CEO圆桌会议暨"中国民营企业赴美上市融资论坛" [J]. 高科技与产业化，2010 (12)：121.

[237] 鹿馨方. 中小企业国内外上市融资对比研究 [J]. 中国商贸，2010 (26)：115-116.

[238] 朱玮宾. 虚拟货币对金融的影响 [J]. 经济师，2009 (1)：193-195.

[239] 黎晋. 1997年亚洲金融危机概况 [J]. 现代审计与经济，2009 (2)：45.

[240] 张为付. 国际直接投资特点的历史研究 [J]. 国际贸易问题，2009 (5)：120-127.

[241] 李锋. 全球金融海啸的成因及对中国经济的影响与启示 [J]. 商场现代化，2009 (14)：375-376.

[242] 杜伟. 试论金融危机对中国经济发展的影响 [J]. 商情，2009 (18)：65.

[243] 易正容. 浅析外商直接投资中国进入方式的变化 [J]. 当代经济（下半月），2008 (3)：70-71.

[244] 谭丽芬. 我国对外投资的动因、可行性及策略浅析 [J]. 广西财经学院学报，2008 (6)：50-53.

[245] 陈斌. 金融产品创新视角下的美国次级抵押贷款危机 [J]. 证券市场导报，2008 (6)：11-15.

[246] 周志远，赵小康. 中国企业海外融资的方式与现状 [J]. 中国商界（下半月），

2008（7）：22-23.

[247] 水野和夫．次贷危机将刺破全球经济泡沫 [J]．译者不详．海外经济评论，2008（15）：22-23.

[248] 本刊编辑部．美国次贷危机综述 [J]．财经界，2008（20）：1-9.

[249] 尚蕊．人民币汇率对 FDI 影响的实证分析 [J]．福建金融管理干部学院学报，2007，98（3）：44-48.

[250] 庄春光．供应链融资另辟蹊径还是新瓶旧酒 [J]．当代金融家，2007（3）：85-88.

[251] 王平．全球基金业的变迁及对我国的启示 [J]．金融教学与研究，2007（4）：37-39；48.

[252] 姚秦．美国房屋市场泡沫受压 次级抵押贷款风险爆发 [J]．中国外汇，2007（4）：50-51.

[253] 吴昊，李刚．全流通时代上市公司如何应对敌意收购 [J]．合作经济与科技，2007（7）：49-50.

[254] 邹辉霞．风险投资供应链管理研究 [J]．武汉理工大学学报（信息与管理工程版），2007，29（7）：130-133.

[255] 余劲松，詹晓宁．国际投资协定的近期发展及其对中国的影响 [J]．法学家，2006（3）：154-160.

[256] 程立茹，周煊．中国企业战略性海外并购研究 [J]．商业时代，2006（8）：64-65.

[257] 王洪强，林知炎，张英婕．基于灰色系统理论的房地产投资环境分析方法 [J]．同济大学学报（自然科学版），2005（3）：422-426.

[258] 古今．我国境外投资政策体系需进一步完善 [J]．中国外资，2005（4）：47-49.

[259] 朱允卫，曹淑艳．我国民营企业海外并购的特点及发展对策 [J]．国际贸易问题，2005（8）：78-83.

[260] 陈放．企业并购中的人力资源整合 [J]．黑龙江对外经贸，2005（12）：54-55.

[261] 陈柳钦，韩力军，邵责萍．美国风险投资业的发展特点及对我国的启示 [J]．学术交流，2004（6）：47-52.

[262] 杨树明，杨联明．论《与贸易有关的投资措施协定》的适用范围 [J]．现代法学，2003（3）：119-121.

[263] 赵慧娥．论创业投资及其在经济发展中的作用 [J]．理论界，2003（3）：31-33.

[264] 陶美珍，陆韬玉．风险资本及其退出和进入 [J]．湖北社会科学，2003（10）：89-90.

[265] 和军．美、日风险投资运作机制及其借鉴 [J]．商业研究，2003（15）：175-178.

[266] 俞进. 论汇率度国际直接投资的传导效应 [J]. 亚太经济, 2002 (1): 80-82.

[267] 夏斌. 中国"私募基金"报告 [J]. 金融研究, 2001 (8): 18-31.

[268] 徐玲. 亚洲金融危机的成因及其对中国的影响 [J]. 湖南大学学报（自然科学版）, 1999 (S1): 6.

[269] 成思危. 努力促进我国的风险投资事业 [J]. 学术研究, 1999 (1): 26-28.

[270] 甄炳禧. 亚洲金融危机对世经济影响及其趋势 [J]. 国际问题研究, 1999 (1): 44-49; 63.

[271] 邓学衷. 国际风险投资的趋势及我国的对策 [J]. 亚太经济, 1999 (5): 52-53.

[272] 曹新. 亚洲金融危机对中国经济的影响及其对策 [J]. 燧石, 1998 (5): 20-23.

[273] 冯金华. 股票期权：西方企业激励经营者的一种方法 [J]. 外国经济与管理, 1997 (6): 22-24.

[274] 马全军. 国际间接投资：对东道国的影响 [J]. 国际贸易, 1996, 7 (11): 31-32.

[275] 杨华峰, 汪晓昀. 国际投资风险防范分析与策略 [J]. 资源开发与市场, 1995, 11 (5): 237-239.

[276] 邓聚龙. 灰色系统理论与计量未来学 [J]. 未来与发展, 1983 (3): 20-23.

[277] 黄雅琪. 双边投资协定、东道国制度环境对中国OFDI的影响研究 [D]. 武汉：华中师范大学, 2021.

[278] 林丽红. 中欧投资协定谈判的问题和对策研究 [D]. 广州：广东外语外贸大学, 2020.

[279] 金洪. 投资风险对中国企业投资"六大经济走廊"沿线国家的影响分析 [D]. 北京：首都经济贸易大学, 2019.

[280] 王沁怡. 跨境证券交易监管中的等效认定制度研究 [D]. 上海：华东政法大学, 2019.

[281] 张彩萍. 中美跨境证券监管机制比较研究 [D]. 北京：外交学院, 2018.

[282] 曾艳. 中国国际投资协定升级问题研究 [D]. 北京：对外经济贸易大学, 2018.

[283] 朱琳. 我国净误差遗漏账户与资本外逃规模的相关性研究 [D]. 长沙：湖南大学, 2018.

[284] 樊富强. 跨境股权众筹信息披露监管协调机制研究 [D]. 北京：对外经济贸易大学, 2017.

[285] 涂晟. 论国际证券监管中的相互认可制度 [D]. 北京：对外经济贸易大学, 2017.

[286] 周玲. 全球证券投资网络结构及关联效应分析 [D]. 太原：山西财经大学, 2017.

[287] 赵冠中. 中国互联网金融的运作模式和发展策略研究 [D]. 长春：吉林大学,

2016.

［288］陈泉源. 国际投资协定中东道国环境规制权法律问题研究［D］. 重庆：西南政法大学，2015.

［289］张雪双. 我国民营企业海外上市融资市场选择研究——以阿里巴巴于纽交所上市为例［D］. 石家庄：河北师范大学，2015.

［290］白杰. 我国互联网金融的演进及问题研究［D］. 保定：河北大学，2014.

［291］寇顺萍. 国际投资中间接征收法律问题研究［D］. 重庆：西南政法大学，2014.

［292］任亚楠. 美国吸收FDI投资环境研究［D］. 西安：陕西师范大学，2014.

［293］周晴. 论可持续发展理念与国际投资协定的完善［D］. 厦门：厦门大学，2014.

［294］战扬. 中国企业海外IPO融资研究［D］. 上海：上海交通大学，2012.

［295］孙维章. 控制结构与企业长期发展相互关系的实证研究［D］. 重庆：重庆工商大学，2011.

［296］张述丽. 敌意并购绩效实证分析——基于并购方的研究［D］. 杭州：浙江工商大学，2012.

［297］刘涛. 中小企业海外创业板上市市场选择研究［D］. 济南：山东大学，2010.

［298］王海燕. 中国民营企业境外上市动机及效果研究［D］. 沈阳：辽宁大学，2010.

［299］张倩. 中小企业海外融资研究［D］. 成都：西南财经大学，2010.

［300］王苏亚. 我国机构投资者海外证券投资的风险评估研究［D］. 北京：北京交通大学，2008.

［301］巨丽丽. 跨国公司全球供应链管理对我国投资环境的影响［D］. 成都：西南财经大学，2005.

［302］寇亚明. 全球供应链：国际经济合作新格局［D］. 成都：西南财经大学，2005.

［303］黄晋. 跨国公司并购的发展趋势及其法律问题研究［D］. 大连：大连海事大学，2002.

［304］创业邦研究中心. 2020年中国企业风险投资（CVC）发展研究报告［R］. 北京：2021.

［305］上海证券交易所资本市场研究所. 全球证券交易所发展报告（2021）［R］. 上海：2021.

［306］联合资信评估股份有限公司. 2020年上半年熊猫债券市场研究报告［R］. 北京：2020.

［307］中国银保监会政策研究局课题组，中国银保监会统计信息与风险监测部课题组. 中国影子银行报告［J］. 金融监管研究，2020（11）：1-23.

［308］联合国贸易和发展会议. 国际投资规则的制定：评估、挑战与前景展望［R］. 纽约，日内瓦：2008.

[309] 阿劳约. 中国与RCEP——世界贸易的新中心 [N]. 乔恒, 译. 环球时报, 2022-03-23 (6).

[310] 马玲. 保持对虚拟货币交易炒作活动高压打击态势 [N]. 金融时报, 2021-09-27 (2).

[311] 刘丽娜. 全球失衡值得关注 [N]. 中国证券报, 2018-08-25.

[312] 姜楠. 深交所: 资本市场逐步实现退市常态化法制化市场化 [N]. 证券日报, 2018-06-09.

[313] 尹中立. 完善退市制度将加速壳公司贬值 [N]. 中国证券报, 2018-06-06.

[314] 孙宪超. 退市将成新常态"踩雷"者如何维权? [N]. 证券时报, 2018-06-02.

[315] 一帆. A股退市常态化 [N]. 证券日报, 2018-05-30.

[316] 周科竞. 别拿退市常态化不当回事 [N]. 北京商报, 2018-05-30.

[317] 钟国斌. 今年首批退市公司确定 [N]. 深圳商报, 2018-05-23.

[318] 魏蔚. 当当历时14个月完成私有化从纽交所退市 [N]. 北京商报, 2016-09-22.

[319] 是冬冬, 胡苏敏. 何为负面清单? [N]. 东方早报, 2013-09-28.

[320] 郑杨. 美次贷危机对中国经济影响到底多大 [N]. 国际金融报, 2008-03-20.

[321] 于世卿. 通胀转向通缩可能性增大? [N]. 南京日报, 2008-10-21 (A9).

[322] 徐和平. 产业集中是最重要的投资环境——著名经济学家钟朋荣访谈录 [N]. 湖北日报, 2003-12-08.

[323] 戴安琪. 国开行发行65亿元境外人民币债券 [EB/OL]. (2020-11-20) [2025-03-15]. https://www.cs.com.cn/yh/04/202011/t20201120_6113261.html.

[324] 观研天下. 2018年中国风险投资行业分析报告 [R/OL]. (2018-04-24) [2025-03-15]. http://market.chinabaogao.com/gonggongfuwu/04243322452018.html.

[325] 中信证券明明债券研究团队. 全球视角下中国债市发展与机遇 [EB/OL]. (2021-12-31) [2025-03-15]. https://www.sohu.com/a/513462567_121123926.

[326] CHOPRA S, MEINDL P. Supply chain management: strategy, planning and operation [M]. Upper Saddle River, N.J.: Prentice Hall Press, 2001.

[327] DUNNING J H. International production and the multinational enterprises [M]. London: George Allen & Unwin, 1981.

[328] CHEN H, GOMPERS P, KOVNER A, et al. Buy local? The geography of venture capital [J]. Journal of Urban Economics, 2010, 67 (1): 90-102.

[329] CUMMING D, DAI N. Local bias in venture capital investments [J]. Journal of Empirical Finance, 2010, 17 (3): 362-380.

[330] BRUTON G D, FRIED V H, MANIGART S. Institutional influences on the worldwide expansion of venture capital [J]. Entrepreneurship Theory and Practice, 2005, 29 (6): 737-760.

[331] LANE P R, MILESI-FERRETTI G M. The external wealth of nations: measures of

foreign assets and liabilities for industrial and developing countries ［J］. Journal of International Economics, 2001, 55（2）: 263-294.

［332］ STOBAUGH R B. How to analyze foreign investment climates ［J］. Harvard Business Review, 1969, 47（5）: 100-108.

［333］ TYKVOVA T, SCHERTLER A. Geographical and institutional distances in venture capital deals: how syndication and experience drive internationalization patterns ［R］. ZEW-Centre for European Economic Research Discussion Paper, 2011.

［334］ WUEBKER R, CORBETT A C. Understanding the internationalization of the US venture capital industry: the role of experience, reputation, and networks ［R］. SSRN Working Paper Series, 2011.

［335］ GRAHAM E M, KRUGMAN P. Foreign direct investment in the United States ［Z］. Washington, D. C.: Institute for International Economics, 1989.